“十四五”职业教育国家规划教材

会计专业岗位实操系列教材

TAX ACCOUNTING IN PRACTICE

税务会计实务

（第五版）

梁文涛 彭新媛 主编

耿红玉 张清亮 苏杉 副主编

东北财经大学出版社
Dongbei University of Finance & Economics Press
大连

图书在版编目（CIP）数据

税务会计实务 / 梁文涛，彭新媛主编．—5版．—大连：东北财经大学出版社，2023.8（2024.12重印）
（会计专业岗位实操系列教材）
ISBN 978-7-5654-4873-7

Ⅰ．税…　Ⅱ．①梁…②彭…　Ⅲ．税收会计-岗位培训-教材　Ⅳ．F810.62

中国国家版本馆CIP数据核字（2023）第118642号

东北财经大学出版社出版
（大连市黑石礁尖山街217号　邮政编码　116025）
网　　址：http://www.dufep.cn
读者信箱：dufep@dufe.edu.cn

大连永盛印业有限公司印刷　　东北财经大学出版社发行

幅面尺寸：185mm×260mm　字数：590千字　印张：24.5　插页：1

2023年8月第5版　　2024年12月第3次印刷

责任编辑：包利华　　责任校对：刘贤恩

封面设计：原　皓　　版式设计：原　皓

定价：55.80元

教学支持　售后服务　联系电话：（0411）84710309

如有印装质量问题，请联系营销部：（0411）84710711

第五版前言

“税务会计实务”是高校会计、税收等专业的一门专业核心课。“税务会计实务”课程服务于会计、税收等专业人才培养目标，培养具有一定的企业会计与税收能力的技术技能型人才。本教材坚持“理实一体、学做合一”，以会计人员税务能力的培养为主线，直接为培养学生从事会计、税收工作应具备的基本知识、基本技能和实战操作能力服务。

《税务会计实务》自第一版出版至第四版，得到了读者的普遍认可。本教材被评为“十三五”职业教育国家规划教材、“十四五”职业教育国家规划教材，同时，近期税务政策有了较大变动，因此有必要修订再版。

《税务会计实务》（第五版）以我国最新税收法规和企业会计准则为主要依据，根据企业税务实际工作过程来设计学习内容，组织和整合出七个学习项目作为主要教学内容。本教材主要内容包括现行各税种的认知、会计核算和纳税申报。通过本教材的学习与训练，学生可以熟练地进行企业税务会计核算与纳税申报等工作。“税务会计实务”课程的前置课程为“税法”“纳税实务”，后续课程为“纳税筹划实务”，读者也可以同时选用本教材作者在东北财经大学出版社主编的《税法》（“十三五”职业教育国家规划教材）、《纳税实务》和《纳税筹划实务》教材。

与同类教材相比，本教材具有以下特色：

1.落实立德树人，实施课程思政

为贯彻落实党的二十大精神，进一步“落实立德树人根本任务”、实施课程思政，本教材前言给出了“素养提升设计表”（见表1），并且在每个项目开头设置【素养提升】栏目，同时，在教材的具体内容中设置【税收讲堂】栏目（以二维码形式）和通过知识讲解等方式来体现课程思政。《会计人员职业道德规范》将新时代会计人员职业道德要求总结提炼为三条核心表述，即：（1）坚持诚信，守法奉公；（2）坚持准则，守责敬业；（3）坚持学习，守正创新。学习本教材，要求学生提升会计职业道德修养。通过教导“坚持诚信，守法奉公”促使学生在未来税务会计工作中符合自律要求，通过教导“坚持准则，守责敬业”促使学生在未来税务会计工作中符合履职要求，通过教导“坚持学习，守正创新”促使学生在未来税务会计工作中符合发展要求。

表1　素养提升设计表

项目名称	素养提升点	素养提升具体内容举例
项目一 税务会计的认知	构建“亲清”新型的税企关系，培养德才兼备的财税人才	1.税务机关：深入贯彻“深化简政放权、放管结合、优化服务改革”精神，搭建税企沟通桥梁，优化税收营商环境，更好服务市场主体，贡献税务智慧力量。 2.税务会计：努力增强法治观念，“践行社会主义核心价值观”，配合税务机关工作，做好税务会计工作，充分运用税收优惠，合法依规足额纳税

续表

项目名称	素养提升点	素养提升具体内容举例
项目二 增值税的会计实务	纳税人应当充分运用国家出台的增值税税收政策，促进产业行业发展，合法合规纳税	1.我国出台了小微企业暂免征收增值税的优惠政策，有利于支持小微企业发展，扩大就业，改善民生，增强市场活力，促进国家经济的繁荣发展，体现了“充分发挥市场在资源配置中的决定性作用，更好发挥政府作用，支持中小微企业发展”的精神。 2.我国出台了与农产品相关的增值税减免税政策，有利于鼓励农业生产，保护农业生产者的利益，保障国家的粮食安全，体现了“坚持农业农村优先发展”的精神
项目三 消费税的会计实务	纳税人应当充分运用国家出台的消费税税收政策，促进产业行业发展，合法合规纳税	1.我国对某些高档消费品、奢侈品（如高档化妆品、贵重首饰及珠宝玉石、高尔夫球及球具）征收消费税，有利于引导群众理性消费，限制铺张浪费，体现了“弘扬勤俭节约精神，培育时代新风新貌”的精神。 2.我国对某些不可再生和替代的稀缺消费品（如成品油、木制一次性筷子、实木地板）征收消费税，有利于引导群众节约资源，促进环境保护，体现了“实施全面节约战略，推进各类资源节约集约利用”的精神
项目四 企业所得税的会计实务	纳税人应当充分运用国家出台的企业所得税税收政策，促进产业行业发展，合法合规纳税	1.我国出台了国家需要重点扶持的高新技术企业减按15%的税率征收企业所得税的优惠政策，有利于扶持高新技术企业加大科研力度，发展智能产业、拓展智能生活，体现了“强化企业科技创新主体地位，发挥科技型骨干企业引领支撑作用”的精神。 2.我国出台了小型微利企业的企业所得税税收优惠政策，有利于支持小型微利企业发展，扩大就业，改善民生，增强市场活力，促进国家经济的繁荣发展，体现了“充分发挥市场在资源配置中的决定性作用，更好发挥政府作用，支持中小微企业发展”的精神
项目五 个人所得税的会计实务	纳税人应当充分运用国家出台的个人所得税税收政策，促进产业行业发展，合法合规纳税	1.我国出台了个人所得税“赡养老人”专项附加扣除政策，有利于强化孝敬父母的社会风尚，减轻老百姓赡养老人的家庭支出负担，实现社会公平，体现了“实施积极应对人口老龄化国家战略”的精神。 2.我国税务部门近年来持续加强对高收入人群、高风险行业的税收监管，会同相关部门深入开展影视行业税收秩序综合治理，有利于进一步规范影视行业税收秩序，促进影视行业长期健康规范发展，体现了“完善个人所得税制度，规范收入分配秩序，规范财富积累机制，保护合法收入，调节过高收入”的精神
项目六 其他税种的会计实务 （上）	纳税人应当充分运用国家出台的相关税收政策，促进产业行业发展，合法合规纳税	1.我国征收房产税，有利于抑制房产投资投机行为，调控房产市场价格，节约和优化配置社会资源，规范房地产行业的发展，缩小财富差距，实现社会公平，体现了“坚持房子是用来住的、不是用来炒的定位”的精神。 2.我国征收耕地占用税，有利于合理配置土地资源，加强土地管理，保护耕地资源，补偿因占用耕地而造成的农业损失，保证农业生产的稳定发展，体现了“牢牢守住十八亿亩耕地红线，逐步把永久基本农田全部建成高标准农田”的精神
项目七 其他税种的会计实务 （下）	纳税人应当充分运用国家出台的相关税收政策，促进产业行业发展，合法合规纳税	1.我国通过征收进口关税、增值税、消费税来提高进口商品的价格，以便减少进口商品对我国商品的不良影响，保护和促进我国产业的发展，体现了“加快构建以国内大循环为主体、国内国际双循环相互促进的新发展格局”的精神。 2.我国征收环境保护税，有利于抑制纳税人污染环境的不良行为，提高纳税人环境保护意识，推进生态文明建设和可持续发展，促进节能环保产业结构的优化升级，体现了“像保护眼睛一样保护自然和生态环境，坚定不移走生产发展、生活富裕、生态良好的文明发展道路，实现中华民族永续发展”的精神

2.作者团队专业，编写态度严谨

目前市场上部分税务会计实务教材在以下两个方面尚有不足：一是部分涉税实例过时，未能根据最新会计、税收法律法规及时更新；二是编写内容专业水平不是很高，有些税务会计实例不合乎实际且错误较多。而本教材是专业作者基于打造税务会计实务精品书籍，结合编写团队近年来编著的50余部专著、教材及发表的100余篇专业论文成果，本着对师生负责的态度，用心编写而成的。

3.坚持职教特色，突出质量为先

本教材知识传授与技术技能培养并重，强化学生职业素养养成和专业技术积累，注重培养专业精神、职业精神和工匠精神。

4.坚持产教融合，校企双元开发

本教材注重行业指导、企业参与，实施校企双元合作开发，行业企业专业技术人员、能工巧匠深度参与编写。本教材为校企合作开发教材，由山东经贸职业学院教师和山东和君行会计师事务所（普通合伙）专家合作开发、编写。

5.编写体例新颖，符合职教特点

本教材结合职业教育生源和教学特点，以典型工作项目、工作任务等为内容，采用项目化教学法、案例式教学法、模块化教学法等，支持分类别、分层次教学。本教材每个项目开头设置【职业能力目标】，让读者首先能够明确本项目的学习目标；接着设置【素养提升】栏目，落实立德树人、实施课程思政。在每一项目具体学习之前，设置【项目引例】，在每一任务具体学习之前，设置【任务引例】，以此激发学生的学习兴趣。在项目内容的讲授过程中，一方面，设置【提示】【点睛】【总结】【答疑】【链接】【比较】等模块，再次激发学生的学习兴趣；另一方面，融入【任务实例】，通过对税务会计实例进行分析与操作，让学生体验案例学习的乐趣，又一次激发学生的学习热情。每一项目之后配有【项目练习】和【项目实训】，让学生进一步理解和掌握所学知识。

6.结合职业证书，实现书证融通

本教材结合参与1+X证书制度试点第二批职业教育培训评价组织及职业技能等级证书名单中联集团教育科技有限公司的“智能财税职业技能等级证书”中部分典型工作任务，以及财政部颁布的2024年《初级会计专业技术资格考试大纲》中的部分内容，在一定程度上实现课证融通、书证融通。

7.根据最新政策，不断适时修订

本教材内容及时反映产业升级和行业发展，体现新知识、新技术、新方法。本教材根据截稿之日（2024年12月1日）的最新会计、税收政策编写，体现最新企业会计准则、财会〔2016〕22号文件、全面“营改增”政策、自2024年12月1日起施行《中华人民共和国关税法》、自2022年7月1日起施行的《中华人民共和国印花税法》、自2021年9月1日起施行的《中华人民共和国城市维护建设税法》、自2021年9月1日起施行的《中华人民共和国契税法》、自2020年9月1日起施行的《中华人民共和国资源税法》、自2019年9月1日起施行的《中华人民共和国耕地占用税法》、自2019年7月1日起施行的《中华人民共和国车辆购置税法》、深化增值税改革有关政策（含13%和9%的增值税新税率）、新个人所得税法、个人所得税法实施条例、个人所得税专项附加扣除暂行办法等最新会计、税收政策。同时，本教材根据《国家税务总局关于简并税费申报有关事项的公告》(国家税务总局公告2021年第9号)、《国家税务总局关于增值税 消费税与附加税费申报表整合有关事项的公告》(国家税务总局公告2021年第20号)、《国家税务总局关于进一步实施小微企业"六税两费"减免政策有关征管问题的公告》(国家税务总局公告2022年第3号)、《国家税务总局关于修订发布〈个人所得税专项附加扣除操作办法(试行)〉的公告》(国家税务总局公告2022年第7号)、《国家税务总局关于实施〈中华人民共和国印花税法〉等有关事项的公告》等文件对于纳税申报表、税费申报表等进行了修订。本教材在以后重印、修订再版时,将根据最新会计、税收政策及时修正和完善并在PPT课件中同步体现。

8.应用先进技术,打造新型教材

本教材围绕深化教学改革和"互联网+职业教育"发展需求,通过植入二维码等方式,提供视频微课、税收讲堂、税收动漫、图解税收等丰富的教学资源,打造一体化新形态教材。

9.教学资源丰富,免费索取使用

本教材提供视频微课、PPT教学课件、课程标准(教学大纲)、试题库、项目练习和项目实训参考答案等教学资源。

10.创建教材QQ群和邮箱等专属交流空间,即时互动共享

本教材的交流QQ群号为570328484(仅限任课教师加入,申请加入时,请说明工作单位、姓名),本教材交流专用电子邮箱是caishuijiaocai@126.com。

11.链接最新法律法规,方便参阅/使用

本教材提供最新法律法规库链接,读者可以通过法律法规库查询各个税种的最新法律法规文件。具体可登录https://fgk.chinatax.gov.cn/zcfgk/c100006/listflfg.html或者扫描以下二维码:

12.提供教学课时分配建议,方便教师制订授课计划

为方便任课教师制订授课计划,作者给出本教材的"教学课时分配建议"(见表2),以供参考。

表2 教学课时分配建议

项目名称	理论教学任务	实践教学任务	课时安排	
			理论	实践
项目一 税务会计的认知	任务一 税务会计基础的认知 任务二 税务会计科目的设置	实训一 税务会计岗位见习	4	2
项目二 增值税的会计实务	任务一 增值税的认知 任务二 增值税的会计核算 任务三 增值税的纳税申报	实训二 增值税的会计核算与纳税申报	12	8
项目三 消费税的会计实务	任务一 消费税的认知 任务二 消费税的会计核算 任务三 消费税的纳税申报	实训三 消费税的会计核算与纳税申报	6	4

续表

项目名称	理论教学任务	实践教学任务	课时安排	
			理论	实践
项目四 企业所得税的 会计实务	任务一 企业所得税的认知 任务二 企业所得税的会计核算 任务三 企业所得税的纳税申报	实训四 企业所得税的会计核算与纳税申报	8	6
项目五 个人所得税的 会计实务	任务一 个人所得税的认知 任务二 个人所得税的会计核算 任务三 个人所得税的纳税申报	实训五 个人所得税的会计核算与纳税申报	4	2
项目六 其他税种的 会计实务（上）	任务一 城市维护建设税、教育费附加和地方教育附加的会计实务 任务二 资源税的会计实务 任务三 土地增值税的会计实务 任务四 城镇土地使用税的会计实务 任务五 房产税的会计实务 任务六 耕地占用税的会计实务	实训六 其他税种的会计核算与纳税申报（上）	6	4
项目七 其他税种的 会计实务（下）	任务一 关税的会计实务 任务二 车辆购置税的会计实务 任务三 车船税的会计实务 任务四 契税的会计实务 任务五 环境保护税的会计实务 任务六 印花税的会计实务 任务七 烟叶税的会计实务	实训七 其他税种的会计核算与纳税申报（下）	6	4
课时合计：76课时（48~102课时均可）			理论教学课时合计：46	实践教学课时合计：30

本教材由梁文涛、彭新媛（山东经贸职业学院）担任主编，耿红玉（山东经贸职业学院）、张清亮（山东经贸职业学院）、苏杉担任副主编。

在本教材撰写过程中，作者参考、借鉴了大量本学科相关著作、教材与论文，在此向相关作者表示由衷的感谢！由于作者水平有限，以及会计、税收等法律、法规、政策不断修订变化，本教材定会存在不当之处，读者在实际运用时应当以最新的法律、法规、政策为准。同时，竭诚欢迎广大读者批评指正。若有意见、建议或指正，请发送至本教材邮箱。本教材的题目中所涉及的单位名称、个人姓名等单位和个人的相关信息纯属虚构，如有雷同，纯属巧合。

本教材不仅可以作为高等职业院校的教材，而且可以作为应用型本科院校的教材，也可以作为培训机构的教材，还适合广大会计工作者自学使用。

作　者

2024年12月

目 录

项目一 税务会计的认知/1
任务一 税务会计基础的认知/2
任务二 税务会计科目的设置/5
项目二 增值税的会计实务/12
任务一 增值税的认知/14
任务二 增值税的会计核算/33
任务三 增值税的纳税申报/134
项目三 消费税的会计实务/149
任务一 消费税的认知/150
任务二 消费税的会计核算/160
任务三 消费税的纳税申报/187
项目四 企业所得税的会计实务/192
任务一 企业所得税的认知/193
任务二 企业所得税的会计核算/202
任务三 企业所得税的纳税申报/256
项目五 个人所得税的会计实务/267
任务一 个人所得税的认知/268
任务二 个人所得税的会计核算/282
任务三 个人所得税的纳税申报/288
项目六 其他税种的会计实务（上）/295
任务一 城市维护建设税、教育费附加和地方教育附加的会计实务/296
任务二 资源税的会计实务/303
任务三 土地增值税的会计实务/312
任务四 城镇土地使用税的会计实务/324
任务五 房产税的会计实务/329
任务六 耕地占用税的会计实务/333
项目七 其他税种的会计实务（下）/338
任务一 关税的会计实务/339

任务二　车辆购置税的会计实务/349
任务三　车船税的会计实务/355
任务四　契税的会计实务/359
任务五　环境保护税的会计实务/364
任务六　印花税的会计实务/372
任务七　烟叶税的会计实务/378
主要参考文献/382

项目一 税务会计的认知

职业能力目标

（1）能识记税务会计的含义。

（2）能明确税务会计与财务会计的联系与区别、税务会计的职能、税务会计的基本前提。

（3）会对税务会计科目进行设置。

素养提升

动漫

《全面建成小康社会大事记》：
12件税收大事上榜啦！

项目引例1——税务会计岗位职责

张明是某高校会计专业大二学生，对于毕业以后的择业和就业有些迷茫，便利用假期到企业调研。在调研中，张明被企业的税务会计岗位所吸引，并与企业的税务会计人员进行了较为充分的专业交流，发现税务会计是一个比较有发展前景的工作岗位。

通过调研，张明了解到，企业不仅仅面临着投资融资、研究开发、生产销售、产权重组、利润分配等经营问题，同时在上述经营过程中还始终面临着税收问题。近几年，随着我国税收体制的进一步改革深化、金税四期工程建设的开启、税收征收管理机制的日益规范化和透明化，国家对企业偷（逃）税、抗税、骗税等税收违法行为的检查和处罚力度也在逐步加大，传统的财务会计已经难以应对和解决复杂烦琐的税收问题。

当前，很多企业的财务会计人员对税收问题一知半解，造成涉税账目混乱，涉税处理不规范，一方面，很可能因对税收法律法规运用错误而导致偷（逃）税等违法行为的发生；另一方面，有可能因不精通税收优惠政策而导致多缴“冤枉税”。因此，企业迫切需要既懂会计又懂税务的复合型专业人才——税务会计人员，不仅仅是为了利用好税收优惠政策以避免多缴税，更是为了做到依法依规纳税，同时又能够规避涉税风险，最终使得企业能够健康平稳地发展。

因此，税务会计能够从传统的财务会计中细化分离出来，不仅是由于其“会计+税务”复合型的专业特点所致，更是我国市场经济发展和税收体制改革的必然结果。税务会计越来越受到企业的认可和青睐，其发展前景较为可观。

【任务要求】

通过调研，明确税务会计岗位职责。

【项目引例1解析】见本项目的任务一。

任务一　税务会计基础的认知

任务引例

现代会计有哪三大分支？

一、税务会计的含义

重难点视频

税务会计基础认知

日本的富冈幸雄认为："税务会计是根据会计的预测方法来掌握并计算出确定的计税标准，从而起到传达和测定财务信息的租税目的与作用的会计。"

我国台湾学者陈建昭等人认为："税务会计为一种国内性会计，非为国际共通性会计。税务会计即在企业会计理论结构上，以重叠之形态，再注入其特有之计算方法或会计理论，以达成课税目的之完整体系。"

我国税务会计专家盖地教授认为："税务会计是以所涉税境的现行税收法规为准绳，运用会计学的理论、方法和程序，对企业涉税会计事项进行确认、计量、记录和申报（报告），以实现企业最大税收利益的一门专业会计。"

本教材认为：税务会计是以税法为准绳，以货币为主要计量单位，运用会计的专门理论和方法，对纳税人的应纳税额进行确认、计算、会计核算、纳税筹划①和申报缴纳等工作的一种专业会计管理活动。

提示　由于我国纳税人负有教育费附加、地方教育附加等附加费的缴纳义务，因此严格来说，"税务会计"应当称为"税费会计"，同理，"纳税筹划"应当称为"税费筹划"，"纳税申报"应当称为"税费申报"，"税款缴纳"应当称为"税费缴纳"，等等。为统一起见，本教材整体上仍采用"税务会计""纳税筹划""纳税申报""税款缴纳"等专业术语。

二、税务会计与财务会计的联系与区别

税务会计是社会经济发展到一定历史阶段后从传统的财务会计中细化分离出来的。税务会计与财务会计均属于企业的会计体系，两者在会计主体、记账基础、核算前提等方面基本相同，但在会计目标、会计对象、会计核算法律依据、提供的信息和会计核算基础等方面又存在着一定的区别。

1.税务会计与财务会计的联系

税务会计是以财务会计为基础的。税务会计既要以国家现行税法为准绳，又要按会计准则进行账务处理，还要在财务会计报告中正确披露有关税务会计信息。税务会计与财务会计之间是相互补充、相互服务、相互依存的。两者作为企业会计的重要组成部分，只有相互配合、相互协调，才能完成各自的具体目标，并为企业共同的目标服务。

2.税务会计与财务会计的区别

（1）会计目标不同

财务会计的目标主要是向投资者、债权人、政府部门、社会公众、企业管理决策者等

---

①　广义的税务会计包括纳税筹划。由于纳税筹划可独立作为一门课程，因此，本教材不包括纳税筹划的内容。

有关信息使用者提供企业的财务状况、经营成果和现金流量等信息；税务会计的目标主要是向国家税务机关、海关及企业管理决策者等有关信息使用者提供纳税活动方面的信息。

（2）会计对象不同

财务会计的对象是核算和监督企业生产经营活动所引起的资金运动和变化；税务会计的对象是核算和监督企业的纳税活动所引起的资金运动和变化。

（3）会计核算的法律依据不同

财务会计核算的法律依据是会计法、会计准则和会计制度等会计法律法规；税务会计的核算除依据会计法、会计准则和会计制度等会计法律法规外，更侧重于税收法律法规（简称“税法”）。目前我国的税收法律法规与会计法律法规存在着较多差异，主要表现在收入的确认、费用的确认、资产的取得和期末计价等方面。当会计法律法规与税收法律法规不一致时，税务会计应以税收法律法规为依据来调整财务会计的核算结果。

（4）提供的信息不同

财务会计通过记录经济业务事项，主要编制资产负债表、利润表和现金流量表，反映企业的财务状况、经营成果和现金流量，为相关信息使用者提供财务会计方面的信息。税务会计通过对应纳税额的确认、计算、会计核算、纳税筹划和申报缴纳等工作，主要编制纳税申报表及应交税款明细表，列明应缴税款、预缴税款、未缴税款、减免税款和应退税款等内容，为相关信息使用者提供纳税活动方面的信息。

（5）会计核算基础不同

财务会计主要遵循会计法、会计准则和会计制度等会计法律法规，强调提供会计信息的真实性和可靠性，因此，其核算基础是权责发生制；税务会计则兼顾会计法律法规和税收法律法规，关注纳税主体的现金支付能力，因此，其核算基础是权责发生制和收付实现制及两者的有机结合。

任务引例解析

传统观点认为：会计学科有财务会计和管理会计两大分支。但是随着会计实践的发展，税务会计有必要从传统的财务会计中独立出来，以充分发挥现代会计的多重功能。目前，国内外越来越多的专家和学者承认，税务会计与财务会计、管理会计共同构成了现代会计的三大分支。

三、税务会计的职能

税务会计的职能就是税务会计在经济管理活动中所具有的功能。税务会计的职能主要有：

（1）核算应纳税额的职能

税务会计的首要职能是对企业生产经营活动中各种应纳税额进行确认、计算、会计核算、纳税筹划和申报缴纳等工作，筹集和运用各种涉税资金，反映纳税主体纳税义务履行的动态，提供纳税主体管理决策所需要的各种纳税信息。

（2）监督税收法律法规执行的职能

企业具有法定的纳税义务，只有按照税收法律法规的要求规范执行，才能最大限度地避免纳税风险；同时企业也享有税收法律法规所赋予纳税人的权利，企业应当充分享受这些权利。合格的税务会计人员能够帮助企业适应税收政策环境的变化，理解把握并贯彻执行相关税收法律法规，并在配合税务机关、海关及相关工作人员检查的同时，维护企业的合法权益，监督和督促税务机关、海关及相关工作人员依法征税。

(3) 履行纳税程序的职能

纳税义务人和扣缴义务人从纳税义务的发生到税款的缴纳，都有严格、规范的程序，如果纳税义务人和扣缴义务人不按照税收法律法规所规定的环节、时间、地点、期限、方式、步骤、办法缴纳或者扣缴税款，就会增加企业纳税成本，加大企业纳税风险。企业税务会计人员应当按照法定的程序，确保企业及时、足额缴纳或者扣缴税款，把企业的纳税风险控制到最低程度。

(4) 提供税收法律法规咨询服务的职能

企业的生产经营决策和财务决策绝大部分都与税收有关，如果企业不能适时地把握税收法律法规的变动趋势，必然会影响企业生产经营决策和财务决策的正确性、科学性，而合格的税务会计人员能够为企业管理决策者提供税收法律法规咨询服务，满足其管理和决策需要。

四、税务会计的基本前提

由于税务会计是以财务会计为基础的，因此财务会计中的基本前提有些也适用于税务会计，如会计分期、货币计量等，但因税收法律法规的特殊性，税务会计的基本前提也有其特殊性。

(1) 纳税主体

纳税主体就是通常所称的纳税人或纳税义务人，即依法直接负有纳税义务的法人、自然人和其他组织。纳税主体与财务会计中的会计主体有一定的联系，但又有一定的区别。在一般情况下，会计主体同时也是纳税主体。例如，某工业企业既是会计主体，同时又是纳税主体。但在某些特殊或特定情况下，会计主体不一定同时就是纳税主体，纳税主体也不一定同时就是会计主体。例如，由于个体工商户独立进行会计核算，因此，个体工商户是会计主体，但个体工商户不是企业所得税的纳税主体，而是个人所得税和其他某些税种的纳税主体；由于其他个人（指个体工商户以外的个人，即自然人）不进行会计核算，因此，其他个人不是会计主体，但却是个人所得税和其他某些税种的纳税主体。

(2) 持续经营

持续经营是指企业的生产经营活动将按照既定的目标持续进行下去，在可以预见的将来，不会面临破产清算或者注销。持续经营是增值税留抵、增值税期末留抵税额退税制度、企业所得税递延、亏损弥补、享受跨期税收优惠、税收返还或退还的前提条件。

(3) 货币时间价值

货币时间价值是指货币随着时间的推移而增加的价值。货币时间价值这一基本前提是税收立法、税收征收管理的出发点。因此，税法对各个税种都明确规定了纳税义务发生时间、纳税期限、纳税申报期限、税款缴纳期限等。在税务会计与纳税筹划实务中，纳税人合法合理地进行延期纳税就是利用了货币时间价值。纳税人在合法合理的前提下，采取递延确认收入或加速确认费用的方式便可以实现延期纳税的目的。

(4) 纳税期限

纳税期限是指纳税人每隔固定时间汇总一次纳税义务的时间，一般为一个时间段（按次纳税除外）。纳税期限有三种形式：❶按期纳税；❷按次纳税；❸按年计征、分期预缴或缴纳。纳税人不能自己决定纳税期限，必须根据税法的规定来确定自己的纳税期限。例如，根据税法的规定，增值税的纳税期限分别为1日、3日、5日、10日、15日、1个月或者1个季度；不能按照固定期限纳税的，可以按次纳税。而企业所得税按年计征，分月或者分季预缴，年终汇算清缴，多退少补。企业所得税的纳税年度，自公历1月1日起至12月31日止。企业在一个纳税年度的中间开业，或者由于合并、关闭等原因终止经营活动，使该纳税年度的实际经营期不足12个月的，应当以其实际经营期为一个纳税年度。企业清算时，应当以清算期间作为一个纳税年度。自年度终了之日起5个月内，向税务机关报送年度企业所得税纳税申报表，并汇算清缴，结清应缴税款或应退税款。企业在年度中间终止经营活动的，应当自实际经营终止之日起60日内，向税务机关办理当期企业所得税汇算清缴。

项目引例1解析

税务会计岗位职责主要有：

（1）负责对各税种进行计算、审核、复核。

（2）负责对各税种进行会计核算，登记涉税账簿。

（3）负责对各税种进行纳税筹划，在合法合理的前提下确定纳税方案，并降低纳税风险。

（4）负责对各税种进行纳税申报和税款缴纳。

（5）根据前期实缴税款情况及当前税收政策对本单位年度及月度应纳税额作出合理调整、预测。

（6）负责建立健全单位纳税内部控制制度。

（7）负责向财政机关、市场监督管理机关、审计机关、税务机关、海关等提供相关财税资料，协助税务机关开展对公司有关信息及税源的调查工作。

（8）负责进行纳税系统信息的核对与检查，并反馈信息给相关部门。

（9）负责向市场监督管理机关、税务机关等办理“一照一码”登记、设立税务登记、变更税务登记、停业复业登记、跨区域涉税事项报验管理、注销税务登记等工作。

（10）负责及时收集、反馈财政机关、市场监督管理机关、审计机关、税务机关、海关等发布的最新政策文件资料，以及参加各项市场监督管理、税务例会。

（11）负责向国家行政部门，如财政机关、税务机关、海关等申请财税优惠政策。

（12）完成上级领导交办的其他临时工作。

任务二　税务会计科目的设置

任务引例

我国现行的税种是否都通过“税金及附加”科目核算？

在企业税务会计工作中，涉税业务核算的主要一级会计科目有“应交税费”“税金及附加”“在建工程”“固定资产”“无形资产”“所得税费用”“递延所得税资产”“递延所得税负债”“以前年度损益调整”“资产处置损益”“其他收益”“营业外收入”“营业外支出”“应收出口退税款”等科目。

一、"应交税费"科目的设置

"应交税费"科目核算企业按照税法规定计算应缴纳的各种税费，包括增值税、消费税、企业所得税、个人所得税、资源税、城镇土地使用税、城市维护建设税、教育费附加、地方教育附加、房产税、土地增值税、车船税等。企业不需要预先计提或者可以不预先计提的税金（即应当或者可以在发生纳税义务的当期缴纳，而不是以后期间缴纳），如印花税、车辆购置税、契税、耕地占用税等，可以不通过本科目核算，而是直接借记相关科目，贷记"银行存款"科目。当然，若印花税、车辆购置税、契税、耕地占用税等发生了预先计提而在以后期间缴纳的情形，或者企业为了会计核算的需要，则通过"应交税费"科目核算。

点睛 《印花税法》自2022年7月1日起实施之后，印花税的纳税申报与缴纳主要有两种方式：(1) 印花税一般采用申报的方式缴纳。在这种方式下，企业按应计提的印花税额，借记"税金及附加"等科目，贷记"应交税费——应交印花税"科目；实际缴纳印花税时，借记"应交税费——应交印花税"科目，贷记"银行存款"科目。(2) 印花税也可以采用粘贴印花税票或者由税务机关依法开具其他完税凭证的方式缴纳。印花税票粘贴在应税凭证上的，由纳税人在每枚税票的骑缝处盖戳注销或者画销。在这种方式下，企业按计算并缴纳的印花税额，借记"税金及附加"科目，贷记"银行存款"科目。

本科目按照"应交税费"的税种进行明细核算。就增值税而言，一般纳税人应当在"应交税费"科目下设置"应交增值税"、"未交增值税"、"预交增值税"、"待抵扣进项税额"、"待认证进项税额"、"待转销项税额"、"增值税留抵税额"、"简易计税"、"转让金融商品应交增值税"、"代扣代交增值税"和"增值税检查调整"11个二级明细科目；小规模纳税人应当在"应交税费"科目下设置"应交增值税"、"转让金融商品应交增值税"和"代扣代交增值税"3个二级明细科目。就增值税以外的其他税种而言，纳税人一般情况下应当在"应交税费"科目下各设1个（特殊情况可以设置2个或多个）二级明细科目。

本科目期末如为贷方余额，反映企业尚未缴纳的税费；期末如为借方余额，反映企业多缴或尚未抵扣的税费。

（一）"应交税费——应交增值税"科目的设置

增值税一般纳税人应在"应交税费——应交增值税"明细账内设置"进项税额"、"销项税额抵减"、"已交税金"、"转出未交增值税"、"减免税款"、"出口抵减内销产品应纳税额"、"销项税额"、"出口退税"、"进项税额转出"和"转出多交增值税"等专栏（详见项目二）。

增值税小规模纳税人的"应交税费——应交增值税"明细科目不设置若干专栏。

（二）"应交税费——未交增值税"、"应交税费——预交增值税"、"应交税费——待抵扣进项税额"、"应交税费——待认证进项税额"、"应交税费——待转销项税额"、"应交税费——增值税留抵税额"、"应交税费——简易计税"、"应交税费——转让金融商品应交增值税"、"应交税费——代扣代交增值税"和"应交税费——增值税检查调整"科目的设置（详见项目二）

（三）"应交税费——应交消费税"、"应交税费——应交城市维护建设税"、"应交税费——应交教育费附加"、"应交税费——应交地方教育附加"、"应交税费——应交资源税"、"应交税费——应交房产税"、"应交税费——应交城镇土地使用税"和"应交税费——应交车船税"等科目的设置

企业按规定计算应缴纳的与生产经营活动有关的消费税、城市维护建设税、教育费附

加、地方教育附加、资源税、房产税、城镇土地使用税、车船税等，借记“税金及附加”“固定资产清理”等科目，贷记上述科目。实际缴纳或补缴时，借记上述科目，贷记“银行存款”科目。

点睛　对于待抵扣（扣除）的消费税，为了更加明确地对其进行核算，借鉴增值税的会计科目设置，可以增设“应交税费——待抵扣消费税额”明细科目。该科目的借方反映待抵扣的消费税额，贷方反映实际抵扣了的消费税额。

（四）“应交税费——应交土地增值税”科目的设置

企业转让的国有土地使用权连同地上建筑物及其附着物一并通过“固定资产”或“在建工程”等科目核算，转让时按应缴纳的土地增值税额，借记“固定资产清理”科目，贷记本科目。房地产开发企业转让其开发的房地产按应缴纳的土地增值税额，借记“税金及附加”科目，贷记本科目。实际缴纳或补缴时，借记本科目，贷记“银行存款”科目。

（五）“应交税费——应交所得税”科目的设置

“应交税费——应交所得税”科目反映企业所得税的当期应缴、实际缴纳和退补情况。本科目的贷方反映当期应缴和应补缴的企业所得税，借方反映实际缴纳和补缴的企业所得税；贷方余额反映当期应缴未缴的企业所得税，借方余额反映多缴的企业所得税。纳税人应当按照当期应缴或应补缴的企业所得税，借记“所得税费用——当期所得税费用”科目，贷记本科目。实际缴纳或补缴时，借记本科目，贷记“银行存款”科目。

提示　“应交税费——应交所得税”科目是“应交税费——应交企业所得税”科目的简称。实务中企业也可以使用“应交税费——应交企业所得税”科目。

（六）“应交税费——应交个人所得税”“应交税费——代扣代交个人所得税”科目的设置

个人（主要指个体工商户、个人独资企业、合伙企业）按规定自行申报时，根据计算的应缴纳的个人所得税额，借记“所得税费用”等科目，贷记“应交税费——应交个人所得税”科目。实际缴纳或补缴时，借记本科目，贷记“银行存款”科目。

企业按规定计算应代扣代缴的个人所得税时，借记“应付职工薪酬”等科目，贷记“应交税费——代扣代交个人所得税”科目。实际缴纳或补缴时，借记本科目，贷记“银行存款”科目。

二、“税金及附加”科目的设置

“税金及附加”科目核算企业经营活动发生的消费税、城市维护建设税、教育费附加、地方教育附加、资源税、房产税、城镇土地使用税、车船税、印花税等相关税费。企业按规定计算确定的与经营活动相关的税费，借记本科目，贷记“应交税费”等科目（其中印花税若采用粘贴印花税票或者由税务机关依法开具其他完税凭证的方式缴纳，则企业购买并粘贴印花税票或者由税务机关依法开具其他完税凭证时，借记本科目，贷记“银行存款”科目）。期末，应将本科目余额转入“本年利润”科目。

任务引例解析

我国现行的税种中多数是通过“税金及附加”科目核算的，还有一些税种不通过该科目核算。举例来说：❶一般情况下，增值税不构成企业的损益，不通过损益类科目“税金及附加”核算；❷企业所得税通过“所得税费用”科目核算；❸企业作为扣缴义务人代扣代缴的个人所得税，实际上是由个人承担的，不构成企业的损益，不通过损益类科目

"税金及附加"核算；④车辆购置税、契税、耕地占用税等税种通过"在建工程""固定资产""无形资产"等科目核算。

三、"在建工程""固定资产""无形资产"等科目的设置

企业不需要预先计提或者可以不预先计提的税金（即应当或者可以在发生纳税义务的当期缴纳，而不是以后期间缴纳），除了印花税通过"税金及附加"科目核算之外，车辆购置税、契税、耕地占用税等税种通过"在建工程""固定资产""无形资产"等科目核算。其中企业按规定计算确定与经营活动相关的车辆购置税并同时缴纳时，借记"固定资产"等科目，贷记"银行存款"科目；企业按规定计算确定与经营活动相关的契税并同时缴纳时，借记"在建工程""固定资产""无形资产"等科目，贷记"银行存款"科目；企业按规定计算确定与经营活动相关的耕地占用税并同时缴纳时，借记"在建工程""固定资产"等科目，贷记"银行存款"科目。

四、"所得税费用"科目的设置

"所得税费用"科目核算企业根据企业会计准则确认的应从当期利润总额中扣除的所得税费用。本科目应当按照"当期所得税费用""递延所得税费用"进行明细核算。期末，应将本科目的余额转入"本年利润"科目，结转后本科目无余额。

资产负债表日，企业根据按税法规定计算确定的当期应缴纳的企业所得税额，借记"所得税费用——当期所得税费用"科目，贷记"应交税费——应交所得税"科目。

资产负债表日，根据递延所得税资产的应有余额大于"递延所得税资产"科目余额的差额（若初次确认递延所得税资产，则按初次确认的递延所得税资产金额），借记"递延所得税资产"科目，贷记"所得税费用——递延所得税费用""资本公积——其他资本公积"等科目；递延所得税资产的应有余额小于"递延所得税资产"科目余额的差额，做相反的会计分录。

资产负债表日，根据递延所得税负债的应有余额大于"递延所得税负债"科目余额的差额（若初次确认递延所得税负债，则按初次确认的递延所得税负债金额），借记"所得税费用——递延所得税费用""资本公积——其他资本公积"等科目，贷记"递延所得税负债"科目；递延所得税负债的应有余额小于"递延所得税负债"科目余额的差额，做相反的会计分录。

五、"递延所得税资产"科目的设置

"递延所得税资产"科目核算企业根据企业会计准则确认的可抵扣暂时性差异产生的所得税资产。根据税法规定可用以后年度税前利润（实际上应为应纳税所得额）弥补的亏损产生的所得税资产，也通过本科目核算。本科目应当按照可抵扣暂时性差异等项目进行明细核算。

资产负债表日，若企业初次确认递延所得税资产，借记"递延所得税资产"科目，贷记"所得税费用——递延所得税费用"科目。以后各期的资产负债表日递延所得税资产的应有余额大于其账面余额的，应按其差额确认，借记"递延所得税资产"科目，贷记"所得税费用——递延所得税费用"等科目；资产负债表日递延所得税资产的应有余额小于其账面余额的，做相反的会计分录。

企业合并中取得资产、负债的入账价值与其计税基础不同形成可抵扣暂时性差异的，应于购买日确认递延所得税资产，借记本科目，贷记"商誉"等科目。

与直接计入所有者权益的交易或事项相关的递延所得税资产，借记本科目，贷记“资本公积——其他资本公积”科目。

资产负债表日，预计未来期间很可能无法获得足够的应纳税所得额用于抵扣可抵扣暂时性差异的，按原已确认的递延所得税资产中应减记的金额，借记“所得税费用——递延所得税费用”“资本公积——其他资本公积”等科目，贷记本科目。

本科目期末余额在借方，反映企业已确认的递延所得税资产的余额。

六、“递延所得税负债”科目的设置

“递延所得税负债”科目核算企业根据企业会计准则确认的应纳税暂时性差异产生的所得税负债。本科目应当按照应纳税暂时性差异项目进行明细核算。

资产负债表日，若企业初次确认递延所得税负债，借记“所得税费用——递延所得税费用”科目，贷记“递延所得税负债”科目。以后各期的资产负债表日递延所得税负债的应有余额大于其账面余额的，应按其差额确认，借记“所得税费用——递延所得税费用”等科目，贷记“递延所得税负债”科目；资产负债表日递延所得税负债的应有余额小于其账面余额的，做相反的会计分录。

企业合并中取得资产、负债的入账价值与其计税基础不同形成应纳税暂时性差异的，应于购买日确认递延所得税负债，同时调整商誉，借记“商誉”等科目，贷记本科目。

与直接计入所有者权益的交易或事项相关的递延所得税负债，借记“资本公积——其他资本公积”科目，贷记本科目。

本科目期末余额在贷方，反映企业已确认的递延所得税负债的余额。

七、“以前年度损益调整”科目的设置

“以前年度损益调整”科目核算企业本年度发生的调整以前年度损益的事项以及本年度发现的重要前期差错更正涉及调整以前年度损益的事项。企业在资产负债表日至财务报告批准报出日之间发生的需要调整报告年度损益的事项，也通过本科目核算。

企业调整增加以前年度利润或减少以前年度亏损，借记有关科目，贷记本科目；调整减少以前年度利润或增加以前年度亏损，做相反的会计分录。

由于以前年度损益调整增加的所得税费用以及汇算清缴调增的所得税费用，借记本科目，贷记“应交税费——应交所得税”等科目；由于以前年度损益调整减少的所得税费用以及汇算清缴调减的所得税费用，做相反的会计分录。

经上述调整后，应将本科目的余额转入“利润分配——未分配利润”科目。本科目如为贷方余额，借记本科目，贷记“利润分配——未分配利润”科目；如为借方余额，做相反的会计分录。本科目结转后应无余额。

点睛　“以前年度损益调整”科目主要调整的是以前年度损益的事项、本年度发现的重要前期差错更正涉及调整以前年度损益的事项，以及企业在资产负债表日至财务报告批准报出日之间发生的需要调整报告年度损益的事项。作为损益类项目的过渡性科目，其余额最终转入“利润分配——未分配利润”科目。该调整金额不体现在本期利润表上，而是体现在未分配利润中。

八、“资产处置损益”科目的设置

“资产处置损益”科目核算企业出售划分为持有待售的非流动资产（金融工具、长期

股权投资和投资性房地产除外）或处置组（子公司和业务除外）时确认的处置利得或损失，以及处置未划分为持有待售的固定资产、在建工程、生产性生物资产及无形资产而产生的处置利得或损失。非货币性资产交换中换出非流动资产（金融工具、长期股权投资和投资性房地产除外）产生的利得或损失也在本科目核算。

本科目期末应从其借方或者贷方结转至“本年利润”科目，结转后应无余额。

九、“其他收益”科目的设置

“其他收益”科目核算计入其他收益的政府补助，以及其他与日常活动相关且计入其他收益的项目。按照《关于〈关于深化增值税改革有关政策的公告〉适用〈增值税会计处理规定〉有关问题的解读》等相关文件的要求，执行增值税加计抵减政策的纳税人实际缴纳增值税时，按应纳税额借记“应交税费——未交增值税”等科目，按实际纳税的金额贷记“银行存款”科目，按加计抵减的金额贷记“其他收益”科目。企业作为个人所得税的扣缴义务人，根据《中华人民共和国个人所得税法》收到的扣缴税款手续费，应作为其他与日常活动相关的收益通过本科目核算。

本科目期末应从其借方结转至“本年利润”科目，结转后应无余额。

十、“营业外收入”科目的设置

“营业外收入”科目核算企业发生的除营业利润以外的收益，主要包括与企业日常活动无关的政府补助、盘盈利得、捐赠利得（企业接受股东或股东的子公司直接或间接的捐赠，经济实质属于股东对企业的资本性投入的除外）、非流动资产毁损报废收益等。非流动资产毁损报废收益，是指非流动资产因自然灾害等原因发生毁损、已丧失使用功能等原因而报废清理产生的收益。

本科目期末应从其借方结转至“本年利润”科目，结转后应无余额。

十一、“营业外支出”科目的设置

“营业外支出”科目核算企业发生的除营业利润以外的支出，主要包括捐赠支出、非常损失、盘亏损失、罚款支出、非流动资产毁损报废损失等。非流动资产毁损报废损失，是指非流动资产因自然灾害等原因发生毁损、已丧失使用功能等原因而报废清理产生的损失。

提示 企业在不同交易中形成的非流动资产毁损报废利得和损失不得相互抵销，应分别通过“营业外收入”科目和“营业外支出”科目进行核算。

本科目期末应从其贷方结转至“本年利润”科目，结转后应无余额。

十二、“应收出口退税款”科目的设置

“应收出口退税款”科目可以设置“应收出口退税款——增值税”“应收出口退税款——消费税”两个明细科目。“应收出口退税款——增值税”科目的借方反映销售出口货物、劳务、服务或者无形资产按规定向税务机关申报应退回的增值税额，贷方反映实际收到的出口货物、劳务、服务或者无形资产应退回的增值税额，期末借方余额，反映尚未收到的应退增值税额。“应收出口退税款——消费税”科目的借方反映销售出口应税消费品按规定向税务机关申报应退回的消费税额，贷方反映实际收到的出口应税消费品应退回的消费税额，期末借方余额，反映尚未收到的应退消费税额。

项目练习

问答题

1.税务会计的基本前提有哪些?

2.在企业税务会计工作中,涉税业务核算的主要一级会计科目有哪些?

项目实训

一、实训名称

会计主管获取的职业或者执业资格调查

二、实训设计

与会计专业相关的职业或者执业资格主要有会计师(初级、中级、高级,下同)、经济师(初级、中级、高级,下同)、审计师(初级、中级、高级,下同)、税务师、资产评估师、注册会计师。将全班同学分成若干小组,每组10人左右。每组寻找50个自己直接认识或者间接认识的公司的会计主管,通过电话、电子邮件调查问卷、网页版调查问卷或者纸质版调查问卷等方式来调查该会计主管都获取了哪些职业或者执业资格,调查职业或者执业资格获取的难易程度并排序,调查职业或者执业资格的重要性程度并排序。

三、实训任务要求

1.会计师、经济师、审计师、税务师、资产评估师、注册会计师等职业或者执业资格的报考条件有哪些?

2.在校生或者毕业生(毕业当年度)可以考取的职业或者执业资格有哪些?

3.设计会计主管获取的职业或者执业资格调查问卷。

4.对会计主管获取的职业或者执业资格调查结果进行分析。

项目二

增值税的会计实务

职业能力目标

（1）能根据相关业务资料计算增值税。

（2）能设置增值税会计科目，能根据相关业务资料对增值税进行会计核算。

（3）能根据相关业务资料填写增值税及附加税费申报表以及相关申报表，并能进行增值税的纳税申报。

素养提升

动漫

税收助力中国芯

项目引例2.1——一般纳税人增值税的计算、会计核算和纳税申报

大连顺达贸易有限公司为增值税一般纳税人（位于市区）；登记注册类型为其他有限责任公司；法定代表人姓名为王光明；企业注册地址和生产经营地址均为大连市开发区光华路53号，电话为0411-777777××；所属行业为批发和零售业；开户银行及账号为中国工商银行大连分行光华路支行，33010220090115077××；纳税人识别号为91370722900456888P。

大连顺达贸易有限公司主营货物批发零售，兼营国际货运代理和运输服务。2023年6月，大连顺达贸易有限公司发生的经济业务如下：

❶12日，在国内采购货物一批，取得的增值税专用发票上注明价款300 000元，增值税税额39 000元，款项以银行存款支付。

❷13日，进口货物1批，取得的海关进口增值税专用缴款书上注明价款80 000元，增值税税额10 400元，款项以银行存款支付。

❸15日，销售货物一批，开具的增值税专用发票上注明价款2 000 000元，增值税税额260 000元，款项已存入银行（假设不考虑成本结转）。

❹20日，将2023年5月购进的货物200 000元（不含增值税）改变用途用于发放职工福利。该批货物的进项税额为26 000元，已于2023年5月进行了抵扣。

❺21日，提供联运运输服务，共取得款项2 180 000元，并开具增值税专用发票，注明运输费用2 000 000元，增值税税额180 000元，款项已存入银行；同时支付给联运方运费763 000元（含税），取得的增值税专用发票上注明运输费用700 000元，增值税税额63 000元，款项以银行存款支付。

❻24日，提供国际货运代理服务（该公司放弃免税权），取得收入并开具增值税专用发票，注明价款1 200 000元，增值税税额72 000元，款项已存入银行。为取得该收入，支付给一般纳税人代理公司代理费用，取得的增值税专用发票上注明价款1 000 000元，增值税税额60 000元，款项以银行存款支付；支付给小规模纳税人咨询公司咨询费用金额206 000元，取得的增值税专用发票上注明价款200 000元，增值税税额6 000元，款项以银行存款支付；支付给小规模纳税人货物运输公司运费金额90 000元（含增值税），取得增值税普通发票1张，款项以银行存款支付。

❼26日，购进用于销售货物的设备3台，取得的增值税专用发票上注明价款200 000元，增值税税额26 000元，款项以银行存款支付。

大连顺达贸易有限公司不适用小微企业“六税两费”减免政策。大连顺达贸易有限公司于2023年6月10日缴纳2023年5月应缴未缴增值税80 000元。大连顺达贸易有限公司取得的增值税专用发票2023年6月均符合抵扣规定。大连顺达贸易有限公司2023年7月10日对2023年6月的增值税进行纳税申报。

【任务要求】

（1）计算大连顺达贸易有限公司2023年6月的应纳增值税。

（2）对大连顺达贸易有限公司2023年6月发生的经济业务以及2023年7月缴纳增值税的业务进行账务处理。

（3）大连顺达贸易有限公司2023年7月10日对2023年6月的增值税进行纳税申报，填写“增值税及附加税费申报表（一般纳税人适用）”等申报表。

【项目引例2.1解析】见本项目的任务三。

项目引例2.2——小规模纳税人增值税的计算、会计核算和纳税申报

大连宏达贸易有限公司为增值税小规模纳税人（位于市区），选择按月进行增值税纳税申报，其纳税人识别号为91110356426426311B。2023年1月，大连宏达贸易有限公司发生的经济业务如下：

❶5日，购进计算机，取得增值税普通发票，发票上注明价款329 600元（含增值税）。企业购进的货物已验收入库，款项以银行存款支付。

❷10日，销售计算机并开具增值税普通发票，发票上注明价款303 000元（含增值税），款项已存入银行。该批计算机的成本为240 000元。

❸20日，销售计算机并开具增值税专用发票，发票上注明价款200 000元，增值税税额2 000元，款项已存入银行。该批计算机的成本为160 000元。

2023年1月，大连宏达贸易有限公司减按1%的征收率征收增值税。大连宏达贸易有限公司2023年2月10日对2023年1月的增值税进行纳税申报。

【任务要求】

（1）计算大连宏达贸易有限公司2023年1月的应纳增值税。

（2）对大连宏达贸易有限公司2023年1月发生的经济业务以及2023年2月缴纳增值税的业务进行账务处理。

（3）大连宏达贸易有限公司2023年2月10日对2023年1月的增值税进行纳税申报，填写“增值税及附加税费申报表（小规模纳税人适用）”等申报表。

【项目引例2.2解析】见本项目的任务三。

任务一　增值税的认知

任务引例

甲公司是一家医药公司，为增值税一般纳税人，请问甲公司购进的药品在保质期之内未销售完毕作销毁处理，这是否属于非正常损失，其进项税额是否需作转出处理？

一、增值税的概念、分类与改革历程

（一）增值税的概念

增值税是以销售货物、加工修理修配劳务（简称为“劳务”）、服务、无形资产或者不动产过程中产生的增值额作为计税依据而征收的一种流转税。具体而言，增值税是对在我国境内销售货物、加工修理修配劳务、服务、无形资产、不动产以及进口货物的企业单位和个人，就其取得货物、加工修理修配劳务、服务、无形资产或者不动产的增值额以及进口货物的金额为计税依据而课征的一种流转税。

（二）增值税的分类

按购进固定资产的进项税额是否可以抵扣及如何抵扣的不同，可将增值税分为消费型增值税、收入型增值税和生产型增值税三种类型。三种类型增值税的特点和适用范围见表2-1。

表2-1　三种类型增值税的特点和适用范围

类型	特点	适用范围
消费型增值税	❶购进的固定资产所含的增值税额（进项税额）允许一次性从销项税额中全部抵扣；❷彻底消除重复征税，有利于设备更新和技术进步	我国于2009年1月1日起实行
收入型增值税	购进的固定资产在当期计提折旧的部分所含的增值税额（进项税额）允许从销项税额中抵扣	
生产型增值税	❶购进的固定资产所含的增值税额（进项税额）不允许从销项税额中抵扣；❷存在重复征税，抑制固定资产投资	我国于2008年12月31日之前实行

提示　我国现行增值税属于消费型增值税。

（三）增值税的改革历程

我国自1979年开始在部分城市试行增值税，1982年财政部制定了《增值税暂行办法》，自1983年1月1日开始在全国试行。我国增值税目前适用的主要法律文件是《中华人民共和国增值税暂行条例》。《中华人民共和国增值税暂行条例》是于1993年12月13日以中华人民共和国国务院令第134号的文件形式公布，于2008年11月5日经国务院第34次常务会议修订通过，根据2016年2月6日《国务院关于修改部分行政法规的决定》再次修订，根据2017年11月19日《国务院关于废止〈中华人民共和国营业税暂行条例〉和修改〈中华人民共和国增值税暂行条例〉的决定》进一步修订。到目前为止，我国增值税经历了四次改革。

（1）1984年的第一次改革，属于增值税的过渡阶段。此时的增值税是在产品税的基础上进行的，征税范围较窄，税率档次较多，计算方式复杂，留有产品税的痕迹，属于变相增值税。

（2）1993年的第二次改革，属于增值税的规范阶段。参照国际通行做法，结合我国实际情况，扩大了征税范围，减并了税率，规范了计算方法，开始进入国际通行的规范化行列。

（3）2009年的第三次改革，属于增值税的转型阶段。自2009年1月1日起，符合规定的固定资产进项税额允许抵扣，实现了由生产型增值税向消费型增值税的转型。

（4）2012年起的第四次改革，属于增值税的“营改增”阶段。交通运输业和部分现代服务业率先由征收营业税改为征收增值税，扩大了增值税的征税范围。

财政部、国家税务总局于2011年11月17日公布了营业税改征增值税试点方案，交通运输业和部分现代服务业营业税改征增值税自2012年1月1日起在上海等地实施。自2012年8月1日起至2012年年底，将交通运输业和部分现代服务业作为营业税改征增值税的试点范围，由上海市分批扩大至北京、天津、江苏、浙江、安徽、福建、湖北、广东、厦门和深圳10个省、直辖市、计划单列市。自2013年8月1日起，在全国范围内开展交通运输业（除铁路运输外）和部分现代服务业“营改增”试点。自2014年1月1日起，“营改增”试点扩大到铁路运输和邮政服务业。自2014年6月1日起，“营改增”试点扩大到电信业。自2016年5月1日起，将建筑业、房地产业、金融业、生活服务业4个行业纳入“营改增”试点范围。至此，营业税全部改征增值税。

二、增值税的征税范围

（一）增值税征税范围的基本规定

1. 销售或者进口货物

销售货物是指有偿转让货物的所有权。

进口货物是指申报进入中国海关境内的货物。只要是报关进口的应税货物，均属于增值税的征税范围，除享受免税政策外，在进口环节缴纳增值税。

点睛　“有偿”是指从购买方取得货币、货物或者其他经济利益。“货物”是指除土地、房屋和其他建筑物等一切不动产之外的有形动产，包括电力、热力、气体在内。

2. 提供（销售）加工、修理修配劳务

“加工”是指委托方提供原材料及主要材料，受托方按照委托方的要求制造货物并收取加工费的业务；“修理修配”是指受托对损伤和丧失功能的货物进行修复，使其恢复原状和功能的业务。

提供加工、修理修配劳务是指有偿提供加工、修理修配劳务，但单位或个体工商户聘用的员工为本单位或雇主提供加工修理修配劳务，不包括在内。

在中华人民共和国境内销售货物或者提供加工、修理修配劳务，是指：❶销售货物的起运地或者所在地在境内；❷提供的应税劳务发生地在境内。

3. 销售服务、无形资产、不动产

销售服务、无形资产或者不动产，是指有偿提供服务、有偿转让无形资产或者不动产，但属于下列非经营活动的情形除外：❶行政单位收取的同时满足以下条件的政府性基金或者行政事业性收费：A.由国务院或者财政部批准设立的政府性基金，由国务院或者省级人民政府及其财政、价格主管部门批准设立的行政事业性收费；B.收取时开具省级以上（含省级）财政部门监（印）制的财政票据；C.所收款项全额上缴财政。❷单位或者个体工商户聘用的员工为本单位或者雇主提供取得工资的服务。❸单位或者个体工商户为聘用的员工提供服务。❹财政部和国家税务总局规定的其他情形。

在境内销售服务、无形资产或者不动产，是指：❶服务（租赁不动产除外）或者无形资产（自然资源使用权除外）的销售方或者购买方在境内；❷所销售或者租赁的不动产在境内；❸所销售自然资源使用权的自然资源在境内；❹财政部和国家税务总局规定的其他情形。

（二）销售服务、无形资产、不动产的具体内容

1. 销售服务

销售服务，是指提供交通运输服务、邮政服务、电信服务、建筑服务、金融服务、现代服务、生活服务。

（1）交通运输服务。交通运输服务，是指使用运输工具将货物或者旅客送达目的地，使其空间位置得到转移的业务活动，包括陆路运输服务、水路运输服务、航空运输服务和管道运输服务。

（2）邮政服务。邮政服务，是指中国邮政集团公司及其所属邮政企业提供邮件寄递、邮政汇兑、机要通信和邮政代理等邮政基本服务的业务活动，包括邮政普遍服务、邮政特殊服务和其他邮政服务。

（3）电信服务。电信服务，是指利用有线、无线的电磁系统或者光电系统等各种通信网络资源，提供语音通话服务，传送、发射、接收或者应用图像、短信等电子数据和信息的业务活动，包括基础电信服务和增值电信服务。

（4）建筑服务。建筑服务，是指各类建筑物、构筑物及其附属设施的建造、修缮、装饰，线路、管道、设备、设施等的安装以及其他工程作业的业务活动，包括工程服务、安装服务、修缮服务、装饰服务和其他建筑服务。

（5）金融服务。金融服务，是指经营金融保险的业务活动，包括贷款服务、直接收费金融服务、保险服务和金融商品转让。

（6）现代服务。现代服务，是指围绕制造业、文化产业、现代物流产业等提供技术性、知识性服务的业务活动，包括研发和技术服务、信息技术服务、文化创意服务、物流辅助服务、租赁服务、鉴证咨询服务、广播影视服务、商务辅助服务和其他现代服务。

（7）生活服务。生活服务，是指为满足城乡居民日常生活需求提供的各类服务活动，包括文化体育服务、教育医疗服务、旅游娱乐服务、餐饮住宿服务、居民日常服务和其他生活服务。

2. 销售无形资产

销售无形资产，是指转让无形资产所有权或者使用权的业务活动。无形资产，是指不具实物形态，但能带来经济利益的资产，包括技术、商标、著作权、商誉、自然资源使用权和其他权益性无形资产。

技术，包括专利技术和非专利技术。

自然资源使用权，包括土地使用权、海域使用权、探矿权、采矿权、取水权和其他自然资源使用权。

其他权益性无形资产，包括基础设施资产经营权、公共事业特许权、配额、经营权（包括特许经营权、连锁经营权、其他经营权）、经销权、分销权、代理权、会员权、席位权、网络游戏虚拟道具、域名、名称权、肖像权、冠名权、转会费等。

3. 销售不动产

销售不动产，是指转让不动产所有权的业务活动。不动产，是指不能移动或者移动后会引起性质、形状改变的财产，包括建筑物、构筑物等。

建筑物，包括住宅、商业营业用房、办公楼等可供居住、工作或者进行其他活动的建造物。

构筑物，包括道路、桥梁、隧道、水坝等建造物。

转让建筑物有限产权或者永久使用权的、转让在建的建筑物或者构筑物所有权的、在转让建筑物或者构筑物时一并转让其所占土地的使用权的，按照销售不动产缴纳增值税。

（三）增值税征税范围的特殊规定

1. 视同销售货物

单位或者个体工商户的下列行为，视同销售货物，征收增值税：

❶将货物交付其他单位或者个人代销。

❷销售代销货物。

❸设有两个以上机构并实行统一核算的纳税人，将货物从一个机构移送其他机构用于销售，但相关机构设在同一县（市）的除外。

❹将自产、委托加工的货物用于非增值税应税项目[①]。

❺将自产、委托加工的货物用于集体福利或者个人消费。

❻将自产、委托加工或者购进的货物作为投资，提供给其他单位或者个体工商户。

❼将自产、委托加工或者购进的货物分配给股东或者投资者。

❽将自产、委托加工或者购进的货物无偿赠送其他单位或者个人。

上述第❺项所称“集体福利或个人消费”是指企业内部设置的供职工使用的食堂、浴室、理发室、宿舍、幼儿园等福利设施及设备、物品等，或者以福利、奖励、津贴等形式发放给职工个人的物品。

点睛　“视同销售”是一个税收概念，在会计上有时并不作为销售处理（如第❸项和第❽项）。上述八种行为之所以要征收增值税，其主要目的：一是确保增值税抵扣链完整；二是防止纳税人逃避纳税；三是体现配比原则。

提示　将购进的货物用于集体福利或者个人消费（注意上述第❺项并没有包括“购进”），不属于视同销售。就一般纳税人采用一般计税方法的情形而言，此类行为属于“销项不计、进项不抵”（第❺项如果是“购进”的，则此类货物在购进时属于不得抵扣增值税进项税额项目，此类货物在用于集体福利或者个人消费时不属于视同销售，不计算增值税销项税额）；若购进货物的增值税进项税额已经抵扣过了，应当对其作进项税额转出处理。需要特别注意第❺项与第❻、❼、❽项范围上的不同之处。

---

① 由于自2016年5月1日起全面“营改增”，因此营业税退出了历史舞台，此处的“非增值税应税项目”已经失去了意义。根据财税〔2016〕36号文件精神及增值税相关原理，本条失效。

总结 纳税人将"自产、委托加工"的货物用于第❺～❽项时，均视同销售。

纳税人将"购进"的货物用于第❻～❽项时，属于视同销售。纳税人将"购进"的货物用于第❺项时，不属于视同销售。总结上述内容，是否属于视同销售，见表2-2。

表2-2 是否属于视同销售一览表

用途	自产、委托加工的货物	购进的货物
集体福利或者个人消费	√	×
投资	√	√
分配	√	√
无偿赠送	√	√

注："√"表示属于视同销售，"×"表示不属于视同销售。

2. 视同销售服务、无形资产或者不动产

下列情形视同销售服务、无形资产或者不动产：

❶单位或者个体工商户向其他单位或者个人无偿提供服务，但用于公益事业或者以社会公众为对象的除外。

❷单位或者个人向其他单位或者个人无偿转让无形资产或者不动产，但用于公益事业或者以社会公众为对象的除外。

❸财政部和国家税务总局规定的其他情形。

提示 纳税人出租不动产，租赁合同中约定免租期的，不属于视同销售服务。

3. 混合销售行为

一项销售行为如果既涉及货物又涉及服务，为混合销售。从事货物的生产、批发或者零售的单位和个体工商户的混合销售行为，按照销售货物缴纳增值税；其他单位和个体工商户的混合销售行为，按照销售服务缴纳增值税。

上述从事货物的生产、批发或者零售的单位和个体工商户，包括以从事货物的生产、批发或者零售为主，并兼营销售服务的单位和个体工商户在内。

4. 兼营行为

纳税人兼营销售货物、加工修理修配劳务、服务、无形资产或者不动产适用不同税率或者征收率的，应当分别核算适用不同税率或者征收率的销售额，未分别核算销售额的，按照以下方法从高适用税率或者征收率：

❶兼有（兼营）不同税率的销售货物、加工修理修配劳务、服务、无形资产或者不动产，从高适用税率。

❷兼有（兼营）不同征收率的销售货物、加工修理修配劳务、服务、无形资产或者不动产，从高适用征收率。

❸兼有（兼营）不同税率和征收率的销售货物、加工修理修配劳务、服务、无形资产或者不动产，从高适用税率。

点睛 判断混合销售的关键是"同时"；判断兼营的关键是"并"。

总结　混合销售和兼营两种特殊行为特征的比较见表2-3。

表2-3　**混合销售和兼营两种特殊行为特征的比较**

行为	判断依据	税务处理	备注
混合销售	强调同一项销售行为中存在两类经营项目（一类是货物，另一类是服务）的混合，两者有从属关系	从事货物的生产、批发或者零售的单位和个体工商户的混合销售行为，按照销售货物缴纳增值税；其他单位和个体工商户的混合销售行为，按照销售服务缴纳增值税	从事货物的生产、批发或者零售的单位和个体工商户，包括以从事货物的生产、批发或者零售为主，并兼营销售服务的单位和个体工商户在内
兼营	强调同一纳税人的经营活动中存在两类或多类的经营项目（货物、加工修理修配劳务、服务、无形资产或者不动产），它们之间无直接从属关系	应当分别核算适用不同税率或者征收率的销售额，未分别核算销售额的，从高适用税率或者征收率	❶兼有不同税率的销售货物、加工修理修配劳务、服务、无形资产或者不动产，从高适用税率。❷兼有不同征收率的销售货物、加工修理修配劳务、服务、无形资产或者不动产，从高适用征收率。❸兼有不同税率和征收率的销售货物、加工修理修配劳务、服务、无形资产或者不动产，从高适用税率

三、增值税的纳税人

增值税纳税人是指税法规定负有缴纳增值税义务的单位和个人。在中华人民共和国境内销售货物或者加工修理修配劳务（简称劳务）、服务、无形资产、不动产以及进口货物的单位和个人，为增值税的纳税人。

单位是指企业、行政单位、事业单位、军事单位、社会团体及其他单位。个人是指个体工商户和其他个人。

对于销售货物、提供加工修理修配劳务或者进口货物的行为，单位租赁或者承包给其他单位或者个人经营的，以承租人或者承包人为纳税人。对于销售服务、无形资产或者不动产的行为，单位以承包、承租、挂靠方式经营的，承包人、承租人、挂靠人（以下统称承包人）以发包人、出租人、被挂靠人（以下统称发包人）名义对外经营并由发包人承担相关法律责任的，以该发包人为纳税人；否则，以承包人为纳税人。2017年7月1日（含）以后，资管产品运营过程中发生的增值税应税行为，以资管产品管理人为增值税纳税人。

按照经营规模的大小和会计核算健全与否等标准，增值税纳税人可分为一般纳税人和小规模纳税人。

（一）增值税一般纳税人

一般纳税人是指年应征增值税销售额（以下简称年应税销售额，指的是销售货物、劳务、服务、无形资产、不动产年应征增值税销售额之和）超过税法规定的小规模纳税人标准（自2018年5月1日起，小规模纳税人标准为500万元及以下）的企业和企业性单位。一般纳税人的特点是增值税进项税额可以抵扣销项税额。纳税人不属于一般纳税人（或者可选择不作为一般纳税人）的情况包括以下几点：

❶年应税销售额未超过小规模纳税人标准的企业（不属于一般纳税人，但符合一定条

件的可以申请成为一般纳税人)。

❷除个体工商户以外的其他个人(不属于一般纳税人)。

❸非企业性单位、不经常发生增值税应税行为的企业(针对销售货物、加工修理修配劳务的纳税人，年应税销售额超过小规模纳税人标准的，可选择不作为一般纳税人)。

❹不经常发生应税行为的单位和个体工商户(针对销售服务、无形资产或者不动产的纳税人，年应税销售额超过规定标准的，可选择不作为一般纳税人)。

增值税纳税人，年应税销售额超过财政部、国家税务总局规定的小规模纳税人标准的，除税法另有规定外，应当向其机构所在地主管税务机关办理一般纳税人登记。

在税务机关登记的一般纳税人，可按税法规定计算应纳税额，并使用增值税专用发票。对符合一般纳税人条件但不办理一般纳税人登记手续的纳税人，应按销售额依照增值税税率计算应纳税额，不得抵扣进项税额，也不得使用增值税专用发票。

答疑　如何理解年应税销售额?

答：年应税销售额，是指纳税人在连续不超过12个月(或4个季度)的经营期内(含未取得销售收入的月份或季度)累计应征增值税销售额，包括纳税申报销售额、稽查查补销售额、纳税评估调整销售额。纳税申报销售额是指纳税人自行申报的全部应征增值税销售额，其中包括免税销售额和税务机关代开发票销售额。

提示　增值税一般纳税人的特点是在一般计税方法下且符合抵扣规定的前提下，购进货物、劳务、服务、无形资产或者不动产而支付的增值税进项税额可以从销项税额中抵扣(即采用“购进扣税法”)。

(二)小规模纳税人

小规模纳税人是指年销售额在规定标准以下，并且会计核算不健全，不能按规定报送有关税务资料的增值税纳税人。小规模纳税人的标准如下：

❶自2018年5月1日起，增值税小规模纳税人标准统一为年应税销售额500万元及以下。

❷年应税销售额超过小规模纳税人标准的其他个人(指个体工商户以外的个人)按照小规模纳税人纳税。

❸年应税销售额超过小规模纳税人标准的非企业性单位、不经常发生应税行为的企业可选择按照小规模纳税人纳税(针对销售货物、加工修理修配劳务的纳税人)；年应税销售额超过规定标准但不经常发生应税行为的单位和个体工商户可选择按照小规模纳税人纳税(针对销售服务、无形资产或者不动产的纳税人)。

小规模纳税人会计核算健全，能够提供准确税务资料的，可以向主管税务机关办理一般纳税人登记，成为一般纳税人。

除国家税务总局另有规定外，一经登记为一般纳税人后，不得转为小规模纳税人。

四、增值税的扣缴义务人

中华人民共和国境外(以下简称境外)的单位或者个人在境内提供应税劳务(加工修理修配劳务)，在境内未设有经营机构的，以其境内代理人为扣缴义务人；在境内没有代理人的，以购买方为扣缴义务人。

境外的单位或者个人在境内发生应税行为(销售服务、无形资产或不动产)，在境内未设有经营机构的，以购买方为增值税扣缴义务人。财政部和国家税务总局另有规定的除外。

上述扣缴义务人按照下列公式计算应扣缴税额：

应扣缴税额=购买方支付的价款÷（1+税率）×税率

五、增值税税率和征收率

一般纳税人一般情况下采用一般计税方法并适用税率。自2019年4月1日起，增值税一般纳税人发生增值税应税销售行为或者进口货物，原适用16%税率的，税率调整为13%；原适用10%税率的，税率调整为9%。一般纳税人特殊情况下采用简易计税方法[①]并适用征收率。小规模纳税人缴纳增值税采用简易计税方法并适用征收率。

（一）基本税率

增值税的基本税率为13%，适用于纳税人销售或者进口货物（适用9%的低税率的除外）、提供加工修理修配劳务、销售有形动产租赁服务。

（二）低税率

1. 9%

（1）一般纳税人销售或者进口下列货物，税率为9%：❶粮食等农产品、食用植物油、食用盐；❷自来水、暖气、冷气、热水、煤气、石油液化气、天然气、二甲醚、沼气、居民用煤炭制品；❸图书、报纸、杂志、音像制品、电子出版物；❹饲料、化肥、农药、农机、农膜；❺国务院规定的其他货物。

（2）一般纳税人销售交通运输、邮政、基础电信、建筑、不动产租赁服务，销售不动产，转让土地使用权，税率为9%。

2. 6%

一般纳税人销售增值电信服务、金融服务、现代服务和生活服务，销售土地使用权以外的无形资产，税率为6%。

点睛　境内的购买方为境外单位和个人扣缴增值税的，按照适用税率扣缴增值税。

（三）零税率

❶纳税人出口货物或者劳务，税率为零；但是，国务院另有规定的除外。

❷境内单位和个人跨境销售国务院规定范围内的服务或者无形资产（统称跨境应税行为），税率为零。

（四）征收率

我国增值税的法定征收率是3%；一些特殊项目适用3%减按2%的征收率；自2020年5月1日至2027年12月31日，从事二手车经销的纳税人销售其收购的二手车，减按0.5%征收率征收增值税。全面营改增后的与不动产有关的特殊项目适用5%的征收率；一些特殊项目适用5%减按1.5%的征收率。

自2023年1月1日至2027年12月31日，增值税小规模纳税人适用3%征收率的应税销售收入，减按1%征收率征收增值税；适用3%预征率的预缴增值税项目，减按1%预征率预缴增值税。具体相关规定如下：

（1）增值税小规模纳税人（简称小规模纳税人）发生增值税应税销售行为，合计月销

① 简易计税方法，又称简易方法、简易办法。不同税法文件用词不尽相同，但以上三种用词是一个意思。

售额未超过10万元（以1个季度为1个纳税期的，季度销售额未超过30万元）的，免征增值税。小规模纳税人发生增值税应税销售行为，合计月销售额超过10万元（以1个季度为1个纳税期的，季度销售额超过30万元），但扣除本期发生的销售不动产的销售额后未超过10万元（以1个季度为1个纳税期的，季度销售额未超过30万元）的，其销售货物、劳务、服务、无形资产取得的销售额免征增值税。

（2）适用增值税差额征税政策的小规模纳税人，以差额后的销售额确定是否可以享受“自2023年1月1日至2027年12月31日，对月销售额10万元（以1个季度为1个纳税期的，季度销售额30万元）以下（含本数）的增值税小规模纳税人，免征增值税”规定的免征增值税政策。“增值税及附加税费申报表（小规模纳税人适用）”中的“免税销售额”相关栏次，填写差额后的销售。

（3）《中华人民共和国增值税暂行条例实施细则》第九条所称的其他个人，采取一次性收取租金形式出租不动产取得的租金收入，可在对应的租赁期内平均分摊，分摊后的月租金收入未超过10万元的，免征增值税。

（4）小规模纳税人取得应税销售收入，适用“自2023年1月1日至2027年12月31日，对月销售额10万元（以1个季度为1个纳税期的，季度销售额30万元）以下（含本数）的增值税小规模纳税人，免征增值税”规定的免征增值税政策的，纳税人可就该笔销售收入选择放弃免税并开具增值税专用发票。

（5）小规模纳税人取得应税销售收入，适用“自2023年1月1日至2027年12月31日，增值税小规模纳税人适用3%征收率的应税销售收入，减按1%征收率征收增值税”政策的，应按照1%征收率开具增值税发票。纳税人可就该笔销售收入选择放弃减税并开具增值税专用发票。

（6）小规模纳税人取得应税销售收入，纳税义务发生时间在2022年12月31日前并已开具增值税发票，如发生销售折让、中止或者退回等情形需要开具红字发票，应开具对应征收率红字发票或免税红字发票；开票有误需要重新开具的，应开具对应征收率红字发票或免税红字发票，再重新开具正确的蓝字发票。

（7）小规模纳税人发生增值税应税销售行为，合计月销售额未超过10万元（以1个季度为1个纳税期的，季度销售额未超过30万元）的，免征增值税的销售额等项目应填写在“增值税及附加税费申报表（小规模纳税人适用）”中的“小微企业免税销售额”或者“未达起征点销售额”相关栏次；减按1%征收率征收增值税的销售额应填写在“增值税及附加税费申报表（小规模纳税人适用）”中的“应征增值税不含税销售额（3%征收率）”相应栏次，对应减征的增值税应纳税额按销售额的2%计算填写在“增值税及附加税费申报表（小规模纳税人适用）”中的“本期应纳税额减征额”及“增值税减免税申报明细表”减税项目相应栏次。

（8）按固定期限纳税的小规模纳税人可以选择以1个月或1个季度为纳税期限，一经选择，一个会计年度内不得变更。

（9）按照现行规定应当预缴增值税税款的小规模纳税人，凡在预缴地实现的月销售额未超过10万元（以1个季度为1个纳税期的，季度销售额未超过30万元）的，当期无需预缴税款。在预缴地实现的月销售额超过10万元（以1个季度为1个纳税期的，季度销售额超过30万元）的，适用3%预征率的预缴增值税项目，减按1%预征率预缴增值税。

(10) 小规模纳税人中的单位和个体工商户销售不动产，应按其纳税期、上述第 (9) 条以及其他现行政策规定确定是否预缴增值税；其他个人销售不动产，继续按照现行规定征免增值税。

(11) 纳税人按照《财政部　税务总局关于明确增值税小规模纳税人减免增值税等政策的公告》(财政部　税务总局公告2023年第1号) 第四条规定申请办理抵减或退还已缴纳税款，如果已经向购买方开具了增值税专用发票，应先将增值税专用发票追回。

六、增值税一般计税方法下应纳税额的计算

我国增值税一般纳税人在一般计税方法下的应纳税额的计算实行购进扣税法。一般纳税人在一般计税方法下销售货物、劳务、服务、无形资产、不动产 (统称应税销售行为)，应纳税额为当期销项税额抵扣当期进项税额后的余额。其应纳增值税税额的计算公式为：

应纳增值税税额 = 当期销项税额 − 当期准予抵扣的进项税额

= 当期销售额 × 适用税率 − 当期准予抵扣的进项税额

"当期"是个很重要的时间限定，是指税务机关依照税法对纳税人确定的纳税期间。只有在纳税期间内实际发生的销项税额、进项税额，才是法定的当期销项税额、进项税额。如果当期销项税额小于当期准予抵扣的进项税额，当期不足抵扣的部分可以结转到下期继续抵扣。

(一) 销售额的确定

(1) 一般销售方式下销售额的确定。

销售额为纳税人发生应税销售行为收取的全部价款和价外费用，但是不包括收取的销项税额。

提示　如果销售的货物是消费税应税产品，则全部价款中包括消费税。如果销售的货物是进口产品，则全部价款中包括进口关税。

价外费用包括价外向购货方收取的手续费、补贴、基金、集资费、返还利润、奖励费、违约金、滞纳金、延期付款利息、赔偿金、包装费、包装物租金、储备费、优质费、运输装卸费、代收款项、代垫款项以及其他各种性质的价外费用。但下列项目不包括在内：

❶向购买方收取的销项税额。

❷受托加工应征消费税的消费品所代收代缴的消费税。

❸同时符合以下条件的代垫运输费：A.承运部门将运输费发票开具给购货方的；B.纳税人 (销货方) 将该项发票转交给购货方的。

❹同时符合以下条件代为收取的政府性基金或者行政事业性收费：A.由国务院或者财政部批准设立的政府性基金，由国务院或者省级人民政府及其财政、价格主管部门批准设立的行政事业性收费；B.收取时开具省级以上财政部门印制的财政票据；C.所收款项全额上缴财政。

❺销售货物的同时代办保险等而向购买方收取的保险费，以及向购买方收取的代购买方缴纳的车辆购置税、车辆牌照费 (销货方对此类代收费用开具发票的除外)。

❻以委托方名义开具发票代委托方收取的款项。

点睛 价外费用（价外向购买方收取的手续费、违约金、延期付款利息、赔偿金、包装费、优质费等）一般情况下，都是含增值税的，无论其会计上如何核算，均应按适用税率换算成不含增值税价格并入销售额计算应纳税额。

总结 增值税属于价外税，一般情况下，题目中会明确指出销售额是否含增值税。在未明确指出的情况下，需要注意以下原则：❶商业企业的“零售价”肯定含增值税；❷增值税专用发票和增值税普通发票注明的不含税金额（不含税销售额）肯定不含增值税；❸增值税专用发票和增值税普通发票上注明的价税合计金额肯定含增值税；❹价外费用和收取的包装物押金视为含增值税收入。

（2）价税合并收取情况下销售额的确定。

纳税人采用销售额和销项税额合并定价的，按下列公式计算销售额：

不含税销售额=含税销售额÷（1+增值税税率）=全部价款+价外费用÷（1+增值税税率）

点睛 一般纳税人采用一般计税方法计算“销项税额”的基数“销售额”是不含税的，小规模纳税人或一般纳税人采用简易计税方法计算“应纳增值税额”的基数“销售额”也是不含税的，如果是含税销售额，先要换算成不含税销售额后再计算。

（3）纳税人发生应税销售行为的价格明显偏低并无正当理由的，由主管税务机关核定其销售额。纳税人发生视同应税销售行为而无销售额的，由主管税务机关按照下列顺序核定其销售额：

❶按照纳税人最近时期销售同类货物、服务、无形资产或者不动产的平均价格确定。

❷按照其他纳税人最近时期销售同类货物、服务、无形资产或者不动产的平均价格确定。

❸按照组成计税价格确定。组成计税价格的计算公式为：

A.销售的若是服务、无形资产、不动产或者销售的货物不属于消费税应税消费品：

组成计税价格=成本×（1+成本利润率）

B.若销售的货物属于消费税应税消费品：

a.实行从价定率办法计算纳税的组成计税价格计算公式：

组成计税价格=成本×（1+成本利润率）+消费税税额=成本×（1+成本利润率）÷（1−消费税比例税率）

b.实行从量定额办法计算纳税的组成计税价格计算公式：

组成计税价格 = 成本 ×(1 + 成本利润率)+ 消费税税额
= 成本 ×(1 + 成本利润率)+ 课税数量 × 消费税定额税率

c.实行复合计税办法计算纳税的组成计税价格计算公式：

组成计税价格 = 成本 ×(1 + 成本利润率)+ 消费税税额
=[成本 ×(1 + 成本利润率)+ 课税数量 × 消费税定额税率]÷(1 − 消费税比例税率)

成本利润率由国家税务总局规定。

点睛 在视同销售及视同提供应税行为中：❶有“同类货物”“同类服务、无形资产或者不动产”的，直接按照“纳税人”或“其他纳税人”最近时期“同类货物”“同类服务、无形资产或者不动产”的“平均价格”确定销售额即可。❷没有“同类货物”“同类服务、无形资产或者不动产”的，才需要通过计算组成计税价格来确定销售额。

（4）销售额应以人民币计算，如果纳税人按照人民币以外的货币结算销售额的，应当以外币价格折合成人民币计算，其销售额的人民币折合率可以选择销售额发生的当天或者当月1日的人民币汇率中间价。纳税人应当事先确定采用何种折合率，一旦确定后12个月内不得变更。

（5）纳税人兼营免税、减税项目的，应当分别核算免税、减税项目的销售额；未分别核算销售额的，不得免税、减税。

链接　混合销售行为：一项销售行为如果既涉及货物又涉及服务，为混合销售。从事货物的生产、批发或者零售的单位和个体工商户的混合销售行为，按照销售货物缴纳增值税；其他单位和个体工商户的混合销售行为，按照销售服务缴纳增值税。

链接　兼营行为：纳税人销售货物、加工修理修配劳务、服务、无形资产或者不动产适用不同税率或者征收率的，应当分别核算适用不同税率或者征收率的销售额，未分别核算销售额的，从高适用税率或者征收率。

（二）销项税额的确定

一般纳税人在一般计税方法下发生应税销售行为，按照销售额和税法规定的税率计算收取的增值税税额，为销项税额。销项税额的计算公式如下：

销项税额=销售额×适用税率

需要注意的是，公式中的“销售额”不包括向购买方收取的增值税税额。

【任务实例2-1】甲酒厂为增值税一般纳税人，本年[1]5月销售葡萄酒并开具增值税普通发票，收取不含税价款500 000元。

【任务要求】计算甲酒厂的增值税销项税额。

【任务实施】增值税销项税额=500 000×13%=65 000（元）

【任务实例2-2】甲公司为增值税一般纳税人，本年5月将自产的一批新电器300件作为福利发给公司员工。目前，市场上还没有与该类新电器的同类产品，因此，也没有同类产品的销售价格。已知每台新电器成本为500元，成本利润率为10%。

【任务要求】计算该批新电器的增值税销售额及增值税销项税额。

【任务实施】增值税销售额=成本×（1+成本利润率）=500×300×（1+10%）= 165 000（元）

增值税销项税额=165 000×13%=21 450（元）

（三）进项税额的确定

纳税人购进货物、劳务、服务、无形资产、不动产支付或者负担的增值税额，为进项税额。

1. 准予从销项税额中抵扣的进项税额

（1）从销售方取得的增值税专用发票上注明的增值税额。具体来说，购进货物、加工修理修配劳务，从销售方取得的增值税专用发票（含税控机动车销售统一发票）上注明的增值税额为进项税额，准予从销项税额中抵扣；购进服务、无形资产或者不动产，从销售方取得的增值税专用发票上注明的增值税额为进项税额，准予从销项税额中抵扣。

2016年5月1日后取得并在会计制度上按固定资产核算的不动产或者2016年5月1日后取得的不动产在建工程，其进项税额应自取得之日起分两年从销项税额中抵扣，第一年抵扣比例为60%，第二年抵扣比例为40%。融资租入的不动产以及在施工现场修建的临时建筑物、构筑物，其进项税额不适用上述分两年抵扣的规定。

---

①　没有特殊说明，本书中的“本年”均指2024年。

自2019年4月1日起，上述规定停止执行，即纳税人取得不动产或者不动产在建工程的进项税额不再分2年抵扣。此前按照上述规定尚未抵扣完毕的待抵扣进项税额，可自2019年4月税款所属期起从销项税额中抵扣。

（2）从海关取得的海关进口增值税专用缴款书上注明的增值税额。

（3）自2018年5月1日起，纳税人购进农产品，原适用11%扣除率的，扣除率调整为10%。自2019年4月1日起，纳税人购进农产品，原适用10%扣除率的，扣除率调整为9%。自2019年4月1日起，纳税人购进农产品，按下列规定抵扣进项税额：

❶除后述第❷项规定外，纳税人购进农产品，取得一般纳税人开具的增值税专用发票或海关进口增值税专用缴款书的，以增值税专用发票或海关进口增值税专用缴款书上注明的增值税额为进项税额；从按照简易计税方法依照3%征收率计算缴纳增值税的小规模纳税人取得增值税专用发票的，以增值税专用发票上注明的金额和9%（自2017年7月1日起至2018年4月30日，为11%；自2018年5月1日起至2019年3月31日，为10%）的扣除率计算进项税额；取得（开具）农产品销售发票或收购发票的，以农产品销售发票或收购发票上注明的农产品买价（买价，是指纳税人购进农产品在农产品收购发票或者销售发票上注明的价款和按照规定缴纳的烟叶税）和9%（自2017年7月1日起至2018年4月30日，为11%；自2018年5月1日起至2019年3月31日，为10%）的扣除率计算进项税额。

❷自2019年4月1日起的营改增试点期间，纳税人购进用于生产或者委托加工13%税率货物的农产品，按照10%的扣除率计算进项税额（自2017年7月1日起至2018年4月30日的营改增试点期间，纳税人购进用于生产销售或委托加工17%税率货物的农产品，按照13%的扣除率计算进项税额。自2018年5月1日起至2019年3月31日的营改增试点期间，纳税人购进用于生产销售或委托加工16%税率货物的农产品，按照12%的扣除率计算进项税额）。

点睛 自2019年4月1日起，纳税人购进用于生产销售或委托加工13%税率货物的农产品，在购买时先抵扣9%，领用用于生产销售或委托加工13%税率货物时再抵扣1%（自2017年7月1日起至2018年4月30日，纳税人购进用于生产销售或受托加工17%税率货物的农产品，在购买时先抵扣11%，领用用于生产销售或委托加工17%税率货物时再抵扣2%。自2018年5月1日起，纳税人购进用于生产销售或委托加工16%税率货物的农产品，在购买时先抵扣10%，领用用于生产销售或委托加工16%税率货物时再抵扣2%）。

❸继续推进农产品增值税进项税额核定扣除试点，纳税人购进农产品进项税额已实行核定扣除的，仍按照《财政部 国家税务总局关于在部分行业试行农产品增值税进项税额核定扣除办法的通知》（财税〔2012〕38号）、《财政部 国家税务总局关于扩大农产品增值税进项税额核定扣除试点行业范围的通知》（财税〔2013〕57号）执行。其中，《农产品增值税进项税额核定扣除试点实施办法》（财税〔2012〕38号）第四条第（二）项规定的扣除率调整为9%（自2017年7月1日起至2018年4月30日，为11%；自2018年5月1日起至2019年3月31日，为10%）；第（三）项规定的扣除率调整为按上述第❶项、第❷项规定执行。

❹纳税人从批发、零售环节购进适用免征增值税政策的蔬菜、部分鲜活肉蛋而取得的普通发票，不得作为计算抵扣进项税额的凭证。

❺纳税人购进农产品既用于生产销售或委托加工13%（自2017年7月1日起至2018年

4月30日，为17%；自2018年5月1日起至2019年3月31日，为16%）税率货物又用于生产销售其他货物服务的，应当分别核算用于生产销售或委托加工13%（自2017年7月1日起至2018年4月30日，为17%；自2018年5月1日起至2019年3月31日，为16%）税率货物和其他货物服务的农产品进项税额。未分别核算的，统一以增值税专用发票或海关进口增值税专用缴款书上注明的增值税额为进项税额，或以农产品收购发票或销售发票上注明的农产品买价和9%（自2017年7月1日起至2018年4月30日，为11%；自2018年5月1日起至2019年3月31日，为10%）的扣除率计算进项税额。

❻销售发票，是指农业生产者销售自产农产品适用免征增值税政策而开具的普通发票。

（4）自用的应征消费税的摩托车、汽车、游艇，2013年8月1日（含）以后购入的，其进项税额准予从销项税额中抵扣。

（5）自境外单位或者个人购进劳务、服务、无形资产或者境内的不动产，从税务机关或者扣缴义务人取得的代扣代缴税款的完税凭证上注明的增值税税额，准予从销项税额中抵扣。

（6）自2019年4月1日起，购进国内旅客运输服务，其进项税额允许从销项税额中抵扣。

纳税人购进国内旅客运输服务未取得增值税专用发票的，暂按照以下规定确定进项税额：

❶取得增值税电子普通发票的，为发票上注明的税额；

❷取得注明旅客身份信息的航空运输电子客票行程单的，按照下列公式计算进项税额：

航空旅客运输进项税额=（票价+燃油附加费）÷（1+9%）×9%

❸取得注明旅客身份信息的铁路车票的，按照下列公式计算进项税额：

铁路旅客运输进项税额=票面金额÷（1+9%）×9%

❹取得注明旅客身份信息的公路、水路等其他客票的，按照下列公式计算进项税额：

公路、水路等其他旅客运输进项税额=票面金额÷（1+3%）×3%

提示　加计抵减政策：

自2023年1月1日至2023年12月31日，允许生产性服务业纳税人按照当期可抵扣进项税额加计5%抵减应纳税额；允许生活性服务业纳税人按照当期可抵扣进项税额加计10%抵减应纳税额。自2023年1月1日至2027年12月31日，允许先进制造业企业按照当期可抵扣进项税额加计5%抵减应纳增值税税额。自2023年1月1日至2027年12月31日，对生产销售先进工业母机主机、关键功能部件、数控系统的增值税一般纳税人，允许按当期可抵扣进项税额加计15%抵减企业应纳增值税税额。自2023年1月1日至2027年12月31日，允许集成电路设计、生产、封测、装备、材料企业，按照当期可抵扣进项税额加计15%抵减应纳增值税税额。

提示　一般纳税人从小规模纳税人处取得的增值税普通发票，不得作为进项税额抵扣的凭据（购进国内旅客运输服务等特殊情况除外）；但一般纳税人取得由税务机关为小规模纳税人代开或者小规模纳税人自行开具的增值税专用发票，可以将专用发票上注明的税额作为进项税额抵扣（若小规模纳税人适用3%的征收率，则按不含税价款的3%作为进项税额抵扣）。

链接　视同销售行为所涉及的购进货物、劳务、服务、无形资产或者不动产的进项税额，凡符合规定的，允许作为进项税额抵扣。

【任务实例 2-3】甲公司为增值税一般纳税人，本年1月向农业生产者收购一批免税农产品，农产品收购发票上注明价款100 000元，支付运输公司运送该批产品的运费3 000元（不含增值税），取得增值税专用发票，且甲公司取得的增值税专用发票本年1月符合抵扣规定[①]。该批免税农产品当月全部领用，并用于生产增值税税率为13%的货物。

【任务要求】计算可抵扣的增值税进项税额。

【任务实施】可抵扣的增值税进项税额=100 000×（9%+1%）+3 000×9%

=100 000×10%+3 000×9%=10 270（元）

2. 不得从销项税额中抵扣的进项税额

❶用于简易计税方法计税项目、免征增值税项目、集体福利或者个人消费的购进货物、劳务、服务、无形资产和不动产。其中涉及的固定资产、无形资产、不动产，仅指专用于上述项目的固定资产、无形资产（不包括其他权益性无形资产）、不动产。纳税人的交际应酬消费属于个人消费。

❷非正常损失的购进货物，以及相关的劳务和交通运输服务。

❸非正常损失的在产品、产成品所耗用的购进货物（不包括固定资产）、劳务和交通运输服务。

❹非正常损失的不动产，以及该不动产所耗用的购进货物、设计服务和建筑服务。

❺非正常损失的不动产在建工程所耗用的购进货物、设计服务和建筑服务。

纳税人新建、改建、扩建、修缮、装饰不动产，均属于不动产在建工程。

非正常损失，是指因管理不善造成货物被盗、丢失、霉烂变质，以及因违反法律法规造成货物或者不动产被依法没收、销毁、拆除的情形。

任务引例解析

根据《财政部 国家税务总局关于全面推开营业税改征增值税试点的通知》（财税〔2016〕36号）附件1《营业税改征增值税试点实施办法》的规定，非正常损失，是指因管理不善造成货物被盗、丢失、霉烂变质，以及因违反法律法规造成货物或者不动产被依法没收、销毁、拆除的情形。

因此，纳税人生产或购入的在货物外包装或使用说明书中注明有使用期限的货物，超过有效（保存或保质）期而无法进行正常销售，需作销毁处理的，可视作企业在经营过程中的正常经营损失，不纳入非正常损失，不需作进项税额转出处理。甲公司作为一家医药公司，购进的药品在保质期之内未销售完毕作销毁处理，属于正常经营损失，不属于非正常损失，其进项税额不需要作转出处理。

❻购进的贷款服务、餐饮服务、居民日常服务和娱乐服务。

提示　2019年3月31日之前，购进的旅客运输服务，其进项税额不得从销项税额中抵扣；自2019年4月1日起，购进的旅客运输服务，其进项税额允许从销项税额中抵扣。

上述第❹项、第❺项所称货物，是指构成不动产实体的材料和设备，包括建筑装饰材料和给排水、采暖、卫生、通风、照明、通信、煤气、消防、中央空调、电梯、电气、智能化楼宇设备及配套设施。

① 指的是：甲公司在本年2月初的纳税申报期内，对取得的增值税专用发票通过增值税发票综合服务平台进行勾选确认。下同。

点睛　纳税人购进货物、劳务、服务、无形资产、不动产，取得的增值税扣税凭证不符合法律、行政法规或者国务院税务主管部门有关规定的，其进项税额不得从销项税额中抵扣。增值税扣税凭证，是指增值税专用发票、海关进口增值税专用缴款书、农产品收购发票或者销售发票（含农产品核定扣除的进项税额）、代扣代缴税收完税凭证和符合规定的国内旅客运输发票等。

提示　一般纳税人当期购进的货物、劳务、服务、无形资产或者不动产用于生产经营，其进项税额准予在当期销项税额中予以抵扣。但已抵扣进项税额的购进货物、劳务、服务、无形资产或者不动产如果事后改变用途用于简易计税方法计税项目、免征增值税项目、集体福利或个人消费，或者发生非正常损失、在产品或产成品发生非正常损失等，应当将该项购进货物、劳务、服务、无形资产或者不动产的进项税额从当期的进项税额中扣减（又称为进项税额转出）。

【任务实例2-4】甲公司是增值税一般纳税人，本年5月有关生产经营业务如下：

（1）月初购进货物一批，取得增值税专用发票，支付增值税进项税额45万元，中下旬因企业经营管理不善，造成该批货物一部分发生霉烂变质，经核实造成1/5损失。

（2）购进动力燃料，取得增值税专用发票，支付增值税进项税额20万元，80%用于增值税应税项目，另20%用于免征增值税项目。

甲公司取得的增值税专用发票本年5月均符合抵扣规定。

【任务要求】计算甲公司当月可抵扣的增值税进项税额。

【任务实施】

（1）购进货物可抵扣的增值税进项税额=45-45÷5=45-9=36（万元）

（2）购进动力燃料可抵扣的增值税进项税额=20-20×20%=16（万元）

（3）可抵扣的增值税进项税额=36+16=52（万元）

【任务实例2-5】甲公司为增值税一般纳税人，本年6月发生经济业务如下：

（1）购进一批A材料，取得增值税专用发票注明的价款为30万元，取得增值税专用发票注明的运费为3万元。

（2）向农业生产者收购一批免税农产品，在农产品收购发票上注明的价款为20万元。该批免税农产品于本年5月全部领用，并用于生产增值税税率为13%的应税货物。

（3）销售产品一批，取得不含税销售额200万元，另外收取包装物租金5.65万元。

（4）因仓库管理不善，上月购进的一批工具被盗，该批工具的采购成本为20万元（进项税额上月已抵扣）。

已知：甲公司取得的增值税专用发票本年6月均符合抵扣规定。购进和销售产品适用的增值税税率为13%，向农业生产者收购免税农产品用于生产增值税税率为13%的应税货物时的增值税扣除率为10%。

【任务要求】计算甲公司当月的应纳增值税。

【任务实施】

（1）进项税额=30×13%+3×9%+20×10%=6.17（万元）

（2）销项税额=200×13%+5.65÷（1+13%）×13%=26.65（万元）

（3）进项税额转出=20×13%=2.6（万元）

（4）应纳增值税=26.65-（6.17-2.6）=23.08（万元）

（四）进口货物增值税应纳税额的计算

不同于一般增值税在生产批发、零售等环节征税，进口增值税是专门在进口环节进行征收的一种增值税。

点睛　进口增值税实际上属于增值税进项税。

我国税法规定，不管是增值税一般纳税人还是增值税小规模纳税人，纳税人进口货物，按照组成计税价格和规定的增值税税率计算增值税税额，不得抵扣任何税额（在计算进口环节的应纳增值税税额时，不得抵扣发生在我国境外的各种税金）。组成计税价格和应纳税额计算公式为：

❶若进口货物不属于消费税应税货物：

组成计税价格=关税完税价格+关税税额

应纳税额=组成计税价格×增值税税率

❷若进口货物属于消费税应税货物：

a.实行从价定率办法计算缴纳消费税的应税消费品，其计算增值税的组成计税价格计算公式为：

组成计税价格=关税完税价格+关税税额+消费税税额

或　　=（关税完税价格+关税税额）÷（1-消费税比例税率）

b.实行从量定额办法计算缴纳消费税的应税消费品，其计算增值税的组成计税价格计算公式为：

组成计税价格=关税完税价格+关税税额+消费税税额=关税完税价格+关税税额+海关核定的应税消费品进口征税数量×消费税定额税率

c.实行复合计税办法计算缴纳消费税的应税消费品，其计算增值税的组成计税价格计算公式为：

组成计税价格=关税完税价格+关税税额+消费税税额=（关税完税价格+关税税额+海关核定的应税消费品进口征税数量×消费税定额税率）÷（1-消费税比例税率）

【任务实例2-6】甲公司为增值税一般纳税人，本年5月进口一批消费税应税货物，关税完税价格为30 000元，适用的消费税税率为10%、关税税率为50%，进口该批货物的增值税税率为13%。

【任务要求】计算甲公司进口货物的应纳增值税。

【任务实施】应纳关税=30 000×50% =15 000（元）

组成计税价格=（30 000+15 000）÷（1-10%）=50 000（元）

进口货物的应纳增值税=50 000×13%=6 500（元）

七、增值税小规模纳税人应纳税额的计算

小规模纳税人发生应税销售行为，实行按照销售额乘以征收率计算应纳税额的简易计税方法，并不得抵扣进项税额。其应纳税额计算公式为：

应纳税额=销售额×征收率

简易计税方法的销售额不包括其应纳增值税税额。纳税人采用销售额和应纳增值税税额合并定价方法的，按照下列公式计算销售额：

销售额=含税销售额÷（1+征收率）

一般纳税人提供财政部和国家税务总局规定的特定应税行为，可以选择使用简易计税方法计税，但一经选定，36个月内不得变更。

提示 自2020年2月1日起，增值税小规模纳税人（其他个人除外）发生增值税应税行为，需要开具增值税专用发票的，可以自愿使用增值税发票管理系统自行开具。选择自行开具增值税专用发票的小规模纳税人，税务机关不再为其代开增值税专用发票。

【任务实例2-7】甲咨询公司为小规模纳税人，按月申报缴纳增值税，本年1月取得含税咨询收入404 000元。本年1月甲咨询公司减按1%的征收率征收增值税。

【任务要求】计算甲咨询公司本年1月的应纳增值税。

【任务实施】应纳增值税=404 000÷（1+1%）×1%=4 000（元）

八、增值税的征收管理

（一）增值税的纳税义务发生时间

（1）采用直接收款方式销售货物的，不论货物是否发出，其纳税义务的发生时间均为收到销售款项或者取得索取销售款项凭据的当天；先开具发票的，其纳税义务的发生时间为开具发票的当天。纳税人发生应税行为（销售服务、无形资产或不动产）的，其纳税义务的发生时间为收讫销售款项或者取得索取销售款项凭据的当天；先开具发票的，其纳税义务的发生时间为开具发票的当天。

点睛 对于纳税人发生应税行为（销售服务、无形资产或不动产）来说，收讫销售款项，是指纳税人销售服务、无形资产、不动产过程中或者完成后收到款项。取得索取销售款项凭据的当天，是指书面合同确定的付款日期；未签订书面合同或者书面合同未确定付款日期的，为服务、无形资产转让完成的当天或者不动产权属变更的当天。

（2）采取托收承付和委托银行收款方式销售货物的，其纳税义务的发生时间为发出货物并办妥托收手续的当天。

（3）采取赊销和分期收款方式销售货物的，其纳税义务的发生时间为书面合同约定的收款日期当天；无书面合同的或者书面合同没有约定收款日期的，其纳税义务的发生时间为货物发出的当天。

（4）采取预收货款方式销售货物的，其纳税义务的发生时间为货物发出的当天；但生产销售生产工期超过12个月的大型机械设备、船舶、飞机等货物，其纳税义务的发生时间为收到预收款或者书面合同约定的收款日期的当天。

纳税人提供租赁服务采取预收款方式的，其纳税义务发生时间为收到预收款的当天。

纳税人提供建筑服务取得预收款，应在收到预收款时，以取得的预收款扣除支付的分包款后的余额，按照规定的预征率预缴增值税。按照现行规定应在建筑服务发生地预缴增值税的项目，纳税人收到预收款时在建筑服务发生地预缴增值税。按照现行规定无须在建筑服务发生地预缴增值税的项目，纳税人收到预收款时在机构所在地预缴增值税。适用一般计税方法计税的项目预征率为2%，适用简易计税方法计税的项目预征率为3%。

（5）纳税人从事金融商品转让的，其纳税义务的发生时间为金融商品所有权转移的当天。

（6）委托其他纳税人代销货物的，其纳税义务的发生时间为收到代销单位的代销清单或者收到全部或者部分货款的当天。未收到代销清单及货款的，其纳税义务的发生时间为发出代销货物满180天的当天。

（7）证券公司、保险公司、金融租赁公司、证券基金管理公司、证券投资基金以及其他经中国人民银行、银保监会、证监会批准成立且经营金融保险业务的机构发放贷款后，自结息日起90天内发生的应收未收利息按现行规定缴纳增值税，自结息日起90天后发生的应收未收利息暂不缴纳增值税，待实际收到利息时按规定缴纳增值税。

（8）销售应税劳务，其纳税义务的发生时间为提供劳务同时收讫销售款项或者取得索取销售款项凭据的当天。

（9）纳税人提供建筑服务，被工程发包方从应支付的工程款中扣押的质押金、保证金，未开具发票的，其纳税义务的发生时间为纳税人实际收到质押金、保证金的当天。

（10）纳税人发生视同销售货物行为（不包括代销行为）的，其纳税义务的发生时间为货物移送的当天。纳税人发生视同销售服务、无形资产或不动产行为的，其纳税义务发生时间为服务、无形资产转让完成的当天或者不动产权属变更的当天。

（11）纳税人进口货物，纳税义务发生的时间为报关进口的当天。

（12）增值税扣缴义务发生的时间为纳税人增值税纳税义务发生的当天。

（二）增值税的纳税期限

增值税的纳税期限分别为1日、3日、5日、10日、15日、1个月或者1个季度，纳税人的具体纳税期限，由主管税务机关根据纳税人应纳税额的大小分别核定；以1个季度为纳税期限的规定适用于小规模纳税人、银行、财务公司、信托投资公司、信用社，以及财政部和国家税务总局规定的其他纳税人。不能按照固定期限纳税的，可以按次纳税。

纳税人以1个月或者1个季度为1个纳税期的，自纳税期满之日起15日内申报纳税；以1日、3日、5日、10日或者15日为1个纳税期的，自期满之日起5日内预缴税款，于次月1日起15日内申报纳税并结清上月应纳税款。扣缴义务人解缴税款的期限，按照上述规定执行。

纳税人进口货物，应当自海关填发海关进口增值税专用缴款书之日起15日内缴纳税款。

（三）增值税的纳税地点

（1）固定业户应当向其机构所在地或者居住地主管税务机关申报纳税。总机构和分支机构不在同一县（市）的，应当分别向各自所在地的主管税务机关申报纳税；经财政部和国家税务总局或者其授权的财政和税务机关批准，可以由总机构汇总向总机构所在地的主管税务机关申报纳税。

（2）固定业户到外县（市）销售货物或者劳务，应当向其机构所在地的主管税务机关报告外出经营事项，并向其机构所在地的主管税务机关申报纳税；未报告的，应当向销售地或者劳务发生地的主管税务机关申报纳税；未向销售地或者劳务发生地的主管税务机关申报纳税的，由其机构所在地的主管税务机关补征税款。

（3）非固定业户销售货物、劳务、服务、无形资产或者不动产，应当向销售地、劳务发生地或者应税行为（销售服务、无形资产或者不动产）发生地主管税务机关申报纳税；未申报纳税的，由其机构所在地或者居住地主管税务机关补征税款。

（4）其他个人提供建筑服务，销售或者租赁不动产，转让自然资源使用权，应向建筑服务发生地、不动产所在地、自然资源所在地主管税务机关申报纳税。

（5）纳税人进口货物，应当向报关地海关申报纳税。

（6）扣缴义务人应当向其机构所在地或者居住地主管税务机关申报缴纳其扣缴的税款。

任务二 增值税的会计核算

任务引例

如何区分“应交税费——待抵扣进项税额”明细科目、“应交税费——待认证进项税额”明细科目、“应交税费——应交增值税（进项税额）”明细科目以及“应交税费——应交增值税（进项税额转出）”明细科目？

一、增值税会计科目及专栏的设置

提示 本任务的内容主要是根据《关于印发〈增值税会计处理规定〉的通知》（财会〔2016〕22号）（以下简称“22号文件”）以及《财政部会计司关于〈增值税会计处理规定〉有关问题的解读》编写的。

（一）增值税一般纳税人会计科目及专栏的设置

增值税一般纳税人应当在“应交税费”科目下设置“应交增值税”、“未交增值税”、“预交增值税”、“待抵扣进项税额”、“待认证进项税额”、“待转销项税额”、“增值税留抵税额”、“简易计税”、“转让金融商品应交增值税”、“代扣代交增值税”和“增值税检查调整”共11个明细科目。

（1）“应交增值税”明细科目。“应交增值税”明细科目的借、贷方需要核算许多经济内容，借方既要核算进项税额，又要核算预缴的税金等；贷方既要核算销项税额，又要核算出口退税、进项税额转出等。“应交增值税”明细科目如果仍使用三栏式账户，不能详细地核算企业增值税的计提、扣减、预缴、缴纳等情况，因此，在账户设置上采用了多栏式账户的方式，在“应交增值税——应交增值税”账户中的借方和贷方分别设置了若干个专栏进行核算。

增值税一般纳税人应在“应交增值税”明细账内设置“进项税额”、“销项税额抵减”、“已交税金”、“转出未交增值税”、“减免税款”、“出口抵减内销产品应纳税额”、“销项税额”、“出口退税”、“进项税额转出”和“转出多交增值税”等专栏。“应交税费——应交增值税”明细账见表2-4。

表2-4 “应交税费——应交增值税”明细账

略	借方							贷方					借或贷	余额
	合计	进项税额	销项税额抵减	已交税金	转出未交增值税	减免税款	出口抵减内销产品应纳税额	合计	销项税额	出口退税	进项税额转出	转出多交增值税		

其中：

❶“进项税额”专栏，记录一般纳税人购进货物、加工修理修配劳务、服务、无形资产或不动产而支付或负担的、准予从当期销项税额中抵扣的增值税额，以及不得从当期销项税额中抵扣的将要转出的进项税额。

点睛 实务中，不得从当期销项税额中抵扣的进项税额都应当先记入“应交税费——应交增值税（进项税额）”明细科目，然后再转入“应交税费——应交增值税（进项税额转出）”明细科目。

❷“销项税额抵减”专栏，记录一般纳税人按照现行增值税制度规定因扣减销售额而

减少的销项税额。

❸“已交税金”专栏，记录一般纳税人当月已缴纳的应交增值税额。

点睛 “已交税金”专栏是“22号文件”保留的原来规定中的专栏，但注意不要和“应交税费——预交增值税”明细科目的核算内容混淆。

《中华人民共和国增值税暂行条例》第二十三条规定：“增值税的纳税期限分别为1日、3日、5日、10日、15日、1个月或者1个季度。纳税人的具体纳税期限，由主管税务机关根据纳税人应纳税额的大小分别核定；不能按照固定期限纳税的，可以按次纳税。纳税人以1个月或者1个季度为1个纳税期的，自期满之日起15日内申报纳税；以1日、3日、5日、10日或者15日为1个纳税期的，自期满之日起5日内预缴税款，于次月1日起15日内申报纳税并结清上月应纳税款。”按照上述规定，如果纳税人以1日、3日、5日、10日或者15日为1个纳税期的，自期满之日起5日内预缴税款，于次月1日起15日内申报纳税并结清上月应纳税款。那么，一般纳税人以1日、3日、5日、10日或者15日为1个纳税期的，自期满之日起5日内预缴税款时，应借记“应交税费——应交增值税（已交税金）”科目，贷记“银行存款”科目。

❹“转出未交增值税”和“转出多交增值税”专栏，分别记录一般纳税人月度终了转出当月应缴未缴或多缴的增值税额。

点睛

（1）月份终了，将当月应缴未缴增值税额从“应交税费——应交增值税”明细科目转入“应交税费——未交增值税”明细科目：

借：应交税费——应交增值税（转出未交增值税）

  贷：应交税费——未交增值税

（2）月份终了，将当月多缴的增值税额从“应交税费——应交增值税”明细科目转入“应交税费——未交增值税”明细科目：

借：应交税费——未交增值税

  贷：应交税费——应交增值税（转出多交增值税）

（3）月份终了，将当月预缴的增值税额从“应交税费——预交增值税”明细科目转入“应交税费——未交增值税”明细科目：

借：应交税费——未交增值税

  贷：应交税费——预交增值税

（4）当月申报期内缴纳以前期间未缴的增值税额（或者下个月申报期内缴纳本月的增值税额）：

借：应交税费——未交增值税

  贷：银行存款

❺“减免税款”专栏，记录一般纳税人按现行增值税制度规定适用一般计税方法时准予减免的增值税额。

❻“出口抵减内销产品应纳税额”专栏，记录实行“免、抵、退税”办法的一般纳税人按规定计算的当期应免抵税额，或者经税务机关审核的“免抵退税申报汇总表”中的“当期免抵税额”的当期数。

❼“销项税额”专栏，记录一般纳税人销售货物、加工修理修配劳务、服务、无形资产或不动产而收取的增值税额。

❽“出口退税”专栏，记录一般纳税人出口货物、加工修理修配劳务、服务、无形资产按“免、抵、退”办法计算的当期免抵退税额或按“免、退”办法直接计算的应退回的增值税额。

❾“进项税额转出”专栏，记录一般纳税人购进货物、加工修理修配劳务、服务、无形资产或不动产等发生非正常损失以及其他原因而不应从销项税额中抵扣、按规定转出的进项税额。

(2)“未交增值税”明细科目，核算一般纳税人月度终了从“应交增值税”或“预交增值税”明细科目转入当月应缴未缴、多缴或预缴的增值税额，以及当月缴纳以前期间未缴的增值税额。

(3)“预交增值税”明细科目，核算一般纳税人适用一般计税方法时转让不动产、提供不动产经营租赁服务、提供建筑服务、采用预收款方式销售自行开发的房地产项目等，以及其他按现行增值税制度规定应预缴的增值税额。

(4)“待抵扣进项税额”明细科目，核算一般纳税人已取得增值税扣税凭证并经税务机关认证，按照现行增值税制度规定准予以后期间从销项税额中抵扣的进项税额。其包括：一般纳税人自2016年5月1日后取得并按固定资产核算的不动产或者2016年5月1日后取得的不动产在建工程，按现行增值税制度规定准予以后期间从销项税额中抵扣的进项税额（自2019年4月1日起，分期抵扣规定停止执行，即纳税人取得不动产或者不动产在建工程的进项税额不再分2年抵扣。此前按照分期抵扣规定尚未抵扣完毕的待抵扣进项税额，可自2019年4月税款所属期起从销项税额中抵扣）和实行纳税辅导期管理的一般纳税人取得的尚未交叉稽核比对的增值税扣税凭证上注明或计算的进项税额等。

(5)“待认证进项税额”明细科目，核算一般纳税人由于未经税务机关认证而不得从当期销项税额中抵扣的进项税额。其包括：一般纳税人已取得增值税扣税凭证、按照现行增值税制度规定准予从销项税额中抵扣，但尚未经税务机关认证的进项税额；一般纳税人已取得海关缴款书，但尚未申请稽核或者已申请稽核但尚未取得稽核相符结果的海关缴款书进项税额。

点睛　认证分为通过“扫描”进行认证、通过“勾选确认”进行认证。目前一般不再通过“扫描”进行认证，而是通过“勾选确认”进行认证，即通过增值税发票综合服务平台勾选确认的方式进行。例如，甲公司取得的增值税专用发票本年1月符合抵扣规定（即本年1月进项税额从销项税额中进行了抵扣），需要甲公司务必在本年2月月初的纳税申报期内，对取得的增值税专用发票通过增值税发票综合服务平台进行勾选确认。

任务引例解析

❶“应交税费——待抵扣进项税额”明细科目，核算的是认证了但是按规定以后期间才能抵扣的进项税额。

❷“应交税费——待认证进项税额”明细科目，核算的是还没有认证但是以后期间可以认证的进项税额。

❸“应交税费——应交增值税（进项税额）”明细科目，核算认证通过或不需要认证当期准予抵扣的进项税额，以及认证通过或不需要认证的、不得从当期销项税额中抵扣的将要转出的进项税额。

❹“应交税费——应交增值税（进项税额转出）”明细科目，核算认证通过或不需要认证的、不得从当期销项税额中抵扣而需要转出的进项税额，以及认证通过或不需要

认证而已经从销项税额中抵扣，但由于后来改变用途或发生非正常损失等原因，而不应从销项税额中抵扣、按规定需要转出的进项税额。

（6）“待转销项税额”明细科目，核算一般纳税人销售货物、加工修理修配劳务、服务、无形资产或不动产，已确认相关收入（或利得）但尚未发生增值税纳税义务而需于以后期间确认为销项税额或者应纳增值税的税额。

提示 事实上，小规模纳税人也有此类业务，虽然“待转销项税额”用于小规模纳税人有些用词不当，但也只能通过此明细科目进行核算。

点睛 增设“待转销项税额”科目的目的在于解决税会差异的会计处理问题。经济业务已满足会计准则规定的确认收入的条件，但是未达到增值税纳税义务发生时间，此时便会产生税会差异。例如，一般纳税人销售货物，已经发出货物且符合收入确认条件，但既未取得销售款项或取得索取销售款项凭据也未开具销售发票，此时应在会计上确认收入，但在税法上不需确认增值税。

在“22号文件”发布之前，对于这种情况，账务处理上一般只计入不含增值税收入，不计提增值税。但是这种做法会导致“应收账款”等科目核算不准确。“22号文件”采用待转销项税额的方式，比较合理地解决了上述问题。

例如，在“22号文件”发布前，甲公司（一般纳税人）向客户乙公司销售货物，不含增值税价格为200万元，满足了准则的收入确认条件，但尚未达到增值税纳税义务发生时间，其账务处理为：

借：应收账款——乙公司　　2 000 000

　　贷：主营业务收入　　2 000 000

这种账务处理，与客户乙公司的应收账款往来款显示为200万元，该金额是不正确的，正确的应该是200×（1+增值税税率）万元。而按照“22号文件”的规定，这个问题得以解决。其账务处理为：

借：应收账款——乙公司　　2 000 000×（1+增值税税率）

　　贷：主营业务收入　　2 000 000

　　　　应交税费——待转销项税额　　2 000 000×增值税税率

《国家税务总局关于增值税纳税义务发生时间有关问题的公告》（国家税务总局公告2011年第40号）规定，纳税人生产经营活动中采取直接收款方式销售货物，已将货物移送对方并暂估销售收入入账，但既未取得销售款项或取得索取销售款项凭据也未开具销售发票的，其增值税纳税义务发生时间为取得销售款项或取得索取销售款项凭据的当天；先开具发票的，为开具发票的当天。上述税法的规定与此账务处理方式在原理上是一致的。

（7）“增值税留抵税额”明细科目，核算兼有销售服务、无形资产或不动产的原增值税一般纳税人，截止到纳入营改增试点之日前的增值税期末留抵税额按照现行增值税制度规定不得从销售服务、无形资产或不动产的销项税额中抵扣的增值税留抵税额。

点睛 《国家税务总局关于调整增值税一般纳税人留抵税额申报口径的公告》（国家税务总局公告2016年第75号）已经将营改增前增值税留抵税额挂账的规定取消，相应地这个科目在2016年12月申报期只能使用一次，之后就取消了。

（8）“简易计税”明细科目，核算一般纳税人采用简易计税方法发生的增值税计提、扣减、预缴、缴纳等业务。

比较 “简易计税”与“未交增值税”明细科目的区别：“简易计税”明细科目承担了一般纳税人适用简易计税方法下计税的几乎全部职能，即计提、扣减、预缴、缴纳等，这与“未交增值税”核算的单一职能有所区别。小规模纳税人的“应交增值税”明细科目也是同样的情况，承担了小规模纳税人计税的几乎全部职能，即计提、扣减、预缴、缴纳等。实务中，本书建议可以在“简易计税”明细科目下设置“计提”、“扣减”、“预缴”和“缴纳”专栏。

(9)“转让金融商品应交增值税”明细科目，核算增值税纳税人转让金融商品发生的增值税额。

(10)“代扣代交增值税”明细科目，核算纳税人购进在境内未设经营机构的境外单位或个人在境内的应税行为代扣代缴的增值税额。

(11)“增值税检查调整”明细科目。根据国家税务总局1998年3月26日发布的《关于印发〈增值税日常稽查办法〉的通知》(国税发〔1998〕44号)的规定，增值税一般纳税人在税务机关对其增值税纳税情况进行检查后，凡涉及应交增值税账务调整的，应设立“应交税费——增值税检查调整”专门科目。凡检查后应调减账面进项税额或调增账面销项税额和进项税额转出的，借记有关科目，贷记“应交税费——增值税检查调整”科目；凡检查后应调增账面进项税额或调减账面销项税额和进项税额转出的，借记“应交税费——增值税检查调整”科目，贷记有关科目；全部调账事项入账后，应对该科目的余额进行处理，处理后，该科目无余额。

总结　“22号文件”相比之前的增值税会计处理文件规定，从原来两个明细科目（二级科目）“应交增值税”“未交增值税”增加为10个明细科目。但“22号文件”没有涉及“应交税费”科目下设置的“增值税检查调整”明细科目。“22号文件”废除的两个文件分别是财会〔2012〕13号和财会〔2013〕24号。而“应交税费——增值税检查调整”是在《关于印发〈增值税日常稽查办法〉的通知》(国税发〔1998〕44号)中规定的，由于这个文件是国家税务总局制定的，因此财政部不能发文废止，因此“应交税费——增值税检查调整”这个明细科目依然有效。这样增值税的明细科目共有11个（10+1）。

(二) 增值税小规模纳税人会计科目的设置

小规模纳税人只需在“应交税费”科目下设置“应交增值税”明细科目，不需要设置一般纳税人设置的专栏及除“转让金融商品应交增值税”“代扣代交增值税”外的明细科目。

总结　小规模纳税人发生的业务相对一般纳税人而言比较简单，只需在“应交税费”科目下设置“应交增值税”“转让金融商品应交增值税”“代扣代交增值税”三个明细科目，以便减轻小规模纳税人的核算压力。

二、销售等业务增值税的会计核算

(一) 一般销售业务增值税的会计核算

企业销售货物、加工修理修配劳务、服务、无形资产或不动产，应当按应收或已收的金额，借记“应收账款”“应收票据”“银行存款”等科目，按取得的收入金额，贷记“主营业务收入”“其他业务收入”“固定资产清理”等科目，按现行增值税制度规定计算的销项税额（或采用简易计税方法计算的应纳增值税额），贷记“应交税费——应交增值税（销项税额）”或“应交税费——简易计税”（小规模纳税人贷记“应交税费——应交增值税”）科目。发生销售退回的，应根据按规定开具的红字增值税专用发票（或者红字增值税普通发票，下同）做相反的会计分录。

1. 采用直接收款方式销售货物销项税额或应纳增值税额的会计核算

企业采取直接收款方式销售货物的，不论货物是否发出，其纳税义务发生时间均为收到销售款项或者取得索取销售款项凭据的当天。企业生产经营活动中采取直接收款方式销售货物，已将货物移送对方并暂估销售收入入账，但既未取得销售款项或取得索取销售款项凭据也未开具销售发票的，其增值税纳税义务发生时间为取得销售款项或取得索取销售款项凭据的当天；先开具发票的，为开具发票的当天。

（1）销售除固定资产以外的货物销项税额或应纳增值税额的会计核算。

企业销售除固定资产以外的货物，应当按应收或已收的金额，借记“应收账款”“应收票据”“银行存款”等科目，按取得的收入金额，贷记“主营业务收入”“其他业务收入”等科目，按现行增值税制度规定计算的销项税额（或采用简易计税方法计算的应纳增值税额），贷记“应交税费——应交增值税（销项税额）”或“应交税费——简易计税”（小规模纳税人贷记“应交税费——应交增值税”）科目。发生销售退回的，应根据按规定开具的红字增值税专用发票做相反的会计分录。

提示 企业结转已销售商品或提供服务成本时，借记“主营业务成本”“其他业务成本”等科目，贷记“库存商品”“合同履约成本”等科目 。

【任务实例2-8】甲公司为增值税一般纳税人，本年5月采取直接收款方式销售A产品一批，开具的增值税专用发票上注明价款800 000元，增值税税额104 000元。A产品的成本为500 000元。产品已发出，款项已存入银行。

【任务要求】对甲公司上述业务进行账务处理。

【任务实施】

（1）确认销售收入时：

借：银行存款	904 000	
贷：主营业务收入		800 000
应交税费——应交增值税（销项税额）		104 000

（2）确认销售成本时：

借：主营业务成本	500 000	
贷：库存商品		500 000

（2）一般纳税人销售自己使用过的应征消费税的摩托车、汽车、游艇以外的固定资产（不动产除外，下同）销项税额或应纳增值税额的会计核算。

一般纳税人销售自己使用过的应征消费税的摩托车、汽车、游艇以外的固定资产，根据不同方法计算出应缴纳的增值税。将固定资产转入清理时，冲销其账面原值、累计折旧及减值准备，借记“固定资产清理”“累计折旧”“固定资产减值准备”等科目，贷记“固定资产”科目；发生各项清理支出时，借记“固定资产清理”科目，贷记“银行存款”等科目。在销售时，如果企业销售的是已使用过的、可抵扣增值税进项税的固定资产（增值税转型之后购入，主要指的是2009年1月1日之后购入），因该项固定资产在原取得时，其增值税进项税额已记入“应交税费——应交增值税（进项税额）”科目，故销售时按适用税率13%或9%计算确定增值税销项税额，企业应借记“银行存款”等科目，贷记“固定资产清理”、“应交税费——应交增值税（销项税额）”（按13%或9%的税率）科目；如果销售的固定资产是在增值税转型之前（主要指的是2008年12月31日之前）购入的，在购入时，增值税进项税额不能抵扣而已计入固定资产成本，即进项税额未记入“应交税费——应交增值税（进项税额）”科目，则其出售视为旧货销售，按照4%的征收率减半计算缴纳增值税（自2014年7月1日起，按照3%的征收率减按2%计算缴纳增值税），且开具增值税普通发票，企业应借记“银行存款”等科目，贷记“固定资产清理”“应交税费——简易计税”（按4%的征收率计算，自2014年7月1日起，按照3%的征收率计算）科目，同时，借记“应交税费——简易计税”［按照（4%-2%）计算，自2014年7月1日起，按照（3%-2%）计算］科目，贷记“其他收益”（生产经营期间正常销售固定资产的情形）或者“营业外收入——政府补助”（因自然灾害等原因发生毁损、已丧失使用功能等原因而报废清理固定资产的情形）科目[①]。按生产经营期间正常销售固定资产所产生的损失，借记“资产处置损益”科目，贷记“固定资产清理”科目；或者按生产经营期间正常销售固定资产所产生的利得，借记“固定资产清理”科目，贷记“资产处置损益”科目。按固定资产因自然灾害等原因发生毁损、已丧失使用功能等原因而报废清理产生的损失，借记“营业外支出——非流动资产毁损报废损失”科目，贷记“固定资产清理”科目；或者按固定资产因自然灾害等原因发生毁损、已丧失使用功能等原因而报废清理产生的收益，借记“固定资产清理”科目，贷记“营业外收入——非流动资产毁损报废收益”科目。

点睛　纳税人销售自己使用过的固定资产，适用简易办法[②]依照3%征收率减按2%征收增值税政策的，可以放弃减税，按照简易办法依照3%征收率缴纳增值税，并可以自开或代开增值税专用发票。

【任务实例2-9】甲公司为增值税一般纳税人，2023年5月出售一台使用过的设备，原价为117 000元（含增值税），购入时间为2015年5月，且购入时取得增值税专用发票，发票上注明价款100 000元，增值税税额17 000元[③]，款项以银行存款支付。甲公司取得的增值税专用发票2015年5月符合抵扣规定。该设备的折旧年限为10年，采用直线法计提折旧，不考虑净残值。2023年5月的售价为67 800元（含增值税），该设备销售时适用13%的增值税税率，款项已存入银行。

【任务要求】对甲公司上述业务进行账务处理。

【任务实施】

（1）购入设备时：

借：固定资产	100 000	
应交税费——应交增值税（进项税额）	17 000	
贷：银行存款		117 000

（2）将设备转入清理时：

借：固定资产清理	20 000	
累计折旧（100 000÷10×8）	80 000	
贷：固定资产		100 000

（3）收到价款时：

借：银行存款	67 800	
贷：固定资产清理［67 800÷（1+13%）］		60 000
应交税费——应交增值税（销项税额）［67 800÷（1+13%）×13%］		7 800

① 有观点认为，不分情况，一律记入“其他收益”科目；另有观点认为，不分情况，一律记入“营业外收入——政府补助”科目。下同。
② 简易办法，又称简易方法、简易计税方法。不同税法文件用词不尽相同，但以上三种用词是一个意思。
③ 自2018年5月1日起，原17%的增值税税率调整为16%，自2019年4月1日起，原16%的增值税税率调整为13%，因此本题该设备在购买时适用的增值税税率仍为17%。

（4）结转设备出售净损益时：

借：固定资产清理	40 000	
贷：资产处置损益		40 000

【任务实例2-10】甲公司为增值税一般纳税人，2023年10月出售一台使用过的设备，原价为117 000元（含增值税，该设备购买时适用17%的增值税税率），取得增值税普通发票。该设备的购入时间为2008年10月，购入时款项以银行存款支付。该设备折旧年限为20年，采用直线法计提折旧，不考虑净残值，2023年10月的售价为70 200元（含增值税），按简易计税方法依照3%征收率减按2%征收增值税，并开具了增值税普通发票，款项已存入银行。

【任务要求】对甲公司上述业务进行账务处理。

【任务实施】因该设备购入时间为2008年10月（增值税转型之前），则固定资产的原值为117 000元（购入的增值税进项税额计入设备成本），该设备出售视为旧货销售，由于该设备出售之日为2023年10月，因此按照简易办法依照3%征收率减按2%征收增值税。

（1）购入设备时：

借：固定资产	117 000	
贷：银行存款		117 000

（2）将设备转入清理时：

借：固定资产清理（117 000-87 750）	29 250	
累计折旧（117 000÷20×15）	87 750	
贷：固定资产		117 000

（3）收到价款时：

借：银行存款	70 200	
贷：固定资产清理		68 155.34
应交税费——简易计税［70 200÷（1+3%）×3%］		2 044.66
借：应交税费——简易计税［70 200÷（1+3%）×（3%-2%）］	681.55	
贷：其他收益		681.55

（4）结转设备出售净损益时：

借：固定资产清理（68 155.34-29 250）	38 905.34	
贷：资产处置损益		38 905.34

（3）一般纳税人销售自己使用过的应征消费税的摩托车、汽车、游艇等固定资产销项税额或应纳增值税额的会计核算。

一般纳税人销售2013年8月1日之前购入的自用应征消费税的摩托车、汽车、游艇等固定资产，按照4%的征收率减半征收增值税（自2014年7月1日起，按照简易办法依照3%征收率减按2%征收增值税）。一般纳税人销售2013年8月1日之后购入的自用应征消费税的摩托车、汽车、游艇等固定资产，按照13%税率计算缴纳增值税。

将固定资产转入清理时，冲销其账面原值、累计折旧及减值准备，借记“固定资产清理”“累计折旧”“固定资产减值准备”等科目，贷记“固定资产”科目。发生各项清理支出时，借记“固定资产清理”科目，贷记“银行存款”等科目。在销售时，按照取得的销售收入和计算的增值税额，借记“银行存款”等科目，贷记“固定资产清理”、“应交税费——简易计税”（若一般纳税人销售2013年8月1日之前购入的自用应征消费税的摩托车、汽车、游艇等固定资产，按4%的征收率计算，自2014年7月1日起，按照3%的征收率计算）科目，同时，借记“应交税费——简易计税”［按照（4%-2%）计算，自2014年7月1日起，按照（3%-2%）计算］科目，贷记“其他收益”（生产经营期间正常销售固定资产的情形）或者“营业外收入——政府补助”（因自然灾害等原因发生毁损、已丧失使用功能等原因而报废清理固定资产的情形）科目，或贷记“固定资产清理”、“应交税费——应交增值税（销项税额）”（若一般纳税人销售2013年8月1日之后购入的自用应征消费税的摩托车、汽车、游艇等固定资产，按13%的税率计算）科目。按生产经营期间正常销售固定资产所产生的损失，借记“资产处置损益”科目，贷记“固定资产清理”科目；或者按生产经营期间正常销售固定资产所产生的利得，借记“固定资产清理”科目，贷记“资产处置损益”科目。按固定资产因自然灾害等原因发生毁损、已丧失使用功能等原因而报废清理产生的损失，借记“营业外支出——非流动资产毁损报废损失”科目，贷记“固定资产清理”科目；或者按固定资产因自然灾害等原因发生毁损、已丧失使用功能等原因而报废清理产生的收益，借记“固定资产清理”科目，贷记“营业外收入——非流动资产毁损报废收益”科目。

【任务实例2-11】甲公司为增值税一般纳税人，本年5月因经营业务调整，出售已使用过的两辆小汽车。第一辆小汽车为2013年5月购入，其账面原值为100 000元，已提折旧60 000元，以70 000元的价格（含增值税）出售，甲公司向对方开具增值税普通发票，款项已存入银行。第二辆小汽车为2014年5月购入，购入时取得增值税专用发票，发票上注明价款200 000元，增值税税额34 000元，甲公司取得的增值税专用发票2014年5月符合抵扣规定，该小汽车账面原值为200 000元，已提折旧100 000元，以120 000元的价格（含增值税）出售，甲公司向对方开具增值税专用发票，款项已存入银行，该小汽车销售时适用13%的增值税税率。

【任务要求】对甲公司上述业务进行账务处理。

【任务实施】

（1）出售第一辆小汽车：

❶将第一辆小汽车转入清理时：

借：固定资产清理	40 000	
累计折旧	60 000	
贷：固定资产——小汽车		100 000

❷收到出售第一辆小汽车价款时：

借：银行存款	70 000	
贷：固定资产清理［70 000÷（1+3%）］		67 961.17
应交税费——简易计税［70 000÷（1+3%）×3%］		2 038.83
借：应交税费——简易计税［70 000÷（1+3%）×（3%-2%）］	679.61	
贷：其他收益		679.61

❸结转第一辆小汽车出售净损益时：

借：固定资产清理（67 961.17-40 000）	27 961.17	

贷：资产处置损益 27 961.17

（2）出售第二辆小汽车：

❶将第二辆小汽车转入清理时：

借：固定资产清理 100 000

累计折旧 100 000

贷：固定资产——小汽车 200 000

❷收到出售第二辆小汽车价款时：

借：银行存款 120 000

贷：固定资产清理［120 000÷（1+13%）］ 106 194.69

应交税费——应交增值税（销项税额）［120 000÷（1+13%）×13%］ 13 805.31

❸结转第二辆小汽车出售净损益时：

借：固定资产清理（106 194.69−100 000） 6 194.69

贷：资产处置损益 6 194.69

（4）小规模纳税人销售自己使用过的固定资产的会计核算。

小规模纳税人（除其他个人外）销售自己使用过的固定资产，减按2%征收率征收增值税。这里指的是小规模纳税人适用3%征收率减按2%征收率征收，其销售额和应纳税额的计算公式如下：

销售额=含增值税销售额÷（1+3%）

应纳税额=销售额×2%

其他个人销售自己使用过的固定资产，免征增值税。

小规模纳税人将固定资产转入清理时，冲销其账面原值、累计折旧及减值准备，借记"固定资产清理""累计折旧""固定资产减值准备"等科目，贷记"固定资产"科目；发生各项清理支出时，借记"固定资产清理"科目，贷记"银行存款"等科目；在销售时，按照取得的销售收入和计算的增值税额，借记"银行存款"等科目，贷记"固定资产清理"、"应交税费——应交增值税"（按照3%的征收率计算）等科目，同时，借记"应交税费——应交增值税"［按照（3%−2%）计算］科目，贷记"其他收益"（生产经营期间正常销售固定资产的情形）或者"营业外收入——政府补助"（因自然灾害等原因发生毁损、已丧失使用功能等原因而报废清理固定资产的情形）科目。按生产经营期间正常销售固定资产所产生的损失，借记"资产处置损益"科目，贷记"固定资产清理"科目；或者按生产经营期间正常销售固定资产所产生的利得，借记"固定资产清理"科目，贷记"资产处置损益"科目。按固定资产因自然灾害等原因发生毁损、已丧失使用功能等原因而报废清理产生的损失，借记"营业外支出——非流动资产毁损报废损失"科目，贷记"固定资产清理"科目；或者按固定资产因自然灾害等原因发生毁损、已丧失使用功能等原因而报废清理产生的收益，借记"固定资产清理"科目，贷记"营业外收入——非流动资产毁损报废收益"科目。

【任务实例2-12】甲公司为增值税小规模纳税人，2020年1月因经营业务调整，出售已使用过的一台机器设备。机器设备账面原值为12 000元，已提折旧2 400元，以16 000元的价格（含增值税）出售。甲公司向对方开具了增值税普通发票，款项已存入银行。

【任务要求】对甲公司上述业务进行账务处理。

【任务实施】

（1）将机器设备转入清理时：

借：固定资产清理　9 600

　　累计折旧　2 400

　贷：固定资产——机器设备　12 000

（2）收到出售机器设备价款时：

借：银行存款　16 000

　贷：固定资产清理［16 000÷（1+3%）］　15 533.98

　　　应交税费——应交增值税［16 000÷（1+3%）×3%］　466.02

借：应交税费——应交增值税［16 000÷（1+3%）×（3%-2%）］　155.34

　贷：其他收益　155.34

（3）结转机器设备出售净损益时：

借：固定资产清理（15 533.98-9 600）　5 933.98

　贷：资产处置损益　5 933.98

2. 采用托收承付或委托收款方式销售货物销项税额或应纳增值税额的会计核算

企业采取托收承付或委托收款方式销售货物的，其纳税义务发生时间为发出货物并办妥托收手续的当天。企业采取托收承付或委托收款方式销售货物，应当根据托收承付或委托收款结算凭证和发票，按应收或已收的金额，借记“应收账款”科目，按取得的收入金额，贷记“主营业务收入”“其他业务收入”等科目，按现行增值税制度规定计算的销项税额（或采用简易计税方法计算的应纳增值税额），贷记“应交税费——应交增值税（销项税额）”或“应交税费——简易计税”（小规模纳税人贷记“应交税费——应交增值税”）科目。

【任务实例 2-13】甲公司为增值税一般纳税人，本年5月底采取托收承付结算方式向外地乙公司销售A产品一批，货物已发出，开具的增值税专用发票上注明价款300 000元，增值税税额39 000元。以银行存款代垫运费1 090元。已向银行办妥托收手续。托运方将增值税专用发票开具给乙公司，注明运费1 000元，增值税税额90元。甲公司将该发票转交给乙公司。

【任务要求】对甲公司上述业务进行账务处理。

【任务实施】

借：应收账款——乙公司　340 090

　贷：主营业务收入　300 000

　　　应交税费——应交增值税（销项税额）　39 000

　　　银行存款　1 090

3. 采用赊销或分期收款方式销售货物销项税额或应纳增值税额的会计核算

按照国家统一的会计制度确认收入或利得的时点早于按照增值税制度确认增值税纳税义务发生时点的，应将相关销项税额或者增值税额记入“应交税费——待转销项税额”科目，待实际发生纳税义务时再转入“应交税费——应交增值税（销项税额）”或“应交税费——简易计税”（小规模纳税人转入“应交税费——应交增值税”）科目。

会计上的收入准则及其指南将赊销或分期收款销售商品的收入确认与会计处理分为两种类型：不具有融资性质和具有融资性质。在实务中，赊销或分期收款销售商品是否具有融资性质，一般根据赊销或分期收款期限的长短确定，但同时又需要进行会计职业判断。最简单的判断标准是看未来收款额（赊销）或各期收款总额之和（分期收款销售商品）是否比合同或协议签订之日商品的正常市场价格高。如果未来收款额（赊销）或各期收款总额之和（分期收款销售商品）高于货物当前的市价，则说明购货方为延期支付货款付出了货币时间价值的代价，销货方为延期收取货款可以取得相当于货币时间价值的收益，按企业会计准则规定，应将其确认为融资收益，且赊销或分期收款销售商品是否具有融资性质完全取决于交易双方的意愿和交易本身的特性。不一定收款递延时间越长，融资收益就越高，有时递延收款时间可能未超过一年，但未来收款额（赊销）或各期收款总额之和（分期收款销售商品）也会超过当前商品售价，所以递延收款时间长短不足以作为判断交易是否具有融资性质的依据。在会计处理上，递延收款时间长短将影响确认应收款项时所采用的科目：递延收款时间在一年以内的应当用“应收账款”科目；一年以上的应当用“长期应收款”科目。从税收法规和会计准则相互协调的角度看，会计处理中，“应交税费——应交增值税（销项税额）”科目的确认时间和金额计算应遵循税收法规的规定。对赊销或分期收款销售商品业务收入金额的确定，需要区分两种情况：一是实质上不具有融资性质的，收入金额应按从购货方应收的合同或协议价款来确定；二是实质上具有融资性质的，收入金额应当按照其未来现金流量现值或商品现销价格来确定。

采取赊销或分期收款方式销售货物，其纳税义务发生时间为书面合同约定的收款日期的当天，无书面合同的或者书面合同没有约定收款日期的，其纳税义务发生时间为货物发出的当天（也就是说，书面合同约定的收款日期的当天或者货物发出的当天应当开具增值税专用发票或者普通发票，确认纳税义务。同时需要注意的是，先开具发票的，为开具发票的当天，这种情况下，实际上相当于采用直接收款方式销售商品）。采取赊销或分期收款方式销售货物，会计上要求在满足收入确认条件时就要确认收入，一般情况下，发出商品时，会计上就需要确认收入。

企业采取赊销或分期收款方式销售货物，如果不具有融资性质，则以合同金额确认收入，其会计处理与税法规定基本相同。在发出货物时，应当借记“应收账款”或“长期应收款”科目，贷记“主营业务收入”“应交税费——待转销项税额”科目；同时，结转销售成本。按合同约定的收款日期开具发票时，借记“银行存款”“应交税费——待转销项税额”等科目，贷记“应收账款”或“长期应收款”、“应交税费——应交增值税（销项税额）”或“应交税费——简易计税”（小规模纳税人贷记“应交税费——应交增值税”）等科目。

企业采取赊销或分期收款方式销售货物，如果具有融资性质，其会计处理与税法规定不一致。在发出货物时，按应收合同或协议价款，借记“应收账款”或“长期应收款”科目，按应收合同或协议价款的公允价值（未来现金流量现值），贷记“主营业务收入”科目，按未来应确认的增值税额，贷记“应交税费——待转销项税额”等科目，按其差额，贷记“未实现融资收益”科目；同时，结转销售成本。按合同约定的收款日期开具发票时，借记“银行存款”“应交税费——待转销项税额”等科目，贷记“应收账款”或“长期应收款”、“应交税费——应交增值税（销项税额）”或“应交税费——简易计税”（小规模纳税人贷记“应交税费——应交增值税”）等科目。在合同或协议期间内按照应收款项的摊余成本和实际利率计算确定的摊销金额，冲减财务费用。未实现融资收益在收款期内按实际利率法摊销，摊销结果与直线法相差不大时，也可以采用直线法摊销。

【任务实例2-14】甲公司为增值税一般纳税人，本年4月以赊销方式销售A产品共计60 000元（不含增值税），未来应确认的增值税税额为7 800元，产品实际成本为30 000元，按合同规定，收款日期为本年9月15日，且甲公司于本年9月15日开具增值税专用发票（假设该赊销业务不具有融资性质）；本年5月以分期收款方式销售B产品共计90 000元（不含增值税），未来应确认的增值税税额为11 700元，产品实际成本为60 000元，按合同规定，收款日期分别为本年6月15日、12月15日，且甲公司于本年6月15日、12月15日分别等额开具增值税专用发票（假设该分期收款销售业务不具有融资性质）。

【任务要求】对甲公司上述业务进行账务处理。

【任务实施】

（1）❶4月甲公司发出A产品时：

借：应收账款	67 800	
贷：主营业务收入		60 000
应交税费——待转销项税额		7 800
借：主营业务成本	30 000	
贷：库存商品		30 000

❷若合同约定的收款日期收到款项，则甲公司9月15日开具增值税专用发票，并计算增值税销项税额，账务处理如下：

借：银行存款	67 800	
应交税费——待转销项税额	7 800	
贷：应收账款		67 800
应交税费——应交增值税（销项税额）		7 800

若合同约定的收款日期未收到款项，则甲公司9月15日开具增值税专用发票，并计算增值税销项税额，账务处理如下：

借：应交税费——待转销项税额	7 800	
贷：应交税费——应交增值税（销项税额）		7 800

（2）❶5月甲公司发出B产品时：

借：应收账款	101 700	
贷：主营业务收入		90 000
应交税费——待转销项税额		11 700
借：主营业务成本	60 000	
贷：库存商品		60 000

❷若合同约定的收款日期分别收到款项，则甲公司6月15日和12月15日分别等额开具增值税专用发票，并计算增值税销项税额，分别进行账务处理如下：

借：银行存款	50 850	
应交税费——待转销项税额	5 850	
贷：应收账款		50 850
应交税费——应交增值税（销项税额）		5 850

若合同约定的收款日期未收到款项，则6月15日和12月15日分别等额开具增值税专用发票，并计算增值税销项税额，分别进行账务处理如下：

借：应交税费——待转销项税额　　5 850
　贷：应交税费——应交增值税（销项税额）　　5 850

4. 采用预收货款方式销售货物销项税额或应纳增值税额的会计核算

企业采取预收货款方式销售货物，其纳税义务发生时间为货物发出的当天，但生产销售生产工期超过12个月的大型机械设备、船舶、飞机等货物，其纳税义务的发生时间为收到预收款或者书面合同约定的收款日期的当天。企业采取预收货款方式销售货物，会计处理和税法的规定基本一致，除了生产销售生产工期超过12个月的大型机械设备、船舶、飞机等货物以外，企业收到预收货款时，不作销售处理，等到发出产品时才作销售处理。纳税人在收到预收货款时，应借记“银行存款”科目，贷记“合同负债”科目；发出商品时，确认收入及补收货款，借记“合同负债”“银行存款”等科目，贷记“主营业务收入”、“应交税费——应交增值税（销项税额）”或“应交税费——简易计税”（小规模纳税人贷记“应交税费——应交增值税”）等科目，同时结转已销商品成本。

【任务实例2-15】甲服装厂为增值税一般纳税人，本年5月8日收到某批发公司预付服装款90 000元，款项已存入银行；6月28日，甲服装厂发出服装并开具增值税专用发票，发票上注明价款100 000元，增值税税额13 000元，同时补收货款且存入银行。

【任务要求】对甲服装厂上述业务进行账务处理。

【任务实施】

（1）收到预付款时：

借：银行存款　　90 000
　贷：合同负债　　90 000

（2）发出货物时：

借：合同负债　　90 000
　　银行存款　　23 000
　贷：主营业务收入　　100 000
　　　应交税费——应交增值税（销项税额）　　13 000

5. 销售（提供）加工修理修配劳务销项税额或应纳增值税额的会计核算

企业销售加工修理修配劳务，其纳税义务的发生时间为提供劳务同时收讫销售款项或者取得索取销售款项的凭据的当天。

企业销售加工修理修配劳务，应当按应收或已收的金额，借记“应收账款”“应收票据”“银行存款”等科目，按取得的收入金额，贷记“主营业务收入”“其他业务收入”等科目，按现行增值税制度规定计算的销项税额（或采用简易计税方法计算的应纳增值税额），贷记“应交税费——应交增值税（销项税额）”或“应交税费——简易计税”（小规模纳税人贷记“应交税费——应交增值税”）科目。发生销售退回的，应根据按规定开具的红字增值税专用发票做相反的会计分录。

提示　企业发生合同履约成本时，借记“合同履约成本”科目，贷记“银行存款”“应付职工薪酬”

“原材料”“累计折旧”“累计摊销”等科目；对合同履约成本进行摊销时，借记“主营业务成本”“其他业务成本”等科目，贷记“合同履约成本”科目。涉及增值税的，还应进行相应的处理。企业结转已销售商品或提供服务成本时，借记“主营业务成本”“其他业务成本”等科目，贷记“库存商品”“合同履约成本”等科目。

【任务实例2-16】甲公司是一家汽修厂，为增值税一般纳税人，本年7月为乙公司修理一辆汽车，收取修理费并开具增值税专用发票，发票上注明价款6 000元，增值税税额780元，款项已存入银行。在修理过程中，甲公司发生劳务成本3 000元（均为维修工人薪酬）、更换零件等耗用原材料2 000元。

【任务要求】对甲公司上述业务进行账务处理。

【任务实施】

（1）发生合同履约成本时：

借：合同履约成本（3 000+2 000）	5 000	
贷：应付职工薪酬		3 000
原材料		2 000

（2）确认修理收入时：

借：银行存款	6 780	
贷：主营业务收入		6 000
应交税费——应交增值税（销项税额）		780

（3）对合同履约成本进行摊销时：

借：主营业务成本	5 000	
贷：合同履约成本		5 000

6. 销售（提供）服务销项税额或应纳增值税额的会计核算①

企业销售服务的，其纳税义务的发生时间为收讫销售款项或者取得索取销售款项凭据的当天；先开具发票的，为开具发票的当天。企业提供租赁服务采取预收款方式的，其纳税义务发生时间为收到预收款的当天。

企业销售服务（除采取预收款方式提供租赁服务以外），应当按应收或已收的金额，借记“应收账款”“应收票据”“银行存款”等科目，按取得的收入金额，贷记“主营业务收入”“其他业务收入”等科目，按现行增值税制度规定计算的销项税额（或采用简易计税方法计算的应纳增值税额），贷记“应交税费——应交增值税（销项税额）”或“应交税费——简易计税”（小规模纳税人贷记“应交税费——应交增值税”）科目。发生销售退回的，应根据按规定开具的红字增值税专用发票做相反的会计分录。

企业采取预收款方式提供租赁服务，应当按预收的价税合计金额，借记“银行存款”等科目，按未来应当确认的收入金额，贷记“预收账款”科目，按现行增值税制度规定计算的销项税额（或采用简易计税方法计算的应纳增值税额），贷记“应交税费——应交增值税（销项税额）”或“应交税费——简易计税”（小规模纳税人贷记“应交税费——应交增值税”）科目。发生销售退回的，应根据按规定开具的红字增值税专用发票做相反的会计分录。

【任务实例2-17】甲宾馆为增值税一般纳税人，本年5月提供住宿服务取得含增值税收入1 060 000元，按照适用税率开具了增值税专用发票，款项已存入银行。本年5月，甲

① 此处的销售（提供）服务销项税额或应纳增值税额的会计核算不考虑金融商品转让增值税的会计核算。对于金融商品转让增值税的会计核算在本节其他部分阐述。

宾馆计提与宾馆经营直接相关的客房以及客房内的设备家具等折旧50 000元、土地使用权摊销费用35 000元。住宿服务适用的增值税税率为6%。

【任务要求】对甲宾馆上述业务进行账务处理。

【任务实施】

（1）确认资产的折旧费、摊销费时：

借：合同履约成本　85 000
　贷：累计折旧　50 000
　　　累计摊销　35 000

（2）确认住宿服务收入时：

借：银行存款　1 060 000
　贷：主营业务收入［1 060 000÷（1+6%）］　1 000 000
　　　应交税费——应交增值税（销项税额）［1 060 000÷（1+6%）×6%］　60 000

（3）对合同履约成本进行摊销时：

借：主营业务成本　85 000
　贷：合同履约成本　85 000

【任务实例2-18】甲租赁公司为增值税一般纳税人，本年6月1日与乙公司签订经营租赁合同，合同约定甲租赁公司向乙公司出租一台设备，租期12个月，租金共计13.56万元（含增值税），租赁开始日为7月1日，双方约定乙公司要在6月15日向甲租赁公司一次性全额支付租金。甲租赁公司本年6月15日收到乙公司支付的租金13.56万元（含增值税），款项已存入银行。甲租赁公司对于该设备每月计提折旧7 000元。

【任务要求】对甲租赁公司上述业务进行账务处理。

【任务实施】纳税人提供租赁服务采取预收款方式的，其纳税义务发生时间为收到预收款的当天。甲租赁公司应于6月15日对收到的预付款计提销项税额。有形动产租赁服务适用税率为13%。

本年6月甲租赁公司应计提的销项税额=13.56÷（1+13%）×13%=1.56（万元）

（1）6月15日收到预收款时：

借：银行存款　135 600
　贷：预收账款　120 000
　　　应交税费——应交增值税（销项税额）　15 600

（2）对于某一时段内履行的履约义务，企业应当在该段时间内按照履约进度确认收入。在租赁期限内（本年7月至下年6月）的每月月末，甲租赁公司分别确认收入时：

借：预收账款（120 000÷12）　10 000
　贷：主营业务收入　10 000

（3）在租赁期限内（本年7月至下年6月）的每月月末，甲租赁公司计提设备折旧时：

借：主营业务成本　7 000
　贷：累计折旧　7 000

7. 销售无形资产销项税额或应纳增值税额的会计核算

企业销售无形资产的，其纳税义务发生时间为收讫销售款项或者取得索取销售款项凭据的当天；先开具发票的，为开具发票的当天。

企业销售无形资产，应当按应收或已收的金额，借记“应收账款”“应收票据”“银行存款”等科目，按取得的收入或利得（或者损失）金额，贷记“主营业务收入”（销售或转让无形资产使用权，即出租无形资产使用权，且为主营业务的情形）、“其他业务收入”（销售或转让无形资产使用权，即出租无形资产使用权，且为非主营业务的情形）、“资产处置损益”（销售或转让无形资产所有权的情形）等科目，按现行增值税制度规定计算的销项税额（或采用简易计税方法计算的应纳增值税额），贷记“应交税费——应交增值税（销项税额）”或“应交税费——简易计税”（小规模纳税人贷记“应交税费——应交增值税”）科目。发生销售退回的，应根据按规定开具的红字增值税专用发票做相反的会计分录。

【任务实例2-19】甲公司为增值税一般纳税人，本年5月出售一项商标所有权，取得含增值税收入636 000元。该商标所有权的原购入成本为1 200 000元，出售时已摊销金额为800 000元，该商标未计提减值准备。款项已存入银行。

【任务要求】对甲公司上述业务进行账务处理。

【任务实施】商标权的所有权转让适用税率为6%。

甲公司应计提的销项税额=636 000÷（1+6%）×6%=36 000（元）

借：银行存款	636 000	
累计摊销	800 000	
贷：无形资产——商标权		1 200 000
应交税费——应交增值税（销项税额）		36 000
资产处置损益（636 000+800 000−1 200 000−36 000）		200 000

【任务实例2-20】甲公司为增值税一般纳税人，现将某商标权使用权转让（出租）给乙公司，合同规定出租期限为两年（20×7年5月至20×9年4月），每月租金收入10 000元（不含增值税），每月月初收取当月租金。20×7年5月1日，收到当月的租金及增值税合计10 600元，款项已存入银行。该商标权每月的摊销额为5 000元。

【任务要求】对甲公司上述业务进行账务处理。

【任务实施】转让（出租）商标权使用权的适用税率为6%。

甲公司应计提的销项税额=10 600÷（1+6%）×6%=600（元）

（1）20×7年5月1日取得（或确认）租金收入时：

借：银行存款	10 600	
贷：其他业务收入		10 000
应交税费——应交增值税（销项税额）		600

（2）20×7年5月31日进行摊销时：

借：其他业务成本	5 000	
贷：累计摊销		5 000

8. 销售不动产销项税额或应纳增值税额的会计核算

企业销售不动产的，其纳税义务发生时间为收讫销售款项或者取得索取销售款项凭据的当天；先开具发票的，为开具发票的当天。

企业销售不动产，应当按应收或已收的金额，借记“应收账款”“应收票据”“银行存款”等科目，按取得的收入金额，贷记“主营业务收入”“其他业务收入”“固定资产清理”等科目，按现行增值税制度规定计算的销项税额（或采用简易计税方法计算的应纳增值税额），贷记“应交税费——应交增值税（销项税额）”或“应交税费——简易计税”（小规模纳税人贷记“应交税费——应交增值税”）科目。发生销售退回的，应根据按规定开具的红字增值税专用发票做相反的会计分录。

（1）房地产企业销售自行开发的房地产项目的销项税额或应纳增值税额的会计核算。

房地产企业销售自行开发的房地产项目，应当按应收或已收的金额，借记“应收账款”“应收票据”“银行存款”等科目，按取得的收入金额，贷记“主营业务收入”“其他业务收入”等科目，按现行增值税制度规定计算的销项税额（或采用简易计税方法计算的应纳增值税额），贷记“应交税费——应交增值税（销项税额）”或“应交税费——简易计税”（小规模纳税人贷记“应交税费——应交增值税”）科目。发生销售退回的，应根据按规定开具的红字增值税专用发票做相反的会计分录。

【任务实例2-21】甲房地产公司为增值税一般纳税人，自行开发了某房地产项目，“建筑工程施工许可证”注明的开工日期是2016年4月1日。本年5月该公司销售了该项目的一批房产，共取得含增值税收入3 108万元，款项已存入银行，同时办妥了房屋产权转移手续。这批房产对应的土地价款为981万元。计算增值税时，该公司选择了简易计税方法。

【任务要求】对甲房地产公司上述业务进行账务处理。

【任务实施】一般纳税人销售自行开发的房地产老项目，可以选择适用简易计税方法按照5%的征收率计税。一经选择简易计税方法计税的，36个月内不得变更为一般计税方法计税。

房地产老项目，是指：(1)“建筑工程施工许可证”注明的合同开工日期在2016年4月30日前的房地产项目；(2)“建筑工程施工许可证”未注明合同开工日期或者未取得“建筑工程施工许可证”，但建筑工程承包合同注明的开工日期在2016年4月30日前的建筑工程项目。

一般纳税人销售自行开发的房地产老项目适用简易计税方法计税的，以取得的全部价款和价外费用为销售额，不得扣除对应的土地价款。

应纳增值税=31 080 000÷（1+5%）×5%=1 480 000（元）

借：银行存款	31 080 000
贷：主营业务收入	29 600 000
应交税费——简易计税	1 480 000

【任务实例2-22】在【任务实例2-21】中，假设在计算增值税时，该公司选择了一般计税方法，其他资料不变。

【任务要求】对甲房地产公司上述业务进行账务处理。

【任务实施】房地产开发企业中的一般纳税人销售自行开发的房地产项目，适用一般计税方法计税，按照取得的全部价款和价外费用，扣除当期销售房地产项目对应的土地价款后的余额计算销售额。

销售额=（全部价款和价外费用-当期允许扣除的土地价款）÷（1+9%）

土地价款所对应的税额（销项税额抵减额）=9 810 000÷（1+9%）×9%=810 000（元）

应纳增值税=（全部价款和价外费用−当期允许扣除的土地价款）÷（1+9%）×9%

=全部价款和价外费用÷（1+9%）×9%−当期允许扣除的土地价款÷（1+9%）×9%

=31 080 000÷（1+9%）×9%−9 810 000÷（1+9%）×9%=2 566 238.53−810 000

=1 756 238.53（元）

借：银行存款　31 080 000

　贷：主营业务收入　28 513 761.47

　　应交税费——应交增值税（销项税额）　2 566 238.53

借：应交税费——应交增值税（销项税额抵减）　810 000

　贷：主营业务成本　810 000

【任务实例2-23】在【任务实例2-21】中，假设“建筑工程施工许可证”注明的开工日期是2016年5月1日，其他资料不变。

【任务要求】对甲房地产公司上述业务进行账务处理。

【任务实施】纳税人销售自行开发的房地产项目，适用一般计税方法，其会计处理可参照【任务实例2-22】。

房地产企业预售自行开发的房地产项目的销项税额或应纳增值税额的会计核算见本任务“四、增值税差额征税的会计核算”中的“（一）企业发生相关成本费用允许扣减销售额增值税的会计核算”。

（2）除房地产企业销售自行开发的房地产项目以外的销售不动产销项税额或应纳增值税额的会计核算①。

除房地产企业销售自行开发的房地产项目以外的销售不动产应通过“固定资产清理”账户核算，根据按规定收取的增值税税额，贷记“应交税费——应交增值税（销项税额）”或“应交税费——简易计税”（小规模纳税人贷记“应交税费——应交增值税”）科目，发生的净损益记入“资产处置损益”科目。

【任务实例2-24】甲市A公司为增值税一般纳税人，2023年4月销售位于乙市的写字楼，并于当月办妥了相关产权转移手续。该写字楼于2016年4月购置并投入使用，投入使用前发生的成本为546万元，销售写字楼取得含增值税收入840万元，款项已存入银行。在销售过程中应纳土地增值税60万元，已用银行存款缴纳，假设销售过程中无其他费用。投入使用时，该公司预计该写字楼可使用50年，按平均年限法计提折旧，无残值。计算增值税时，该公司转让不动产选择了简易计税方法。假设该公司本期无其他销售行为，无可抵扣进项税额，也无期初留抵税额。

【任务要求】对A公司上述业务进行账务处理。

【任务实施】一般纳税人转让其2016年4月30日前取得（不含自建）的不动产，可以选择适用简易计税方法计税，以取得的全部价款和价外费用扣除不动产购置原价或者取得不动产时的作价后的余额为销售额，按照5%的征收率计算应纳税额。纳税人应按照上述计税方法向不动产所在地主管税务机关预缴税款，向机构所在地主管税务机关申报纳税。

① 包括销售以直接购买、接受捐赠、接受投资入股、自建以及抵债等各种形式取得的不动产销项税额或应纳增值税额的会计核算，不包括房地产开发企业销售或预售自行开发的房地产项目销项税额或应纳增值税额的会计核算。

应预缴增值税=（全部价款和价外费用-不动产购置原价或者取得不动产时的作价）÷（1+5%）×5%

=（8 400 000-5 460 000）÷（1+5%）×5%

=8 400 000÷（1+5%）×5%-5 460 000÷（1+5%）×5%=400 000-260 000=140 000（元）

应纳增值税=应预缴增值税=140 000 元

借：固定资产清理（5 460 000-764 400）　　4 695 600

　　累计折旧（5 460 000÷50÷12×84）　　764 400

　贷：固定资产　　5 460 000

借：银行存款　　8 400 000

　贷：固定资产清理　　8 000 000

　　　应交税费——简易计税［8 400 000÷（1+5%）×5%］　　400 000

借：应交税费——简易计税［5 460 000÷（1+5%）×5%］　　260 000

　贷：固定资产清理　　260 000

{上述两个会计分录也可以合并为：

借：银行存款　　8 400 000

　贷：固定资产清理　　8 260 000

　　　应交税费——简易计税［8400000÷（1+5%）×5%-5460000÷（1+5%）×5%］

　　140 000}

借：固定资产清理　　600 000

　贷：应交税费——应交土地增值税　　600 000

借：固定资产清理（8 000 000+260 000-4 695 600-600 000）　　2 964 400

　贷：资产处置损益　　2 964 400

向不动产所在地主管税务机关预缴税款时：

借：应交税费——简易计税　　140 000

　贷：银行存款　　140 000

下个月申报期内向机构所在地主管税务机关申报纳税时，由于向不动产所在地主管税务机关预缴税款（140 000元）和向机构所在地主管税务机关申报纳税额［400 000-260 000=140 000（元）］相等，即不需要补缴增值税，因此只需要进行纳税申报，不需要进行账务处理。

【任务实例 2-25】在【任务实例 2-24】中，假设在计算增值税时，A公司选择了一般计税方法，其他资料不变。

【任务要求】对A公司上述业务进行账务处理。

【任务实施】一般纳税人转让其2016年4月30日前取得（不含自建）的不动产，选择适用一般计税方法计税的，以取得的全部价款和价外费用为销售额计算应纳税额。纳税人应以取得的全部价款和价外费用扣除不动产购置原价或者取得不动产时的作价后的余额，按照5%的预征率向不动产所在地主管税务机关预缴税款，向机构所在地主管税务机关申报纳税。

应预缴增值税=（全部价款和价外费用-不动产购置原价或者取得不动产时的作价）÷（1+5%）×5%

=（8 400 000-5 460 000）÷（1+5%）×5%

=8 400 000÷（1+5%）×5%-5 460 000÷（1+5%）×5%

=400 000-260 000=140 000（元）

增值税销项税额=8 400 000÷（1+9%）×9%=7 706 422.02×9%=693 577.98（元）

借：固定资产清理（5 460 000−764 400）　4 695 600
　　累计折旧（5 460 000÷50÷12×84）　764 400
　贷：固定资产　5 460 000

借：银行存款　8 400 000
　贷：固定资产清理　7 706 422.02
　　　应交税费——应交增值税（销项税额）　693 577.98

借：固定资产清理　600 000
　贷：应交税费——应交土地增值税　600 000

借：固定资产清理（7 706 422.02−4 695 600 −600 000）　2 410 822.02
　贷：资产处置损益　2 410 822.02

向不动产所在地主管税务机关预缴税款时：

借：应交税费——预交增值税　140 000
　贷：银行存款　140 000

该公司本期无其他销售行为，无可抵扣进项税额，也无期初留抵税额。

应纳增值税=693 577.98−0−0=693 577.98（元）

月份终了，将当月应缴未缴增值税额从“应交税费——应交增值税”科目转入“应交税费——未交增值税”科目时：

借：应交税费——应交增值税（转出未交增值税）　693 577.98
　贷：应交税费——未交增值税　693 577.98

月份终了，将当月预缴的增值税额自“应交税费——预交增值税”科目转入“应交税费——未交增值税”科目时：

借：应交税费——未交增值税　140 000
　贷：应交税费——预交增值税　140 000

下月申报期内向机构所在地主管税务机关申报缴纳增值税时：

借：应交税费——未交增值税（693 577.98−140 000）　553 577.98
　贷：银行存款　553 577.98

【任务实例 2−26】在【任务实例 2−24】中，假设该写字楼的销售时间为2023年5月，购置并投入使用的时间为2016年5月，其他资料不变。

【任务要求】对A公司上述业务进行账务处理。

【任务实施】一般纳税人转让其2016年5月1日后取得（不含自建）的不动产，适用一般计税方法，以取得的全部价款和价外费用为销售额计算应纳税额。纳税人应以取得的全部价款和价外费用扣除不动产购置原价或者取得不动产时的作价后的余额，按照5%的预征率向不动产所在地主管税务机关预缴税款，向机构所在地主管税务机关申报纳税。其账务处理可参照【任务实例 2−25】。

【任务实例 2−27】甲市B公司为增值税一般纳税人，2023年4月销售位于乙市的自建写字楼，并于当月办妥了相关产权转移手续。该写字楼于2016年4月建成并投入使用，投入使用前发生的建设成本为546万元，销售写字楼取得的含增值税收入为840万元，款项已存入银行。在销售过程中应纳土地增值税60万元，已用银行存款缴纳，假设销售过程中无其他费用。投入使用时，该公司预计该写字楼可使用50年，按直线法计提折旧，无残值。计算增值税时，该公司转让不动产选择了简易计税方法。假设该公司本期无其他销售行为，无可抵扣进项税额，也无期初留抵税额。

【任务要求】对B公司上述业务进行账务处理。

【任务实施】一般纳税人转让其2016年4月30日前自建的不动产，可以选择适用简易计税方法计税，以取得的全部价款和价外费用为销售额，按照5%的征收率计算应纳税额。纳税人应按照上述计税方法向不动产所在地主管税务机关预缴税款，向机构所在地主管税务机关申报纳税。

应预缴增值税=8 400 000÷（1+5%）×5%=8 000 000×5%=400 000（元）

应纳增值税=应预缴增值税=400 000元

借：固定资产清理（5 460 000−764 400）	4 695 600	
累计折旧（5 460 000÷50÷12×84）	764 400	
贷：固定资产		5 460 000
借：银行存款	8 400 000	
贷：固定资产清理		8 000 000
应交税费——简易计税［8 400 000÷（1+5%）×5%］		400 000
借：固定资产清理	600 000	
贷：应交税费——应交土地增值税		600 000
借：固定资产清理（8 000 000−4 695 600−600 000）	2 704 400	
贷：资产处置损益		2 704 400

向不动产所在地主管税务机关预缴税款时：

借：应交税费——简易计税	400 000	
贷：银行存款		400 000

下个月申报期内向机构所在地主管税务机关申报纳税时，由于向不动产所在地主管税务机关预缴税款（400 000元）和向机构所在地主管税务机关申报纳税额（400 000元）相等，即不需要补缴增值税，因此只需要进行纳税申报，不需要进行账务处理。

【任务实例2-28】在【任务实例2-27】中，假设在计算增值税时，B公司选择了一般计税方法，其他资料不变。

【任务要求】对B公司上述业务进行账务处理。

【任务实施】一般纳税人转让其2016年4月30日前自建的不动产，选择适用一般计税方法计税的，以取得的全部价款和价外费用为销售额计算应纳税额。纳税人应以取得的全部价款和价外费用，按照5%的预征率向不动产所在地主管税务机关预缴税款，向机构所在地主管税务机关申报纳税。

应预缴增值税=8 400 000÷（1+5%）×5%=400 000（元）

增值税销项税额=8 400 000÷（1+9%）×9%=7 706 422.02×9%=693 577.98（元）

借：固定资产清理（5 460 000−764 400）	4 695 600	
累计折旧（5 460 000÷50÷12×84）	764 400	
贷：固定资产		5 460 000

借：银行存款　8 400 000
　贷：固定资产清理　7 706 422.02
　　应交税费——应交增值税（销项税额）　693 577.98
借：固定资产清理　600 000
　贷：应交税费——应交土地增值税　600 000
借：固定资产清理（7 706 422.02-4 695 600-600 000）　2 410 822.02
　贷：资产处置损益　2 410 822.02

向不动产所在地主管税务机关预缴税款时：

借：应交税费——预交增值税　400 000
　贷：银行存款　400 000

该公司本期无其他销售行为，无可抵扣进项税额，也无期初留抵税额。

应纳增值税=693 577.98-0-0=693 577.98（元）

月份终了，将当月应缴未缴增值税额从“应交税费——应交增值税”科目转入“应交税费——未交增值税”科目时：

借：应交税费——应交增值税（转出未交增值税）　693 577.98
　贷：应交税费——未交增值税　693 577.98

月份终了，将当月预缴的增值税额自“应交税费——预交增值税”科目转入“应交税费——未交增值税”科目时：

借：应交税费——未交增值税　400 000
　贷：应交税费——预交增值税　400 000

下月申报期内向机构所在地主管税务机关申报缴纳增值税时：

借：应交税费——未交增值税（693 577.98-400 000）　293 577.98
　贷：银行存款　293 577.98

【任务实例2-29】在【任务实例2-27】中，假设该写字楼的销售时间为2023年7月，2016年5月10日开始自建，投入使用的时间为2016年7月，其他资料不变。

【任务要求】对B公司上述业务进行账务处理。

【任务实施】一般纳税人转让其2016年5月1日后自建的不动产，适用一般计税方法，以取得的全部价款和价外费用为销售额计算应纳税额。纳税人应以取得的全部价款和价外费用，按照5%的预征率向不动产所在地主管税务机关预缴税款，向机构所在地主管税务机关申报纳税。其账务处理可参照【任务实例2-28】。

9. 按照国家统一的会计制度确认收入或利得的时点早于按照增值税制度确认增值税纳税义务发生时点的销项税额或应纳增值税额的会计核算

按照国家统一的会计制度确认收入或利得的时点早于按照增值税制度确认增值税纳税义务发生时点的，应将相关销项税额或者应纳增值税额记入“应交税费——待转销项税额”科目，待实际发生纳税义务时再转入“应交税费——应交增值税（销项税额）”或“应交税费——简易计税”（小规模纳税人转入“应交税费——应交增值税”）科目。

企业提供建筑服务，在向业主办理工程价款结算时，借记“应收账款”“合同资产”“银行存款”等科目，贷记“主营业务收入”等科目，同时，贷记“应交税费——应交增值税（销项税额）”或“应交税费——简易计税”（小规模纳税人贷记“应交税费——应交增值税”）科目；企业向业主办理工程价款结算的时点早于增值税纳税义务发生的时点的，应贷记“应交税费——待转销项税额”等科目，待增值税纳税义务发生时再转入“应交税费——应交增值税（销项税额）”或“应交税费——简易计税”（小规模纳税人转入“应交税费——应交增值税”）科目。

【任务实例2-30】甲公司是一家建筑企业，为增值税一般纳税人，现为乙公司（为增值税一般纳税人）提供公路建筑服务（甲公司采用一般计税方法），合同总价11亿元（不含增值税），其中质押金1亿元（不含增值税），合同约定2019年11月1日甲公司从乙公司收取工程款10亿元（不含增值税）及其增值税，另外1亿元（不含增值税）的质押金及其增值税由乙公司在支付款项时扣押，质保期为1年。2019年11月1日，甲公司从乙公司收取工程款10亿元（不含增值税）及其增值税，并开具给乙公司增值税专用发票，发票上注明价款10亿元，增值税税额0.9亿元，款项已存入银行。2020年11月1日，质保期满，建筑工程未发生质量问题。2020年12月1日，甲公司实际收到乙公司曾扣押的1亿元（不含增值税）的质押金及其增值税，并开具给乙公司增值税专用发票，发票上注明价款1亿元，增值税税额0.09亿元，款项已存入银行。

【任务要求】对甲公司上述业务进行账务处理。

【任务实施】根据《国家税务总局关于在境外提供建筑服务等有关问题的公告》（国家税务总局公告2016年第69号）的规定，纳税人提供建筑服务，被工程发包方从应支付的工程款中扣押的质押金、保证金，未开具发票的，以纳税人实际收到质押金、保证金的当天为纳税义务发生时间。

需要注意的是，上述政策应用有一个前提——“未开具发票的”，就是说“质押金、保证金”没有开具发票，纳税义务发生时间为实际收到质押金、保证金的当天。

根据《关于全面推开营业税改征增值税试点的通知》（财税〔2016〕36号）附件1：《营业税改征增值税试点实施办法》的规定，施工企业增值税纳税义务时间具体规定如下：纳税人提供应税服务并收讫销售款项或者取得索取销售款项凭据的当天；先开具发票的，为开具发票的当天。也就是说，纳税人提供建筑服务，被工程发包方从应支付的工程款中扣押的质押金、保证金，如果对纳税人尚未收到质押金、保证金而先开具发票的，则开具发票的当天为纳税义务发生时间。

（1）2019年11月1日，应收工程款及增值税时：

借：银行存款	1 090 000 000	
合同资产——质押金	109 000 000	
贷：主营业务收入		1 100 000 000
应交税费——应交增值税（销项税额）		90 000 000
——待转销项税额		9 000 000

（2）2020年11月1日，质保期满时：

借：应收账款——质押金	109 000 000	
贷：合同资产——质押金		109 000 000

（3）2020年12月1日，收到质押金时：

借：银行存款	109 000 000	
贷：应收账款——质押金		109 000 000

借：应交税费——待转销项税额　　　9 000 000
　贷：应交税费——应交增值税（销项税额）　　　9 000 000

10. 按照增值税制度确认增值税纳税义务发生时点早于按照国家统一的会计制度确认收入或利得的时点的销项税额或应纳增值税额的会计核算

按照增值税制度确认增值税纳税义务发生时点早于按照国家统一的会计制度确认收入或利得的时点的，应按应纳增值税额，借记“应收账款”等科目，贷记“应交税费——应交增值税（销项税额）”或“应交税费——简易计税”（小规模纳税人贷记“应交税费——应交增值税”）科目，按照国家统一的会计制度确认收入或利得时，应按扣除应纳增值税额后的金额确认收入。

企业提供建筑服务，在向业主办理工程价款结算时，借记“应收账款”“合同资产”“银行存款”等科目，贷记“主营业务收入”等科目，同时，贷记“应交税费——应交增值税（销项税额）”或“应交税费——简易计税”（小规模纳税人贷记“应交税费——应交增值税”）科目；企业向业主办理工程价款结算的时点早于增值税纳税义务发生的时点的，应贷记“应交税费——待转销项税额”等科目，待增值税纳税义务发生时再转入“应交税费——应交增值税（销项税额）”或“应交税费——简易计税”（小规模纳税人转入“应交税费——应交增值税”）科目；增值税纳税义务发生的时点早于企业向业主办理工程价款结算的，应借记“银行存款”等科目，贷记“合同负债”和“应交税费——应交增值税（销项税额）”或“应交税费——简易计税”（小规模纳税人贷记“应交税费——应交增值税”）等科目。

【任务实例2-31】甲公司为增值税一般纳税人，本年7月采用托收承付方式向丙公司销售一批商品，开具的增值税专用发票上注明价款60 000元，增值税税额为7 800元，该批商品成本为40 000元。甲公司在售出该批商品时已得知丙公司现金流转发生暂时困难，但为了减少存货积压，同时也为了维持与丙公司长期以来建立的商业关系，甲公司仍将商品发出并办妥托收手续。

【任务要求】对甲公司上述业务进行账务处理。

【任务实施】销售货物或者应税劳务，纳税义务发生时间为收讫销售款项或者取得索取销售款项凭据的当天；先开具发票的，为开具发票的当天。纳税人先开具发票时，增值税纳税义务发生时间先于会计收入确认时间。采取托收承付和委托银行收款方式销售货物的，纳税义务发生时间为发出货物并办妥托收手续的当天。

（1）甲公司发出商品时，已得知丙公司现金流转发生暂时困难，由于商品控制权未转移给丙公司，因此此时会计上不能确认收入。但甲公司将商品发出并办妥托收手续时，税法上的增值税纳税义务已经发生。

借：发出商品　　　40 000
　贷：库存商品　　　40 000
借：合同资产　　　7 800
　贷：应交税费——应交增值税（销项税额）　　　7 800

（2）甲公司得知丙公司经营情况出现好转，丙公司承诺近期付款时，商品控制权确定转移给丙公司，会计上应确认收入。

借：应收账款（60 000+7 800）　　　67 800

贷：主营业务收入		60 000
合同资产		7 800
借：主营业务成本	40 000	
贷：发出商品		40 000

11. 混合销售行为销项税额或应纳增值税额的会计核算

重难点视频

混合销售行为、兼营行为的增值税会计核算

一项销售行为如果既涉及货物又涉及服务，为混合销售。从事货物的生产、批发或者零售的单位和个体工商户的混合销售行为，按照销售货物缴纳增值税；其他单位和个体工商户的混合销售行为，按照销售服务缴纳增值税。从事货物的生产、批发或者零售的单位和个体工商户，包括以从事货物的生产、批发或者零售为主，并兼营销售服务的单位和个体工商户在内。

企业发生混合销售行为，应当按应收或已收的金额，借记“应收账款”“应收票据”“银行存款”等科目，按取得的收入金额，贷记“主营业务收入”“其他业务收入”等科目，按现行增值税制度规定计算的销项税额（或采用简易计税方法计算的应纳增值税额），贷记“应交税费——应交增值税（销项税额）”或“应交税费——简易计税”（小规模纳税人贷记“应交税费——应交增值税”）科目。

【任务实例 2-32】甲商场为增值税一般纳税人，本年6月销售空调，并为客户提供安装服务，空调价款为113 000元（含增值税），另收取安装费11 300元（含增值税）。货款与安装费均已存入银行。

【任务要求】对甲商场上述业务进行账务处理。

【任务实施】甲商场销售空调并为客户提供安装服务的行为，属于从事货物的生产、批发或者零售的单位和个体工商户的混合销售行为，因此按照销售货物缴纳增值税。

甲商场当期销项税额=［113 000÷（1+13%）+11 300÷（1+13%）］×13%

=（100 000+10 000）×13%=14 300（元）

借：银行存款	124 300	
贷：主营业务收入		100 000
其他业务收入		10 000
应交税费——应交增值税（销项税额）		14 300

12. 兼营行为销项税额或应纳增值税额的会计核算

企业销售货物、加工修理修配劳务、服务、无形资产或不动产适用不同税率或者征收率的，应当分别核算适用不同税率或者征收率的销售额；未分别核算销售额的，按照以下方法适用税率或者征收率：❶兼有不同税率的销售货物、加工修理修配劳务、服务、无形资产或不动产，从高适用税率；❷兼有不同征收率的销售货物、加工修理修配劳务、服务、无形资产或不动产，从高适用征收率；❸兼有不同税率和征收率的销售货物、加工修理修配劳务、服务、无形资产或不动产，从高适用税率。

企业发生兼营行为，如果分别核算适用不同税率或者征收率的销售额，则应当按应收或已收的金额，借记“应收账款”“应收票据”“银行存款”等科目，按取得的收入金额，贷记“主营业务收入”“其他业务收入”等科目，按现行增值税制度规定计算的销项税额（或采用简易计税方法计算的应纳增值税额），贷记“应交税费——应交增值税（销项税额）”或“应交税费——简易计税”（小规模纳税人贷记“应交税费——应交增值税”）科目。

【任务实例2-33】甲公司为增值税一般纳税人，本年10月生产销售化工机械设备（货物）800 000元（不含增值税）。甲公司又对外提供餐饮服务，取得销售额20 000元（不含增值税）。甲公司对以上两种业务分别核算，并按照各自的适用税率分别开具了增值税专用发票，款项均已存入银行。

【任务要求】对甲公司上述业务进行账务处理。

【任务实施】销售化工机械设备（货物）适用税率为13%，提供餐饮服务适用税率为6%。

甲公司应计提的销项税额=800 000×13%+20 000×6%=104 000+1 200=105 200（元）

借：银行存款 904 000
　贷：主营业务收入 800 000
　　应交税费——应交增值税（销项税额）（800 000×13%） 104 000
借：银行存款 21 200
　贷：其他业务收入 20 000
　　应交税费——应交增值税（销项税额）（20 000×6%） 1 200

或者可以将上述两个分录合并为：

借：银行存款 925 200
　贷：主营业务收入 800 000
　　其他业务收入 20 000
　　应交税费——应交增值税（销项税额） 105 200

（二）视同销售业务增值税的会计核算

企业发生税法上视同销售的行为，应当按照企业会计准则等相关规定进行相应的会计处理，并按照现行增值税制度规定计算的销项税额（或采用简易计税方法计算的应纳增值税额），借记“应付职工薪酬”“利润分配”等科目，贷记“应交税费——应交增值税（销项税额）”或“应交税费——简易计税”（小规模纳税人贷记“应交税费——应交增值税”）科目。

1. 将货物交付他人代销和销售代销货物销项税额或应纳增值税额的会计核算

委托其他纳税人代销货物的，其纳税义务发生时间为收到代销单位的代销清单或者收到全部或者部分货款的当天。未收到代销清单及货款的，其纳税义务发生时间为发出代销货物满180天的当天。

根据受托方是否有对受托商品实质上的市场定价权，可将委托（受托）代销行为分为视同买断和收取手续费两种方式。若代理商有实质市场定价权，则为视同买断方式；若代理商没有实质市场定价权，则为收取手续费方式。

（1）视同买断方式的代销行为销项税额或应纳增值税额的会计核算。

视同买断方式的代销行为指的是双方签订合同或协议，实际售价由受托方自定，委托方按合同收取代销货款，实际售价与合同价之间的差额归受托方。这种方式又具体分为不附退回条款的视同买断方式和附退回条款的视同买断方式。

❶不附退回条款的视同买断方式（包销方式）。

这种方式下受托方在取得代销商品后，无论是否能够卖出、是否获利，均与委托方无关，受托方均不能把商品退回给委托方，因此这种方式下委托方和受托方之间的代销商品交易，与委托方直接销售商品给受托方没有实质区别，在符合商品收入确认条件时，委托方应确认相关销售商品收入，受托方作为购进商品处理。

❷附退回条款的视同买断方式（非包销方式）。

这种方式下受托方可以把没有卖出去的商品退回给委托方，或受托方因代销商品出现亏损时可以要求委托方补偿，在这种方式下委托方在发出委托代销商品时并未转移商品控制权，因此不确认销售收入和销项税额（或采用简易计税方法计算的应纳增值税额），受托方也不作为购进商品处理，受托方将商品销售后，按实际售价确认销售收入，并向委托方开具代销清单；委托方收到代销清单时，再确认本企业的销售收入。

在会计处理上，对于委托方来说，发出委托代销商品时应按发出的委托代销货物的实际成本，借记“发出商品”科目，贷记“库存商品”“原材料”“周转材料”等科目。等到收到受托方转来的代销清单时，才确认销售收入和销项税额（或采用简易计税方法计算的应纳增值税额），借记“应收账款”“银行存款”等科目，贷记“主营业务收入”、“应交税费——应交增值税（销项税额）”或“应交税费——简易计税”（小规模纳税人贷记“应交税费——应交增值税”）等科目；同时借记“主营业务成本”科目，贷记“发出商品”科目。对于受托方来说，收到委托方发来的委托代销货物时，按接受价或含增值税价，借记“受托代销商品”科目，贷记“受托代销商品款”科目；若受托方为零售企业且采用售价金额核算法核算存货成本，还应按代理商品的进销差价，贷记“商品进销差价”科目。受托方销售代销货物时，既要确认代销货物的销售收入、销售成本，又要确认代销货物的销项税额（或采用简易计税方法计算的应纳增值税额）。

【任务实例2-34】本年5月，甲公司（增值税一般纳税人）委托乙公司（增值税一般纳税人）销售A商品100件，协议价均为每件200元（不含增值税），A商品成本为每件120元，增值税税率为13%。合同约定A商品的具体市场销售价格由乙公司自定，同时约定将来受托方乙公司没有将商品售出时可以将商品退回给委托方甲公司。本年7月，乙公司按每件220元（不含增值税）的价格出售给顾客后，向甲公司开具代销清单。甲公司本年7月收到乙公司开来的代销清单时开具增值税专用发票，发票上注明价款20 000元，增值税税额2 600元，但双方尚未结算相关款项。乙公司取得的增值税专用发票本年7月符合抵扣规定。本年9月双方结清相关款项。

【任务要求】

（1）对视同买断方式下委托方甲公司的业务进行账务处理。

（2）对视同买断方式下受托方乙公司的业务进行账务处理。

【任务实施】

（1）甲公司的账务处理如下：

❶本年5月，发出代理销售A商品时：

借：发出商品	12 000	
贷：库存商品		12 000

❷本年7月，收到乙公司开来的代销清单，并开具增值税专用发票时：

借：应收账款——乙公司	22 600	
贷：主营业务收入		20 000
应交税费——应交增值税（销项税额）		2 600

同时：

借：主营业务成本　12 000
　贷：发出商品　12 000

❸本年9月，收到乙公司结清的款项时：

借：银行存款　22 600
　贷：应收账款——乙公司　22 600

（2）乙公司的账务处理如下：

❶本年5月，收到代销的A商品时：

借：受托代销商品　20 000
　贷：受托代销商品款　20 000

❷本年7月，销售代销商品，并结转成本及确认付款义务时：

借：银行存款　24 860
　贷：主营业务收入　22 000
　　应交税费——应交增值税（销项税额）　2 860

同时：

借：主营业务成本　20 000
　贷：受托代销商品　20 000
借：受托代销商品款　20 000
　贷：应付账款——甲公司　20 000

❸本年7月，开具代销清单并收到甲公司开具的增值税专用发票且符合抵扣规定时：

借：应交税费——应交增值税（进项税额）　2 600
　贷：应付账款——甲公司　2 600

❹本年9月，结清代销款项时：

借：应付账款——甲公司　22 600
　贷：银行存款　22 600

（2）收取手续费方式的代销行为销项税额或应纳增值税额的会计核算。

收取手续费方式的代销行为指的是双方签订合同或协议，实际售价由委托方确定，委托方按合同收取代销货款，受托方根据合同的约定向委托方收取手续费的销售方式。这种方式委托方也是在收到代销清单时确认销售收入，受托方在商品销售后按合同约定确认手续费收入。

在会计处理上，对于委托方来说，发出委托代销商品时并未转移商品控制权，因此不确认销售收入和销项税额（或采用简易计税方法计算的应纳增值税额），而应按发出的委托代销货物的实际成本，借记“发出商品”科目，贷记“库存商品”“原材料”“周转材料”等科目。等到收到受托方转来的代销清单时，才确认销售收入和销项税额（或采用简易计税方法计算的应纳增值税额），借记“应收账款”“银行存款”等科目，贷记“主营业务收入”、“应交税费——应交增值税（销项税额）”或“应交税费——简易计税”（小规模纳税人贷记“应交税费——应交增值税”）等科目，同时借记“主营业务成本”科目，贷记“发出商品”科目。委托方还应按应付或实际支付的代理手续费，借记“销售费用”科目，按当月已认证的可抵扣增值税额，借记“应交税费——应交增值税（进项税额）”

科目，按当月未认证的可抵扣增值税额，借记“应交税费——待认证进项税额”科目，贷记“银行存款”“应收账款”等科目（若采用简易计税方法或者未取得合法的扣税凭证，则进项税额记入“销售费用”科目）。对于受托方来说，收到委托方发来的委托代销货物时，按接受价或含增值税价，借记“受托代销商品”科目，贷记“受托代销商品款”科目；若受托方为零售企业且采用售价金额核算法核算存货成本，还应按代理商品的进销差价，贷记“商品进销差价”科目。受托方销售代销货物后，不确认代销货物的销售收入、销售成本，但要确认代销货物的销项税额（或采用简易计税方法计算的应纳增值税额），还要将代销手续费收入作为“主营业务收入”或者“其他业务收入”入账，同时确认代销手续费收入的销项税额。

【任务实例2-35】本年5月，甲公司（增值税一般纳税人）委托乙公司（增值税一般纳税人）销售A商品60件，协议价均为每件180元（不含增值税），A商品成本为每件80元，增值税税率为13%。甲公司按不含增值税售价的10%支付乙公司手续费（不含增值税）。本年7月，乙公司按每件180元（不含增值税）的价格出售给顾客后，向甲公司开具代销清单。甲公司收到乙公司开来的代销清单时开具给乙公司代销货物的增值税专用发票，发票上注明价款10 800元，增值税税额1 404元，乙公司取得的增值税专用发票本年7月符合抵扣规定；同时甲公司确认应当支付给乙公司的手续费（实际未支付，而是将来抵顶乙公司为甲公司代销商品的应付账款），收到乙公司开具手续费的增值税专用发票，发票上注明手续费1 080元，增值税税额64.8元，甲公司取得的增值税专用发票本年7月符合抵扣规定，但本年7月双方尚未结算相关款项。本年9月双方结清相关款项。

【任务要求】

（1）对收取手续费方式下委托方甲公司的业务进行账务处理。

（2）对收取手续费方式下受托方乙公司的业务进行账务处理。

【任务实施】

（1）甲公司的账务处理如下：

❶本年5月，发出代销的A商品时：

借：发出商品	4 800	
贷：库存商品		4 800

❷本年7月，收到乙公司开来的代销清单，并开具增值税专用发票时：

借：应收账款——乙公司	12 204	
贷：主营业务收入		10 800
应交税费——应交增值税（销项税额）		1 404

同时：

借：主营业务成本	4 800	
贷：发出商品		4 800

❸本年7月，计提手续费并收到乙公司开具的增值税专用发票且符合抵扣规定时：

借：销售费用（10 800×10%）	1 080	
应交税费——应交增值税（进项税额）（1 080×6%）	64.8	
贷：应收账款——乙公司		1 144.8

若对于支付的代销手续费，委托方甲公司从受托方乙公司取得的是增值税普通发票，则增值税进项税额不能抵扣，而应计入销售费用，账务处理如下：

借：销售费用　　1 144.8
　贷：应收账款——乙公司　　1 144.8

❹本年9月，收到乙公司结清的款项时：

借：银行存款　　11 059.2
　贷：应收账款——乙公司（12 204-1 144.8）　　11 059.2

（2）乙公司的账务处理如下：

❶本年5月，收到代销的A商品时：

借：受托代销商品　　10 800
　贷：受托代销商品款　　10 800

❷本年7月，销售代销商品时：

借：银行存款　　12 204
　贷：应付账款——甲公司　　10 800
　　应交税费——应交增值税（销项税额）　　1 404

❸本年7月，开具代销清单并收到甲公司开具的增值税专用发票且符合抵扣规定时：

借：应交税费——应交增值税（进项税额）　　1 404
　贷：应付账款——甲公司　　1 404

❹本年7月，注销“受托代销商品款”和“受托代销商品”时：

借：受托代销商品款　　10 800
　贷：受托代销商品　　10 800

❺本年7月，确认代销手续费收入，并开具增值税专用发票时：

借：应付账款——甲公司　　1 144.8
　贷：主营业务收入（或其他业务收入）　　1 080
　　应交税费——应交增值税（销项税额）　　64.8

❻本年9月，结清代销款项时：

借：应付账款——甲公司（10 800+1 404-1 144.8）　　11 059.2
　贷：银行存款　　11 059.2

或者乙公司的账务处理如下（初级会计职称考试《初级会计实务》教材中的账务处理做法）：

❶本年5月，收到代销的A商品时：

借：受托代销商品　　10 800
　贷：受托代销商品款　　10 800

❷本年7月，销售代销商品时：

借：银行存款　　12 204
　贷：受托代销商品　　10 800
　　应交税费——应交增值税（销项税额）　　1 404

❸本年7月，开具代销清单并收到甲公司开具的增值税专用发票且符合抵扣规定时：

借：应交税费——应交增值税（进项税额）　　1 404

贷：应付账款——甲公司		1 404
借：受托代销商品款	10 800	
贷：应付账款——甲公司		10 800

❹本年7月，确认代销手续费收入，并开具增值税专用发票时：

借：应付账款——甲公司	1 144.8	
贷：主营业务收入（或其他业务收入）		1 080
应交税费——应交增值税（销项税额）		64.8

❺本年9月，结清代销款项时：

借：应付账款——甲公司（10 800+1 404-1 144.8）	11 059.2	
贷：银行存款		11 059.2

2. 将货物在两个机构之间移送销项税额或应纳增值税额的会计核算

单位或个体工商户的下列行为，视同销售货物，计算销项税额或应纳增值税额：设有两个以上机构并实行统一核算的纳税人，将货物从一个机构移送到其他机构用于销售，但相关机构设在同一县（市）的除外。

《国家税务总局关于企业所属机构间移送货物征收增值税问题的通知》（国税发〔1998〕137号）规定："《中华人民共和国增值税暂行条例实施细则》第四条视同销售货物行为的第（三）项所称的用于销售，是指受货机构发生以下情形之一的经营行为：一是向购货方开具发票；二是向购货方收取货款。受货机构的货物移送行为有上述两项情形之一的，应当向所在地税务机关缴纳增值税；未发生上述两项情形的，则应由总机构统一缴纳增值税。如果受货机构只就部分货物向购买方开具发票或收取货款，则应当区别不同情况计算并分别向总机构所在地或分支机构所在地缴纳税款。"企业可根据实际情况在计算缴纳增值税时进行相应的会计处理。

如果异地受货机构（受货方）发生向购货方开具发票或向购货方收取货款这两项情形之一的（受货机构具备向购货单位开票的资格或者有权向购货方收取货款），受货机构向购货方开具发票或向购货方收取货款时，应当向受货机构所在地税务机关缴纳增值税。这种情况下，移送货物的一方（移货方）的货物移送行为应视同销售，在货物移送当天应当开具增值税发票，统一核算的机构（一般是移货方）应当借记"库存商品——受货方""应交税费——应交增值税（进项税额）""应交税费——待认证进项税额"等科目（受货方若为一般纳税人且采用简易计税方法，则最终将进项税额应记入"库存商品——受货方"科目；受货方若为小规模纳税人，则将进项税额直接记入"库存商品——受货方"科目），贷记"库存商品——移货方""应交税费——应交增值税（销项税额）"科目（移货方若为一般纳税人且采用简易计税方法，则将应纳增值税额记入"应交税费——简易计税"科目；移货方若为小规模纳税人，则将应纳增值税额记入"应交税费——应交增值税"科目），当期移货方应当向其所在地计提增值税销项税额或应纳增值税，受货方若符合抵扣规定则可以在其所在地计提可抵扣的增值税。异地受货机构（受货方）向购货方开具发票或向购货方收取货款时，应当借记"应收账款""银行存款"等科目，贷记"主营业务收入"、"应交税费——应交增值税（销项税额）"或"应交税费——简易计税"（小规模纳税人贷记"应交税费——应交增值税"）等科目，同时借记"主营业务成本"科目，贷记"库存商品——受货方"科目，且受货方应当向其所在地税务机关缴纳增值税。

如果异地受货机构（受货方）未向购货方开具发票，也未向购货方收取货款的（受货机构既不具备向购货单位开票的资格，又无权向购货方收取货款），此时移送货物的一方（移货方）的货物移送行为不属于"用于销售"。也就是说，移货方不用视同销售计算缴纳增值税，等到产品实际对外销售时，统一核算的机构再确认收入计算缴纳增值税，并向移货方所在地税务机关缴纳增值税。而统一核算的机构对于货物移送行为只做货物进、销、存仓库保管账，不做涉税的会计处理。

【任务实例2-36】甲公司和下属的乙分支机构均为增值税一般纳税人，分别位于A市和B市，并实行统一核算，乙分支机构具备向购货单位开票的资格或者有权向购货方收取货款。本年5月，甲公司将自产货物100件调往乙分支机构用于销售。该自产货物每件不含增值税售价为1 000元，成本为800元。甲公司本年5月向乙分支机构开具增值税专用发票，且乙分支机构取得的增值税专用发票本年5月符合抵扣规定。本年7月，乙分支机构将其全部销售给丙公司，并由乙分支机构向购买方丙公司开具增值税专用发票，款项已存入银行。该货物适用的增值税税率为13%。

【任务要求】对甲公司的上述业务进行账务处理。

【任务实施】由于甲公司和下属的乙分支机构实行统一核算，因此统一进行会计核算。

（1）本年5月，甲公司向乙分支机构移送货物并开具增值税专用发票，乙分支机构取得的增值税专用发票本年5月符合抵扣规定时：

借：库存商品——乙分支机构（800×100） 80 000
　　应交税费——应交增值税（进项税额）（1 000×100×13%） 13 000
　贷：库存商品 80 000
　　　应交税费——应交增值税（销项税额） 13 000

注：本年5月13 000元的销项税额在甲公司所在地计提，本年5月13 000元的进项税额在乙分支机构所在地作为可抵扣的增值税。

（2）本年7月，乙分支机构对外销售货物给丙公司，且向丙公司开具增值税专用发票并收取货款时：

借：银行存款 113 000
　贷：主营业务收入 100 000
　　　应交税费——应交增值税（销项税额） 13 000
借：主营业务成本 80 000
　贷：库存商品——乙分支机构 80 000

注：本年7月13 000元的销项税额在乙分支机构所在地计提。

【任务实例2-37】甲公司和下属的乙分支机构均为增值税一般纳税人，分别位于A市和B市，并实行统一核算，乙分支机构既不具备向购货单位开票的资格，又无权向购货方收取货款。本年5月甲公司将自产货物100件调往乙分支机构用于销售。该自产货物每件不含增值税售价为1 000元，成本为800元。本年7月甲公司通过乙分支机构将其全部销售给丙公司，并由甲公司向购买方丙公司开具增值税专用发票，款项已存入银行。该货物适用的增值税税率为13%。

【任务要求】对甲公司上述业务进行账务处理。

【任务实施】由于甲公司和下属的乙分支机构实行统一核算，因此统一进行会计核算。

（1）本年5月，甲公司将自产货物调往乙分支机构用于销售，由于甲公司向购买方丙公司开具增值税专用发票，且收到货款，因此甲公司移送货物到乙分支机构的行为不属于视同销售，此时不需要缴纳增值税。甲公司对于货物移送行为只做货物进、销、存仓库保管账，不做涉税的会计处理。

（2）本年7月，甲公司通过乙分支机构对外销售货物，甲公司开具发票并收取货款时：

借：银行存款	113 000	
贷：主营业务收入		100 000
应交税费——应交增值税（销项税额）		13 000
借：主营业务成本	80 000	
贷：库存商品		80 000

注：本年7月13 000元的销项税额在甲公司所在地计提。

3. 将自产、委托加工的货物用于集体福利或个人消费销项税额或应纳增值税额的会计核算

企业将自产、委托加工的货物用于集体福利或个人消费的，税法上应于货物移送时视同销售，计算销项税额或应纳增值税额，会计上应当确认收入。企业应借记“应付职工薪酬——非货币性福利”等科目，按最近时期同类货物的平均销售价格或组成计税价格，贷记“主营业务收入”“其他业务收入”等科目，按最近时期同类货物的平均销售价格或组成计税价格和规定的增值税税率计算的销项税额或者采用简易计税方法计算的应纳增值税额，贷记“应交税费——应交增值税（销项税额）”或“应交税费——简易计税”（小规模纳税人贷记“应交税费——应交增值税”）科目，同时结转该货物的成本，借记“主营业务成本”“其他业务成本”等科目，贷记“库存商品”科目。

点睛　将自产、委托加工的货物用于个人消费，会计上应当确认收入。但将自产、委托加工的货物用于集体福利，在会计上是否确认收入，有两种观点：

第一种观点认为：将自产、委托加工的货物用于集体福利，会计上应当确认收入，经科版初级会计资格考试教材便持这一观点。

第二种观点认为：将自产、委托加工的货物用于集体福利，至少不符合《企业会计准则第14号——收入》（2017年修订）中收入确认条件中的“企业因向客户转让商品而有权取得的对价很可能收回”这一条，因此会计上不确认收入。

本教材采用第一种观点。

【任务实例2-38】甲公司是一家空调生产企业，为增值税一般纳税人。本年5月，甲公司决定以其生产的空调作为福利发放给职工，每人发放一台。公司共有职工250人，其中，生产工人200人，车间管理人员20人，厂部管理人员30人。该型号空调的每台不含增值税售价为5 000元，单位成本为4 000元。

【任务要求】对甲公司上述业务进行账务处理。

【任务实施】

（1）决定发放非货币性福利时：

计入生产成本的金额=5 000×200×（1+13%）=1 130 000（元）

计入制造费用的金额=5 000×20×（1+13%）=113 000（元）

计入管理费用的金额=5 000×30×（1+13%）=169 500（元）

借：生产成本　1 130 000
　　制造费用　113 000
　　管理费用　169 500
　贷：应付职工薪酬——非货币性福利　1 412 500

（2）实际发放非货币性福利时：

借：应付职工薪酬——非货币性福利　1 412 500
　贷：主营业务收入　1 250 000
　　　应交税费——应交增值税（销项税额）（1 250 000×13%）　162 500
借：主营业务成本　1 000 000
　贷：库存商品（4 000×250）　1 000 000

4. 将自产、委托加工或购进的货物作为投资销项税额或应纳增值税额的会计核算

企业将自产、委托加工或购进的货物作为投资，提供给其他单位或个体工商户，税法上应于货物移送时视同销售，计算销项税额或应纳增值税额。

以“采用非企业合并方式（采用企业合并以外的方式）取得（形成）的长期股权投资”为例，涉及将自产、委托加工或购进的货物作为投资的，属于以债务重组、非货币性资产交换等方式取得的长期股权投资的情形，其初始投资成本应按照《企业会计准则第12号——债务重组》和《企业会计准则第7号——非货币性资产交换》的规定确定。

【任务实例2-39】甲公司和乙公司为非同一控制下的两家公司。本年1月31日，甲公司以本公司库存商品为对价取得乙公司有表决权的股份20%，准备长期持有。甲公司该商品账面余额800 000元，市场价为1 000 000元，未计提存货跌价准备，甲公司销售该库存商品适用的增值税税率为13%。假定不考虑其他因素影响。

【任务要求】对甲公司上述业务进行账务处理。

【任务实施】

借：长期股权投资　1 130 000
　贷：主营业务收入　1 000 000
　　　应交税费——应交增值税（销项税额）（1 000 000×13%）　130 000
借：主营业务成本　800 000
　贷：库存商品　800 000

5. 将自产、委托加工或购进的货物分配给股东或投资者销项税额或应纳增值税额的会计核算

企业将自产、委托加工或购进的货物分配给股东或投资者，税法上应于货物移送时视同销售，计算销项税额或应纳增值税额，会计上应确认收入。企业应借记“应付利息”“应付股利”等科目，按最近时期同类货物的平均销售价格或组成计税价格，贷记“主营业务收入”“其他业务收入”等科目，按最近时期同类货物的平均销售价格或组成计税价格和规定的增值税税率计算的销项税额或者采用简易计税方法计算的应纳增值税额，贷记“应交税费——应交增值税（销项税额）”或“应交税费——简易计税”（小规模纳税人贷

记“应交税费——应交增值税”）科目，同时结转该货物成本。

【任务实例2-40】甲公司为增值税一般纳税人，本年5月将生产的一批产品作为股利分配给股东。该批产品市场售价为100 000元，实际成本为80 000元。假设该批产品的增值税税率为13%。

【任务要求】对甲公司上述业务进行账务处理。

【任务实施】

（1）分配股利时：

借：应付股利　113 000
　贷：主营业务收入　100 000
　　应交税费——应交增值税（销项税额）　13 000

（2）结转该批产品成本时：

借：主营业务成本　80 000
　贷：库存商品　80 000

6. 将自产、委托加工或购进的货物无偿赠送销项税额或应纳增值税额的会计核算

企业将自产、委托加工或购进的货物无偿赠送其他单位或者个人时，无论是公益性捐赠还是非公益性捐赠，税法上应于货物移送时视同销售，计算销项税额或应纳增值税额，但会计上不确认收入，企业应借记“营业外支出”等科目；按最近时期同类货物的平均销售价格或组成计税价格和规定的增值税税率计算的销项税额或者采用简易计税方法计算的应纳增值税额，贷记“应交税费——应交增值税（销项税额）”或“应交税费——简易计税”（小规模纳税人贷记“应交税费——应交增值税”）科目；按该货物的成本，贷记“库存商品”等科目。

提示 企业将自产、委托加工或购进的货物无偿赠送其他单位或者个人的行为虽然发生了控制权的转移，但作为赠出方的企业并未获得经济利益，企业资产、所有者权益都没有增加。无偿赠送不是企业的经营活动，更不是实质上的销售行为，不符合《企业会计准则第14号——收入》（2017年修订）中收入确认条件中的“企业因向客户转让商品而有权取得的对价很可能收回”这一条，会计上不能作为收入处理，只能按成本进行结转。

【任务实例2-41】甲公司为增值税一般纳税人，本年8月将自产的大衣1 000件直接捐赠给灾区。该大衣每件成本300元，每件不含增值税售价400元。

【任务要求】对甲公司上述业务进行账务处理。

【任务实施】

借：营业外支出　352 000
　贷：库存商品（300×1 000）　300 000
　　应交税费——应交增值税（销项税额）（400×1 000×13%）　52 000

本例由于企业所得税法与企业会计准则上对收入的确认存在差异，即企业所得税需要确认收入，而会计上不确认收入，因此需在企业所得税纳税申报时进行纳税调整。在计算所得税时，应调增收入400 000元，调增成本300 000元。此外，由于企业的直接捐赠不能在企业所得税税前扣除，因而还需调增应纳税所得额352 000元。

7. 无偿提供服务、转让无形资产或不动产销项税额或应纳增值税额的会计核算

下列情形视同销售服务、无形资产或不动产：❶单位或者个体工商户向其他单位或者

个人无偿提供服务，但用于公益事业或者以社会公众为对象的除外；❷单位或者个人向其他单位或者个人无偿转让无形资产或不动产，但用于公益事业或者以社会公众为对象的除外；❸财政部和国家税务总局规定的其他情形。需要注意的是，纳税人出租不动产，租赁合同中约定免租期的，不属于视同销售服务。

企业发生视同销售服务、无形资产或不动产的，税法上其纳税义务发生时间为服务、无形资产转让完成的当天或者不动产权属变更的当天，但会计上不确认收入（由于与交易相关的经济利益未流入企业，因此不符合收入确定条件）。对于无偿提供服务，企业应借记“营业外支出”等科目；按最近时期销售服务、无形资产或不动产的平均价格和规定的增值税税率计算的销项税额或者采用简易计税方法计算的应纳增值税额，贷记“应交税费——应交增值税（销项税额）”或“应交税费——简易计税”（小规模纳税人贷记“应交税费——应交增值税”）科目。对于无偿转让无形资产或不动产，除了计提销项税额或应纳增值税额之外，还应对无形资产或不动产进行相关的账务处理。

【任务实例2-42】甲会计师事务所为增值税一般纳税人，本年5月10日派出注册会计师张某参加乙公司高管座谈会，免费为乙公司提供有关企业重组业务的财税咨询服务2小时。甲会计师事务所此类咨询服务不含增值税价格为800元/小时。

【任务要求】对甲会计师事务所上述业务进行账务处理。

【任务实施】甲会计师事务所提供的免费咨询服务应视同销售服务计算增值税。

增值税销项税额=2×800×6%=96（元）

借：营业外支出	96	
贷：应交税费——应交增值税（销项税额）		96

（三）其他特殊销售业务增值税的会计核算

1. 非货币性资产交换销项税额或应纳增值税额的会计核算

非货币性资产交换，是指企业主要以固定资产、无形资产、投资性房地产和长期股权投资等非货币性资产进行的交换。该交换不涉及或只涉及少量的货币性资产（即补价）。大多数非货币性资产交换适用《企业会计准则第7号——非货币性资产交换》，但下列各项适用其他相关会计准则：

❶企业以存货换取客户的非货币性资产的，适用《企业会计准则第14号——收入》。

❷非货币性资产交换中涉及企业合并的，适用《企业会计准则第20号——企业合并》、《企业会计准则第2号——长期股权投资》和《企业会计准则第33号——合并财务报表》。

❸非货币性资产交换中涉及由《企业会计准则第22号——金融工具确认和计量》规范的金融资产的，金融资产的确认、终止确认和计量适用《企业会计准则第22号——金融工具确认和计量》和《企业会计准则第23号——金融资产转移》。

❹非货币性资产交换中涉及由《企业会计准则第21号——租赁》规范的使用权资产或应收融资租赁款等的，相关资产的确认、终止确认和计量适用《企业会计准则第21号——租赁》。

❺非货币性资产交换的一方直接或间接对另一方持股且以股东身份进行交易的，或者非货币性资产交换的双方均受同一方或相同的多方最终控制，且该非货币性资产交换的交易实质是交换的一方向另一方进行了权益性分配或交换的一方接受了另一方权益性投入的，适用权益性交易的有关会计处理规定。

《企业会计准则第7号——非货币性资产交换》规定，非货币性资产交换同时满足下列条件的，应当以公允价值为基础计量：❶该项交换具有商业实质；❷换入资产或换出资产的公允价值能够可靠地计量。不满足上述条件的非货币性资产交换，应当以账面价值为基础计量。

（1）以公允价值计量的非货币性资产交换销项税额或应纳增值税额的会计核算。

《企业会计准则第7号——非货币性资产交换》规定，以公允价值为基础计量的非货币性资产交换，对于换入资产，应当以换出资产的公允价值和应支付的相关税费作为换入资产的成本进行初始计量；对于换出资产，应当在终止确认时，将换出资产的公允价值与其账面价值之间的差额计入当期损益。有确凿证据表明换入资产的公允价值更加可靠的，对于换入资产，应当以换入资产的公允价值和应支付的相关税费作为换入资产的初始计量金额；对于换出资产，应当在终止确认时，将换入资产的公允价值与换出资产账面价值之间的差额计入当期损益。

提示 以公允价值为基础计量的非货币性资产交换，涉及补价的，应当按照下列规定进行处理：

（1）支付补价的，以换出资产的公允价值，加上支付补价的公允价值和应支付的相关税费，作为换入资产的成本，换出资产的公允价值与其账面价值之间的差额计入当期损益。有确凿证据表明换入资产的公允价值更加可靠的，以换入资产的公允价值和应支付的相关税费作为换入资产的初始计量金额，换入资产的公允价值减去支付补价的公允价值，与换出资产账面价值之间的差额计入当期损益。

（2）收到补价的，以换出资产的公允价值，减去收到补价的公允价值，加上应支付的相关税费，作为换入资产的成本，换出资产的公允价值与其账面价值之间的差额计入当期损益。有确凿证据表明换入资产的公允价值更加可靠的，以换入资产的公允价值和应支付的相关税费作为换入资产的初始计量金额，换入资产的公允价值加上收到补价的公允价值，与换出资产账面价值之间的差额计入当期损益。

【任务实例2-43】甲、乙公司均为增值税一般纳税人，适用的增值税税率为13%。本年8月，甲公司以生产经营过程中使用的一台设备（2009年1月1日以后购入）交换乙公司生产的一批打印机。换入的打印机作为固定资产管理。设备的账面原价为150万元，假设在交换日的累计折旧为45万元，公允价值为90万元，发生清理设备费用1.5万元，款项以银行存款支付。打印机的账面价值为110万元，在交换日的市场价格为90万元，计税价格等于市场价格。乙公司换入甲公司的设备是生产打印机过程中需要使用的设备。甲、乙公司分别向对方开具不含税价款为80万元的增值税专用发票，且各自取得的增值税专用发票本年8月均符合抵扣规定。该项交换具有商业实质，换入资产和换出资产的公允价值能够可靠地计量。

【任务要求】

（1）对甲公司上述业务进行账务处理。

（2）对乙公司上述业务进行账务处理。

【任务实施】

（1）甲公司的账务处理如下：

借：固定资产清理	1 050 000	
累计折旧	450 000	
贷：固定资产——设备		1 500 000
借：固定资产清理	15 000	
贷：银行存款		15 000

借：固定资产——打印机　900 000
　应交税费——应交增值税（进项税额）（900 000×13%）　117 000
　资产处置损益（1 065 000+117 000−900 000−117 000）　165 000
　贷：固定资产清理（1 050 000+15 000）　1 065 000
　　应交税费——应交增值税（销项税额）（900 000×13%）　117 000

（2）乙公司的账务处理如下：

借：固定资产——设备　900 000
　应交税费——应交增值税（进项税额）（900 000×13%）　117 000
　贷：主营业务收入　900 000
　　应交税费——应交增值税（销项税额）（900 000×13%）　117 000
借：主营业务成本　1 100 000
　贷：库存商品——打印机　1 100 000

（2）以账面价值计量的非货币性资产交换销项税额或应纳增值税额的会计核算。

以账面价值计量的非货币性资产交换，对于换入资产，企业应当以换出资产的账面价值和应支付的相关税费作为换入资产的初始计量金额；对于换出资产，终止确认时不确认损益。

提示　以账面价值为基础计量的非货币性资产交换，涉及补价的，应当按照下列规定进行处理：

（1）支付补价的，以换出资产的账面价值，加上支付补价的账面价值和应支付的相关税费，作为换入资产的初始计量金额，不确认损益。

（2）收到补价的，以换出资产的账面价值，减去收到补价的公允价值，加上应支付的相关税费，作为换入资产的初始计量金额，不确认损益。

【任务实例2-44】甲公司和乙公司均为增值税一般纳税人。本年8月，甲公司以其拥有的专利权交换乙公司拥有的商标权。在交换日，甲公司拥有的专利权账面原价为3 000 000元，累计已摊销金额为800 000元，已计提无形资产减值准备500 000元；乙公司商标权的账面原价为2 000 000元，累计已摊销金额为500 000元，乙公司没有为该项商标权计提减值准备。甲公司因转让专利权向乙公司开具的增值税专用发票上注明的价款为1 500 000元，增值税税额为90 000元，乙公司取得的增值税专用发票本年8月符合抵扣规定。乙公司因转让商标权向甲公司开具的增值税专用发票上注明的价款为1 500 000元，增值税税额为90 000元，甲公司取得的增值税专用发票本年8月符合抵扣规定。假设除增值税以外，整个交易过程中没有发生其他相关税费。该项交换不具有商业实质。

【任务要求】

（1）对甲公司上述业务进行账务处理。

（2）对乙公司上述业务进行账务处理。

【任务实施】由于该项交换不具有商业实质，因此，甲公司、乙公司换入资产的成本均应当按照换出资产的账面价值确定，不确认损益。

（1）甲公司的账务处理如下：

借：无形资产——商标权（3 000 000+90 000−90 000−800 000−500 000）
　　1 700 000
　应交税费——应交增值税（进项税额）　90 000

借：累计摊销　　800 000
　　无形资产减值准备　　500 000
　贷：无形资产——专利权　　3 000 000
　　　应交税费——应交增值税（销项税额）　　90 000

（2）乙公司的账务处理如下：

借：无形资产——专利权（2 000 000+90 000−90 000−500 000）　　1 500 000
　　应交税费——应交增值税（进项税额）　　90 000
　　累计摊销　　500 000
　贷：无形资产——商标权　　2 000 000
　　　应交税费——应交增值税（销项税额）　　90 000

2. 将资产用于抵债销项税额或应纳增值税额的会计核算

企业将增值税应税范围的资产用于抵付应付债务属于债务重组，用于抵债的资产应于移送环节作视同销售处理。

债务重组采用以资产清偿债务方式进行的，债务人应当将所清偿债务账面价值与转让资产账面价值之间的差额计入当期损益，涉及增值税的，应当同时计提增值税的销项税额或者应纳增值税额，贷记“应交税费——应交增值税（销项税额）”或“应交税费——简易计税”（小规模纳税人贷记“应交税费——应交增值税”）科目。

债务重组采用以资产清偿债务或者将债务转为权益工具方式进行的，债权人应当在受让的相关资产符合其定义和确认条件时予以确认。作为增值税一般纳税人的债权人对于受让的资产，若符合进项税额抵扣规定，则按当月已认证的可抵扣增值税额，借记“应交税费——应交增值税（进项税额）”科目；按当月未认证的可抵扣增值税额，借记“应交税费——待认证进项税额”科目（小规模纳税人以及按照简易计税方法计税的一般纳税人购进货物、加工修理修配劳务、服务、无形资产或不动产支付或者承担的增值税不记入“应交税费——应交增值税（进项税额）”或“应交税费——待认证进项税额”等科目，而记入“在途物资”（或“材料采购”）或“原材料”、“库存商品”、“生产成本”、“固定资产”等科目）。

【任务实例2-45】甲、乙公司均为增值税一般纳税人。本年3月，乙公司向甲公司销售原材料一批，应收甲公司款项的入账金额为230 000元。本年7月甲公司与其原材料供应商乙公司签订债务重组协议，乙公司同意甲公司以所产的库存商品（机器设备）抵付应付的原材料款项230 000元。该批库存商品的市场价格为160 000元（不含税）。甲公司向乙公司开具增值税专用发票，发票上注明价款160 000元，增值税税额20 800元，该批库存商品的实际成本为140 000元；甲公司为运送该批库存商品以银行存款支付运费436元（含增值税），取得专业运输公司开具的增值税专用发票，发票上注明运费400元，增值税税额36元。该批库存商品已经发出。乙公司将甲公司用以抵债的库存商品（机器设备）作为固定资产核算。当日，乙公司应收款项的公允价值为180 800元，已计提坏账准备40 000万元，甲公司应付款项的账面价值仍为230 000元。甲、乙公司取得的增值税专用发票本年7月均符合抵扣规定。

【任务要求】

（1）对甲公司上述业务进行账务处理。

（2）对乙公司上述业务进行账务处理。

【任务实施】

（1）甲公司（债务人）的账务处理如下：

债务重组收益=230 000+36−140 000−20 800−436=68 800（元）

借：应付账款	230 000	
应交税费——应交增值税（进项税额）	36	
贷：库存商品		140 000
应交税费——应交增值税（销项税额）		20 800
银行存款		436
其他收益——债务重组收益		68 800

（2）乙公司（债权人）的账务处理如下：

借：固定资产	160 000	
应交税费——应交增值税（进项税额）	20 800	
坏账准备	40 000	
投资收益［（230 000−40 000）−180 800］	9 200	
贷：应收账款		230 000

3. 销售折让、中止或者退回以及提供折扣销项税额或应纳增值税额的会计核算

（1）销售折让、中止或者退回销项税额或应纳增值税额的会计核算。

纳税人适用一般计税方法计税的，因销售折让、中止或者退回而退还给购买方的增值税税额，应当从当期的销项税额中扣减；因销售折让、中止或者退回而收回的增值税税额，应当从当期的进项税额中扣减。纳税人适用简易计税方法计税的，因销售折让、中止或者退回而退还给购买方的销售额，应当从当期销售额中扣减。扣减当期销售额后仍有余额造成多缴的税款，可以从以后的应纳税额中扣减。纳税人发生应税行为，开具增值税专用发票后，发生开票有误或者销售折让、中止、退回等情形的，应当按照国家税务总局的规定开具红字增值税专用发票；未按照规定开具红字增值税专用发票的，不得扣减销项税额或者销售额。

销售方凭税务机关系统校验通过的“开具红字增值税专用发票信息表”开具红字专用发票，在新系统中以销项负数开具，借记“主营业务收入”、“应交税费——应交增值税（销项税额）”或“应交税费——简易计税”（小规模纳税人借记“应交税费——应交增值税”）等科目（登账时用红字在贷方登记），贷记“应收账款”“银行存款”“财务费用”等科目（登账时用红字在借方登记）；同时，借记“库存商品”科目（登账时用红字在贷方登记），贷记“主营业务成本”科目（登账时用红字在借方登记）。

【任务实例2-46】甲公司为增值税一般纳税人，本年8月销售给乙公司一批产品，开具增值税专用发票，注明价款50 000元，增值税税额6 500元，款项已存入银行。该批产品的成本为35 000元。本年9月发现质量不符合要求，双方协商折让20%。甲公司凭税务机关系统校验通过的“开具红字增值税专用发票信息表”开具红字专用发票，在新系统中以销项负数开具，注明折让价款10 000元，增值税税额1 300元，款项以银行存款支付。

【任务要求】对甲公司上述业务进行账务处理。

【任务实施】

（1）销售产品时：

借：银行存款	56 500	

贷：主营业务收入　50 000
　　应交税费——应交增值税（销项税额）　6 500
借：主营业务成本　35 000
　贷：库存商品　35 000

（2）发生折让时：

借：主营业务收入　10 000
　　应交税费——应交增值税（销项税额）　1 300
　贷：银行存款　11 300

实际登账时，“主营业务收入”和“应交税费——应交增值税（销项税额）”科目应以红字记入贷方发生额：

借：银行存款　[11 300]
　贷：主营业务收入　[10 000]
　　　应交税费——应交增值税（销项税额）　[1 300]

【任务实例 2-47】甲公司为增值税一般纳税人，本年5月甲公司向乙公司提供货物运输服务，甲公司开具的增值税专用发票上注明价款10 000元，增值税税额900元。由于货物未及时送达，双方协商折让10%，甲公司按照现行税法规定开具红字增值税专用发票。款项尚未结算。

【任务要求】对甲公司上述业务进行账务处理。

【任务实施】

（1）提供运输服务时：

借：应收账款——乙公司　10 900
　贷：主营业务收入　10 000
　　　应交税费——应交增值税（销项税额）　900

（2）发生折让时：

甲公司按照税法规定开具红字增值税专用发票，冲销主营业务收入1 000元和增值税税额90元。

借：应收账款——乙公司　[1 090]
　贷：主营业务收入　[1 000]
　　　应交税费——应交增值税（销项税额）　[90]

【任务实例 2-48】甲公司为增值税一般纳税人，本年5月赊销给乙公司一批产品，开具增值税专用发票，注明价款100 000元，增值税税额13 000元。因质量问题乙公司于本年6月全部退货。甲公司凭税务机关系统校验通过的“开具红字增值税专用发票信息表”开具红字增值税专用发票，在新系统中以销项负数开具，注明价款100 000元，增值税税额13 000元。该批货物成本为80 000元。

【任务要求】对甲公司上述业务进行账务处理。

【任务实施】

（1）销售产品时：

借：应收账款　113 000
　贷：主营业务收入　100 000
　　　应交税费——应交增值税（销项税额）　13 000

借：主营业务成本　80 000
　贷：库存商品　80 000

（2）销售退回时：

借：应收账款　113 000
　贷：主营业务收入　100 000
　　应交税费——应交增值税（销项税额）　13 000
借：主营业务成本　80 000
　贷：库存商品　80 000

（2）提供折扣销项税额或应纳增值税额的会计核算。

❶折扣销售销项税额或应纳增值税额的会计核算。

折扣销售即会计上的商业折扣，是指销售方在销售货物、加工修理修配劳务、服务、无形资产或不动产时，因购买方购买数量较大或与销售方有特殊关系等原因而给予对方价格上的优惠（直接打折）。纳税人采取折扣方式销售货物，如果销售额和折扣额在同一张发票上分别注明的，可按折扣后的销售额征收增值税；如果将折扣额另开发票，不论其在财务上如何处理，均不得从销售额中减除折扣额。纳税人发生应税行为，将价款和折扣额在同一张发票上分别注明的，以折扣后的价款为销售额；未在同一张发票上分别注明的，以价款为销售额，不得扣减折扣额。销售额和折扣额在同一张发票上分别注明，指销售额和折扣额在同一张发票上的“金额”栏分别注明的，可按折扣后的销售额征收增值税。未在同一张发票“金额”栏注明折扣额，而仅在发票的“备注”栏注明折扣额的，折扣额不得从销售额中减除。

点睛　折扣销售仅限于对货物价格的折扣，如果销售方将自产、委托加工或者购进的货物用于实物折扣的（例如，实务中的“买一赠一”“买一赠二”“买二赠一”等），则该实物价款不能从货物销售额中减除，且该实物应按“视同销售货物”中的“将自产、委托加工或者购进的货物无偿赠送其他单位或者个人”的行为计算缴纳增值税。这主要指的是，对用于实物折扣的实物（赠送的礼品），单独开具发票，或者不开具发票而直接按出库处理，这样需要对用于实物折扣的实物视同销售缴纳增值税。

然而，纳税人可以将实物折扣转变为价格折扣，即纳税人可以将用于实物折扣的实物（赠送的礼品）的实际价值并入商品价格中，再将实物（礼品）价格作为折扣，在同一张发票的“金额”栏注明折扣额。纳税人也可以将实物（礼品）作为所销售商品的组合，在开具销售发票时，将实际收到的销售金额按销售货物和随同销售赠送货物的公允价值的比例来分摊确认其销售收入，同时应将销售货物和随同销售赠送的货物品名、数量以及按各项商品公允价值的比例分摊确认的价格在同一张发票上的“金额”栏分别注明。这样，纳税人既可节税，又可避免不必要的处罚。

【任务实例2-49】甲公司为增值税一般纳税人，本年8月为扩大销售向乙公司销售其产品，实行8折优惠。假设销售产品100件，每件产品原价1 000元（不含增值税），折扣后的价格为每件800元（不含增值税），且折扣额与销售额在同一张发票的“金额”栏中分别注明，款项已存入银行。该产品成本为每件600元。

【任务要求】对甲公司上述业务进行账务处理。

【任务实施】

借：银行存款　90 400

贷：主营业务收入（800×100）　　80 000
　　应交税费——应交增值税（销项税额）（800×100×13%）　　10 400
借：主营业务成本　　60 000
　贷：库存商品　　60 000

【任务实例2-50】甲公司为增值税一般纳税人，本年5月向乙公司提供货物运输服务，原价1 000 000元（不含增值税），由于运输量大，双方协商给予10%的折扣。甲公司开具的增值税专用发票上注明价款900 000元，增值税税额81 000元。款项尚未收取。

【任务要求】对甲公司上述业务进行账务处理。

【任务实施】

借：应收账款——乙公司　　981 000
　贷：主营业务收入　　900 000
　　应交税费——应交增值税（销项税额）　　81 000

【任务实例2-51】甲超市为增值税一般纳税人，本年5月开展一次促销活动，采用“买一赠一”方式销售西装，即顾客每购买一套西装可获赠一条领带。每套西装的不含增值税价格为3 000元，每条领带的不含增值税价格为1 000元。当月甲超市采用“买一赠一”方式销售西装100套，款项已存入银行。已知每套西装和每条领带的成本分别为2 000元和600元。甲超市将销售西装和随同西装赠送的领带品名、数量以及按各项商品公允价值的比例分摊确认的价格在同一张发票上的“金额”栏分别注明。

【任务要求】对甲超市上述业务进行账务处理。

【任务实施】增值税销项税额=3 000×100×13%=39 000（元）

销售西装应分摊的收入=3 000×100×3 000÷（3 000+1 000）=225 000（元）

赠送领带应分摊的收入=3 000×100×1 000÷（3 000+1 000）=75 000（元）

借：银行存款　　339 000
　贷：主营业务收入——西装　　225 000
　　　　　　　　　——领带　　75 000
　　应交税费——应交增值税（销项税额）　　39 000
借：主营业务成本　　260 000
　贷：库存商品——西装　　200 000
　　　　　　　——领带　　60 000

❷销售折扣销项税额或应纳增值税额的会计核算。

销售折扣即会计上的现金折扣，是指销货方在销售货物或应税劳务后，为了鼓励购货方及早偿还货款而协议许诺给予购货方的一种折扣优待，即对在折扣期内付款的客户，按销售货款给予一定比率的价款减让。

《关于严格执行企业会计准则 切实做好企业2021年年报工作的通知》（财会〔2021〕32号）规定，企业应当按照新收入准则［即《企业会计准则第14号——收入》（2017年修订）］的相关规定，根据与客户的合同条款、并结合其以往的习惯做法确定合同的交易价格。企业在销售商品时给予客户的现金折扣（销售折扣），应当按照新收入准则中关于可变对价的相关规定进行会计处理。

根据《企业会计准则第14号——收入》（2017年修订）的规定，企业与客户的合同中约定的对价金额可能是固定的，也可能会因折扣、价格折让、返利、退款、奖励积分、激励措施、业绩奖金、索赔等因素而变化。此外，根据一项或多项或有事项的发生而收取不同对价金额的合同，也属于可变对价的情形。

若合同中存在可变对价，企业应当对计入交易价格的可变对价进行估计。企业应当按照期望值或最可能发生金额确定可变对价的最佳估计数。但是，企业不能在两种方法之间随意进行选择。期望值是按照各种可能发生的对价金额及相关概率计算确定的金额；最可能发生金额是一系列可能发生的对价金额中最可能发生的单一金额，即合同最可能产生的单一结果。此外，需要注意的是，企业确定可变对价金额之后，计入交易价格的可变对价金额还应满足限制条件，即包含可变对价的交易价格，应当不超过在相关不确定性消除时，累计已确认的收入极可能不会发生重大转回的金额。企业在评估累计已确认收入是否极可能不会发生重大转回时，应当同时考虑收入转回的可能性及其比重。每一资产负债表日，企业应当重新估计应计入交易价格的可变对价金额。

对于销售折扣，企业选择总价法还是净价法进行会计处理，取决于对可变对价最佳估计数的判断。若对可变对价最佳估计数判断为总价，则为总价法。在总价法下，如果购买方能够在折扣期内付款，企业应按购买方获得的销售折扣金额调减营业收入。若对可变对价最佳估计数判断为净价，则为净价法。在净价法下，如果购买方未能在折扣期内付款，企业应按购买方放弃的销售折扣金额调增营业收入。

【任务实例2-52】甲公司和乙公司均为增值税一般纳税人。甲公司本年7月销售一批产品给乙公司，开具给乙公司增值税专用发票，发票上注明价款20 000元，增值税税额2 600元，规定销售折扣条件为“2/10，1/20，N/30”（合同规定计算折扣按照不含增值税的价款计算）。甲公司基于对乙公司的了解，预计乙公司10天内付款的概率为90%，10天至20天内付款的概率为5%，20天后付款的概率为5%。甲公司认为按照最可能发生金额能够更好地预测其有权获取的对价金额。甲公司按总价法进行账务处理。该产品成本为12 000元。乙公司取得的增值税专用发票本年7月符合抵扣规定。

【任务要求】

（1）对销货方甲公司进行账务处理。

（2）对购货方乙公司进行账务处理。

【任务实施】

（1）销货方甲公司的账务处理如下：

❶产品发出并办妥托收手续时：

甲公司认为按照最可能发生金额能够更好地预测其有权获取的对价金额，因此：

甲公司应确认的销售商品收入的金额=20 000×（1-2%）=19 600（元）

借：应收账款（19 600+2 600）	22 200	
贷：主营业务收入		19 600
应交税费——应交增值税（销项税额）		2 600
借：主营业务成本	12 000	
贷：库存商品		12 000

❷如果乙公司在10天内支付货款，则甲公司在收款时：

借：银行存款	22 200	

贷：应收账款 22 200

如果乙公司在11天至20天内支付货款，则甲公司在收款时：

借：银行存款 22 400

贷：应收账款 22 200

主营业务收入（22 400-22 200） 200

如果乙公司超过20天支付货款，则甲公司在收款时：

借：银行存款 22 600

贷：应收账款 22 200

主营业务收入（22 600-22 200） 400

（2）购货方乙公司的账务处理如下：

❶收到货物及结算凭证时：

借：原材料 20 000

应交税费——应交增值税（进项税额） 2 600

贷：应付账款 22 600

❷如果乙公司在10天内支付货款，则付款时：

借：应付账款 22 600

贷：银行存款 22 200

财务费用 400

如果乙公司在11天至20天内支付货款，则付款时：

借：应付账款 22 600

贷：银行存款 22 400

财务费用 200

如果乙公司超过20天支付货款，则付款时：

借：应付账款 22 600

贷：银行存款 22 600

4. 以旧换新销项税额或应纳增值税额的会计核算

企业采取以旧换新方式销售货物，应按新货物的同期销售价格确定销售额。考虑到金银首饰以旧换新业务的特殊情况，对金银首饰以旧换新业务，可以按销售方实际收取的不含增值税的全部价款征收增值税。企业应按扣除回收旧货物应收或实收价税合计，借记“银行存款”“库存现金”“应收账款”“应收票据”等科目，按回收的旧货物所抵顶的价款，借记“原材料”“库存商品”等科目（若一般纳税人在一般计税方法下回收旧货物时，取得对方开具的增值税专用发票等扣税凭证，则按当月已认证的可抵扣增值税额，借记“应交税费——应交增值税（进项税额）”科目；按当月未认证的可抵扣增值税额，借记“应交税费——待认证进项税额”科目）。按新货物正常对外销售不含增值税价款，贷记“主营业务收入”科目，并按此不含增值税价款计算增值税销项税额或者应纳增值税额，贷记“应交税费——应交增值税（销项税额）”或“应交税费——简易计税”（小规模纳税人贷记“应交税费——应交增值税”）科目。

【任务实例2-53】甲商场为增值税一般纳税人，本年9月采取以旧换新方式向个人消费者销售彩电100台，彩电零售价为2 260元/台，收回旧彩电作价700元/台。甲商场从个人消费者共收取库存现金156 000元。

【任务要求】对甲商场的上述业务进行账务处理。

【任务实施】

借：库存现金　156 000
　　库存商品——旧彩电（700×100）　70 000
　贷：主营业务收入［2 260×100÷（1+13%）］　200 000
　　　应交税费——应交增值税（销项税额）［2 260×100÷（1+13%）×13%］　26 000

5. 包装物销售、包装物租金及押金销项税额或应纳增值税额的会计核算

（1）包装物销售销项税额或应纳增值税额的会计核算。

随同产品出售单独计价的包装物，在随同产品出售时要单独计价，单独反映其销售收入和销售成本，其销项税额或应纳增值税额在确认销售收入的同时一并计算。企业应借记“银行存款”“应收账款”“应收票据”等科目，贷记“主营业务收入”（将产品销售收入记入本科目）、“其他业务收入”（将包装物销售收入记入本科目）、“应交税费——应交增值税（销项税额）”或“应交税费——简易计税”（小规模纳税人贷记“应交税费——应交增值税”）等科目，同时结转成本，借记“主营业务成本”科目，贷记“库存商品”科目，借记“其他业务成本”科目，贷记“周转材料——包装物”科目。

随同商品出售而不单独计价的包装物，包装物收入实际上并入在商品收入中，企业在确认商品收入的同时，结转商品成本，并按包装物的实际成本计入销售费用。企业应借记“银行存款”“应收账款”“应收票据”等科目，贷记“主营业务收入”、“应交税费——应交增值税（销项税额）”或“应交税费——简易计税”（小规模纳税人应贷记“应交税费——应交增值税”）等科目，同时借记“主营业务成本”科目，贷记“库存商品”科目，借记“销售费用”科目，贷记“周转材料——包装物”科目。

【任务实例2-54】甲公司为增值税一般纳税人，本年7月将附带包装物的A产品100件对外销售，包装物单独计价，开具的增值税专用发票上注明A产品价款500 000元，包装物价款100 000元，A产品增值税税额65 000元，包装物增值税税额13 000元，款项均已存入银行。A产品的单位成本为2 500元/件，包装物的单位成本为1 000元/件。

【任务要求】对甲公司上述业务进行账务处理。

【任务实施】

（1）确认销售收入时：

借：银行存款　678 000
　贷：主营业务收入——A产品　500 000
　　　其他业务收入——包装物　100 000
　　　应交税费——应交增值税（销项税额）（65 000+13 000）　78 000

（2）结转成本时：

借：主营业务成本　250 000
　贷：库存商品　250 000
借：其他业务成本　100 000
　贷：周转材料——包装物　100 000

（2）包装物租金销项税额或应纳增值税额的会计核算。

根据原增值税相关政策，包装物租金属于价外费用，应并入销售额计算销项税额或应纳增值税额。价外费用属于含增值税收入，应换算成不含增值税收入计算并缴纳增值税。根据全面营改增相关政策，销售货物同时收取包装物租金的行为属于混合销售行为，应当根据主业销售货物的税率缴纳增值税。不管是选择按照以上哪一种规定来确认纳税行为，其纳税额的计算和会计处理方式是相同的。企业应借记“银行存款”“应收账款”“应收票据”等科目，按产品销售收入，贷记“主营业务收入”科目，按包装物租金收入换算成的不含增值税收入，贷记“其他业务收入”科目，按计算出的销项税额或者应纳增值税额，贷记“应交税费——应交增值税（销项税额）”或“应交税费——简易计税”（小规模纳税人贷记“应交税费——应交增值税”）科目。

【任务实例 2-55】甲公司为增值税一般纳税人，本年7月销售给某企业B产品一批，货款为30 000元，增值税税额为3 900元，并出租包装物100个，共收取租金2 260元，款项均已存入银行。该批产品的成本为15 000元。

【任务要求】对甲公司上述业务进行账务处理。

【任务实施】

（1）确认销售收入时：

借：银行存款　　36 160
　贷：主营业务收入——B产品　　30 000
　　其他业务收入——包装物租金［2 260÷（1+13%）］　　2 000
　　应交税费——应交增值税（销项税额）［3 900+2 260÷（1+13%）×13%］　　4 160

（2）结转成本时：

借：主营业务成本　　15 000
　贷：库存商品　　15 000

（3）包装物押金销项税额或应纳增值税额的会计核算。

一般情况下，企业为销售货物而出租出借包装物收取的押金，单独记账核算的，时间在1年以内（以12个月为限），又未过期的，不并入销售额征税，但对因逾期未收回包装物不再退还的押金，应按所包装货物的适用税率计算销项税额或应纳增值税额。其中，“逾期”是指按合同约定实际逾期或以1年为期限，对收取1年以上的押金，无论是否退还均并入销售额征税。当然，在将包装物押金并入销售额征税时，需要先将该押金换算为不含税价，再并入销售额征税。对于个别包装物周转使用期限较长的，报经税务机关确定后，可适当放宽逾期期限。特殊情况下，从1995年6月1日起，对销售除啤酒、黄酒外的其他酒类产品而收取的包装物押金，无论是否返还以及会计上如何核算，均应并入当期销售额征税。对销售啤酒、黄酒所收取的押金，按上述一般情况下的押金规定处理。因此销售酒类产品收取的包装物押金分为两种情况：一是啤酒、黄酒，其会计核算与一般情况下的押金税务处理相同；二是除啤酒、黄酒外的其他酒类产品的押金，无论该押金是否返还以及会计上如何核算，均应在收取押金时并入当期销售额计算缴纳增值税。

对于一般情况下的包装物的押金，在收到押金时，应借记“银行存款”科目，贷记“其他应付款”科目，若在规定期限内收回包装物押金时，再做相反的分录；而若在规定期限内未收回包装物时，则不再退还押金，借记“其他应付款”科目，按包装物押金换算成的不含增值税收入，贷记“其他业务收入”科目，按计算出的销项税额或应纳增值税额，贷记“应交税费——应交增值税（销项税额）”或“应交税费——简易计税”（小规模纳税人贷记“应交税费——应交增值税”）科目，同时结转包装物成本，借记“其他业务成本”科目，贷记“周转材料——包装物”科目。

【任务实例2-56】甲公司为增值税一般纳税人，本年7月销售电脑取得收入100 000元（不含增值税），同时出借包装物一批，收到包装物押金2 260元，款项均已存入银行。电脑成本为80 000元，包装物成本为1 000元。

【任务要求】对甲公司上述业务进行账务处理。

【任务实施】

（1）销售电脑收到包装物押金时：

借：银行存款	115 260	
贷：主营业务收入		100 000
应交税费——应交增值税（销项税额）		13 000
其他应付款——存入保证金		2 260

（2）结转电脑成本时：

借：主营业务成本	80 000	
贷：库存商品		80 000

（3）退还或者没收包装物押金时：

❶如果出借的包装物在约定期限之内或者在1年之内收回，则收回包装物并退还包装物押金时：

借：其他应付款——存入保证金	2 260	
贷：银行存款		2 260

❷如果出借的包装物逾期或者超过1年仍未收回的，则没收包装物押金，确认收入及销项税额或应纳增值税额，并同时结转包装物成本：

借：其他应付款——存入保证金	2 260	
贷：其他业务收入［2 260÷（1+13%）］		2 000
应交税费——应交增值税（销项税额）［2 260÷（1+13%）×13%］		260
借：其他业务成本	1 000	
贷：周转材料——包装物		1 000

6. 全面试行营业税改征增值税前已确认收入，此后产生增值税纳税义务的事项的会计核算

企业营业税改征增值税前已确认收入，但因未产生营业税纳税义务而未计提营业税的，在达到增值税纳税义务时点时，企业应在确认增值税销项税额或者应纳增值税额的同时冲减当期收入，借记“主营业务收入”科目，贷记“应交税费——应交增值税（销项税额）”或“应交税费——简易计税”（小规模纳税人贷记“应交税费——应交增值税”）科目；已经计提营业税且未缴纳的，在达到增值税纳税义务时点时，应借记“应交税费——应交营业税”“应交税费——应交城市维护建设税”“应交税费——应交教育费附加”“应交税费——应交地方教育附加”等科目，贷记“主营业务收入”科目，并根据调

整后的收入计算确定记入“应交税费——待转销项税额”科目的金额，同时冲减收入。该调整后的收入是指按照现行增值税制度调整后的收入，即不含增值税销售额。

点睛 已经计提营业税且未缴纳的，在达到增值税纳税义务时点时，应借记“应交税费——应交营业税”“应交税费——应交城市维护建设税”“应交税费——应交教育费附加”“应交税费——应交地方教育附加”等科目，贷记“主营业务收入”科目（“22号文件”此处错误，应该贷记“营业税金及附加”或“税金及附加”科目），并根据调整后的收入计算确定记入“应交税费——待转销项税额”科目（“22号文件”此处错误，应该是：并根据调整后的收入计算确定记入“应交税费——应交增值税（销项税额）”或“应交税费——简易计税”（小规模纳税人记入“应交税费——应交增值税”）等科目）的金额，同时冲减收入。该调整后的收入是指按照现行增值税制度调整后的收入，即不含增值税销售额。

全面试行营业税改征增值税后，“营业税金及附加”科目名称调整为“税金及附加”。该科目核算企业经营活动发生的消费税、城市维护建设税、资源税、教育费附加、地方教育附加、房产税、土地使用税（城镇土地使用税的简称）、车船税、印花税等相关税费；利润表中的“营业税金及附加”项目调整为“税金及附加”项目。

【任务实例2-57】甲公司位于市区，全面营改增前取得收入为1 000万元，款项已存入银行，营业税税率为3%，2016年4月确认收入，已经计提营业税且未缴纳。但2016年5月产生增值税纳税义务，增值税采用简易计税办法，适用的征收率为3%，城市维护建设税税率为7%，教育费附加征收率为3%，地方教育附加征收率为2%。

【任务要求】对甲公司上述业务进行账务处理。

【任务实施】根据增值税纳税义务发生时间判定原则，该业务应当缴纳增值税。

由于全面营改增前企业需计提营业税、城市维护建设税、教育费附加、地方教育附加，因此2016年4月进行的账务处理如下：

确认收入时：

借：银行存款	10 000 000	
贷：主营业务收入		10 000 000

计提营业税、城市维护建设税、教育费附加、地方教育附加时：

借：营业税金及附加[1]	336 000	
贷：应交税费——应交营业税（10 000 000×3%）		300 000
——应交城市维护建设税（300 000×7%）		21 000
——应交教育费附加（300 000×3%）		9 000
——应交地方教育附加（300 000×2%）		6 000

由于全面营改增后企业应当缴纳增值税，因此2016年5月需要进行的账务调整为：

冲减营业税、城市维护建设税、教育费附加、地方教育附加时：

借：应交税费——应交营业税	300 000	
——应交城市维护建设税	21 000	
——应交教育费附加	9 000	
——应交地方教育附加	6 000	
贷：营业税金及附加[2]		336 000

① 由于全面试行营业税改征增值税后，即2016年5月1日后，“营业税金及附加”科目名称调整为“税金及附加”科目，因此2016年4月仍然使用“营业税金及附加”科目。

② 此处为冲减2016年4月计提的“营业税金及附加”科目金额。

计提增值税并冲减收入时：

应纳增值税=30÷3%÷（1+3%）×3%=1 000÷（1+3%）×3%=29.13（万元）

借：主营业务收入	291 300	
贷：应交税费——简易计税		291 300

（四）小规模纳税人销售等业务应纳增值税额的会计核算

小规模纳税人销售货物、加工修理修配劳务、服务、无形资产或不动产，应当按应收或已收的金额，借记“应收账款”“应收票据”“银行存款”等科目，按取得的收入金额，贷记“主营业务收入”“其他业务收入”“固定资产清理”等科目，按现行增值税制度规定计算的应纳增值税额，贷记“应交税费——应交增值税”科目。发生销售退回的，应根据按规定开具的红字增值税专用发票做相反的会计分录。

【任务实例2-58】甲公司为增值税小规模纳税人，本年2月采取直接收款方式销售A产品一批，开具的增值税普通发票上注明价款2 000元，增值税税额20元。A产品的成本为1 200元。产品已发出，款项已存入银行。甲公司本年2月销售A产品适用的增值税征收率为1%。

【任务要求】对甲公司上述业务进行账务处理。

【任务实施】

借：银行存款（2 000+20）	2 020	
贷：主营业务收入		2 000
应交税费——应交增值税		20
借：主营业务成本	1 200	
贷：库存商品		1 200

三、购进等业务增值税的会计核算

（一）一般购进业务进项税额的会计核算

一般纳税人适用一般计税方法购进货物、加工修理修配劳务、服务、无形资产或不动产，按应计入相关成本费用或资产的金额，借记“在途物资”（或“材料采购”）或“原材料”、“库存商品”、“委托加工物资”、“生产成本”、“无形资产”、“固定资产”、“管理费用”等科目，按当月已认证的可抵扣增值税额，借记“应交税费——应交增值税（进项税额）”科目，按当月未认证的可抵扣增值税额，借记“应交税费——待认证进项税额”科目（小规模纳税人购进货物、加工修理修配劳务、服务、无形资产或不动产，支付或者承担的增值税不记入“应交税费——应交增值税（进项税额）”或“应交税费——待认证进项税额”等科目，而记入“在途物资”（或“材料采购”）或“原材料”、“库存商品”、“生产成本”、“固定资产”、“管理费用”等科目；一般纳税人适用简易计税方法计税时以及一般纳税人适用一般计税方法计税但取得增值税普通发票等情形时，购进货物、加工修理修配劳务、服务、无形资产或不动产支付或者承担的增值税不记入“应交税费——应交增值税（进项税额）”或“应交税费——待认证进项税额”等科目，而记入“在途物资”（或“材料采购”）或“原材料”、“库存商品”、“生产成本”、“固定资产”、“管理费用”等科目，下同），按应付或实际支付的金额，贷记“应付账款”“应付票据”“银行存款”等科目。发生退货的，如原增值税专用发票已做认证，应根据税务机关开具的红字增值税专用发票做相反的会计分录；如原增值税专用发票未做认证，应将发票退回并做相反的会计分录。

1. 购进货物进项税额的会计核算

一般纳税人购进货物，按应计入相关成本费用或资产的金额，借记“在途物资”（或“材料采购”）或“原材料”、“库存商品”、“生产成本”、“固定资产”、“管理费用”等科目，按当月已认证的可抵扣增值税额，借记“应交税费——应交增值税（进项税额）”科目，按当月未认证的可抵扣增值税额，借记“应交税费——待认证进项税额”科目，按应付或实际支付的金额，贷记“应付账款”“应付票据”“银行存款”等科目。

【任务实例2-59】甲公司为增值税一般纳税人，原材料成本的核算采用实际成本法。甲公司本年5月购入原材料3 000千克，单价5元/千克，取得的增值税专用发票上注明价款15 000元，增值税税额1 950元，款项以银行存款支付。本年5月货款已支付，原材料尚未到达。本年6月收到原材料，并验收入库。甲公司取得的增值税专用发票本年5月符合抵扣规定。

【任务要求】对甲公司上述业务进行账务处理。

【任务实施】

（1）本年5月购入原材料取得增值税专用发票，且取得的增值税专用发票本年5月符合抵扣规定，并支付货款时：

借：在途物资　　15 000
　　应交税费——应交增值税（进项税额）　　1 950
　贷：银行存款　　16 950

（2）本年6月收到原材料，并验收入库时：

借：原材料　　15 000
　贷：在途物资　　15 000

【任务实例2-60】甲公司为增值税一般纳税人，原材料成本核算采用实际成本法。甲公司本年5月购入原材料3 000千克，单价5元/千克，取得的增值税专用发票上注明价款15 000元，增值税税额1 950元。货款已支付，材料已验收入库。甲公司于本年7月月初的纳税申报期内，才对取得的增值税专用发票通过增值税发票综合服务平台进行勾选确认。

【任务要求】对甲公司上述业务进行账务处理。

【任务实施】

（1）本年5月购入货物时：

借：原材料　　15 000
　　应交税费——待认证进项税额　　1 950
　贷：银行存款　　16 950

（2）本年7月月初的纳税申报期内，才对本年5月取得的增值税专用发票通过增值税发票综合服务平台进行勾选确认，因此本年6月符合抵扣规定（实务中一般某月抵扣，次月月初的纳税申报期内勾选确认并申报抵扣），本年6月月末应当进行以下账务处理：

借：应交税费——应交增值税（进项税额）　　1 950
　贷：应交税费——待认证进项税额　　1 950

2. 进口货物进项税额的会计核算

适用一般计税方法的一般纳税人进口货物，按应计入相关成本费用或资产的金额，借记“在途物资”（或“材料采购”）或“原材料”、“库存商品”、“生产成本”、“固定资产”、“管理费用”等科目，按从海关取得的海关进口增值税专用缴款书上注明的增值税税额（已申请稽核并取得稽核相符结果的海关缴款书进项税额），借记“应交税费——应交增值税（进项税额）”科目，按从海关取得的海关进口增值税专用缴款书上注明的增值税税额（尚未申请稽核或者已申请稽核但尚未取得稽核相符结果的海关缴款书进项税额），借记“应交税费——待认证进项税额”科目，按应付或实际支付的金额，贷记“应付账款”“应付票据”“银行存款”等科目。适用简易计税方法的一般纳税人或者小规模纳税人进口货物支付或者承担的增值税不记入“应交税费——应交增值税（进项税额）”或“应交税费——待认证进项税额”等科目，而记入“在途物资”（或“材料采购”）或“原材料”、“库存商品”、“生产成本”、“固定资产”、“管理费用”等科目，按应付或实际支付的金额，贷记“应付账款”“应付票据”“银行存款”等科目。

【任务实例2-61】甲公司为增值税一般纳税人，本年7月从国外进口一批布料并已验收入库，关税完税价格为100 000元，适用的关税税率为10%。该公司原材料成本的核算采用实际成本法。从海关取得的海关进口增值税专用缴款书上注明的增值税税额为14 300元，该海关进口增值税专用缴款书本年7月已经申请稽核比对并且稽核比对结果为相符。本年7月，甲公司全部款项以银行存款支付。

【任务要求】对甲公司上述业务进行账务处理。

【任务实施】进口该批商品的应纳关税=100 000×10%=10 000（元）

进口该批商品的应纳增值税=（100 000+10 000）×13%=14 300（元）

借：原材料	110 000	
应交税费——应交增值税（进项税额）	14 300	
贷：银行存款		124 300

3. 购进农产品进项税额的会计核算

自2018年5月1日起，纳税人购进农产品，原适用11%扣除率的，扣除率调整为10%。自2019年4月1日起，纳税人购进农产品，原适用10%扣除率的，扣除率调整为9%。自2019年4月1日起，纳税人购进农产品，按下列规定抵扣进项税额：

❶除后述第❷项规定外，纳税人购进农产品，取得一般纳税人开具的增值税专用发票或海关进口增值税专用缴款书的，以增值税专用发票或海关进口增值税专用缴款书上注明的增值税税额为进项税额；从按照简易计税方法依照3%征收率计算缴纳增值税的小规模纳税人取得增值税专用发票的，以增值税专用发票上注明的金额和9%的扣除率计算进项税额；取得（开具）农产品销售发票或收购发票的，以农产品销售发票或收购发票上注明的农产品买价和9%的扣除率计算进项税额（买价，是指纳税人购进农产品在农产品收购发票或者销售发票上注明的价款和按照规定缴纳的烟叶税）。

❷自2019年4月1日起的营改增试点期间，纳税人购进用于生产销售或委托加工13%税率货物的农产品，按照10%的扣除率计算进项税额。

点睛 自2019年4月1日起，纳税人购进用于生产销售或委托加工13%税率货物的农产品，在购买时先抵扣9%，领用用于生产销售或委托加工13%税率货物时再抵扣1%。

（1）“增值税及附加税费申报表附列资料（二）（本期进项税额明细）”中增加的“加计扣除农产品进项税额”栏用来单独体现未纳入农产品增值税进项税额核定扣除试点范围的纳税人，将购进的农产品用于生产销售或委托加工13%税率货物时，加计扣除的农产品进项税额（相当于1%的扣税率的这一部分）。

（2）未纳入农产品增值税进项税额核定扣除试点范围的纳税人，在购进农业生产者自产农产品或者从小规模纳税人处购进农产品的当期，凭取得（开具）的农产品销售发票、收购发票和增值税专用发票按照9%扣除率计算当期可抵扣的进项税额，填入“增值税及附加税费申报表附列资料（二）（本期进项税额明细）”第6栏“农产品收购发票或者销售发票”栏。如纳税人购进的农产品（包括购进时取得增值税专用发票、海关进口增值税专用缴款书、农产品收购发票或者销售发票等情形）用于生产销售或委托加工13%税率货物，于生产领用当期按10%与9%之间的差额计算当期可加计扣除的农产品进项税额，填入“增值税及附加税费申报表附列资料（二）（本期进项税额明细）”第8a栏“加计扣除农产品进项税额”/“税额”栏。

加计扣除农产品进项税额=当期生产领用农产品已按9%税率（扣除率）抵扣税额÷9%×（10%-9%）

❸继续推进农产品增值税进项税额核定扣除试点，纳税人购进农产品进项税额已实行核定扣除的，仍按照《财政部 国家税务总局关于在部分行业试行农产品增值税进项税额核定扣除办法的通知》（财税〔2012〕38号）、《财政部 国家税务总局关于扩大农产品增值税进项税额核定扣除试点行业范围的通知》（财税〔2013〕57号）执行。其中，《农产品增值税进项税额核定扣除试点实施办法》第四条第（二）项规定的扣除率调整为9%；第（三）项规定的扣除率调整为按上述第❶项、第❷项规定执行。

❹纳税人从批发、零售环节购进适用免征增值税政策的蔬菜、部分鲜活肉蛋而取得的普通发票，不得作为计算抵扣进项税额的凭证。

❺纳税人购进农产品既用于生产销售或委托加工13%税率货物，又用于生产销售其他货物服务的，应当分别核算用于生产销售或委托加工13%税率货物和其他货物服务的农产品进项税额。未分别核算的，统一以增值税专用发票或海关进口增值税专用缴款书上注明的增值税税额为进项税额，或以农产品收购发票或销售发票上注明的农产品买价和9%的扣除率计算进项税额。

❻销售发票，是指农业生产者销售自产农产品适用免征增值税政策而开具的普通发票。

（1）农产品增值税进项税额核定扣除试点行业范围以外的一般纳税人购进农产品进项税额的会计核算。

农产品增值税进项税额核定扣除试点行业范围以外的一般纳税人购进农产品，按应计入相关成本费用或资产的金额，借记“在途物资”（或“材料采购”）或“原材料”、“库存商品”、“生产成本”、“管理费用”等科目；取得一般纳税人开具的增值税专用发票或海关进口增值税专用缴款书的，以增值税专用发票或海关进口增值税专用缴款书上注明的增值税税额为进项税额，从按照简易计税方法依照3%征收率计算缴纳增值税的小规模纳税人取得增值税专用发票的，以增值税专用发票上注明的金额和9%的扣除率计算进项税额，取得（开具）农产品销售发票或收购发票的，以农产品销售发票或收购发票上注明的农产品买价和9%的扣除率计算进项税额，借记“应交税费——应交增值税（进项税额）”科目；按应付或实际支付的金额，贷记“应付账款”“应付票据”“银行存款”等科目。

【任务实例2-62】甲公司为一家食品公司，属于农产品增值税进项税额核定扣除试点行业范围以外的一般纳税人。本年8月甲公司以现金向农民收购一批免税农产品A，法定收购凭证内列买价100 000元，并于本年9月全部领用用于生产增值税税率为13%的饼干。本年10月甲公司以现金向农民收购一批免税农产品B，法定收购凭证内列买价200 000元，并于本年11月将其全部直接对外销售，开具增值税专用发票，注明价款210 000元，增值税18 900元，款项已存入银行。甲公司原材料成本的核算采用实际成本法。

【任务要求】对甲公司上述业务进行账务处理。

【任务实施】

（1）本年8月甲公司购入免税农产品A时：

可抵扣的进项税额=100 000×9%=9 000（元）

借：原材料	91 000	
应交税费——应交增值税（进项税额）	9 000	
贷：库存现金		100 000

（2）本年9月甲公司领用农产品A用于生产增值税税率为13%的饼干时：

加计扣除农产品进项税额=当期生产领用农产品已按9%税率（扣除率）抵扣税额÷9%×（10%-9%）

=9 000÷9%×（10%-9%）=100 000×1%=1 000（元）

借：生产成本	90 000	
应交税费——应交增值税（进项税额）	1 000	
贷：原材料		91 000

（3）本年10月甲公司购入免税农产品B时：

可抵扣的进项税额=200 000×9%=18 000（元）

借：库存商品（200 000-18 000）	182 000	
应交税费——应交增值税（进项税额）	18 000	
贷：库存现金		200 000

（4）本年11月甲公司将农产品B全部直接对外销售时：

借：银行存款	228 900	
贷：主营业务收入		210 000
应交税费——应交增值税（销项税额）		18 900
借：主营业务成本	182 000	
贷：库存商品		182 000

（2）农产品增值税进项税额核定扣除试点行业范围内的一般纳税人购进农产品进项税额的会计核算。

农产品增值税进项税额核定扣除试点行业范围内的一般纳税人购进农产品，若取得农产品增值税专用发票和海关进口增值税专用缴款书，应按照注明的金额及增值税税额一并计入所购农产品成本；若自行开具农产品收购发票和取得农产品销售发票，应按照注明的买价直接计入所购农产品成本。

也就是说，试点纳税人在购进农产品时不计提增值税进项税额，直接按照含增值税购买价款，借记“在途物资”“材料采购”等科目，贷记“库存现金”等科目。等到货物验收入库后，再由“在途物资”“材料采购”科目转入“原材料”“库存商品”等科目。

试点纳税人按照《农产品增值税进项税额核定扣除试点实施办法》的规定准确计算当期允许抵扣农产品增值税进项税额，应从“主营业务成本”、“其他业务成本”或“销售费用”等相关科目转入“应交税费——应交增值税（进项税额）”科目。

需要注意的是，试点纳税人应自执行《农产品增值税进项税额核定扣除试点实施办法》之日起，将期初库存农产品以及库存半成品、产成品耗用的农产品增值税进项税额作转出处理，以避免重复抵扣增值税进项税额。

❶以购进农产品为原料生产货物的试点纳税人，其农产品增值税进项税额可按照投入产出法、成本法和参照法核定。

第一，投入产出法。

在投入产出法下，参照国家标准、行业标准（包括行业公认标准和行业平均耗用值）确定销售单位数量货物耗用外购农产品的数量（以下称“农产品单耗数量”）。

当期允许抵扣农产品增值税进项税额依据农产品单耗数量、当期销售货物数量、农产品平均购买单价（含税，下同）和农产品增值税进项税额扣除率（以下简称“扣除率”）计算。公式为：

当期允许抵扣农产品增值税进项税额=当期农产品耗用数量×农产品平均购买单价×扣除率÷（1+扣除率）

当期农产品耗用数量=当期销售货物数量（不含采购除农产品以外的半成品生产的货物数量）×农产品单耗数量

对以单一农产品原料生产多种货物或者以多种农产品原料生产多种货物的，在核算当期农产品耗用数量和平均购买单价时，应依据合理的方法归集和分配。

平均购买单价是指购买农产品期末平均买价，不包括买价之外单独支付的运费和入库前的整理费用。期末平均买价的计算公式为：

$$\text{期末平均买价}=\left(\text{期初库存农产品数量}\times\text{期初平均买价}+\text{当期购进农产品数量}\times\text{当期买价}\right)\div\left(\text{期初库存农产品数量}+\text{当期购进农产品数量}\right)$$

农产品进项税额扣除率为销售货物的适用税率。

【任务实例 2-63】甲乳制品公司为增值税一般纳税人，实行农产品增值税进项税额核定扣除试点实施办法，采用投入产出法计算可抵扣的农产品增值税进项税额。甲公司本年12月从牧场购入原乳8 000吨，取得的农产品销售发票注明价格5 200万元，款项以银行存款支付。当月对外销售10 000吨巴氏杀菌牛乳，取得不含增值税收入30 000万元，款项已存入银行，其成本为18 000万元。该公司原材料成本的核算采用实际成本法，原乳单耗数量为1.048吨，原乳平均购买单价为6 000元/吨。巴氏杀菌牛乳适用的增值税税率为9%。

【任务要求】对甲乳制品公司上述业务进行账务处理。

【任务实施】农产品进项税额扣除率为销售货物的适用税率，巴氏杀菌牛乳的适用税率为9%。

该公司采用投入产出法，则：

$$\begin{aligned}\text{当期允许抵扣农产品增值税进项税额}&=\text{当期农产品耗用数量}\times\text{农产品平均购买单价}\times\text{扣除率}\div(1+\text{扣除率})\\&=\text{当期销售货物数量(不含采购除农产品以外的半成品生产的货物数量)}\times\text{农产品单耗数量}\times\text{农产品平均购买单价}\times\text{扣除率}\div(1+\text{扣除率})\\&=10\,000\times1.048\times6\,000\times9\%\div(1+9\%)=5\,191\,926.61\text{（元）}\end{aligned}$$

（1）从牧场购进原乳时：

借：在途物资	52 000 000	
贷：银行存款		52 000 000

（2）购进的原乳验收入库时：

借：原材料　52 000 000
　贷：在途物资　52 000 000

（3）销售巴氏杀菌牛乳时：

借：银行存款　327 000 000
　贷：主营业务收入　300 000 000
　　应交税费——应交增值税（销项税额）（300 000 000×9%）　27 000 000
借：主营业务成本　180 000 000
　贷：库存商品　180 000 000

（4）12月按投入产出法计算可以抵扣的进项税额时：

借：应交税费——应交增值税（进项税额）　5 191 926.61
　贷：主营业务成本　5 191 926.61

第二，成本法。

在成本法下，依据试点纳税人年度会计核算资料，计算确定耗用农产品的外购金额占生产成本的比例（以下称农产品耗用率）。当期允许抵扣农产品增值税进项税额依据当期主营业务成本、农产品耗用率以及扣除率计算。公式为：

当期允许抵扣农产品增值税进项税额=当期主营业务成本×农产品耗用率×扣除率÷（1+扣除率）

农产品耗用率=上年投入生产的农产品外购金额÷上年生产成本

农产品外购金额（含税）不包括不构成货物实体的农产品（包括包装物、辅助材料、燃料、低值易耗品等）和在购进农产品之外单独支付的运费、入库前的整理费用。

对以单一农产品原料生产多种货物或者多种农产品原料生产多种货物的，在核算当期主营业务成本以及核定农产品耗用率时，试点纳税人应依据合理的方法进行归集和分配。

农产品耗用率由试点纳税人向主管税务机关申请核定。

年度终了，主管税务机关应根据试点纳税人本年实际对当年已抵扣的农产品增值税进项税额进行纳税调整，重新核定当年的农产品耗用率，并作为下一年度的农产品耗用率。

农产品进项税额扣除率为销售货物的适用税率。

第三，参照法。

在参照法下，新办的试点纳税人或者试点纳税人新增产品的，试点纳税人可参照所属行业或者生产结构相近的其他试点纳税人确定农产品单耗数量或者农产品耗用率。次年，试点纳税人向主管税务机关申请核定当期的农产品单耗数量或者农产品耗用率，并据此计算确定当年允许抵扣的农产品增值税进项税额，同时对上一年增值税进项税额进行调整。核定的进项税额超过实际抵扣增值税进项税额的，其差额部分可以结转下期继续抵扣；核定的进项税额低于实际抵扣增值税进项税额的，其差额部分应按现行增值税的有关规定将进项税额做转出处理。

❷试点纳税人购进农产品直接销售的，农产品增值税进项税额按照以下方法核定扣除：

当期允许抵扣农产品增值税进项税额=当期销售农产品数量÷（1−损耗率）×农产品平均购买单价×9%÷（1+9%）

损耗率=损耗数量÷购进数量

❸试点纳税人购进农产品用于生产经营且不构成货物实体的（包括包装物、辅助材料、燃料、低值易耗品等），增值税进项税额按照以下方法核定扣除：

当期允许抵扣农产品增值税进项税额=当期耗用农产品数量×农产品平均购买单价×扣除率÷（1+扣除率）

农产品单耗数量、农产品耗用率和损耗率统称为农产品增值税进项税额扣除标准（简称扣除标准）。

4. 购进（接受）加工修理修配劳务进项税额的会计核算

一般纳税人购进加工修理修配劳务，按应计入相关成本费用或资产的金额，借记“委托加工物资”“生产成本”“管理费用”等科目，按当月已认证的可抵扣增值税额，借记“应交税费——应交增值税（进项税额）”科目，按当月未认证的可抵扣增值税额，借记“应交税费——待认证进项税额”科目，按应付或实际支付的金额，贷记“应付账款”“应付票据”“银行存款”等科目。

【任务实例2-64】甲公司为增值税一般纳税人，本年5月拨付原材料60 000元，委托外单位配套加工，加工费款项以银行存款支付，取得受托方开具的增值税专用发票，发票上注明加工费20 000元，增值税税额2 600元，材料加工完毕按实际成本验收入库。甲公司取得的增值税专用发票本年5月符合抵扣规定。

【任务要求】对甲公司上述业务进行账务处理。

【任务实施】

（1）拨付委托加工材料时：

借：委托加工物资	60 000	
贷：原材料		60 000

（2）支付加工费时：

借：委托加工物资	20 000	
应交税费——应交增值税（进项税额）	2 600	
贷：银行存款		22 600

（3）加工完毕验收入库时：

借：原材料（或库存商品）	80 000	
贷：委托加工物资		80 000

5. 购进（接受）服务进项税额的会计核算

一般纳税人购进服务，按应计入相关成本费用或资产的金额，借记“在途物资”（或“材料采购”）或“原材料”、“库存商品”、“生产成本”、“销售费用”、“管理费用”等科目，按当月已认证的可抵扣增值税额，借记“应交税费——应交增值税（进项税额）”科目，按当月未认证的可抵扣增值税额，借记“应交税费——待认证进项税额”科目，按应付或实际支付的金额，贷记“应付账款”“应付票据”“银行存款”等科目。

【任务实例2-65】甲公司为增值税一般纳税人，本年7月就有关经营事宜向某管理咨询公司进行咨询，支付咨询费用价税合计10 600元，取得管理咨询公司开具的增值税专用发票，注明咨询费用10 000元，增值税税额600元，款项以银行存款支付。甲公司取得的增值税专用发票本年7月符合抵扣规定。

【任务要求】对甲公司上述业务进行账务处理。

【任务实施】

借：管理费用	10 000	
应交税费——应交增值税（进项税额）	600	

贷：银行存款	10 600

6. 购进无形资产进项税额的会计核算

一般纳税人购进无形资产，按应计入相关成本费用或资产的金额，借记“无形资产”等科目，按当月已认证的可抵扣增值税额，借记“应交税费——应交增值税（进项税额）”科目，按当月未认证的可抵扣增值税额，借记“应交税费——待认证进项税额”科目，按应付或实际支付的金额，贷记“应付账款”“应付票据”“银行存款”等科目。

【任务实例 2-66】甲公司为增值税一般纳税人，本年7月从乙公司购入一项专利权，取得的增值税专用发票上注明价款80 000元，增值税税额4 800元，款项以银行存款支付。甲公司取得的增值税专用发票本年7月符合抵扣规定。

【任务要求】对甲公司上述业务进行账务处理。

【任务实施】

借：无形资产——专利权	80 000	
应交税费——应交增值税（进项税额）	4 800	
贷：银行存款（80 000+4 800）		84 800

7. 购进不动产或不动产在建工程进项税额的会计核算

一般纳税人自2016年5月1日后取得并按固定资产核算的不动产或者2016年5月1日后取得的不动产在建工程，其进项税额按现行增值税制度规定自取得之日起分2年从销项税额中抵扣的，应当按取得成本，借记“固定资产”“在建工程”等科目，按当期可抵扣的增值税税额，借记“应交税费——应交增值税（进项税额）”科目，按以后期间可抵扣的增值税税额，借记“应交税费——待抵扣进项税额”科目，按应付或实际支付的金额，贷记“应付账款”“应付票据”“银行存款”等科目。尚未抵扣的进项税额待以后期间允许抵扣时，按允许抵扣的金额，借记“应交税费——应交增值税（进项税额）”科目，贷记“应交税费——待抵扣进项税额”科目。自2019年4月1日起，上述规定停止执行，即纳税人取得不动产或者不动产在建工程的进项税额不再分2年抵扣。此前按照上述规定尚未抵扣完毕的待抵扣进项税额，可自2019年4月税款所属期起从销项税额中抵扣。

【任务实例 2-67】甲公司为增值税一般纳税人，本年5月购入一栋办公楼，取得的增值税专用发票上注明价款10 000 000元，增值税税额900 000元。本年5月，款项以银行存款支付，并且甲公司办妥了相关产权转移手续。甲公司取得的增值税专用发票本年5月符合抵扣规定。

【任务要求】对甲公司上述业务进行账务处理。

【任务实施】

借：固定资产——办公楼	10 000 000	
应交税费——应交增值税（进项税额）	900 000	
贷：银行存款		10 900 000

8. 货物等已验收入库但尚未取得增值税扣税凭证的会计核算

一般纳税人购进的货物等已到达并验收入库，但尚未收到增值税扣税凭证并未付款或已经预付部分或者全部款项的，应在月末按货物清单或相关合同协议上的价格暂估入账，不需要将增值税的进项税额暂估入账[①]（财政部关于《增值税会计处理规定》有关问题的解读规定：暂估入账的金额不包含增值税进项税额。一般纳税人购进劳务、服务等但尚未取得增值税扣税凭证的，比照处理），借记“原材料”“库存商品”“固定资产”“无形资产”等科目，贷记“应付账款”“预付账款”等科目。下月初，用红字冲销原暂估入账金额。待取得相关增值税扣税凭证并经认证后，按应计入相关成本费用或资产的金额，借记“原材料”“库存商品”“固定资产”“无形资产”等科目，按可抵扣的增值税税额，借记“应交税费——应交增值税（进项税额）”科目，按应付金额，贷记“应付账款”“预付账款”等科目。

【任务实例2-68】甲公司为增值税一般纳税人，本年9月1日购入一批原材料，协议规定价格8 000元（不含增值税），材料已于当月验收入库，但尚未取得增值税专用发票，也未付款。甲公司10月20日取得增值税专用发票，发票上注明价款8 000元，增值税税额1 040元，款项以银行存款支付。甲公司取得的增值税专用发票本年10月符合抵扣规定。

【任务要求】对甲公司上述业务进行账务处理。

【任务实施】

（1）9月月末按货物清单或相关合同协议上的不包含增值税进项税额的价格暂估入账时：

借：原材料	8 000	
贷：应付账款		8 000

（2）10月月初，用红字冲销原暂估入账金额时：

借：原材料	8 000	
贷：应付账款		8 000

（3）本年10月取得相关增值税扣税凭证并符合抵扣规定时：

借：原材料	8 000	
应交税费——应交增值税（进项税额）	1 040	
贷：银行存款		9 040

（二）视同购进业务进项税额的会计核算

1. 受托代销行为进项税额的会计核算

参见“二、销售等业务增值税的会计核算”中的“（二）视同销售业务增值税的会计核算”中的“1.将货物交付他人代销和销售代销货物销项税额或应纳增值税额的会计核算”。

2. 将货物在两个机构之间移送进项税额的会计核算

参见“二、销售等业务增值税的会计核算”中的“（二）视同销售业务增值税的会计核算”中的“2.将货物在两个机构之间移送销项税额或应纳增值税额的会计核算”。

3. 接受投资进项税额的会计核算

一般纳税人接受投资者以货物、加工修理修配劳务、服务、无形资产或不动产的投资时，按应计入相关成本费用或资产的金额，借记“在途物资”（或“材料采购”）或“原材料”、“库存商品”、“生产成本”、“无形资产”、“固定资产”、“管理费用”等科目，按当月已认证的可抵扣增值税额，借记“应交税费——应交增值税（进项税额）”科目，按当月未认证的可抵扣增值税额，借记“应交税费——待认证进项税额”科目，按接受实物投资总额，贷记“实收资本”或“股本”、“资本公积”等科目。

① 如果购入货物、加工修理修配劳务、服务、无形资产或不动产属于不得抵扣事项，应当直接以价税合计暂估。

【任务实例2-69】甲公司为增值税一般纳税人，本年7月收到乙公司A材料一批作为实物投资，确认总价值为339 000元，同时收到投资方乙公司开具的增值税专用发票，注明价款300 000元，增值税税额39 000元。甲公司对原材料成本的核算采用实际成本法。甲公司取得的增值税专用发票本年7月符合抵扣规定。

【任务要求】对甲公司上述业务进行账务处理。

【任务实施】

借：原材料——A材料	300 000	
应交税费——应交增值税（进项税额）	39 000	
贷：实收资本——乙公司		339 000

4. 接受利润分配进项税额的会计核算

一般纳税人接受被投资者以货物、加工修理修配劳务、服务、无形资产或不动产的利润分配时（即接受实物股利时），按应计入相关成本费用或资产的金额，借记“在途物资”（或“材料采购”）或“原材料”、“库存商品”、“生产成本”、“无形资产”、“固定资产”、“管理费用”等科目，按当月已认证的可抵扣增值税额，借记“应交税费——应交增值税（进项税额）”科目，按当月未认证的可抵扣增值税额，借记“应交税费——待认证进项税额”科目，按接受实物分配总额，贷记“应收股利”等科目。

【任务实例2-70】甲公司为增值税一般纳税人，本年7月收到乙公司发放的实物股利A产品，确认总价值为226 000元，同时收到乙公司开具的增值税专用发票上注明价款200 000元，增值税税额26 000元。甲公司对原材料成本的核算采用实际成本法。甲公司取得的增值税专用发票本年7月符合抵扣规定。

【任务要求】对甲公司上述业务进行账务处理。

【任务实施】

借：原材料——A产品	200 000	
应交税费——应交增值税（进项税额）	26 000	
贷：应收股利——乙公司		226 000

5. 接受无偿赠送进项税额的会计核算

一般纳税人接受捐赠者以货物、加工修理修配劳务、服务、无形资产或不动产的无偿赠送时，按应计入相关成本费用或资产的金额，借记“在途物资”（或“材料采购”）或“原材料”、“库存商品”、“生产成本”、“无形资产”、“固定资产”、“管理费用”等科目，按当月已认证的可抵扣增值税额，借记“应交税费——应交增值税（进项税额）”科目，按当月未认证的可抵扣增值税额，借记“应交税费——待认证进项税额”科目，按接受实物捐赠总额，贷记“营业外收入”等科目。

【任务实例2-71】甲公司为增值税一般纳税人，本年7月接受国外客户捐赠模具一批，捐赠方提供的发票账单内列明该批模具价值200 000元。甲公司以转账支票支付报关进口关税40 000元，从海关取得的海关进口增值税专用缴款书上注明增值税税额31 200元，税款以银行存款支付。该海关进口增值税专用缴款书本年7月已经申请稽核比对并且稽核比对结果为相符。

【任务要求】对甲公司上述业务进行账务处理。

【任务实施】

借：周转材料——低值易耗品　240 000
　　应交税费——应交增值税（进项税额）　31 200
　贷：银行存款（40 000+31 200）　71 200
　　　营业外收入　200 000

【任务实例2-72】甲公司和乙公司均为增值税一般纳税人，本年5月甲公司接受乙公司一项商标所有权的无偿转让，该商标所有权市场价格为848 000元（含增值税）。乙公司该商标所有权的原购入成本为1 500 000元，无偿转让时已摊销金额为900 000元，该商标未计提减值准备。款项已存入银行。甲公司取得乙公司开具的增值税专用发票，注明价款800 000元，增值税税额48 000元。甲公司取得的增值税专用发票本年5月符合抵扣规定。

【任务要求】对甲公司上述业务进行账务处理。

【任务实施】

借：无形资产——商标权　800 000
　　应交税费——应交增值税（进项税额）　48 000
　贷：营业外收入　848 000

（三）其他特殊购进业务进项税额的会计核算

1. 非货币性资产交换进项税额的会计核算

参见“二、销售等业务增值税的会计核算”中的“（三）其他特殊销售业务增值税的会计核算”中的“1. 非货币性资产交换销项税额或应纳增值税额的会计核算”。

2. 接受抵债资产进项税额的会计核算

参见“二、销售等业务增值税的会计核算”中的“（三）其他特殊销售业务增值税的会计核算”中的“2. 将资产用于抵债销项税额或应纳增值税额的会计核算”。

3. 接受销售折让、中止或者退回以及接受折扣进项税额的会计核算

（1）接受销售折让、中止或者退回进项税额的会计核算。

发生退货的，如果原增值税专用发票已做认证，应根据销售方或者税务机关开具的红字增值税专用发票做相反的会计分录；如果原增值税专用发票未做认证，但发票未跨月，应将发票退回并做相反的会计分录，销货方需将原发票作废；如果原增值税专用发票未认证，但发票已跨月，不仅应将发票退回，而且还需要取得销售方开具的红字增值税专用发票，并做相反的会计分录，销售方收回的原发票无须作废。购进折让、中止应当比照购货退回的会计处理进行。

【任务实例2-73】甲公司为增值税一般纳税人，本年6月10日采用托收承付结算方式（验单付款）从乙公司购进A材料，取得的增值税专用发票上注明价款3 000元，增值税税额390元，款项以银行存款支付。甲公司取得的增值税专用发票本年6月符合抵扣规定。本年8月10日材料运到，验收后因质量不符合约定而要求全部退货，并于本年8月12日在增值税发票管理新系统中填开并上传“开具红字增值税专用发票信息表”。本年8月15日将货物退回。乙公司凭税务机关系统校验通过的“开具红字增值税专用发票信息表”开具红字增值税专用发票，甲公司于本年8月20日收到乙公司开来的红字增值税专用发票及款项。甲公司原材料成本的核算采用实际成本法。

【任务要求】对甲公司上述业务进行账务处理。

【任务实施】

(1) 6月10日收到乙公司转来的托收承付结算凭证及发票时：

借：在途物资——A材料　3 000
　　应交税费——应交增值税（进项税额）　390
　贷：银行存款　3 390

(2) 8月12日在增值税发票管理新系统中填开并上传“开具红字增值税专用发票信息表”，暂依“开具红字增值税专用发票信息表”所列增值税税额从当期进项税额中转出［根据《关于印发〈增值税会计处理规定〉的通知》（财会〔2016〕22号），应当冲减进项税额］①。

借：应收账款——乙公司　390
　贷：应交税费——应交增值税（进项税额转出）　390

或者：

借：应收账款——乙公司　390
　贷：应交税费——应交增值税（进项税额）　390

本书建议采用上述第一种会计分录。

(3) 8月15日将货物退回时：

借：应收账款——乙公司　3 000
　贷：在途物资——A材料　3 000

(4) 8月20日收到乙公司开来的红字增值税专用发票及款项时，与“开具红字增值税专用发票信息表”一并作为记账凭证。

借：银行存款　3 390
　贷：应收账款——乙公司　3 390

【任务实例2-74】甲公司为增值税一般纳税人，本年5月10日采用托收承付结算方式（验单付款）从乙公司购进A材料，取得的增值税专用发票上注明价款20 000元，增值税税额2 600元，款项以银行存款支付。甲公司取得的增值税专用发票本年5月符合抵扣规定。本年6月15日材料验收入库时发现质量不符，经与销货方协商后同意折让20%，并按扣除折让后的金额入账。甲公司于6月18日在增值税发票管理新系统中填开并上传“开具红字增值税专用发票信息表”。乙公司凭税务机关系统校验通过的“开具红字增值税专用发票信息表”开具红字增值税专用发票，甲公司于本年6月25日收到乙公司开来的红字增值税专用发票及款项。甲公司原材料成本的核算采用实际成本法。

【任务要求】对甲公司上述业务进行账务处理。

【任务实施】

(1) 5月10日验单付款时：

借：在途物资——A材料　20 000
　　应交税费——应交增值税（进项税额）　2 600

---

① 根据《国家税务总局关于红字增值税发票开具有关问题的公告》（国家税务总局公告2016年第47号）的规定，此类事项需从当期进项税额中转出，即记入“应交税费——应交增值税（进项税额转出）”科目，这样的好处是可以在增值税纳税申报时，直接将该类数据填入“增值税及附加税费申报表附列资料（本期进项税额明细）（二）”的第20栏“红字专用发票信息表注明的进项税额”中，这样操作比较简单。而根据《关于印发〈增值税会计处理规定〉的通知》（财会〔2016〕22号），此类事项是冲减“应交税费——应交增值税（进项税额）”科目，这样的话，在增值税纳税申报时，对该类数据先需要从“冲减的进项税额”中转到“进项税额转出”中后再对“增值税及附加税费申报表附列资料（本期进项税额明细）（二）”进行填报，这样操作比较复杂。本书建议采用记入“应交税费——应交增值税（进项税额转出）”科目的方式。下同。

贷：银行存款 22 600

（2）6月15日材料验收入库，按扣除折让后的金额入账时：

借：原材料 16 000

应收账款——乙公司（20 000×20%） 4 000

贷：在途物资——A材料 20 000

（3）6月18日在增值税发票管理新系统中填开并上传“开具红字增值税专用发票信息表”，暂依“开具红字增值税专用发票信息表”所列增值税税额从当期进项税额中转出［根据《关于印发〈增值税会计处理规定〉的通知》（财会〔2016〕22号），应当冲减进项税额］。

借：应收账款——乙公司 520

贷：应交税费——应交增值税（进项税额转出）（2 600×20%） 520

或者：

借：应收账款——乙公司 520

贷：应交税费——应交增值税（进项税额） 520

本书建议采用上述第一种会计分录。

（4）6月25日收到乙公司开来的红字增值税专用发票及款项时，与“开具红字增值税专用发票信息表”一并作为记账凭证。

借：银行存款 4 520

贷：应收账款——乙公司（4 000+520） 4 520

（2）接受折扣进项税额的会计核算。

参见“二、销售等业务增值税的会计核算”中的“（三）其他特殊销售业务增值税的会计核算”中的“3.销售折让、中止或者退回以及提供折扣销项税额或应纳增值税额的会计核算”中的“（2）提供折扣销项税额或应纳增值税额的会计核算”。

（四）购进等业务进项税额不得抵扣的会计核算

1.购进货物、加工修理修配劳务、服务、无形资产或不动产，用于简易计税方法计税项目、免征增值税项目、集体福利或个人消费等进项税额不得抵扣的会计核算

一般纳税人购进货物、加工修理修配劳务、服务、无形资产或不动产，用于简易计税方法计税项目、免征增值税项目、集体福利或个人消费等，其进项税额按照现行增值税制度规定不得从销项税额中抵扣的，取得增值税专用发票时，应借记相关成本费用或资产科目，借记“应交税费——待认证进项税额”科目，贷记“银行存款”“应付账款”等科目，经税务机关认证后，根据有关“进项税额”“进项税额转出”专栏及“待认证进项税额”明细科目的核算内容，先转入“进项税额”专栏，借记“应交税费——应交增值税（进项税额）”科目，贷记“应交税费——待认证进项税额”科目；按现行增值税制度规定转出时，记入“进项税额转出”专栏，借记相关成本费用或资产科目，贷记“应交税费——应交增值税（进项税额转出）”科目。

提示 根据财税〔2016〕36号的规定，按照相关规定不得抵扣且未抵扣进项税额的固定资产、无形资产、不动产，发生用途改变，用于允许抵扣进项税额的应税项目，可在用途改变的次月按照下列公式计算可以抵扣的进项税额：

可以抵扣的进项税额=固定资产、无形资产、不动产净值÷（1+适用税率）×适用税率

上述可以抵扣的进项税额应取得合法有效的增值税扣税凭证。

因此在实务中，企业应当取得合法有效的增值税扣税凭证，并且进行认证（扫描认证或者勾选确认认证），以具备可以抵扣进项税额的必要条件。

【任务实例2-75】甲公司为增值税一般纳税人，本年7月购入一批笔记本电脑，取得的增值税专用发票上注明价款30 000元，增值税税额3 900元，款项以银行存款支付。本年8月甲公司准备将上述电脑用于行政管理人员福利，并于本年8月实际发放福利，且甲公司于本年9月初的纳税申报期内，对取得的增值税专用发票通过增值税发票综合服务平台进行了勾选确认。

【任务要求】对甲公司上述业务进行账务处理。

【任务实施】

（1）本年7月购入笔记本电脑时：

借：库存商品	30 000	
应交税费——待认证进项税额	3 900	
贷：银行存款		33 900

（2）甲公司取得的增值税专用发票本年8月符合抵扣规定时：

借：应交税费——应交增值税（进项税额）	3 900	
贷：应交税费——待认证进项税额		3 900

（3）本年8月决定发放福利时：

借：管理费用	33 900	
贷：应付职工薪酬——非货币性福利		33 900

（4）本年8月实际发放福利时：

借：库存商品	3 900	
贷：应交税费——应交增值税（进项税额转出）		3 900
借：应付职工薪酬——非货币性福利	33 900	
贷：库存商品		33 900

或者合并为一步：

借：应付职工薪酬——非货币性福利	33 900	
贷：库存商品		30 000
应交税费——应交增值税（进项税额转出）		3 900

2. 兼营简易计税方法计税项目、免征增值税项目而无法划分不得抵扣的进项税额的会计核算

适用一般计税方法的纳税人，兼营简易计税方法计税项目、免征增值税项目而无法划分不得抵扣的进项税额，按照下列公式计算不得抵扣的进项税额：

$$\text{不得抵扣的进项税额}=\text{当期无法划分的全部进项税额}\times\left(\text{当期简易计税方法计税项目销售额}+\text{免征增值税项目销售额}\right)\div\text{当期全部销售额}$$

主管税务机关可以按照上述公式依据年度数据对不得抵扣的进项税额进行清算。其会计核算类似于“一般纳税人购进货物、加工修理修配劳务、服务、无形资产或不动产，用于简易计税方法计税项目、免征增值税项目、集体福利或个人消费等进项税额不得抵扣的会计核算”。

【任务实例2-76】甲公司为增值税一般纳税人，本年8月购入一批材料既用于一般计税项目又用于简易计税方法计税项目和免征增值税项目的生产，价款为100 000元，增值税为

13 000元，款项以银行存款支付，但无法划分不得抵扣的进项税额。当月一般计税项目销售额为80 000元，简易计税方法计税项目销售额为70 000元，免征增值税项目销售额为50 000元。

【任务要求】对甲公司上述业务进行账务处理。

【任务实施】

$$\text{不得抵扣的进项税额}=\text{当期无法划分的全部进项税额}\times\left(\text{当期简易计税方法计税项目销售额}+\text{免征增值税项目销售额}\right)\div\text{当期全部销售额}$$

$$=13\,000\times(70\,000+50\,000)\div(80\,000+70\,000+50\,000)$$

$$=7\,800\text{（元）}$$

（1）购入材料时：

借：原材料　100 000

　　应交税费——待认证进项税额　13 000

　贷：银行存款　113 000

（2）取得的增值税专用发票符合抵扣规定时：

借：应交税费——应交增值税（进项税额）　13 000

　贷：应交税费——待认证进项税额　13 000

（3）进项税额转出时：

借：主营业务成本（或原材料）　7 800

　贷：应交税费——应交增值税（进项税额转出）　7 800

3. 进项税额抵扣情况发生改变的会计核算

因发生非正常损失或改变用途等，原已计入进项税额、待抵扣进项税额或待认证进项税额，但按现行增值税制度规定不得从销项税额中抵扣的，借记“待处理财产损溢”“应付职工薪酬”“固定资产”“无形资产”等科目，贷记“应交税费——应交增值税（进项税额转出）”、“应交税费——待抵扣进项税额”或“应交税费——待认证进项税额”科目；原不得抵扣且未抵扣进项税额的固定资产、无形资产等，因改变用途等用于允许抵扣进项税额的应税项目的，应按允许抵扣的进项税额，借记“应交税费——应交增值税（进项税额）”科目，贷记“固定资产”“无形资产”等科目。固定资产、无形资产等经上述调整后，应按调整后的账面价值在剩余尚可使用寿命内计提折旧或摊销。

（1）因发生非正常损失导致进项税额抵扣情况发生改变的会计核算。

货物因管理不善发生的非正常损失（如因保管不善而发生货物被盗等），其进项税额不允许抵扣，对于原已计入进项税额、待抵扣进项税额或待认证进项税额，但按现行增值税制度规定不得从销项税额中抵扣的情况，企业应借记“待处理财产损溢”科目，贷记“原材料”、“库存商品”、“应交税费——应交增值税（进项税额转出）”、“应交税费——待抵扣进项税额”或“应交税费——待认证进项税额”等科目。

货物非因管理不善发生的非正常损失（如自然灾害等），其进项税额可以抵扣，原已计入进项税额、待抵扣进项税额或待认证进项税额的，不需进项税额转出、对待抵扣进项税额或待认证进项税额进行冲减，企业应按损失货物的成本，借记“待处理财产损溢”科目，贷记“原材料”“库存商品”等科目。

按管理权限报经批准后应进行如下会计核算：对于入库的残料价值，借记“原材料”等科目；对于应由保险公司和过失人承担的赔款，借记“其他应收款”科目；扣除残料价值和应由保险公司、过失人赔款后的净损失，属于因管理不善等非正常损失的，借记“管理费用”科目，属于自然灾害等非正常损失的，借记“营业外支出”科目。同时，贷记“待处理财产损溢”科目。

链接 固定资产发生的非正常损失不通过“待处理财产损溢”科目进行核算，而通过“固定资产清理”科目进行核算，且净损失一律记入“营业外支出”科目。

【任务实例2-77】甲公司为增值税一般纳税人，本年5月由于管理不善，用于生产产品的原材料被盗2吨，账面成本为3 500元/吨，经批准核销。甲公司于本年5月购入该原材料，并取得增值税专用发票，发票上注明价款7 000元，增值税税额910元，款项以银行存款支付。甲公司取得的增值税专用发票本年5月符合抵扣规定。最终该损失由保险公司和甲公司保管员张某各承担损失的40%，将损失的20%计入管理费用。

【任务要求】对甲公司上述业务进行账务处理。

【任务实施】

（1）购入原材料时：

借：原材料	7 000	
应交税费——应交增值税（进项税额）（3 500×2×13%）	910	
贷：银行存款		7 910

（2）发生非正常损失时：

借：待处理财产损溢——待处理流动资产损溢	7 910	
贷：原材料		7 000
应交税费——应交增值税（进项税额转出）（3 500×2×13%）		910

（3）报经批准核销时：

借：其他应收款——保险公司（7 910×40%）	3 164	
——张某（7 910×40%）	3 164	
管理费用（7 910×20%）	1 582	
贷：待处理财产损溢——待处理流动资产损溢		7 910

（2）因改变用途导致进项税额抵扣情况发生改变的会计核算。

购入原材料、固定资产、无形资产等因改变用途等原因，原可以抵扣进项税额且已计入进项税额、待抵扣进项税额或待认证进项税额，但按现行增值税制度规定不得从销项税额中抵扣的，借记“应付职工薪酬”“原材料”“固定资产”“无形资产”等科目，贷记“应交税费——应交增值税（进项税额转出）”、“应交税费——待抵扣进项税额”或“应交税费——待认证进项税额”科目；原不得抵扣且未抵扣进项税额的原材料、固定资产、无形资产等，因改变用途等用于允许抵扣进项税额的应税项目的，应按允许抵扣的进项税额，借记“应交税费——应交增值税（进项税额）”科目，贷记“原材料”“固定资产”“无形资产”等科目。

【任务实例2-78】甲食品加工厂为增值税一般纳税人，共有职工200人，其中，生产工人180人，厂部管理人员20人。本年12月，由于本年10月购入的食用植物油富余，因此甲食品加工厂决定以将其购进的食用植物油作为福利发放给职工，每人发放2桶，并于当月发放给职工。该植物油系生产用原料，每桶采购成本50元，共计20 000元（不含增值税），购买时取得增值税专用发票，发票上注明价款20 000元，增值税税额1 800元，款项以银行存款支付。甲食品加工厂取得的增值税专用发票本年11月符合抵扣规定。

【任务要求】对甲食品加工厂上述业务进行账务处理。

【任务实施】

（1）本年10月购买植物油时：

借：原材料　20 000
　　应交税费——待认证进项税额　1 800
　贷：银行存款　21 800

（2）取得的增值税专用发票本年11月符合抵扣规定时：

借：应交税费——应交增值税（进项税额）　1 800
　贷：应交税费——待认证进项税额　1 800

（3）本年12月确认应付职工薪酬时：

借：生产成本［180×2×50×（1+9%）］　19 620
　　管理费用［20×2×50×（1+9%）］　2 180
　贷：应付职工薪酬——非货币性福利（19 620+2 180）　21 800

（4）本年12月给职工实际发放植物油时：

借：原材料　1 800
　贷：应交税费——应交增值税（进项税额转出）　1 800
借：应付职工薪酬——非货币性福利　21 800
　贷：原材料　21 800

【任务实例2-79】甲公司为增值税一般纳税人，本年6月购进办公楼用于办公，取得的增值税专用发票上注明价款10 000万元，增值税税额900万元，款项以银行存款支付。甲公司取得的增值税专用发票本年6月符合抵扣规定。该办公楼折旧方法采用直线法，折旧年限为20年，假设不考虑净残值。本年12月，将办公楼改造成员工食堂。

【任务要求】对甲公司上述业务进行账务处理。

【任务实施】

（1）本年6月购进办公楼时：

借：固定资产　100 000 000
　　应交税费——应交增值税（进项税额）　9 000 000
　贷：银行存款　109 000 000

（2）本年7月起计提折旧：

每月折旧金额=10 000÷20÷12=41.67（万元）

本年7月至本年12月每月计提折旧时：

借：管理费用　416 700
　贷：累计折旧　416 700

（3）本年12月，将办公楼改造成员工食堂。

已抵扣进项税额的不动产，发生非正常损失，或者改变用途，专用于简易计税方法计税项目、免征增值税项目、集体福利或者个人消费的，按照下列公式计算不得抵扣的进项税额，并从当期进项税额中扣减：

不得抵扣的进项税额=已抵扣进项税额×不动产净值率

不动产净值率=不动产净值÷不动产原值×100%

不动产净值率=（10 000-10 000÷20÷12×6）÷10 000×100%=97.5%

不得抵扣的进项税额=900×97.5%=877.5（万元）

借：固定资产　8 775 000
　贷：应交税费——应交增值税（进项税额转出）　8 775 000

【任务实例2-80】甲公司为增值税一般纳税人，本年5月购入不动产A楼用于职工食堂，该不动产购入时价格1 000万元，增值税税额90万元，款项以银行存款支付。甲公司取得的增值税专用发票本年7月符合抵扣规定。该楼折旧方法采用直线法，折旧年限为20年，假设不考虑净残值。本年11月A楼由职工食堂转作办公楼使用。

【任务要求】对甲公司上述业务进行账务处理。

【任务实施】

（1）本年5月取得增值税专用发票但没有认证（扫描认证或者勾选确认认证）时：

借：固定资产——A楼　10 000 000
　　应交税费——待认证进项税额　900 000
　贷：银行存款　10 900 000

（2）取得的增值税专用发票本年7月符合抵扣规定时：

借：应交税费——应交增值税（进项税额）　900 000
　贷：应交税费——待认证进项税额　900 000

（3）本年7月进项税额转出时：

借：固定资产——A楼　900 000
　贷：应交税费——应交增值税（进项税额转出）　900 000

（4）本年11月转作办公楼使用。

按照规定不得抵扣进项税额的不动产，发生用途改变，用于允许抵扣进项税额项目的，按照下列公式在改变用途的次月计算可抵扣进项税额。

可抵扣进项税额=增值税扣税凭证注明或计算的进项税额×不动产净值率

不动产净值率=不动产净值÷不动产原值×100%

不动产净值=1 090-1 090÷20÷12×6=1 062.75（万元）

不动产净值率=1 062.75÷1 090×100%=97.5%

可抵扣进项税额=增值税扣税凭证注明或计算的进项税额×不动产净值率=90×97.5%=87.75（万元）

本年12月（即为改变用途的次月）可抵扣进项税额从销项税额中抵扣时：

借：应交税费——应交增值税（进项税额）　877 500
　贷：固定资产——A楼　877 500

（3）购货过程中发生短缺或毁损的情况下进项税额的会计核算。

由于材料短缺或毁损的原因不同，其损失的承担者不同，短缺或毁损材料损失中所含的进项税额的会计处理也不同。

购进货物在运输途中的合理损耗，其进项税额应予以抵扣。对于运输途中的合理损耗部分的金额，计入采购货物的成本。

销货方造成的短缺或毁损，若销货方决定近期内予以补货，则短缺材料的进项税额暂不得抵扣，需待补来材料验收入库后，方可再予以抵扣；若销货方决定退赔货款，应视不同情况比照销货退回或折让进行处理。

购进货物在运输途中因管理不善发生的非正常损失（如因保管不善而发生货物被盗等），原已计入进项税额、待抵扣进项税额或待认证进项税额，但按现行增值税制度规定不得从销项税额中抵扣的，借记“待处理财产损溢”科目，贷记“在途物资”（或“材料采购”）、“原材料”、“库存商品”、“应交税费——应交增值税（进项税额转出）”、“应交税费——待抵扣进项税额”或“应交税费——待认证进项税额”等科目。

购进货物途中非因管理不善发生的非正常损失（如自然灾害等），其进项税额可以抵扣，不需做进项税额转出，应当按损失货物的成本，借记“待处理财产损溢”科目，贷记“在途物资”（或“材料采购”）、“原材料”、“库存商品”等科目。

在按管理权限报经批准后应进行如下会计核算：对于入库的残料价值，借记“原材料”等科目；对于应由保险公司和过失人承担的赔款，借记“其他应收款”科目；扣除残料价值和应由保险公司、过失人赔款后的净损失，属于因管理不善等非正常损失的，借记“管理费用”科目，属于自然灾害等非正常损失的，借记“营业外支出”科目。同时，贷记“待处理财产损溢”科目。

【任务实例2-81】甲公司为增值税一般纳税人，本年5月从外地购进一批材料，取得的增值税专用发票上注明价款50 000元，增值税税额6 500元，款项以银行存款支付。甲公司取得的增值税专用发票本年5月符合抵扣规定。6月货物验收入库时发现丢失20%，经查系业务员张某管理不善造成。按管理权限报经批准，损失的20%由张某赔偿，将损失的80%计入管理费用。甲公司原材料成本的核算采用实际成本法。

【任务要求】对甲公司上述业务进行账务处理。

【任务实施】

（1）购入材料时：

借：在途物资	50 000	
应交税费——应交增值税（进项税额）	6 500	
贷：银行存款		56 500

（2）材料验收入库时：

丢失的20%材料是由于管理不善造成的，应当做进项税额转出处理。

借：原材料	40 000	
待处理财产损溢——待处理流动资产损溢	11 300	
贷：在途物资		50 000
应交税费——应交增值税（进项税额转出）（50 000×20%×13%）		1 300

或者分成两个会计分录：

借：原材料	40 000	
待处理财产损溢——待处理流动资产损溢	10 000	
贷：在途物资		50 000
借：待处理财产损溢——待处理流动资产损溢	1 300	
贷：应交税费——应交增值税（进项税额转出）		1 300

（3）报经批准时：

借：其他应收款——张某（11 300×20%）	2 260	
管理费用（11 300×80%）	9 040	

贷：待处理财产损溢——待处理流动资产损溢 11 300

（五）购买方作为扣缴义务人增值税的会计核算

境外单位或个人在境内发生应税行为，在境内未设有经营机构的，以购买方为增值税扣缴义务人。适用一般计税方法的境内一般纳税人自境外单位或者个人购进劳务、服务、无形资产或者境内的不动产，从税务机关或者扣缴义务人取得的代扣代缴税款的完税凭证上注明的增值税税额准予从销项税额中抵扣。适用一般计税方法的境内一般纳税人自境外单位或者个人购进劳务、服务、无形资产或境内不动产，按应计入相关成本费用或资产的金额，借记“生产成本”“无形资产”“固定资产”“管理费用”等科目，按可抵扣的增值税税额，借记“应交税费——进项税额”科目（适用简易计税方法的境内一般纳税人或者小规模纳税人应按上述增值税税额借记相关成本费用或资产科目），按应付或实际支付的金额，贷记“应付账款”等科目，按应代扣代缴的增值税税额，贷记“应交税费——代扣代交增值税”科目。实际缴纳代扣代缴增值税时，按代扣代缴的增值税税额，借记“应交税费——代扣代交增值税”科目，贷记“银行存款”科目。

【任务实例2-82】甲公司为增值税一般纳税人，本年9月1日从境外乙公司购买了一项专利权，协议规定价格为106万元（含增值税），尚未付款，尚未取得解缴税款的完税凭证。境外乙公司在我国境内没有设立经营机构。甲公司9月10日向乙公司支付了相关款项。

【任务要求】对甲公司上述业务进行账务处理。

【任务实施】由于境外乙公司在我国境内没有设立经营机构，甲公司应当作为乙公司增值税和企业所得税的扣缴义务人。

甲公司应代扣代缴的增值税=106÷（1+6%）×6%=100×6%=6（万元）

甲公司应代扣代缴的企业所得税=106÷（1+6%）×10%=100×10%=10（万元）

（1）从境外购买专利权时：

借：无形资产 1 000 000
　　应交税费——应交增值税（进项税额） 60 000
　贷：应付账款（1 000 000-100 000） 900 000
　　　应交税费——代扣代交增值税 60 000
　　　　　　　——代扣代交所得税 100 000

（2）向乙公司支付相关款项时：

借：应付账款 900 000
　贷：银行存款 900 000

（3）实际缴纳代扣代缴增值税和企业所得税，并取得解缴税款的完税凭证时：

借：应交税费——代扣代交增值税 60 000
　　　　　　——代扣代交所得税 100 000
　贷：银行存款 160 000

答疑 上述“购买方作为扣缴义务人增值税的会计核算”是否确切?

答：“22号文件”上述条款“按可抵扣的增值税税额，借记‘应交税费——进项税额’科目”中，出现“应交税费——进项税额”科目，实际上应当是“应交税费——应交增值税（进项税额）”科目，因为根据“22号文件”没有“应交税费——进项税额”这一科目。但即使此处改为“应交税费——应交增值税（进项税额）”科目，实际上也不确切。由于“进项税额”专栏记录一般纳税人购进货物、加工修理修配劳务、服务、无形资产或不动产而支付或负担的、准予从当期销项税额中抵扣的增值税税额，而此时尚未代扣代缴增值税，并未取得解缴税款的完税凭证，因此此时没有可抵扣的增值税额。本书结合《财政部办公厅关于征求〈关于增值税会计处理的规定（征求意见稿）〉意见的函》（财办会〔2016〕27号），认为此处应当是“应交税费——待认证进项税额”科目，前提是将“应交税费——待认证进项税额”明细科目重新定义为：“待认证进项税额”明细科目，核算一般纳税人由于未取得增值税扣税凭证或未经税务机关认证而不得从当期销项税额中抵扣的进项税额。结合本例，修改后的账务处理如下：

（1）从境外购买专利权时：

借：无形资产	1 000 000	
应交税费——待认证进项税额	60 000	
贷：应付账款		900 000
应交税费——代扣代交增值税		60 000
——代扣代交所得税		100 000

（2）向乙公司支付相关款项时：

借：应付账款	900 000	
贷：银行存款		900 000

（3）实际缴纳代扣代缴增值税和企业所得税，并取得解缴税款的完税凭证时：

借：应交税费——代扣代交增值税	60 000	
——代扣代交所得税	100 000	
贷：银行存款		160 000
借：应交税费——应交增值税（进项税额）	60 000	
贷：应交税费——待认证进项税额		60 000

（六）小规模纳税人购进等业务增值税的会计核算

小规模纳税人购进货物、加工修理修配劳务、服务、无形资产或不动产，取得增值税专用发票或者增值税普通发票上注明的增值税应计入相关成本费用或资产，不通过“应交税费——应交增值税”科目核算。

【任务实例2-83】甲公司为增值税小规模纳税人，本年7月购入原材料，销售材料方为增值税一般纳税人，开具给甲公司的增值税专用发票上注明价款10 000元，增值税税额1 300元。款项未付。

【任务要求】对甲公司上述业务进行账务处理。

【任务实施】

借：原材料	11 300	
贷：应付账款		11 300

四、增值税差额征税的会计核算

（一）企业发生相关成本费用允许扣减销售额增值税的会计核算

按现行增值税制度规定企业发生相关成本费用允许扣减销售额的，发生成本费用时，按应付或实际支付的金额，借记“主营业务成本”“存货”“合同履约成本”等科目，贷记“应付账款”“应付票据”“银行存款”等科目。待取得合规增值税扣税凭证且纳税义务发生时，按照允许抵减的税额，借记“应交税费——应交增值税（销项税额抵减）”或“应交税费——简易计税”（小规模纳税人借记“应交税费——应交增值税”）科目，贷记

“主营业务成本”“存货”“合同履约成本”等科目。

【任务实例2-84】甲房地产开发公司（简称甲公司）为增值税一般纳税人，本年5月获取一块土地进行开发，房地产项目为A小区，可供销售建筑面积为100万平方米，支付土地出让金10 000万元，款项以银行存款支付。A小区于本年9月1日达到预售条件并取得预售许可证，本年9月、10月、11月甲公司陆续与客户签订商品房预售合同并收到客户支付的预售款共计98 100万元（假设每个月各收到预售款32 700万元），款项均已存入银行。甲公司本年9月、10月、11月支付给建安企业的含增值税工程价款共43 600万元，取得建安企业开具的增值税专用发票但于本年9月、10月、11月没有认证，发票上注明价款40 000万元，增值税税额3 600万元，款项以银行存款支付。甲公司本年9月、10月、11月取得的上述增值税专用发票于本年12月才符合抵扣规定。本年12月，A小区竣工，甲公司办理已预售房屋的交房手续，并与客户签订正式的商品房销售合同，且向业主开具了增值税普通发票。截至本年12月，累计销售建筑面积为45万平方米，累计预收房款98 100万元，累计预缴增值税2 700万元，期初留抵进项税额1 000万元，不考虑其他支出项目。甲公司对该房地产项目选择一般计税方法计税。

【任务要求】对甲公司上述业务进行账务处理。

【任务实施】

（1）本年5月甲公司取得土地，支付土地出让金时：

借：开发成本——土地出让金　　100 000 000
　贷：银行存款　　100 000 000

（2）本年9月收到房屋预售款时：

借：银行存款　　327 000 000
　贷：合同负债　　327 000 000

本年10月申报期内对9月的房屋预售款预缴增值税时：

借：应交税费——预交增值税［327 000 000÷（1+9%）×3%］　　9 000 000
　贷：银行存款　　9 000 000

（3）本年10月收到房屋预售款时：

借：银行存款　　327 000 000
　贷：合同负债　　327 000 000

本年11月申报期内对10月的房屋预售款预缴增值税时：

借：应交税费——预交增值税［327 000 000÷（1+9%）×3%］　　9 000 000
　贷：银行存款　　9 000 000

（4）本年11月收到房屋预售款时：

借：银行存款　　327 000 000
　贷：合同负债　　327 000 000

本年12月申报期内对11月的房屋预售款预缴增值税时：

借：应交税费——预交增值税［327 000 000÷（1+9%）×3%］　　9 000 000
　贷：银行存款　　9 000 000

（5）本年9月、10月、11月甲公司支付工程价款，取得建安企业增值税专用发票并抵扣进项税额时（本会计分录为多笔业务合并的，实务中需要分别编制会计分录）：

借：开发成本——建筑安装费　400 000 000
　　应交税费——待认证进项税额　36 000 000
　贷：银行存款　436 000 000

（6）本年9月、10月、11月取得的增值税专用发票于本年12月符合抵扣规定时：

借：应交税费——应交增值税（进项税额）　36 000 000
　贷：应交税费——待认证进项税额　36 000 000

（7）本年12月确认收入和结转成本时：

房地产开发企业中的一般纳税人销售自行开发的房地产项目，适用一般计税方法计税，按照取得的全部价款和价外费用，扣除当期销售房地产项目对应的土地价款后的余额计算销售额。

销售额=（全部价款和价外费用－当期允许扣除的土地价款）÷（1+9%）

$$\text{当期允许扣除的土地价款}=\frac{\text{当期销售房地产项目建筑面积}}{\text{房地产项目可供销售建筑面积}}\times\text{支付的土地价款}$$

允许扣除的土地价款=45÷100×10 000=4 500（万元）

土地价款所对应的税额=4 500÷（1+9%）×9%=371.56（万元）

应纳增值税=（全部价款和价外费用－当期允许扣除的土地价款）÷（1+9%）×9%

=全部价款和价外费用÷（1+9%）×9%－当期允许扣除的土地价款÷（1+9%）×9%

=98 100÷（1+9%）×9%－4 500÷（1+9%）×9%=8 100－371.56=7 728.44（万元）

借：合同负债　981 000 000
　贷：主营业务收入　900 000 000
　　　应交税费——应交增值税（销项税额）　81 000 000
借：应交税费——应交增值税（销项税额抵减）　3 715 600
　贷：主营业务成本　3 715 600
借：开发产品　500 000 000
　贷：开发成本——土地出让金　100 000 000
　　　　　　　——建筑安装费　400 000 000
借：主营业务成本　500 000 000
　贷：开发产品　500 000 000

（8）本年12月31日结转预缴税金时：

借：应交税费——未交增值税（9 000 000+9 000 000+9 000 000）　27 000 000
　贷：应交税费——预交增值税　27 000 000

（9）本年12月31日转出应缴未缴增值税时：

转出应缴未缴增值税=8 100－371.56－3 600－1 000=3 128.44（万元）

借：应交税费——应交增值税（转出未交增值税）　31 284 400
　贷：应交税费——未交增值税　31 284 400

（10）次年1月申报期内申报缴纳增值税时：

借：应交税费——未交增值税（31 284 400－27 000 000）　4 284 400
　贷：银行存款　4 284 400

【任务实例2-85】甲建筑公司（简称“甲公司”）为一般纳税人，本年7月提供某项建筑服务（不跨年度），采用简易计税方法。工程完工后办理结算并收取业主全部工程款900 000元，款项已存入银行；自建部分成本为130 000元，支付给乙公司（乙公司与甲公司在同一县）分包款600 000元，款项以银行存款支付。甲建筑公司向业主开具了增值税专用发票。

【任务要求】对甲公司上述业务进行账务处理。

【任务实施】甲公司按差额计算的应纳增值税=（900 000−600 000）÷（1+3%）×3%=8 737.86（元）

甲公司按全额向业主开具建筑服务增值税发票，发票价款（不含增值税）、增值税税额计算：

价款=900 000÷（1+3%）=873 786.41（元）

增值税税额=900 000÷（1+3%）×3%=26 213.59（元）

建筑业差额纳税属于可以全额开具增值税专用发票的情况，不通过新系统差额纳税功能开具。业主（若为一般纳税人）取得的增值税专用发票符合抵扣规定时，可以抵扣进项税额26 213.59元。

（1）自建发生合同成本时：

借：合同履约成本	130 000	
贷：原材料、应付职工薪酬等		130 000

（2）支付乙公司分包款时：

借：合同履约成本	600 000	
贷：银行存款		600 000

（3）取得乙公司开具的分包发票且纳税义务发生时：

允许抵减的税额=600 000÷（1+3%）×3%=17 475.73（元）

借：应交税费——简易计税	17 475.73	
贷：合同履约成本		17 475.73

（4）确认收入并结转成本时：

合同总收入=900 000÷（1+3%）=873 786.41（元）

合同总成本=130 000+（600 000−17 475.73）=712 524.27（元）

借：合同结算——收入结转	873 786.41	
贷：主营业务收入		873 786.41
借：主营业务成本	712 524.27	
贷：合同履约成本		712 524.27

（5）结算并实际收到合同价款时：

借：银行存款	900 000	
贷：合同结算——价款结算		873 786.41
应交税费——简易计税		26 213.59

（6）应纳增值税=26 213.59−17 475.73=8 737.86（元）

下月初申报期内缴纳增值税时：

借：应交税费——简易计税	8 737.86	
贷：银行存款		8 737.86

若在“简易计税”明细科目下设置“计提”、“扣减”、“预缴”和“缴纳”专栏，则进行以下账务处理：

（1）自建发生合同成本时：

借：合同履约成本　　130 000
　贷：原材料等　　130 000

（2）支付乙公司分包款时：

借：合同履约成本　　600 000
　贷：银行存款　　600 000

（3）取得乙公司开具的分包发票且纳税义务发生时：

允许抵减的税额=600 000÷（1+3%）×3%=17 475.73（元）

借：应交税费——简易计税（扣减）　　17 475.73
　贷：合同履约成本　　17 475.73

（4）确认收入并结转成本时：

合同总收入=900 000÷（1+3%）=873 786.41（元）

合同总成本=130 000+（600 000−17 475.73）=712 524.27（元）

借：合同结算——收入结转　　873 786.41
　贷：主营业务收入　　873 786.41
借：主营业务成本　　712 524.27
　贷：合同履约成本　　712 524.27

（5）结算并实际收到合同价款时：

借：银行存款　　900 000
　贷：合同结算——价款结算　　873 786.41
　　　应交税费——简易计税（计提）　　26 213.59

（6）将“应交税费——简易计税”各专栏对冲时：

应纳增值税=26 213.59−17 475.73=8 737.86（元）

借：应交税费——简易计税（计提）　　26 213.59
　贷：应交税费——简易计税（缴纳）　　8 737.86
　　　　　　——简易计税（扣减）　　17 475.73

（7）下月初申报期内缴纳增值税时：

借：应交税费——简易计税（缴纳）　　8 737.86
　贷：银行存款　　8 737.86

（二）金融商品转让增值税的会计核算

金融商品实际转让月末，如产生转让收益，则按应纳税额借记“投资收益”等科目，贷记“应交税费——转让金融商品应交增值税”科目；如产生转让损失，则按可结转下月抵减税额，借记“应交税费——转让金融商品应交增值税”科目，贷记“投资收益”等科目。缴纳增值税时，应借记“应交税费——转让金融商品应交增值税”科目，贷记“银行存款”科目。年末，本科目如有借方余额，则借记“投资收益”等科目，贷记“应交税费——转让金融商品应交增值税”科目。

【任务实例2-86】甲公司于本年5月30日在公开市场购入乙公司股票10万股，每股成本价8元，12月31日全部销售，每股售价16元，假设不考虑其他因素。

丙公司于本年8月30日在公开市场购入丁公司股票10万股，每股成本价16元，12月

31日全部销售，每股售价8元，假设不考虑其他因素。

【任务要求】

(1) 对甲公司上述业务进行账务处理。

(2) 对丙公司上述业务进行账务处理。

【任务实施】

(1) 甲公司的账务处理如下：

❶本年12月31日转让乙公司股票时：

转让乙公司股票应纳增值税=（16×10−8×10）÷（1+6%）×6%

=（160−80）÷（1+6%）×6%=4.53（万元）

借：其他货币资金——存出投资款 1 600 000
　贷：交易性金融资产 800 000
　　　投资收益 800 000
借：投资收益 45 300
　贷：应交税费——转让金融商品应交增值税 45 300

❷次年1月申报期内缴纳增值税时：

借：应交税费——转让金融商品应交增值税 45 300
　贷：银行存款 45 300

(2) 丙公司的账务处理如下：

❶本年12月31日转让丁公司股票时：

转让丁公司股票可抵减增值税=（16×10−8×10）÷（1+6%）×6%

=（160−80）÷（1+6%）×6%=4.53（万元）

借：其他货币资金——存出投资款 800 000
　　投资收益 800 000
　贷：交易性金融资产 1 600 000
借：应交税费——转让金融商品应交增值税 45 300
　贷：投资收益 45 300

❷本年12月31日转出“应交税费——转让金融商品应交增值税”科目借方余额时：

由于“应交税费——转让金融商品应交增值税”科目借方余额4.53万元到年末还挂在账上，则全额转入投资收益。

借：投资收益 45 300
　贷：应交税费——转让金融商品应交增值税 45 300

五、增值税出口和跨境业务退（免）税和征税的会计核算

出口和跨境业务是“出口货物、劳务和跨境应税行为”的简称。目前，我国的出口货物、劳务和跨境应税行为的增值税税收政策分为以下三种形式：(1) 出口免税并退税；(2) 出口免税不退税；(3) 出口不免税也不退税。只有“出口免税并退税”政策才涉及增值税的出口退税，“出口免税不退税”政策、“出口不免税也不退税”政策不涉及增值税的出口退税。下面对这三种形式的会计核算分别进行阐述。

（一）增值税出口免税并退税的会计核算

出口免税是指对货物、劳务、服务或者无形资产在出口销售环节免征增值税额（指的是销项税额或者应纳增值税额），这是把货物、劳务、服务或者无形资产的出口销售环节与出口前的销售环节都同样视为一个增值税征税环节（由于国家鼓励出口而给予出口销售环节免征增值税的优惠）；出口退税是指对货物、劳务、服务或者无形资产在出口前的购买环节（指的是为生产出口货物、劳务、服务或者无形资产而购买原材料等环节）实际承担（负担）的增值税额（主要指的是进项税额），按规定的退税率计算后予以退还。

《财政部　国家税务总局关于出口货物劳务增值税和消费税政策的通知》（财税〔2012〕39号）中所说的"适用增值税退（免）税政策的范围"属于适用"出口免税并退税"政策的范围；出口服务或者无形资产（统称跨境应税行为）适用零税率增值税的项目也属于适用"出口免税并退税"政策的范围。

为核算纳税人出口业务应收取的出口退税款，设置"应收出口退税款"科目。"应收出口退税款"科目可以设置"应收出口退税款——增值税""应收出口退税款——消费税"两个明细科目。"应收出口退税款——增值税"科目的借方反映销售出口货物、劳务、服务或者无形资产按规定向税务机关申报应退回的增值税额，贷方反映实际收到的出口货物、劳务、服务或者无形资产应退回的增值税额，期末借方余额，反映尚未收到的应退增值税额。"应收出口退税款——消费税"科目的借方反映销售出口应税消费品按规定向税务机关申报应退回的消费税额，贷方反映实际收到的出口应税消费品应退回的消费税额，期末借方余额，反映尚未收到的应退消费税额。

提示　"22号文件"出台之前，有的企业通过"其他应收款——出口退税"科目来核算纳税人出口货物应收取的出口退税款。为了统一起见，"22号文件"设置"应收出口退税款"科目，用来核算纳税人出口业务应收取的出口退税款。

点睛　只有"出口免税并退税"政策才涉及增值税的出口退税。"出口免税并退税"政策，也称增值税退（免）税政策，又称免征并退还增值税政策。适用增值税退（免）税政策（"出口免税并退税"政策）的出口货物、劳务和跨境应税行为，根据不同的情形，实行增值税"免、抵、退"办法（又称"免抵退税"办法）或"免、退"办法（又称"免退税"办法、"先征后退"办法）。

链接　出口货物或者加工修理修配劳务退（免）税办法的种类：

适用增值税退（免）税政策（"出口免税并退税"政策）的出口货物或者劳务，按照下列规定实行增值税"免、抵、退"办法（又叫"免抵退税"办法）或"免、退"办法（又叫"免退税"办法、"先征后退"办法）：

（1）"免、抵、退"办法

适用增值税一般计税方法的生产企业出口自产货物和视同自产货物、对外提供加工修理修配劳务，以及《财政部　国家税务总局关于出口货物劳务增值税和消费税政策的通知》（财税〔2012〕39号）附件5列名生产企业出口非自产货物，实行免抵退税办法。即上述企业在货物、劳务的出口销售环节免征增值税额（指的是销项税额），相应的进项税额抵减应纳增值税额（不包括适用增值税即征即退、先征后退政策的应纳增值税额），未抵减完的部分予以退还。

（2）"免、退"办法

不具有生产能力的出口企业（又称外贸企业）或其他单位出口货物或者劳务，实行免退税办法。

即不具有生产能力的出口企业（又称外贸企业）或其他单位将外购的货物、劳务出口，在出口销售环节免征增值税额（指的是销项税额），相应的外购货物、劳务的进项税额按规定予以退还。

链接　出口服务或者无形资产（统称跨境应税行为）增值税退（免）税办法的种类：

适用增值税退（免）税政策（“出口免税并退税”政策）的出口服务或者无形资产，按照下列规定实行增值税“免、抵、退”办法或“免、退”办法：

（1）“免、抵、退”办法

境内的单位和个人提供适用增值税零税率的服务或者无形资产，适用增值税一般计税方法的生产企业实行免抵退税办法，适用增值税一般计税方法的外贸企业直接将服务或自行研发的无形资产出口，视同生产企业连同其出口货物统一实行免抵退税办法。即上述企业在服务或者无形资产的出口销售环节免征增值税额（指的是销项税额），相应的进项税额抵减应纳增值税额（不包括适用增值税即征即退、先征后退政策的应纳增值税额），未抵减完的部分予以退还。

（2）“免、退”办法

境内的单位和个人提供适用增值税零税率的服务或者无形资产，适用增值税一般计税方法的外贸企业外购服务或者无形资产出口实行免退税办法。即外贸企业将外购的服务或者无形资产出口，在出口销售环节免征增值税额（指的是销项税额），相应的外购服务或者无形资产的进项税额按规定予以退还。

1. 实行“免、退”办法出口退税的会计核算

实行“免、退”办法的一般纳税人出口业务按规定退税的，按规定计算的应收出口退税额，借记“应收出口退税款——增值税”科目，贷记“应交税费——应交增值税（出口退税）”科目；收到出口退税时，借记“银行存款”科目，贷记“应收出口退税款”科目；退税额低于购进时取得的增值税专用发票上的增值税税额的差额，借记“主营业务成本”科目，贷记“应交税费——应交增值税（进项税额转出）”科目。

链接　“免、退”办法下的计算：

1. 外贸企业出口委托加工修理修配货物以外的货物

$$\text{出口应退增值税额}=\text{购进出口货物的增值税专用发票或海关进口增值税专用缴款书注明的金额}\times\text{出口货物退税率}$$

2. 外贸企业出口委托加工修理修配货物

出口应退增值税税额=加工修理修配费用增值税专用发票注明的金额×出口货物退税率

退税率低于适用税率的，相应计算出的差额部分的税款为不予退税金额，需做进项税额转出处理，计入出口货物劳务成本。

$$\text{不予退税金额(进项税额转出)}=\text{购进出口货物的增值税专用发票或海关进口增值税专用缴款书注明的金额或者加工修理修配费用增值税专用发票注明的金额}\times\left(\text{出口货物征税率}-\text{出口货物退税率}\right)$$

3. 外贸企业出口服务或者无形资产

$$\text{出口应退增值税税额}=\text{从境内单位或者个人购进出口零税率服务或者无形资产取得的增值税专用发票上注明的金额或从境外单位或者个人购进出口零税率服务或者无形资产取得的解缴税款的完税凭证上注明的金额}\times\text{零税率服务或者无形资产增值税退税率}$$

【任务实例2-87】甲公司是一家外贸公司，具有进出口经营权，为增值税一般纳税人，本年6月从某日用化妆品公司购进出口用护发用品1 000箱，取得的增值税专用发票上注明价款100万元，增值税税额13万元，款项以银行存款支付。当月该批产品已全部出口，售价为每箱180美元（当日汇率为1美元=6.8元人民币），申请退税的单证齐全。该护发品的增值税退税率为9%。甲公司取得的增值税专用发票本年6月符合抵

扣规定。

【任务要求】

(1) 计算甲公司应退的增值税税额;

(2) 对甲公司上述业务进行账务处理。

【任务实施】

(1) 出口货物应退增值税税额=1 000 000×9%=90 000 (元)

(2) 账务处理如下:

❶购进商品时:

借:库存商品　　1 000 000
　　应交税费——应交增值税(进项税额)　　130 000
　贷:银行存款　　1 130 000

❷出口销售时:

借:应收账款　　1 224 000
　贷:主营业务收入(180×1 000×6.8)　　1 224 000
借:主营业务成本　　1 000 000
　贷:库存商品　　1 000 000

❸申报退税时:

借:应收出口退税款——增值税　　90 000
　贷:应交税费——应交增值税(出口退税)　　90 000

❹收到退税款时:

借:银行存款　　90 000
　贷:应收出口退税款——增值税　　90 000

❺不予退还的部分作进项税额转出时:

增值税进项税额转出=130 000-90 000=40 000 (元)

借:主营业务成本　　40 000
　贷:应交税费——应交增值税(进项税额转出)　　40 000

【任务实例 2-88】甲公司是一家外贸公司,具有进出口经营权,为增值税一般纳税人,本年7月购进国内乙设计公司服务95 400元,取得乙设计公司开具的增值税专用发票上注明价款90 000元,增值税税额5 400元,然后甲公司以100 000元的价格出口给日本丙公司。甲公司取得的增值税专用发票本年7月符合抵扣规定。

【任务要求】

(1) 计算甲公司应退的增值税税额;

(2) 对甲公司上述业务进行账务处理。

【任务实施】

(1) 出口服务应退增值税=90 000×6%=5 400 (元)

(2) 账务处理如下:

❶申报退税时:

借:应收出口退税款——增值税　　5 400
　贷:应交税费——应交增值税(出口退税)　　5 400

❷收到退税款时：

借：银行存款　5 400

　贷：应收出口退税款——增值税　5 400

2. 实行“免、抵、退”办法出口退税的会计核算

以出口货物为例，实行“免、抵、退”办法的一般纳税人出口货物，在货物出口销售后结转产品销售成本时，按规定计算的退税额低于购进时取得的增值税专用发票上的增值税税额的差额，借记“主营业务成本”科目，贷记“应交税费——应交增值税（进项税额转出）”科目；按规定计算的当期出口货物的进项税抵减内销产品的应纳税额，借记“应交税费——应交增值税（出口抵减内销产品应纳税额）”科目，贷记“应交税费——应交增值税（出口退税）”科目。在规定期限内，内销产品的应纳税额不足以抵减出口货物的进项税额，不足部分按有关税法规定给予退税的，应在实际收到退税款时，借记“银行存款”科目，贷记“应交税费——应交增值税（出口退税）”科目。

链接　“免、抵、退”办法下的计算：

1. 出口货物或者劳务

以生产企业出口自产货物为例，对于“免、抵、退”，具体来说，免是指对生产企业出口的自产货物，免征本企业生产销售环节的增值税额（指的是免征出口销售环节的增值税销项税额）；抵是指生产企业出口自产货物所耗用的原材料、零部件、燃料、动力等所含应予退还的进项税额，先抵减内销货物的应纳税额（即应纳增值税额，指的是内销货物销项税额－内销货物进项税额－上期留抵税额）；退是指生产企业出口的自产货物，在当月内应抵减的进项税额大于内销货物的应纳税额时，对未抵减完的进项税额部分按规定予以退还。

“免、抵、退”办法的计算步骤如下：

（1）当期应纳税额的计算。

当期应纳税额=当期销项税额－（当期进项税额－当期不得免征和抵扣税额）

当期不得免征和抵扣税额=当期出口货物离岸价×外汇人民币折合率×（出口货物适用税率－出口货物退税率）－当期不得免征和抵扣税额抵减额

当期不得免征和抵扣税额抵减额=当期免税购进原材料价格×（出口货物适用税率－出口货物退税率）

（2）当期免抵退税额的计算。

当期免抵退税额=当期出口货物离岸价×外汇人民币折合率×出口货物退税率－当期免抵退税额抵减额

当期免抵退税额抵减额=当期免税购进原材料价格×出口货物退税率

（3）当期应退税额和免抵税额的计算。

❶当期期末留抵税额≤当期免抵退税额，则：

当期应退税额=当期期末留抵税额

当期免抵税额=当期免抵退税额－当期应退税额

❷当期期末留抵税额>当期免抵退税额，则：

当期应退税额=当期免抵退税额

当期免抵税额=当期免抵退税额－当期应退税额=0

当期期末留抵税额（实为当期期末退税前的留抵税额）为当期“增值税及附加税费申报表（一般纳税人适用）”中的“期末留抵税额”。

2. 出口服务或者无形资产

按照纳税人是否兼营货物或者劳务出口，零税率服务或者无形资产增值税免抵退税纳税人分为专营零税率服务或者无形资产纳税人和兼营出口货物或者劳务的零税率服务或者无形资产纳税人。

（1）专营零税率服务或者无形资产纳税人免抵退增值税的计算专营零税率服务或者无形资产免抵退税的计算程序和方法如下：

❶当期应纳税额的计算。

当期应纳税额=当期销项税额-当期进项税额-上期留抵税额

若当期应纳税额≥0，则不涉及退税，但涉及免抵税；若当期应纳税额<0，则其绝对值便为当期期末退税前的留抵税额。

❷零税率服务或者无形资产当期免抵退税额的计算。

$$\text{当期零税率服务或者无形资产免抵退税额}=\text{当期零税率服务或者无形资产免抵退税计税价格}\times\text{外汇人民币牌价}\times\text{零税率服务或者无形资产增值税退税率}$$

❸当期应退税额和当期免抵税额的计算。

A.若当期应纳税额<0，且当期期末退税前的留抵税额≤当期免抵退税额：

当期应退税额=当期期末退税前的留抵税额

当期免抵税额=当期免抵退税额-当期应退税额

当期期末退税后的留抵税额（结转下期继续留抵税额）=0

B.若当期应纳税额<0，且当期期末退税前的留抵税额>当期免抵退税额：

当期应退税额=当期免抵退税额

当期免抵税额=0

当期期末退税后的留抵税额（结转下期继续留抵税额）=当期期末退税前的留抵税额-当期应退税额

C.若当期应纳税额≥0：

当期期末退税前的留抵税额=0

当期应退税额=0

当期免抵税额=当期免抵退税额

当期期末退税后的留抵税额（结转下期继续留抵税额）=0

当期期末退税前的留抵税额为当期“增值税及附加税费申报表（一般纳税人适用）”中的“期末留抵税额”。

（2）兼营出口货物或者劳务的零税率服务或者无形资产纳税人免抵退增值税的计算实行“免、抵、退”办法的增值税零税率服务或者无形资产提供者如果同时出口货物劳务（劳务指对外加工修理修配劳务，下同）且未分别核算的，应一并计算免抵退税。税务机关在审批时，应按照增值税零税率服务或者无形资产、出口货物劳务免抵退税额的比例划分其退税额和免抵税额。

以兼营出口货物为例，出口货物征税率和退税率不一致，产生免抵退税不得免征和抵扣税额，出口货物必须在出口业务单证齐全和系统信息齐全的条件下方可办理申报，两个因素共同影响出口退税免抵退增值税的计算。

兼营出口货物的零税率服务或者无形资产（未分别核算）纳税人免抵退税的计算公式调整如下：

❶当期应纳税额的计算。

$$\text{当期应纳税额}=\text{当期销项税额}-\left(\text{当期进项税额}-\text{当期出口货物免抵退税不得免征和抵扣税额}\right)-\text{上期留抵进项税额}$$

式中：

$$\text{当期出口货物免抵退税不得免征和抵扣税额}=\text{当期出口货物离岸价}\times\text{外汇人民币牌价}\times\left(\text{出口货物征税率}-\text{出口货物退税率}\right)-\text{当期出口货物免抵退税不得免征和抵扣税额抵减额}$$

$$\text{当期出口货物免抵退税不得免征和抵扣税额抵减额}=\text{免税购进原材料价格}\times\left(\text{出口货物征税率}-\text{出口货物退税率}\right)$$

若当期应纳税额≥0，则不涉及退税，但涉及免抵税；若当期应纳税额<0，则其绝对值便为当期期末退税前的留抵税额。

❷当期免抵退税额的计算。

当期免抵退税额=当期零税率服务或者无形资产免抵退税额+当期出口货物免抵退税额

$$=\text{当期零税率服务或者无形资产免抵退税计税价格}\times\text{外汇人民币牌价}\times\text{零税率服务或者无形资产退税率}+\left(\text{当期出口货物的离岸价格}\times\text{外汇人民币牌价}\times\text{出口货物退税率}-\text{当期出口货物免抵退税额抵减额}\right)$$

式中：当期出口货物免抵退税额抵减额=免税购进原材料价格×出口货物退税率

❸当期应退税额和当期免抵税额的计算。

A.若当期应纳税额<0，且当期期末退税前的留抵税额≤当期免抵退税额：

当期应退税额=当期期末退税前的留抵税额

当期免抵税额=当期免抵退税额-当期应退税额

当期期末退税后的留抵税额（结转下期继续留抵税额）=0

B.若当期应纳税额<0，且当期期末退税前的留抵税额>当期免抵退税额：

当期应退税额=当期免抵退税额

当期免抵税额=0

当期期末退税后的留抵税额（结转下期继续留抵税额）=当期期末退税前的留抵税额-当期应退税额

C.若当期应纳税额≥0：

当期期末退税前的留抵税额=0

当期应退税额=0

当期免抵税额=当期免抵退税额

当期期末退税后的留抵税额（结转下期继续留抵税额）=0

当期期末退税前的留抵税额为当期“增值税及附加税费申报表（一般纳税人适用）”中的“期末留抵税额”。

提示　实行“免、抵、退”办法的一般纳税人出口货物，在货物出口销售后结转产品销售成本时，按规定计算的退税额低于购进时取得的增值税专用发票上的增值税额的差额，借记“主营业务成本”科目，贷记“应交税费——应交增值税（进项税额转出）”科目。“22号文件”此处表述不确切。实行“免、抵、退”办法的一般纳税人出口货物，当期不得免征和抵扣税额（即进项税转出额）=当期出口货物离岸价×外汇人民币折合率×（出口货物适用税率-出口货物退税率）-当期不得免征和抵扣税额抵减额。从公式中可以看出，不得免征和抵扣税额的计算方式与退税额以及取得的专票上的增值税额无任何关系，该段仅适用于外贸企业“免、退”办法下的出口退税。一般来讲，免抵退税业务中的进项税额转出，根据经税务机关审核的“免抵退税申报汇总表”中的“免抵退不得免征和抵扣税额”的当期数列示金额进行会计核算即可。

点睛　在规定期限内，内销产品的应纳税额不足以抵减出口货物的进项税额，不足部分按有关税法规定给予退税的，应在实际收到退税款时，借记“银行存款”科目，贷记“应交税费——应交增值税（出口退税）”科目。“22号文件”此处错误，应当是贷记“应收出口退税款——增值税”。实际上，无论何时收到退税款，均应通过“应收出口退税款——增值税”科目核算企业应收和已收的退税款。例如，甲公司为一家生产企业，是增值税一般纳税人，实行“免、抵、退”办法，当期免抵退税额为88万元，应退税额为12万元，免抵税额为76万元，其账务处理如下：

借：应收出口退税款——增值税	120 000	
应交税费——应交增值税（出口抵减内销产品应纳税额）	760 000	
贷：应交税费——应交增值税（出口退税）		880 000

上述分录中的数据来源于甲公司“免抵退税申报汇总表”中的相关数据，其中，应收出口退税款为12万元，免抵税额为76万元。

实际收到退税款时：

借：银行存款　　120 000

　贷：应收出口退税款——增值税　　120 000

由此可见，实际收到的退税款，并不一定与“应交税费——应交增值税（出口退税）”科目的金额相等。根据上述会计分录，实际收到退税款为12万元，而“应交税费——应交增值税（出口退税）”科目为88万元，该错误的原因在于，“22号文件”误以为“应交税费——应交增值税（出口退税）”科目记录一般纳税人出口货物、加工修理修配劳务、服务、无形资产按规定退回的增值税额。实际上，“应交税费——应交增值税（出口退税）”科目记录一般纳税人出口货物、加工修理修配劳务、服务、无形资产按“免、抵、退”办法计算的当期免抵退税额或按“免、退”办法直接计算的应退回的增值税额。我们从“22号文件”原文中对于“出口退税”专栏的定义中也可看出其错误根源。

【任务实例2-89】甲公司是一家具有进出口经营权的生产企业，为增值税一般纳税人，对自产货物进行出口销售及国内销售。甲公司本年5月购进所需原材料，取得的增值税专用发票上注明价款300 000元，增值税税额39 000元，款项以银行存款支付。甲公司本年5月内销产品销售额200 000元（不含增值税），款项已存入银行，内销产品成本为100 000元；本年5月出口货物离岸价折合人民币2 400 000元，出口产品成本为800 000元。上期留抵税款6 000元，增值税税率13%，退税率12%。甲公司取得的增值税专用发票本年5月符合抵扣规定。

【任务要求】对甲公司上述业务进行账务处理。

【任务实施】

（1）购进原材料时：

借：原材料　　300 000

　　应交税费——应交增值税（进项税额）　　39 000

　贷：银行存款　　339 000

（2）产品外销（出口）时：

借：应收账款　　2 400 000

　贷：主营业务收入　　2 400 000

借：主营业务成本　　800 000

　贷：库存商品　　800 000

（3）产品内销时：

借：银行存款　　226 000

　贷：主营业务收入　　200 000

　　　应交税费——应交增值税（销项税额）　　26 000

借：主营业务成本　　100 000

　贷：库存商品　　100 000

（4）计算月末当期免抵退税不得免征和抵扣税额，做进项税额转出时：

$$\text{当期免抵退税不得免征和抵扣税额}=\text{当期出口货物离岸价}\times\text{外汇人民币牌价}\times\left(\text{出口货物征税率}-\text{出口货物退税率}\right)-\text{当期免抵退税不得免征和抵扣税额抵减额}$$

$$=2\ 400\ 000\times(13\%-12\%)-0=24\ 000\text{（元）}$$

借：主营业务成本 24 000
　贷：应交税费——应交增值税（进项税额转出） 24 000

（5）计算应纳税额。

$$\text{当期应纳税额}=\text{当期内销货物的销项税额}-\left(\text{当期全部进项税额}-\text{当期免抵退税不得免征和抵扣税额}\right)-\text{上期留抵税额}$$

=26 000-（39 000-24 000）-6 000=5 000（元）

由于当期应纳税额=5 000元>0，说明当期期末退税前的留抵税额为0，当期应退税额为0，无须做会计分录。

（6）计算免抵退税额和免抵税额。

$$\text{当期免抵退税额}=\text{当期出口货物离岸价格}\times\text{外汇人民币牌价}\times\text{出口货物退税率}-\text{免抵退税额抵减额}$$ =24 000 000×12%-0=2 880 000（元）

当期期末退税前的留抵税额=0

当期应退税额=0

当期免抵税额=当期免抵退税额-当期应退税额=当期免抵退税额-0=当期免抵退税额=2 880 000元

当期期末退税后的留抵税额（结转下期继续留抵税额）=0

计提免抵税额时：

借：应交税费——应交增值税（出口抵减内销产品应纳税额） 2 880 000
　贷：应交税费——应交增值税（出口退税） 2 880 000

（7）本年5月31日转出应缴未缴增值税时：

借：应交税费——应交增值税（转出未交增值税） 5 000
　贷：应交税费——未交增值税 5 000

（8）本年6月申报期内申报缴纳增值税时：

借：应交税费——未交增值税 5 000
　贷：银行存款 5 000

【任务实例2-90】接【任务实例2-89】资料，如果甲公司本年5月购进所需原材料，取得的增值税专用发票上注明价款400 000元，增值税税额52 000元，款项以银行存款支付。其他条件不变。

【任务要求】对甲公司上述业务进行账务处理。

【任务实施】

（1）购进原材料时：

借：原材料 400 000
　　应交税费——应交增值税（进项税额） 52 000
　贷：银行存款 452 000

（2）产品外销（出口）时：

借：应收账款 2 400 000
　贷：主营业务收入 2 400 000
借：主营业务成本 800 000
　贷：库存商品 800 000

（3）产品内销时：

借：银行存款 226 000

贷：主营业务收入　　200 000
　　应交税费——应交增值税（销项税额）　　26 000
借：主营业务成本　　100 000
　贷：库存商品　　100 000

（4）计算月末当期免抵退税不得免征和抵扣税额，做进项税额转出时：

$$\text{当期免抵退税不得免征和抵扣税额}=\text{当期出口货物离岸价}\times\text{外汇人民币牌价}\times\left(\text{出口货物征税率}-\text{出口货物退税率}\right)-\text{当期免抵退税不得免征和抵扣税额抵减额}$$

$$=2\,400\,000\times(13\%-12\%)-0=24\,000\text{（元）}$$

借：主营业务成本　　24 000
　贷：应交税费——应交增值税（进项税额转出）　　24 000

（5）计算应纳税额。

$$\text{当期应纳税额}=\text{当期内销货物的销项税额}-\left(\text{当期全部进项税额}-\text{当期免抵退税不得免征和抵扣税额}\right)-\text{上期留抵税额}$$

$$=26\,000-(52\,000-24\,000)-6\,000=-8\,000\text{（元）}$$

由于当期应纳税额=-8 000元<0，说明当期期末退税前的留抵税额为8 000元，不需编制会计分录。当期期末退税前的留抵税额8 000元为当期“增值税及附加税费申报表（一般纳税人适用）”中的“期末留抵税额”。

（6）计算免抵退税额、应退税额和免抵税额。

$$\text{当期免抵退税额}=\text{出口货物离岸价}\times\text{外汇人民币牌价}\times\text{出口货物退税率}-\text{免抵退税额抵减额}$$

$$=2\,400\,000\times12\%-0=288\,000\text{（元）}$$

由于当期期末退税前的留抵税额8 000元＜当期免抵退税额288 000元，因此：

当期应退税额=当期期末退税前的留抵税额=8 000元

当期免抵税额=当期免抵退税额-当期应退税额=288 000-8 000=280 000（元）

当期期末退税后的留抵税额（结转下期继续留抵税额）=当期期末退税前的留抵税额-当期应退税额=8 000-8 000=0（元）

计提免抵税额并申报退税时：

借：应收出口退税款——增值税　　8 000
　　应交税费——应交增值税（出口抵减内销产品应纳税额）　　280 000
　贷：应交税费——应交增值税（出口退税）　　288 000

（7）收到退税款时：

借：银行存款　　8 000
　贷：应收出口退税款——增值税　　8 000

【任务实例2-91】山西甲安装设计公司（简称“甲公司”）为增值税一般纳税人，已办理了出口退（免）税认定手续，设计服务的征税率和退税率均为6%，期初留抵税额为10 000元。本年1月和2月发生如下业务：

（1）本年1月10日，为山东乙公司提供安装服务，开具增值税专用发票，发票上注明价款200万元，增值税税额18万元，款项未收。

（2）本年1月15日，为法国的一家企业提供设计服务，“技术出口合同登记证”上的成交价格为10万欧元，1月1日的人民币对欧元的汇率中间价为8，1月18日，收到法国客户支付的全部设计费，款项已存入银行；该项设计服务的部分业务由山西的丙设计公司承担，当日甲公司就该设计服务支付给丙设计公司设计费26.5万元人民币（含增值税），并取得丙公司开具的增值税专用发票，发票上注明价款25万元，增值税税额1.5万元，款项以银行存款支付。

（3）本年1月18日，购进一台专用设备，取得的增值税专用发票上注明价款120万元，增值税税额15.6万元，款项以银行存款支付。

（4）本年1月20日，支付北京市某律师事务所（试点一般纳税人）法律顾问费，取得的增值税专用发票上注明价款70万元，增值税税额4.2万元，法律顾问费转账付讫30万元，余款未付。

（5）本年2月8日，该公司向主管税务机关办理了免抵退申报；本年2月25日，收到税务机关审批的汇总表。

（6）本年2月27日，收到退税款。

甲公司取得的增值税专用发票本年1月均符合抵扣规定。

【任务要求】

（1）计算甲公司上述业务的出口退税额。

（2）对甲公司上述业务进行账务处理。

【任务实施】

（1）当期应纳税额=180 000−（15 000+156 000+42 000）−10 000=−43 000（元）

由于当期应纳税额=−43 000元<0，说明当期期末退税前的留抵税额=43 000元，当期期末退税前的留抵税额43 000元为当期“增值税及附加税费申报表（一般纳税人适用）”中的“期末留抵税额”。

当期免抵退税额=100 000×8×6%=48 000（元）

由于当期期末退税前的留抵税额43 000元＜当期免抵退税额48 000元，因此：

当期应退税额=当期期末退税前的留抵税额=43 000元

当期免抵税额=当期免抵退税额−当期应退税额=48 000−43 000=5 000（元）

当期期末退税后的留抵税额（结转下期继续留抵税额）=当期期末退税前的留抵税额−当期应退税额=43 000−43 000=0（元）

（2）账务处理如下：

❶国内提供服务时：

借：应收账款	2 180 000	
贷：主营业务收入		2 000 000
应交税费——应交增值税（销项税额）		180 000

❷出口服务时：

借：银行存款（100 000×8）	800 000	
贷：主营业务收入		800 000

支付给丙公司设计费时：

借：主营业务成本	250 000	
应交税费——应交增值税（进项税额）	15 000	
贷：银行存款		265 000

❸购进设备时：

借：固定资产	1 200 000	
应交税费——应交增值税（进项税额）	156 000	
贷：银行存款		1 356 000

❹结算顾问费时：

借：管理费用	700 000	
应交税费——应交增值税（进项税额）	42 000	
贷：银行存款		300 000
其他应付款		442 000

❺计提免抵税额并申报退税时：

借：应收出口退税款——增值税	43 000	
应交税费——应交增值税（出口抵减内销产品应纳税额）	5 000	
贷：应交税费——应交增值税（出口退税）		48 000

❻收到退税款时：

借：银行存款	43 000	
贷：应收出口退税款——增值税		43 000

（二）增值税出口免税不退税的会计核算

出口免税与前面“出口免税并退税”政策中的相关含义相同，是指对货物、劳务、服务或者无形资产在出口销售环节免征增值税额（指的是销项税额或者应纳增值税额），这是把货物、劳务、服务或者无形资产的出口销售环节与出口前的销售环节都同样视为一个增值税征税环节（由于国家鼓励出口而给予出口销售环节免征增值税的优惠）。出口不退税是指适用这个政策的出口货物、劳务、服务或者无形资产因在出口前的购买环节（指的是为生产出口货物、劳务、服务或者无形资产而购买原材料等环节）是免征增值税的，因此，出口时该货物、劳务、服务或者无形资产的价格中本身就不含增值税，也就不需要退还增值税额；或者是适用这个政策的出口货物、劳务、服务或者无形资产因在出口前的购买环节（指的是为生产出口货物、劳务、服务或者无形资产而购买原材料等环节）实际承担（负担）的进项税额不得抵扣①，应当计入成本，因此也不需要退还增值税额（主要指的是进项税额）。

《财政部 国家税务总局关于出口货物劳务增值税和消费税政策的通知》（财税〔2012〕39号）中所说的“适用增值税免税政策的范围”属于适用“出口免税不退税”政策的范围；出口服务或者无形资产（统称跨境应税行为）免征增值税的项目也属于适用“出口免税不退税”政策的范围；“境内的单位和个人提供适用增值税零税率的服务或者无形资产，如果属于适用简易计税方法的，实行免征增值税办法”也属于适用“出口免税不退税”政策的范围。

【任务实例2-92】甲公司是一家拥有进出口经营权的生产企业，为增值税一般纳税人，对自产避孕药品A产品（属于《财政部 国家税务总局关于出口货物劳务增值税和消费税政策的通知》（财税〔2012〕39号）中“适用增值税免税政策的范围”）经营出

① 例如，一般纳税人用于免征增值税项目（出口免税就属于这种情形）的购进货物、劳务、服务、无形资产和不动产，其进项税额不得从销项税额中抵扣；增值税小规模纳税人出口的货物、劳务、服务或者无形资产在出口前的购买环节的进项税额也不得抵扣，而应当计入成本。

口销售及国内销售。甲公司本年1月购进所需原材料，取得的增值税专用发票上注明价款1 0000 000元、增值税税额1 300 000元，款项以银行存款支付；本年1月内销A产品取得销售额3 390 000元，内销A产品的成本为2 000 000元，该批A产品已经发出，款项3 390 000元已存入银行；本年1月出口A产品离岸价折合人民币22 600 000元，出口A产品的成本为16 000 000元，款项尚未收到。甲公司取得的增值税专用发票本年1月符合抵扣规定。

【任务要求】对甲公司上述业务进行账务处理。

【任务实施】

（1）购进原材料时：

借：原材料	10 000 000	
应交税费——应交增值税（进项税额）	1 300 000	
贷：银行存款		11 300 000

（2）将原材料用于生产免税A产品且做进项税额转出时：

借：原材料	1 300 000	
贷：应交税费——应交增值税（进项税额转出）		1 300 000
借：生产成本	11 300 000	
贷：原材料（10 000 000+1 300 000）		11 300 000

（3）A产品外销（出口）时（出口时免征增值税）：

借：应收账款	22 600 000	
贷：主营业务收入		22 600 000
借：主营业务成本	16 000 000	
贷：库存商品		16 000 000

（4）A产品内销时（内销时免征增值税）：

借：银行存款	3 390 000	
贷：主营业务收入		3 390 000
借：主营业务成本	2 000 000	
贷：库存商品		2 000 000

（三）增值税出口不免税也不退税的会计核算

出口不免税是指对国家限制或禁止出口的某些货物、劳务、服务或者无形资产的出口销售环节视同内销环节，照常征收增值税（指的是销项税额或者应纳增值税额）；出口不退税是指对这些货物、劳务、服务或者无形资产出口不退还出口前的购买环节（指的是为生产出口货物、劳务、服务或者无形资产而购买原材料等环节）实际承担（负担）的增值税额（主要指的是进项税额）。

《财政部　国家税务总局关于出口货物劳务增值税和消费税政策的通知》（财税〔2012〕39号）中所说的“适用增值税征税政策的范围”属于适用“出口不免税也不退税”政策的范围。

【任务实例2-93】甲公司是一家拥有进出口经营权的生产企业，为增值税一般纳税人，对自产B产品（属于《财政部 国家税务总局关于出口货物劳务增值税和消费税政策的通知》（财税〔2012〕39号）中“适用增值税征税政策的范围”）经营出口销售及国内销售。甲公司本年1月购进所需原材料，取得的增值税专用发票上注明价款10 000 000元，增值税税额1 300 000元，款项以银行存款支付；本年1月内销B产品取得销售额3 390 000元（含增值税），内销B产品的成本为2 000 000元，该批B产品已经发出，款项3 390 000元已存入银行；本年1月出口B产品离岸价折合人民币22 600 000元（含增值税），出口B产品的成本为16 000 000元，款项尚未收到。B产品适用的增值税税率为13%。上期期末无增值税留抵税额。甲公司取得的增值税专用发票本年1月符合抵扣规定。出口B产品不存在耗用进料加工保税进口料件事项。

【任务要求】对甲公司上述业务进行账务处理。

【任务实施】

（1）购进原材料时：

借：原材料	10 000 000	
应交税费——应交增值税（进项税额）	1 300 000	
贷：银行存款		11 300 000

（2）将原材料用于生产B产品时：

借：生产成本	10 000 000	
贷：原材料		10 000 000

（3）B产品外销（出口）时：

$$\text{出口增值税销项税额}=\left(\text{出口货物离岸价}-\text{出口货物耗用的进料加工保税进口料件金额}\right)\div\left(1+\text{适用税率}\right)\times\text{适用税率}$$

$$=(22\ 600\ 000-0)\div(1+13\%)\times13\%=20\ 000\ 000\times13\%=2\ 600\ 000\text{（元）}$$

借：应收账款	22 600 000	
贷：主营业务收入		20 000 000
应交税费——应交增值税（销项税额）		2 600 000
借：主营业务成本	16 000 000	
贷：库存商品		16 000 000

（4）B产品内销时：

内销增值税销项税额=3 390 000÷（1+13%）×13%=3 000 000×13%=390 000（元）

借：银行存款	3 390 000	
贷：主营业务收入		3 000 000
应交税费——应交增值税（销项税额）		390 000
借：主营业务成本	2 000 000	
贷：库存商品		2 000 000

（5）本年1月31日转出应缴未缴增值税时：

当期应纳税额=（2 600 000+390 000）−1 300 000=1 690 000（元）

借：应交税费——应交增值税（转出未交增值税）	16 900 000	
贷：应交税费——未交增值税		1 690 000

（6）本年2月申报期内申报缴纳增值税时：

借：应交税费——未交增值税	1 690 000	
贷：银行存款		1 690 000

六、月末转出多缴增值税和未缴增值税的会计核算

月度终了，一般纳税人企业应当将当月应缴未缴或多缴的增值税自“应交增值税”明细科目转入“未交增值税”明细科目。对于当月应缴未缴的增值税，借记“应交税费——应交增值税（转出未交增值税）”科目，贷记“应交税费——未交增值税”科目；对于当月多缴的增值税，借记“应交税费——未交增值税”科目，贷记“应交税费——应交增值税（转出多交增值税）”科目。

【任务实例2-94】甲公司为增值税一般纳税人，本年5月申报期内缴纳本年4月应缴纳的增值税后，“应交税费——应交增值税”科目无余额，本年5月发生允许抵扣的进项税额合计200 000元，销项税额合计为210 000元，其他增值税明细科目无发生额，当月未缴纳当月应缴纳的增值税；乙公司本年5月申报期内缴纳本年4月应缴纳的增值税后，“应交税费——应交增值税”科目无余额，本年5月发生允许抵扣的进项税额合计200 000元，销项税额合计为210 000元，当月缴纳当月应缴纳的增值税30 000元。

【任务要求】

（1）对甲公司期末结转增值税业务进行账务处理。

（2）对乙公司当月缴纳当月应缴纳的增值税以及期末结转增值税业务进行账务处理。

【任务实施】

（1）甲公司本年5月应纳增值税=210 000-200 000=10 000（元）

本年5月未缴纳当月应缴纳的增值税，则本年5月月末应纳增值税为10 000元，因此，本年5月月末需转出当月应缴未缴增值税。

本年5月月末转出当月应缴未缴增值税时：

借：应交税费——应交增值税（转出未交增值税）	10 000	
贷：应交税费——未交增值税		10 000

（2）乙公司本年5月应纳增值税=210 000-200 000=10 000（元）

本年5月缴纳当月应缴纳的增值税=30 000元

本年5月多缴增值税额=30 000-10 000=20 000（元）

因此，本年5月月末需转出多缴增值税。

本年5月缴纳当月应缴纳的增值税时：

借：应交税费——应交增值税（已交税金）	30 000	
贷：银行存款		30 000

本年5月月末转出当月多缴增值税时：

借：应交税费——未交增值税	20 000	
贷：应交税费——应交增值税（转出多交增值税）		20 000

七、缴纳增值税的会计核算

（一）缴纳当月应缴纳的增值税的会计核算

一般纳税人企业采用一般计税方法缴纳当月应缴纳的增值税，借记“应交税费——应交增值税（已交税金）”科目，一般纳税人企业采用简易计税方法缴纳当月应缴纳的增值税，借记“应交税费——简易计税”科目（小规模纳税人应借记“应交税费——应交增值税”科目），贷记“银行存款”科目。

答疑 "企业缴纳当月应缴纳的增值税的情况"指的是什么？

答：纳税人以1日、3日、5日、10日或者15日为1个纳税期的，自期满之日起5日内预缴税款，于次月1日起15日内申报纳税并结清上月应纳税款。那么，纳税人以1日、3日、5日、10日或者15日为1个纳税期的，自期满之日起5日内预缴税款，便属于"企业缴纳当月应缴纳的增值税的情况"。

【任务实例2-95】甲公司为增值税一般纳税人，采用一般计税方法计税，税务机关将其纳税期限核定为15日。本年9月1日销售一批货物，开具增值税专用发票，发票上注明价款50 000元，增值税税额6 500元。假设当期没有进项税额可以抵扣。本年9月18日预缴税款6 500元。

【任务要求】对甲公司上述业务进行账务处理。

【任务实施】

（1）本年9月1日销售一批货物时：

借：应收账款	56 500	
贷：主营业务收入		50 000
应交税费——应交增值税（销项税额）		6 500

（2）本年9月18日预缴税款时：

借：应交税费——应交增值税（已交税金）	6 500	
贷：银行存款		6 500

（二）缴纳以前期间未缴增值税的会计核算

一般纳税人企业适用一般计税方法的，缴纳以前期间未缴的增值税，借记"应交税费——未交增值税"科目，贷记"银行存款"科目；一般纳税人企业适用简易计税方法的，缴纳以前期间未缴的增值税，借记"应交税费——简易计税"科目，贷记"银行存款"科目；小规模纳税人企业缴纳以前期间未缴的增值税，借记"应交税费——应交增值税"科目，贷记"银行存款"科目。

【任务实例2-96】甲公司为增值税一般纳税人，采用一般计税方法计税，本年5月购进货物，发生允许抵扣的进项税额合计200 000元，本月初无留抵进项税额，本月对外销售货物，取得销项税额合计为310 000元。本年6月12日，甲公司依法申报缴纳5月应缴未缴的增值税。

【任务要求】对甲公司上述业务进行账务处理。

【任务实施】本月应纳增值税=310 000-200 000=110 000（元）

本年5月31日，甲公司转出本月应缴未缴增值税时：

借：应交税费——应交增值税（转出未交增值税）	110 000	
贷：应交税费——未交增值税		110 000

本年6月12日，甲公司申报缴纳上月应缴未缴增值税时：

借：应交税费——未交增值税	110 000	
贷：银行存款		110 000

（三）预缴增值税的会计核算

一般纳税人企业适用一般计税方法的，预缴增值税时，借记"应交税费——预交增值税"科目，贷记"银行存款"科目。月末，企业应将"预交增值税"明细科目余额转入

"未交增值税"明细科目，借记"应交税费——未交增值税"科目，贷记"应交税费——预交增值税"科目。房地产开发企业等在预缴增值税后，应直至纳税义务发生时方可从"应交税费——预交增值税"科目结转至"应交税费——未交增值税"科目。一般纳税人企业适用简易计税方法的，通过"应交税费——简易计税"科目核算预缴的增值税。小规模纳税人企业通过"应交税费——应交增值税"科目核算预缴的增值税。

【任务实例 2-97】甲房地产开发公司（简称"甲公司"）注册地位于北京市朝阳区，为增值税一般纳税人，目前共有A、B两个开发项目，均适用一般计税方法。A项目位于北京市朝阳区，尚处于在建阶段，已取得预售许可证，本年10月预售款收入3 270万元（含增值税）。B项目位于北京市昌平区，为现房，建筑面积10万平方米，本年10月共销售210套，建筑面积2万平方米，取得预售收入8 720万元（含增值税）。A、B项目均未成立独立的项目公司，立项等手续均由甲公司办理。假设不考虑城市维护建设税、教育费附加和地方教育附加。

【任务要求】对甲房地产开发公司上述业务进行账务处理。

【任务实施】一般纳税人采取预收款方式销售自行开发的房地产项目，应在收到预收款时按照3%的预征率预缴增值税。应预缴税款按照以下公式计算：应预缴税款=预收款÷（1+适用税率或征收率）×3%。适用一般计税方法计税的，按照9%的适用税率计算；适用简易计税方法计税的，按照5%的征收率计算。

本年11月申报期内A项目应向朝阳区主管税务机关预缴增值税=3 270÷（1+9%）×3%=90（万元）

本年11月申报期内B项目应向昌平区主管税务机关预缴增值税=8 720÷（1+9%）×3%=240（万元）

预缴增值税时：

借：应交税费——预交增值税（900 000+2 400 000）	3 300 000	
贷：银行存款		3 300 000

八、减免增值税的会计核算

（一）直接减免增值税的会计核算

对于当期直接减免（直接减征或者扣减）的增值税，一般纳税人适用一般计税方法的，应当借记"应交税费——应交增值税（减免税款）"科目，贷记损益类相关科目（"其他收益"等科目）；一般纳税人适用简易计税方法的，应当借记"应交税费——简易计税"科目，贷记损益类相关科目（"其他收益"等科目）；小规模纳税人应当借记"应交税费——应交增值税"科目，贷记损益类相关科目（"其他收益"等科目）。对于当期直接免征的增值税，纳税人无须进行账务处理。

点睛　对于一般纳税人销售直接免征的增值税项目（增值税免税项目）的账务处理有两种观点：（1）需要计算销售增值税免税项目的销项税额，具体来说，先用销售额除以（1+增值税税率）换算成不含增值税价格，再乘以增值税税率计算销项税额；对于直接免征的增值税，通过"应交税费——应交增值税（减免税款）"科目核算。（2）不需要计算销售增值税免税项目的销项税额，而是将免征的增值税直接计入主营业务收入；对于直接免征的增值税，不需要单独进行会计核算。本书认为：从开具发票和纳税申报的角度来说，较为合理的会计核算应为上述第（2）种观点。

提示　财政部会计司曾于2021年5月12日对"增值税免税的农业企业，免征增值税部分是否需要记入'其他收益'"这个问题进行了回复：对于当期直接免征的增值税，企业无须进行账务处理（即上述【点睛】中的第（2）种观点）；对于当期直接减免的增值税，企业应当根据《增值税会计处理规定》（财会〔2016〕22号）的相关规定进行会计处理，借记“应交税金——应交增值税（减免税款）”科目（财政部会计司的答复用词不规范，实际为“应交税费——应交增值税（减免税款）”科目），贷记“其他收益”科目。本书作者认为财政部会计司回复中的“直接免征的增值税”是针对增值税免税项目的，“直接减免的增值税”指的是直接减征或者扣减的增值税，是针对增值税减税项目的。

总结　本书认为：对于当期直接免征的增值税，企业无须专门针对免征的增值税进行账务处理（举例见【任务实例2-98】）；对于当期直接减免（直接减征或者扣减）的增值税，企业应当根据《增值税会计处理规定》（财会〔2016〕22号）的相关规定进行会计处理，一般纳税人适用一般计税方法的，借记“应交税费——应交增值税（减免税款）”科目（一般纳税人适用简易计税方法的，借记“应交税费——简易计税”科目；小规模纳税人借记“应交税费——应交增值税”科目），贷记“其他收益”科目（举例见【任务实例2-99】）。

【任务实例2-98】甲公司是一家生产销售避孕药品的企业，为增值税一般纳税人。本年6月，甲公司销售避孕药品共取得收入1 130 000元，款项已存入银行。本年6月，甲公司购进用于生产避孕药品的原材料一批，取得的增值税专用发票上注明价款300 000元，增值税税额39 000元，款项以银行存款支付。根据规定，避孕药品免征增值税。甲公司未放弃避孕药品的免税权；而若甲公司放弃避孕药品的免税权，则适用的增值税税率为13%。甲公司取得的增值税专用发票本年6月符合抵扣规定。

【任务要求】对甲公司上述业务进行账务处理。

【任务实施】

（1）第一种观点：

购进原材料时：

借：原材料	300 000	
应交税费——应交增值税（进项税额）	39 000	
贷：银行存款		339 000

购进的原材料用于免征增值税项目，进项税额转出时：

借：原材料	39 000	
贷：应交税费——应交增值税（进项税额转出）		39 000

销售产品时：

借：银行存款	1 130 000	
贷：主营业务收入		1 000 000
应交税费——应交增值税（销项税额）		130 000

确认免征的增值税时：

借：应交税费——应交增值税（减免税款）	130 000	
贷：其他收益		130 000

（2）第二种观点：

购进原材料时：

借：原材料	300 000	
应交税费——应交增值税（进项税额）	39 000	
贷：银行存款		339 000

购进的原材料用于免征增值税项目，进项税额转出时：

借：原材料　39 000
　贷：应交税费——应交增值税（进项税额转出）　39 000

销售产品时（免征的增值税不需要单独确认）：

借：银行存款　1 130 000
　贷：主营业务收入　1 130 000

以上两种观点对计算企业所得税的应纳税所得额的影响是一致的。本书采用第二种观点。

【任务实例2-99】甲公司是一家生产企业，为增值税一般纳税人。本年1月，甲公司购进原材料一批，取得的增值税专用发票上注明价款100 000元，增值税税额13 000元，款项以银行存款支付。甲公司取得的增值税专用发票本年1月符合抵扣规定。本年1月，甲公司销售产品共取得含增值税销售收入339 000元，开具增值税专用发票，发票上注明价款300 000万元，增值税税额39 000元，款项已存入银行。甲公司本年1月1日招用自主就业退役士兵1名，与其签订3年期限劳动合同并依法缴纳社会保险费。根据规定，甲公司自与其签订劳动合同并缴纳社会保险当月起，在3年内按实际招用人数予以定额（当地的定额标准为每人每年6 000元）依次扣减增值税、城市维护建设税、教育费附加、地方教育附加和企业所得税优惠。

【任务要求】对甲公司上述业务进行账务处理。

【任务实施】根据《财政部　税务总局　退役军人事务部关于进一步扶持自主就业退役士兵创业就业有关税收政策的公告》（财政部　税务总局　退役军人事务部公告2023年第14号）的规定，自2023年1月1日至2027年12月31日，企业招用自主就业退役士兵，与其签订1年以上期限劳动合同并依法缴纳社会保险费的，自签订劳动合同并缴纳社会保险当月起，在3年内按实际招用人数予以定额依次扣减增值税、城市维护建设税、教育费附加、地方教育附加和企业所得税优惠。定额标准为每人每年6 000元，最高可上浮50%，各省、自治区、直辖市人民政府可根据本地区实际情况在此幅度内确定具体定额标准。

（1）购进原材料时：

借：原材料　100 000
　　应交税费——应交增值税（进项税额）　13 000
　贷：银行存款　113 000

（2）销售产品时：

借：银行存款　339 000
　贷：主营业务收入　300 000
　　　应交税费——应交增值税（销项税额）　39 000

（3）扣减增值税时：

借：应交税额——应交增值税（减免税款）　6 000
　贷：其他收益　6 000

（4）本年1月31日转出应缴未缴增值税时：

借：应交税费——应交增值税（转出未交增值税）（39 000−13 000−6 000）　20 000
　贷：应交税费——未交增值税　20 000

（5）本年2月申报期内申报缴纳增值税时：

借：应交税费——未交增值税　20 000

　贷：银行存款　20 000

（二）先征后返、先征后退和即征即退增值税的会计核算

1. 先征后返增值税的会计核算

企业销售货物时应正常计税，即借记“银行存款”“应收账款”等科目，贷记“主营业务收入”、“应交税费——应交增值税（销项税额）”或“应交税费——简易计税”（小规模纳税人贷记“应交税费——应交增值税”）等科目；并按规定的纳税期限正常缴税，即若本月缴纳本月应缴纳的增值税，则借记“应交税费——应交增值税（已交税金）”或“应交税费——简易计税”（小规模纳税人借记“应交税费——应交增值税”）科目，贷记“银行存款”科目；若本月缴纳以前期间应缴未缴的增值税，则借记“应交税费——未交增值税”或“应交税费——简易计税”（小规模纳税人借记“应交税费——应交增值税”）科目，贷记“银行存款”科目；在确认先征后返增值税时，借记“其他应收款”科目，贷记“其他收益”科目；日后收到退税款时，借记“银行存款”科目，贷记“其他应收款”科目。

点睛　《企业会计准则第16号——政府补助》规定：“与企业日常活动相关的政府补助，应当按照经济业务实质，计入其他收益或冲减相关成本费用。与企业日常活动无关的政府补助，应当计入营业外收支。”

对于各种税收返还及减免，如果属于“日常活动”范畴，则计入其他收益；如果与企业日常活动无关，则计入营业外收入。一般情况下，若政府补助补偿的成本费用属于营业利润中的项目，或该政府补助与企业日常销售行为密切相关（如增值税先征后返、先征后退和即征即退等），则认为该政府补助与日常活动相关，应当记入“其他收益”科目。否则，就是与企业日常活动无关，应当记入“营业外收入”科目。

2. 先征后退增值税的会计核算

同“先征后返增值税的会计核算”。

3. 即征即退增值税的会计核算

企业销售货物时应正常计税，即借记“银行存款”“应收账款”等科目，贷记“主营业务收入”、“应交税费——应交增值税（销项税额）”或“应交税费——简易计税”（小规模纳税人贷记“应交税费——应交增值税”）等科目；并按规定的纳税期限正常缴税，即若本月缴纳本月应缴纳的增值税，则借记“应交税费——应交增值税（已交税金）”或“应交税费——简易计税”（小规模纳税人借记“应交税费——应交增值税”）科目，贷记“银行存款”科目；若本月缴纳以前期间应缴未缴的增值税，则借记“应交税费——未交增值税”或“应交税费——简易计税”（小规模纳税人借记“应交税费——应交增值税”）科目，贷记“银行存款”科目；在收到退税款时，借记“银行存款”科目，贷记“其他收益”科目（最后一步会计处理也可分为两步：在确认即征即退增值税时，借记“其他应收款”科目，贷记“其他收益”科目；日后收到退税款时，借记“银行存款”科目，贷记“其他应收款”科目）。

答疑　“即征即退”、“先征后退”和“先征后返”有什么异同？

答：“即征即退”“先征后退”“先征后返”三者大同小异。即征即退、先征后退的税款由税务机关退还；先征后返的税款由财政机关返还。三种方式取得的时间是不同的，即征即退最快，先征后退次之，先征后返最慢。这三种优惠，都是在增值税正常缴纳之后的退库，并不影响增值税计算抵扣链条的完整性，销售货物时，可以按规定开具增值税专用发票，正常计算销项税，购买方也可以

按规定抵扣。

【任务实例2-100】甲公司是一家软件开发企业，为增值税一般纳税人，本年6月销售自行开发的软件产品，取得销售额60 000元（不含增值税），开具增值税专用发票，款项已存入银行。本月开发软件产品的可抵扣增值税进项税额为1 000元，本月无其他增值税事项。

【任务要求】对甲公司上述业务进行账务处理。

【任务实施】增值税一般纳税人销售自行开发的软件产品，按13%税率征收增值税后，对其增值税实际税负超过3%的部分实行即征即退。

应纳增值税=60 000×13%−1 000=6 800（元）

实际增值税税负=6 800÷60 000×100%=11.33%＞3%

应退增值税=6 800−60 000×3%=5 000（元）

（1）销售软件时：

借：银行存款	67 800	
贷：主营业务收入		60 000
应交税费——应交增值税（销项税额）		7 800

（2）本年6月30日转出应缴未缴增值税时：

借：应交税费——应交增值税（转出未交增值税）	6 800	
贷：应交税费——未交增值税		6 800

（3）本年7月申报期内申报缴纳增值税时：

借：应交税费——未交增值税	6 800	
贷：银行存款		6 800

（4）收到即征即退应退税款时：

借：银行存款	5 000	
贷：其他收益		5 000

（三）生产、生活性服务业纳税人抵减应纳税额的会计核算

自2023年1月1日至2023年12月31日，允许生产性服务业纳税人按照当期可抵扣进项税额加计5%抵减应纳税额；允许生活性服务业纳税人按照当期可抵扣进项税额加计10%抵减应纳税额。自2023年1月1日至2027年12月31日，允许先进制造业企业按照当期可抵扣进项税额加计5%抵减应纳增值税税额。自2023年1月1日至2027年12月31日，对生产销售先进工业母机主机、关键功能部件、数控系统的增值税一般纳税人，允许按当期可抵扣进项税额加计15%抵减企业应纳增值税税额。自2023年1月1日至2027年12月31日，允许集成电路设计、生产、封测、装备、材料企业，按照当期可抵扣进项税额加计15%抵减应纳增值税税额。上述纳税人取得资产或接受劳务时，应当按照《增值税会计处理规定》的相关规定对增值税相关业务进行会计处理；实际缴纳增值税时，按应纳税额，借记“应交税费——未交增值税”等科目，按实际纳税金额，贷记“银行存款”科目，按加计抵减的金额，贷记“其他收益”科目。

【任务实例2-101】甲公司是一家先进制造业企业，为增值税一般纳税人，本年10月销项税额为150 000元，进项税额为100 000元。甲公司符合先进制造业企业的增值税加计抵减政策条件。

【任务要求】对甲公司上述业务进行账务处理。

【任务实施】

加计抵减税额=100 000×5%=5 000（元）

本年10月31日，甲公司转出本月应缴未缴增值税时：

借：应交税费——应交增值税（转出未交增值税）（150 000-100 000）	50 000	
贷：应交税费——未交增值税		50 000

本年11月申报期内，甲公司申报缴纳上月应缴未缴增值税时：

借：应交税费——未交增值税	50 000	
贷：银行存款（50 000-5 000）		45 000
其他收益		5 000

九、增值税期末留抵税额的会计核算

纳入营改增试点当月月初，原增值税一般纳税人应按不得从销售服务、无形资产或不动产的销项税额中抵扣的增值税留抵税额，借记"应交税费——增值税留抵税额"科目，贷记"应交税费——应交增值税（进项税额转出）"科目。待以后期间允许抵扣时，按允许抵扣的金额，借记"应交税费——应交增值税（进项税额）"科目，贷记"应交税费——增值税留抵税额"科目。

答疑 如何理解"应交税费——增值税留抵税额"科目的会计处理规定？

答："22号文件"上述有关"应交税费——增值税留抵税额"科目会计处理规定的出现，是因为《财政部 国家税务总局关于全面推开营业税改征增值税试点的通知》（财税〔2016〕36号）规定："原增值税一般纳税人兼有销售服务、无形资产或不动产的，截止到纳入营改增试点之日前的增值税期末留抵税额，不得从销售服务、无形资产或不动产的销项税额中抵扣。"上述规定中的"不得从销售服务、无形资产或不动产的销项税额中抵扣的留抵税额"简称"挂账留抵税额"。也就是说，这部分留抵税额只能从以后的原增值税业务的销项税额中继续抵扣，具体来说，即按照一般货物及劳务销项税额比例来计算可抵扣税额及应纳税额。但由于计算复杂，填表也复杂，企业实际操作很不方便，对税收也没什么实质影响，大部分企业都没认真执行，因此上述规定在自2016年12月1日起施行的《国家税务总局关于调整增值税一般纳税人留抵税额申报口径的公告》（国家税务总局公告2016年第75号）中被取消了。也就是说，原增值税一般纳税人，截止到2016年11月30日，尚未抵扣完的"挂账留抵税额"，在2016年12月可以一次性结转抵扣。

【任务实例2-102】甲公司为增值税一般纳税人，于2016年5月营改增，2016年4月期末留抵税额200万元，假设2016年5月至10月没有发生业务，2016年11月销售货物及劳务产生销项税额600万元，销售营改增试点服务、无形资产或不动产产生销项税额400万元，当月新增可抵扣的进项税额总计900万元。

【任务要求】对甲公司上述业务进行账务处理。

【任务实施】原增值税一般纳税人兼有销售服务、无形资产或不动产的，截止到纳入营改增试点之日前的增值税期末留抵税额，不得从销售服务、无形资产或不动产的销项税额中抵扣。也就是说，这部分留抵税额只能从以后的原增值税业务的销项税额中继续抵扣，具体来说，即按照一般货物及劳务销项税额比例来计算可抵扣税额及应纳税额。

4月30日结转不得从销售服务、无形资产或不动产的销项税额中抵扣的增值税留抵税额时：

借：应交税费——增值税留抵税额	2 000 000	
贷：应交税费——应交增值税（进项税额转出）		2 000 000

11月不考虑留抵税额时的应纳税额=（600+400）-900=100（万元）

按照11月销项税额的比例，将11月不考虑前期留抵的增值税应纳税额（100万元）

划分为两部分：

属于不考虑留抵税额时销售货物及劳务的应纳税额=100×600÷（600+400）=60（万元）

属于不考虑留抵税额时销售服务、无形资产或不动产的应纳税额=100×400÷（600+400）=40（万元）

甲公司需要从上月增值税留抵税额200万元中拿出60万元从当期销售货物及劳务的应纳税额（60万元）中抵扣，其余的140万元（200-60）继续挂账留抵。

按2016年12月1日前的纳税申报规则，计算甲公司11月销售货物及劳务的应纳税额为0（60-60），销售服务、无形资产或不动产的应纳税额为40万元，"期末留抵税额"本年累计余额为140万元。

根据《国家税务总局关于调整增值税一般纳税人留抵税额申报口径的公告》（国家税务总局公告2016年第75号）的规定，12月1日，"期末留抵税额"140万元可一次性转入进项税额。

借：应交税费——应交增值税（进项税额）	1 400 000	
贷：应交税费——增值税留抵税额		1 400 000

十、增值税税控系统专用设备和技术维护费用抵减增值税额的会计核算

按现行增值税制度规定，企业初次购买增值税税控系统专用设备支付的费用以及缴纳的技术维护费允许在增值税应纳税额中全额抵减的，按规定抵减的增值税应纳税额，借记"应交税费——应交增值税（减免税款）"或"应交税费——简易计税"（小规模纳税人借记"应交税费——应交增值税"）科目，贷记"管理费用"等科目。

【任务实例2-103】甲公司为一家新设公司，为增值税一般纳税人，采用一般计税方法计税，本年5月用银行存款支付初次购买增值税税控系统专用设备的费用以及缴纳技术维护费，取得的增值税专用发票上注明价税合计1 050元，款项以银行存款支付。

【任务要求】对甲公司上述业务进行账务处理。

【任务实施】

（1）支付初次购买增值税税控系统专用设备支付的费用以及缴纳技术维护费时：

借：管理费用	1 050	
贷：银行存款		1 050

（2）取得的增值税专用发票价税合计1 050元抵减增值税应纳税额时：

借：应交税费——应交增值税（减免税款）	1 050	
贷：管理费用		1 050

【任务实例2-104】甲公司为一家新设公司，为增值税小规模纳税人，本年5月用银行存款支付初次购买增值税税控系统专用设备的费用以及技术维护费，取得的增值税专用发票上注明价税合计1 050元，款项以银行存款支付。

【任务要求】对甲公司上述业务进行账务处理。

【任务实施】

（1）支付初次购买增值税税控系统专用设备的费用以及技术维护费时：

借：管理费用	1 050	
贷：银行存款		1 050

（2）取得增值税专用发票价税合计1 050元抵减增值税应纳税额时：

借：应交税费——应交增值税	1 050	
贷：管理费用		1 050

十一、小微企业免征增值税的会计核算

税收动漫

2分钟了解“政府工作报告有哪些涉税干货”

小微企业在取得销售收入时，应当按照税法的规定计算应缴纳的增值税，并确认为应交税费，在达到增值税制度规定的免征增值税条件时，将有关应缴纳的增值税转入当期损益（“其他收益”科目）。

提示　根据国家税务总局12366的答复：小微企业免征的增值税不属于企业所得税不征税收入的范围，应计入企业当年收入总额申报缴纳企业所得税；但对于“小规模纳税人减按1%征收率征收增值税”来说，由于小规模纳税人在开具增值税发票时按照1%征收率换算为不含税收入，且按照1%计算增值税税额，小规模纳税人享受的2%的增值税减免税实际上已经包含在企业所得税应税收入中了，因此，对此小规模纳税人享受的2%的增值税减免税，不应重复计入企业当年收入总额申报缴纳企业所得税。实际工作中，纳税人在具体操作时请咨询当地税务机关。

【任务实例2-105】甲公司为增值税小规模纳税人，选择以1个月为纳税期限，本年1月销售产品，共取得含增值税收入90 900元，款项已存入银行。甲公司本年1月减按1%征收率征收增值税。

【任务要求】对甲公司上述业务进行账务处理。

【任务实施】自2023年1月1日至2027年12月31日，增值税小规模纳税人发生增值税应税销售行为，合计月销售额未超过10万元（以1个季度为1个纳税期的，季度销售额未超过30万元，下同）的，免征增值税。小规模纳税人发生增值税应税销售行为，合计月销售额超过10万元（以1个季度为1个纳税期的，季度销售额30万元），但扣除本期发生的销售不动产的销售额后未超过10万元（以1个季度为1个纳税期的，季度销售额30万元）的，其销售货物、劳务、服务、无形资产取得的销售额免征增值税。适用增值税差额征税政策的小规模纳税人，以差额后的销售额确定是否可以享受“自2023年1月1日至2027年12月31日，对月销售额10万元（以1个季度为1个纳税期的，季度销售额30万元）以下（含本数）的增值税小规模纳税人，免征增值税”规定中的免征增值税政策。按固定期限纳税的小规模纳税人可以选择以1个月或1个季度为纳税期限，一经选择，一个会计年度内不得变更。

本年1月甲公司共取得不含增值税收入=90 900÷（1+1%）=90 000（元）=9（万元）<10（万元），因此，免征增值税。

借：银行存款	90 900	
贷：主营业务收入［90 900÷（1+1%）］		90 000
应交税费——应交增值税［90 900÷（1+1%）×1%］		900
借：应交税费——应交增值税	900	
贷：其他收益		900

十二、增值税账务调整的会计核算

按照1998年3月26日发布的《国家税务总局关于印发〈增值税日常稽查办法〉的通知》（国税发〔1998〕44号）的规定，增值税一般纳税人在税务机关对其增值税纳税情况进行检查后，凡涉及应交增值税账务调整的，应设立“应交税费——增值税检查调整”专门科目。凡检查后应调减账面进项税额或调增销项税额和进项税额转出的数额，借记有关科目，贷记本科目；凡检查后应调增账面进项税额或调减销项税额和进项税额转出的数额，借记本科目，贷记有关科目；全部调账事项入账后，应结出本账户的余额，并对该余额进行处理：

❶若本账户余额在借方，全部视同留抵进项税额，按借方余额数，借记“应交税费——应交增值税（进项税额）”科目，贷记本科目。

❷若本账户余额在贷方，且“应交税费——应交增值税”账户无余额，按贷方余额数，借记本科目，贷记“应交税费——未交增值税”科目。

❸若本账户余额在贷方，“应交税费——应交增值税”账户有借方余额且等于或大于这个贷方余额，按贷方余额数，借记本科目，贷记“应交税费——应交增值税”科目。

❹若本账户余额在贷方，“应交税费——应交增值税”账户有借方余额但小于这个贷方余额，应将这两个账户的余额冲出，其差额贷记“应交税费——未交增值税”科目。

上述账务调整应按纳税期逐期进行。

【任务实例2-106】甲公司为一家工业企业，为增值税一般纳税人。本年1月，市税务局稽查局对甲公司上年度缴纳增值税的情况进行检查时发现：上年12月，甲公司存货因管理不善发生非正常损失，全部记入“管理费用”科目，但相应的增值税进项税额1 200元并未转出；将自产产品作为福利发放给企业管理人员，未按视同销售进行税务处理，少计算增值税销项税额480元。甲公司上年12月底“应交税费——未交增值税”科目为借方余额800元。据此，稽查局作出补缴增值税880元（1 200+480-800）、加收滞纳金和罚款2 100元的决定。甲公司当即缴纳了上述税款、滞纳金和罚款。

【任务要求】对甲公司上述业务进行账务处理。

【任务实施】

（1）市税务局稽查局对甲公司上年度缴纳增值税的情况进行检查前，转出多缴增值税时：

借：应交税费——未交增值税	800	
贷：应交税费——应交增值税（转出多交增值税）		800

（2）检查后，发生非正常损失的存货对应的增值税进项税额转出时：

借：以前年度损益调整	1 200	
贷：应交税费——增值税检查调整		1 200

（3）检查后，补提视同销售的增值税销项税额时：

借：以前年度损益调整	480	
贷：应付职工薪酬		480
借：应付职工薪酬	480	
贷：应交税费——增值税检查调整		480

（4）检查后，缴纳查补的增值税、滞纳金和罚款时：

此时，“应交税费——增值税检查调整”明细科目的贷方余额为1 680元，上年12月末“应交税费——未交增值税”科目的期末借方余额为800元，将“应交税费——增值税检查调整”科目余额冲销“应交税费——未交增值税”科目借方余额：

借：应交税费——增值税检查调整（1 200+480）	1 680	
贷：应交税费——未交增值税		1 680
借：应交税费——未交增值税（1 680-800）	880	
营业外支出——税收罚款和滞纳金	2 100	
贷：银行存款		2 980

十三、“应交税费”科目下的各明细科目在财务报表相关项目中的列示

“应交税费”科目下的“应交增值税”“未交增值税”“待抵扣进项税额”“待认证进项税额”“增值税留抵税额”等明细科目期末借方余额应根据情况，在资产负债表中的“其他流动资产”或“其他非流动资产”项目列示；“应交税费——待转销项税额”等科目期末贷方余额应根据情况，在资产负债表中的“其他流动负债”或“其他非流动负债”项目列示；“应交税费”科目下的“未交增值税”“简易计税”“转让金融商品应交增值税”“代扣代交增值税”等科目期末贷方余额应在资产负债表中的“应交税费”项目列示。

任务三 增值税的纳税申报

任务引例

甲公司在纳税申报时，对于营改增后的销售服务、无形资产或者不动产，是否应在“增值税及附加税费申报表（一般纳税人适用）”第3栏“应税劳务销售额”中单独反映？

一、一般纳税人增值税的纳税申报

（一）申报及缴纳程序

一般纳税人办理纳税申报，需要经过发票认证、抄报税、纳税申报、税款缴纳、清卡解锁等程序。

（1）发票认证。增值税一般纳税人本期申报抵扣的增值税专用发票必须先进行认证，纳税人可以持增值税专用发票的抵扣联在办税服务厅认证窗口认证，或进行远程认证（指的是网上增值税专用发票认证）。网上增值税专用发票认证是指增值税一般纳税人月底前使用扫描仪采集专用发票抵扣联票面信息，扫入认证专用软件（增值税发票抵扣联企业信息采集系统），生成电子数据，通过互联网报送税务机关，由税务机关进行解密认证，并将认证结果信息返回纳税人的一种专用发票认证方式。税务机关认证后，向纳税人下达“认证结果通知书”和“认证结果清单”。对于认证不符及密文有误的抵扣联，税务机关暂不予抵扣，并当场扣留作调查处理。未经认证的，不得申报抵扣。专用发票认证一般在月末进行。自2019年3月1日起，将取消增值税发票认证的纳税人范围扩大至全部一般纳税人。一般纳税人取得增值税发票（包括增值税专用发票、机动车销售统一发票、收费公路通行费增值税电子普通发票，下同）后，可以自愿使用增值税发票综合服务平台查询、选择用于申报抵扣、出口退税或者代办退税的增值税发票信息（一般称作发票勾选确认或者勾选认证）。

（2）抄报税。抄税是指开票纳税人将增值税发票管理系统中当月开具的增值税发票的信息读入纳税人开发票使用的金税卡；报税是指纳税人将金税卡中的开票信息报送给税务机关。纳税人在征期内登入开票软件，通过“报税处理”功能中的“网上抄报”系统自动实现抄报税功能，将企业的开票信息联网上报给税务机关。

（3）纳税申报。本步纳税申报主要是指提交税费申报表等资料，而广义的纳税申报包括上一步抄报税。

纳税申报工作可分为上门申报和网上申报。纳税人在次月1日起15日内，不论有无销售额，均应按主管税务机关核定的纳税期限按期向当地税务机关申报。

上门申报是指纳税人到办税服务厅纳税申报窗口请购，或到税务局网站下载、打印整

套"增值税及附加税费申报表（一般纳税人适用）"及其附表，依填报说明进行填写。纳税人携带填写好的"增值税及附加税费申报表（一般纳税人适用）"及其附表和相关资料到办税服务厅纳税申报窗口进行纳税申报。

网上申报是指纳税人通过网络，填写"增值税及附加税费申报表（一般纳税人适用）"及其附表，并向主管税务机关提交上述申报表等资料的一种纳税申报方法。目前，我国绝大多数地区已经实行网上申报。

（4）税款缴纳。对于实行税库银联网的纳税人，税务机关将纳税申报表单据送到纳税人的开户银行，由银行进行自动转账处理；未实行税库银联网的纳税人应当到税务机关指定的银行进行现金缴纳。

（5）清卡解锁。网上申报缴纳税款成功后，纳税人需再次登入开票软件，执行"清卡解锁"操作，本步操作是将开票信息进行整理，纳税人可以转入下期进行开票处理。

点睛　如果企业在征期内没有按期进行纳税申报或执行"清卡解锁"操作，金税盘将自动锁死，纳税人将无法进行下期的购买发票和开票处理。

（二）纳税申报时需提交的资料

增值税一般纳税人（以下简称纳税人）纳税申报，必须实行电子信息采集。使用增值税发票管理系统开具增值税专用发票的纳税人必须在抄报税成功后，方可向所在地税务局办税服务厅进行纳税申报。

点睛　自2021年5月1日起，海南、陕西、大连和厦门开展增值税、消费税分别与城市维护建设税、教育费附加、地方教育附加申报表整合试点，启用"增值税及附加税费申报表（一般纳税人适用）"、"增值税及附加税费申报表（小规模纳税人适用）"、"增值税及附加税费预缴表"及其附列资料和"消费税及附加税费申报表"。自2021年8月1日起，上述申报表整合工作在全国推开，增值税、消费税分别与城市维护建设税、教育费附加、地方教育附加申报表整合，启用"增值税及附加税费申报表（一般纳税人适用）"、"增值税及附加税费申报表（小规模纳税人适用）"、"增值税及附加税费预缴表"及其附列资料和"消费税及附加税费申报表"。

增值税一般纳税人对增值税进行纳税申报时，应填报"增值税及附加税费预缴表附列资料（附加税费情况表）"（略），以及"增值税及附加税费预缴表"（略）；"增值税及附加税费申报表附列资料（一）（本期销售情况明细）"（见表2-5），"增值税及附加税费申报表附列资料（二）（本期进项税额明细）"（见表2-6），"增值税及附加税费申报表附列资料（三）（服务、不动产和无形资产扣除项目明细）"（略），"增值税及附加税费申报表附列资料（四）（税额抵减情况表）"（略），"增值税及附加税费申报表（一般纳税人适用）附列资料（五）（附加税费情况表）"（见表2-7），"增值税减免税申报明细表"（略），以及"增值税及附加税费申报表（一般纳税人适用）"（见表2-8）。

任务引例解析

"增值税及附加税费申报表（一般纳税人适用）"第3栏"应税劳务销售额"填写的是加工修理修配劳务的销售额。"营改增"的销售服务、无形资产或者不动产的销售额在"增值税及附加税费申报表（一般纳税人适用）"中没有单独的栏次体现，不应在第3栏"应税劳务销售额"单独反映，只应加总体现在"增值税及附加税费申报表（一般纳税人适用）"的第1栏"（一）按适用税率计税销售额"中。

表 2-5

增值税及附加税费申报表附列资料（一）

（本期销售情况明细）

税款所属时间：2023年06月01日至2023年06月30日

纳税人名称：（公章）大连顺达贸易有限公司　　　　金额单位：元（列至角分）

项目及栏次				开具增值税专用发票		开具其他发票		未开具发票		纳税检查调整		合计			服务、不动产和无形资产扣除项目本期实际扣除金额	扣除后	
				销售额	销项（应纳）税额	销售额	销项（应纳）税额	销售额	销项（应纳）税额	销售额	销项（应纳）税额	销售额	销项（应纳）税额	价税合计		含税（免税）销售额	销项（应纳）税额
				1	2	3	4	5	6	7	8	9=1+3+5+7	10=2+4+6+8	11=9+10	12	13=11-12	14=13÷（100%+税率或征收率）×税率或征收率
一、一般计税方法计税	全部征税项目	13%税率的货物及加工修理修配劳务	1	2 000 000.00	260 000.00							2 000 000.00	260 000.00	—	—	—	—
		13%税率的服务、不动产和无形资产	2														
		9%税率的货物及加工修理修配劳务	3											—	—	—	—
		9%税率的服务、不动产和无形资产	4	2 000 000.00	180 000.00							2 000 000.00	180 000.00	2 180 000.00			
		6%税率	5	1 200 000.00	72 000.00							1 200 000.00	72 000.00	1 272 000.00			
	其中：即征即退项目	即征即退货物及加工修理修配劳务	6	—	—	—	—	—	—	—	—			—	—	—	—
		即征即退服务、不动产和无形资产	7	—	—	—	—	—	—	—	—						
二、简易计税方法计税	全部征税项目	6%征收率	8							—	—			—	—	—	—
		5%征收率的货物及加工修理修配劳务	9a							—	—			—	—	—	—
		5%征收率的服务、不动产和无形资产	9b							—	—						
		4%征收率	10							—	—			—	—	—	—
		3%征收率的货物及加工修理修配劳务	11							—	—			—	—	—	—
		3%征收率的服务、不动产和无形资产	12							—	—						
		预征率　%	13a							—	—						
		预征率　%	13b							—	—						
		预征率　%	13c							—	—						
	其中：即征即退项目	即征即退货物及加工修理修配劳务	14	—	—	—	—	—	—	—	—			—	—	—	—
		即征即退服务、不动产和无形资产	15	—	—	—	—	—	—	—	—						
三、免抵退税		货物及加工修理修配劳务	16	—	—		—		—	—	—		—	—	—	—	—
		服务、不动产和无形资产	17	—	—		—		—	—	—		—				—
四、免税		货物及加工修理修配劳务	18				—		—	—	—		—	—	—	—	—
		服务、不动产和无形资产	19	—	—		—		—	—	—		—				—

表2-6　**增值税及附加税费申报表附列资料（二）**

（本期进项税额明细）

税款所属时间：2023年06月01日至2023年06月30日

纳税人名称：（公章）**大连顺达贸易有限公司**　　金额单位：元（列至角分）

一、申报抵扣的进项税额				
项目	栏次	份数	金额	税额
（一）认证相符的增值税专用发票	1=2+3	5	2 400 000.00	194 000.00
其中：本期认证相符且本期申报抵扣	2	5	2 400 000.00	194 000.00
前期认证相符且本期申报抵扣	3			
（二）其他扣税凭证	4=5+6+7+8a+8b	1	80 000.00	10 400.00
其中：海关进口增值税专用缴款书	5	1	80 000.00	10 400.00
农产品收购发票或者销售发票	6			
代扣代缴税收缴款凭证	7		—	
加计扣除农产品进项税额	8a	—	—	
其他	8b			
（三）本期用于购建不动产的扣税凭证	9			
（四）本期用于抵扣的旅客运输服务扣税凭证	10			
（五）外贸企业进项税额抵扣证明	11	—	—	
当期申报抵扣进项税额合计	12=1+4+11	6	2 480 000.00	204 400.00

二、进项税额转出额		
项目	栏次	税额
本期进项税额转出额	13=14至23之和	26 000.00
其中：免税项目用	14	
集体福利、个人消费	15	26 000.00
非正常损失	16	
简易计税方法征税项目用	17	
免抵退税办法不得抵扣的进项税额	18	
纳税检查调减进项税额	19	
红字专用发票信息表注明的进项税额	20	
上期留抵税额抵减欠税	21	
上期留抵税额退税	22	
异常凭证转出进项税额	23a	
其他应作进项税额转出的情形	23b	

三、待抵扣进项税额				
项目	栏次	份数	金额	税额
（一）认证相符的增值税专用发票	24	—	—	—
期初已认证相符但未申报抵扣	25			
本期认证相符且本期未申报抵扣	26			
期末已认证相符但未申报抵扣	27			
其中：按照税法规定不允许抵扣	28			
（二）其他扣税凭证	29=30至33之和			
其中：海关进口增值税专用缴款书	30			
农产品收购发票或者销售发票	31			
代扣代缴税收缴款凭证	32		—	
其他	33			
	34			

四、其他				
项目	栏次	份数	金额	税额
本期认证相符的增值税专用发票	35	5	2 400 000.00	194 000.00
代扣代缴税额	36	—	—	

表2-7 **增值税及附加税费申报表（一般纳税人适用）附列资料（五）**

（附加税费情况表）①

税款所属时间：2023年06月01日至2023年06月30日

纳税人名称：（公章）**大连顺达贸易有限公司** 金额单位：元（列至角分）

本期是否适用小微企业“六税两费”减免政策					□是 ☑否		减免政策适用主体			□个体工商户 □小型微利企业				
							适用减免政策起止时间			年 月至 年 月				
税（费）种		计税（费）依据			税（费）率（%）	本期应纳税（费）额	本期减免税（费）额		小微企业“六税两费”减免政策		试点建设培育产教融合型企业		本期已缴税（费）额	本期应补（退）税（费）额
		增值税税额	增值税免抵税额	留抵退税本期扣除额			减免性质代码	减免税（费）额	减征比例（%）	减征额	减免性质代码	本期抵免金额		
		1	2	3	4	5=（1+2−3）×4	6	7	8	9=（5−7）×8	10	11	12	13=5−7−9−11−12
城市维护建设税	1	333 600.00			7%	23 352.00					—	—		23 352.00
教育费附加	2	333 600.00			3%	10 008.00								10 008.00
地方教育附加	3	333 600.00			2%	6 672.00								6 672.00
合计	4	—	—	—	—	40 032.00			—		—			40 032.00

本期是否适用试点建设培育产教融合型企业抵免政策	□是 ☑否	当期新增投资额	5	
		上期留抵可抵免金额	6	
		结转下期可抵免金额	7	
可用于扣除的增值税留抵退税额使用情况		当期新增可用于扣除的留抵退税额	8	
		上期结存可用于扣除的留抵退税额	9	
		结转下期可用于扣除的留抵退税额	10	

表2-8 **增值税及附加税费申报表**

（一般纳税人适用）②

根据国家税收法律法规及增值税相关规定制定本表。纳税人不论有无销售额，均应按税务机关核定的纳税期限填写本表，并向当地税务机关申报。

税款所属时间：自2023年06月01日至2023年06月30日 填表日期：2023年07月10日 金额单位：元（列至角分）

纳税人识别号（统一社会信用代码）：91370722900456888P 所属行业：制造业

纳税人名称：**大连顺达贸易有限公司**		法定代表人姓名	**王光明**	注册地址	**大连市开发区光华路53号**	生产经营地址	**大连市开发区光华路53号**
开户银行及账号	**中国工商银行大连分行光华路支行，33010220090115077××**	登记注册类型	**其他有限责任公司**			电话号码	**0411-777777××**

项目		栏次	一般项目		即征即退项目	
			本月数	本年累计	本月数	本年累计
销售额	（一）按适用税率计税销售额	1	5 200 000.00	略		
	其中：应税货物销售额	2	2 000 000.00	略		
	应税劳务销售额	3				
	纳税检查调整的销售额	4				
	（二）按简易办法计税销售额	5				
	其中：纳税检查调整的销售额	6				
	（三）免、抵、退办法出口销售额	7			—	—
	（四）免税销售额	8			—	—
	其中：免税货物销售额	9			—	—
	免税劳务销售额	10			—	—

① 本表属于“项目六 其他税种的会计实务（上）”的“任务一 城市维护建设税、教育费附加和地方教育附加的会计实务”的学习内容。

② 本表的“第39至41栏次”属于“项目六 其他税种的会计实务（上）”的“任务一 城市维护建设税、教育费附加和地方教育附加的会计实务”的学习内容。

续表

税款计算	销项税额	11	512 000.00	略		
	进项税额	12	204 400.00	略		
	上期留抵税额	13				—
	进项税额转出	14	26 000.00	略		
	免、抵、退应退税额	15			—	—
	按适用税率计算的纳税检查应补缴税额	16			—	—
	应抵扣税额合计	17=12+13-14-15+16	178 400.00	—		—
	实际抵扣税额	18（如17<11，则为17，否则为11）	178 400.00	略		
	应纳税额	19=11-18	333 600.00	略		
	期末留抵税额	20=17-18				—
	简易计税办法计算的应纳税额	21				
	按简易计税办法计算的纳税检查应补缴税额	22			—	—
	应纳税额减征额	23				
	应纳税额合计	24=19+21-23	333 600.00	略		
税款缴纳	期初未缴税额（多缴为负数）	25	80 000.00	略		
	实收出口开具专用缴款书退税额	26			—	—
	本期已缴税额	27=28+29+30+31	80 000.00	略		
	①分次预缴税额	28		—		—
	②出口开具专用缴款书预缴税额	29		—	—	—
	③本期缴纳上期应纳税额	30	80 000.00	略		
	④本期缴纳欠缴税额	31				
	期末未缴税额（多缴为负数）	32=24+25+26-27	333 600.00	略		
	其中：欠缴税额（≥0）	33=25+26-27		—		—
	本期应补（退）税额	34=24-28-29	333 600.00	—		—
	即征即退实际退税额	35	—	—		
	期初未缴查补税额	36			—	—
	本期入库查补税额	37			—	—
	期末未缴查补税额	38=16+22+36-37			—	—
附加税费	城市维护建设税本期应补（退）税额	39	23 352.00	略	—	—
	教育费附加本期应补（退）费额	40	10 008.00	略	—	—
	地方教育附加本期应补（退）费额	41	6 672.00	略	—	—

声明：此表是根据国家税收法律法规及相关规定填写的，本人（单位）对填报内容（及附带资料）的真实性、可靠性、完整性负责。

纳税人（签章）：**大连顺达贸易有限公司**　　2023年07月10日

经办人：**略** 经办人身份证号：**略** 代理机构签章： 代理机构统一社会信用代码：	受理人： 受理税务机关（章）： 受理日期：　　年　月　日

项目引例2.1解析

（1）计算大连顺达贸易有限公司2023年6月的应纳增值税。

A.逐笔分析经济业务，确定是销项税额还是进项税额，并计算出具体数额。

业务❶：进项税额=300 000×13%=39 000（元）

业务❷：进项税额=80 000×13%=10 400（元）

业务❸：销项税额=2 000 000×13%=260 000（元）

业务❹：进项税额转出=200 000×13%=26 000（元）

业务❺：销项税额=2 000 000×9%=180 000（元）

进项税额=763 000÷（1+9%）×9%=63 000（元）

业务❻：销项税额=1 200 000×6%=72 000（元）

进项税额=1 000 000×6%+206 000÷（1+3%）×3%=66 000（元）

业务❼：进项税额=200 000×13%=26 000（元）

B.计算本期销项税额。

销项税额合计=260 000+180 000+72 000=512 000（元）

C.计算本期可抵扣的进项税额。

进项税额合计=39 000+10 400+63 000+66 000+26 000=204 400（元）

进项税额转出合计=26 000元

可抵扣的进项税额合计=204 400-26 000=178 400（元）

D.计算本期应纳增值税税额。

应纳增值税=512 000-178 400=333 600（元）

其中：本月销售货物应纳增值税=260 000-（39 000+10 400+26 000-26 000）=210 600（元）

本月提供服务应纳增值税=（180 000+72 000）-（63 000+66 000）=123 000（元）

（2）对大连顺达贸易有限公司2023年6月发生的经济业务以及2023年7月缴纳增值税的业务进行账务处理。

业务❶：

借：库存商品　　300 000

　　应交税费——应交增值税（进项税额）　　39 000

　贷：银行存款　　339 000

业务❷：

借：库存商品　　80 000

　　应交税费——应交增值税（进项税额）　　10 400

　贷：银行存款　　90 400

业务❸：

借：银行存款　　2 260 000

　贷：主营业务收入　　2 000 000

　　　应交税费——应交增值税（销项税额）　　260 000

业务❹：

借：应付职工薪酬　　226 000

贷：库存商品　200 000
　　应交税费——应交增值税（进项税额转出）　26 000

业务⑤：

借：银行存款　2 180 000
　贷：其他业务收入　2 000 000
　　　应交税费——应交增值税（销项税额）　180 000

借：其他业务成本　700 000
　　应交税费——应交增值税（进项税额）　63 000
　贷：银行存款　763 000

业务⑥：

取得服务收入时：

借：银行存款　1 272 000
　贷：其他业务收入　1 200 000
　　　应交税费——应交增值税（销项税额）　72 000

支付给一般纳税人代理公司代理费用并取得增值税专用发票时：

借：其他业务成本——代理费用　1 000 000
　　应交税费——应交增值税（进项税额）　60 000
　贷：银行存款　1 060 000

支付给小规模纳税人咨询公司咨询费用并取得增值税专用发票时：

借：其他业务成本——代理费用　200 000
　　应交税费——应交增值税（进项税额）　6 000
　贷：银行存款　206 000

支付给小规模纳税人货物运输公司运输费用并取得增值税普通发票时：

借：其他业务成本——运输费用　90 000
　贷：银行存款　90 000

业务⑦：

借：固定资产　200 000
　　应交税费——应交增值税（进项税额）　26 000
　贷：银行存款　226 000

另外，2023年6月10日缴纳2023年5月应交未交增值税时：

借：应交税费——未交增值税　80 000
　贷：银行存款　80 000

2023年6月30日转出当月应缴未缴增值税时：

借：应交税费——应交增值税（转出未交增值税）　333 600
　贷：应交税费——未交增值税　333 600

2023年7月10日申报缴纳2023年6月应缴未缴增值税时：

借：应交税费——未交增值税　333 600
　贷：银行存款　333 600

（3）大连顺达贸易有限公司2023年7月10日对2023年6月的增值税进行纳税申报，

填写“增值税及附加税费申报表（一般纳税人适用）”等申报表。

第一步：根据“应交税费——应交增值税”明细账和相应的增值税发票等原始凭证，填写“增值税及附加税费申报表附列资料（一）（本期销售情况明细）”（见表2-5）、“增值税及附加税费申报表附列资料（二）（本期进项税额明细）”（见表2-6）、“增值税及附加税费申报表（一般纳税人适用）附列资料（五）（附加税费情况表）”（见表2-7）。

第二步：根据“应交税费——应交增值税”明细账和相应的增值税发票等原始凭证、“增值税及附加税费申报表附列资料（一）（本期销售情况明细）”（见表2-5）、“增值税及附加税费申报表附列资料（二）（本期进项税额明细）”（见表2-6）、“增值税及附加税费申报表（一般纳税人适用）附列资料（五）（附加税费情况表）”（见表2-7）等，填写“增值税及附加税费申报表（一般纳税人适用）”（见表2-8）[网上申报时在填完附列资料等相关附表后，主表“增值税及附加税费申报表（一般纳税人适用）”的大部分数据自动生成]。

二、小规模纳税人增值税的纳税申报

小规模纳税人对增值税进行纳税申报时，应填报“增值税及附加税费预缴表附列资料（附加税费情况表）”（略），以及“增值税及附加税费预缴表”（略）；“增值税及附加税费申报表（小规模纳税人适用）附列资料（一）（服务、不动产和无形资产扣除项目明细）”（略），“增值税及附加税费申报表（小规模纳税人适用）附列资料（二）（附加税费情况表）”（见表2-9），“增值税减免税申报明细表”（见表2-10），以及“增值税及附加税费申报表（小规模纳税人适用）”（见表2-11）。

表2-9　增值税及附加税费申报表（小规模纳税人适用）附列资料（二）

（附加税费情况表）①

税（费）款所属时间：2023年01月01日至2023年01月31日

纳税人名称：（公章）**大连宏达贸易有限公司**　　　　金额单位：元（列至角分）

税（费）种	计税（费）依据	税（费）率（%）	本期应纳税（费）额	本期减免税（费）额		增值税小规模纳税人“六税两费”减征政策		本期已缴税（费）额	本期应补（退）税（费）额
	增值税税额			减免性质代码	减免税（费）额	减征比例（%）	减征额		
	1	2	3=1×2	4	5	6	7=（3-5）×6	8	9=3-5-7-8
城市维护建设税	5 000.00	7	350.00			50%	175.00		175.00
教育费附加	5 000.00	3	150.00			50%	75.00		75.00
地方教育附加	5 000.00	2	100.00			50%	50.00		50.00
合计	—	—	600.00	—		—	300.00		300.00

① 本表属于“项目六　其他税种的会计实务（上）”的“任务一　城市维护建设税、教育费附加和地方教育附加的会计实务”的学习内容。

表2-10　**增值税减免税申报明细表**

税款所属时间：自2023年01月01日至2023年01月31日

纳税人名称（公章）：**大连宏达贸易有限公司**　　金额单位：元（列至角分）

一、减税项目						
减税性质代码及名称	栏次	期初余额	本期发生额	本期应抵减税额	本期实际抵减税额	期末余额
		1	2	3=1+2	4≤3	5=3-4
合计	1		10 000.00	10 000.00	10 000.00	
	2					
	3					
	4					
	5					
	6					

二、免税项目						
免税性质代码及名称	栏次	免征增值税项目销售额	免税销售额扣除项目本期实际扣除金额	扣除后免税销售额	免税销售额对应的进项税额	免税额
		1	2	3=1-2	4	5
合计	7					
出口免税	8		—	—	—	
其中：跨境服务	9		—	—	—	
	10				—	
	11				—	
	12				—	
	13				—	
	14				—	
	15				—	
	16				—	

表2-11　**增值税及附加税费申报表**

（小规模纳税人适用）[1]

纳税人识别号（统一社会信用代码）：**91110356426426311B**

纳税人名称：**大连宏达贸易有限公司**　　金额单位：元（列至角分）

税款所属期：2023年01月01日至2023年01月31日　　填表日期：2023年02月10日

	项目	栏次	本期数		本年累计	
			货物及劳务	服务、不动产和无形资产	货物及劳务	服务、不动产和无形资产
一、计税依据	（一）应征增值税不含税销售额（3%征收率）	1	**500 000.00**		**略**	
	增值税专用发票不含税销售额	2	**200 000.00**		**略**	
	其他增值税发票不含税销售额	3	**300 000.00**		**略**	
	（二）应征增值税不含税销售额（5%征收率）	4	—		—	
	增值税专用发票不含税销售额	5	—		—	
	其他增值税发票不含税销售额	6	—		—	
	（三）销售使用过的固定资产不含税销售额	7（7≥8）		—		—
	其中：其他增值税发票不含税销售额	8		—		—
	（四）免税销售额	9=10+11+12				
	其中：小微企业免税销售额	10				
	未达起征点销售额	11				
	其他免税销售额	12				
	（五）出口免税销售额	13（13≥14）				
	其中：其他增值税发票不含税销售额	14				
二、税款计算	本期应纳税额	15	**15 000.00**		**略**	
	本期应纳税额减征额	16	**10 000.00**		**略**	
	本期免税额	17				
	其中：小微企业免税额	18				
	未达起征点免税额	19				
	应纳税额合计	20=15-16	**5 000.00**		**略**	
	本期预缴税额	21			—	—
	本期应补（退）税额	22=20-21	**5 000.00**		—	—
三、附加税费	城市维护建设税本期应补（退）税额	23	**175.00**		**略**	
	教育费附加本期应补（退）费额	24	**75.00**		**略**	
	地方教育附加本期应补（退）费额	25	**50.00**		**略**	

声明：此表是根据国家税收法律法规及相关规定填写的，本人（单位）对填报内容（及附带资料）的真实性、可靠性、完整性负责。

纳税人（签章）：**大连宏达贸易有限公司**　　2023年02月10日

经办人：**略** 经办人身份证号：**略** 代理机构签章： 代理机构统一社会信用代码：	受理人： 受理税务机关（章）： 受理日期：　年　月　日

① 本表的“第23至25栏次”属于“项目六　其他税种的会计实务（上）”的“任务一　城市维护建设税、教育费附加和地方教育附加的会计实务”的学习内容。

项目引例2.2解析

（1）计算大连宏达贸易有限公司2023年1月的应纳增值税。

业务❶：小规模纳税人购进货物进项税额不能抵扣，而应计入货物成本。

业务❷：销售计算机开具增值税普通发票应纳增值税=303 000÷（1+1%）×1%=300 000×1%
=3 000（元）

业务❸：销售计算机开具增值税专用发票应纳增值税=200 000×1%=2 000（元）

2023年1月应纳增值税合计=3 000+2 000=5 000（元）

2023年1月应补（退）税额=5 000元

（2）对大连宏达贸易有限公司2023年1月发生的经济业务以及2023年2月缴纳增值税的业务进行账务处理。

业务❶：

借：库存商品　329 600
　贷：银行存款　329 600

业务❷：

确认收入时：

借：银行存款　303 000
　贷：主营业务收入　300 000
　　应交税费——应交增值税　3 000

结转成本时：

借：主营业务成本　240 000
　贷：库存商品　240 000

业务❸：

确认收入时：

借：银行存款　202 000
　贷：主营业务收入　200 000
　　应交税费——应交增值税　2 000

结转成本时：

借：主营业务成本　160 000
　贷：库存商品　160 000

另外，2023年2月10日缴纳2023年1月应缴未缴增值税时：

借：应交税费——应交增值税　5 000
　贷：银行存款　5 000

（3）大连宏达贸易有限公司2023年2月10日对2023年1月的增值税进行纳税申报，填写“增值税及附加税费申报表（小规模纳税人适用）”等申报表。

根据“应交税费——应交增值税”明细账和相应的增值税发票等原始凭证，填写“增值税及附加税费申报表（小规模纳税人适用）附列资料（二）（附加税费情况表）”（见表2-9）、“增值税减免税申报明细表”（见表2-10）、“增值税及附加税费申报表（小规模纳税人适用）”（见表2-11）。

项目练习

1. 甲公司为增值税一般纳税人，本年8月在领用原材料用于生产时，发现上月从乙公司购进的不含增值税价格为10 000元、增值税税额为1 300元的原材料质量存在问题。该原材料在上月购进时取得增值税专用发票，同时已经抵扣进项税额，但货款未付。现与乙公司协商，将这批原材料全部退回，收到销售方乙公司开具的红字增值税专用发票，乙公司该批货物的成本为8 000元。要求：(1) 对甲公司退货业务进行账务处理。(2) 对乙公司接受退货业务进行账务处理。

2. 甲公司为增值税一般纳税人，本年8月经主管税务机关检查，发现上月购进的A原材料用于职工福利，甲公司仅以账面金额100 000元（不含税价格）结转至“应付职工薪酬”科目。另有虚假购入B材料的业务，取得对方虚开的增值税专用发票，但相应的3 900元进项税额已于上月抵扣。税务机关要求甲公司在本月调账并于本月31日前补缴税款入库，假设不考虑税收滞纳金和罚款。要求：对甲公司上述业务进行账务处理。

3. 甲运输公司为增值税一般纳税人，本年5月取得交通运输收入100万元（不含增值税），取得物流辅助服务收入80万元（不含增值税）。要求：对甲运输公司上述业务进行账务处理。

4. 甲旅游公司为增值税一般纳税人，本年5月提供旅游服务取得价款212万元（含增值税），提供旅游服务的过程中，支付相关住宿费、餐饮费等53万元，取得合规增值税发票。要求：对甲旅游公司上述业务进行账务处理。

5. 甲公司是一般纳税人，本年10月收购菜籽100吨，每吨收购价为5 000元，本月生产领用菜籽30吨，甲公司采用“投入产出法”确定农产品的进项税额。要求：对甲公司上述业务进行账务处理。

6. 甲航空公司为增值税一般纳税人，2012年1月购入一架飞机，不含税价格总计40 000 000元（含发动机），发动机当时的不含税价格为2 000 000元。甲航空公司未将发动机单独作为一项固定资产进行核算。本年1月，甲航空公司开辟新航线，航程增加。为延长飞机的空中飞行时间，甲航空公司决定更换一部性能更为先进的发动机。购买新发动机的不含税价格为4 000 000元，同时取得增值税专用发票，注明增值税税额520 000元。另支付安装费用并取得增值税专用发票，注明安装费1 000元，增值税税额90元。假设飞机的年折旧率为5%，不考虑预计净残值的影响，替换下的老发动机报废且无残值收入。甲航空公司取得的增值税专用发票本年1月符合抵扣规定。要求：对甲航空公司上述业务进行账务处理。

7. 甲公司为增值税一般纳税人，本年5月对生产车间使用的机器设备进行日常修理，支付维修费同时取得增值税专用发票，注明维修费10 000元，增值税税额1 300元，款项以银行存款支付。甲公司取得的增值税专用发票本年5月符合抵扣规定。要求：对甲公司上述业务进行账务处理。

8. 甲公司为增值税一般纳税人，本年12月在财产清查中发现以前期间购买的L材料毁损280千克，实际成本为56 000元。该批L材料在购买时已取得增值税专用发票，注明增值税税额7 280元，且该增值税进项税额已于购买当期抵扣。经调查，该批L材料毁损的原因是材料保管员小王的过失造成的，按照规定由其个人赔偿24 000元，残料已办理入库手续，价值为16 000元。要求：对甲公司上述业务进行账务处理。

9. 甲公司为增值税一般纳税人，本年11月因台风造成一批原材料丢失，实际成本为20 000元。该批原材料在购买时已取得增值税专用发票，注明增值税税额2 600元，且该增值税进项税额已于购买当期抵扣。根据保险责任范围及保险合同规定，应由保险公司赔偿10 000元。要求：对甲公司上述业务进行账务处理。

10. 甲公司是一家商业企业，乙公司是一家生产企业，乙公司是甲公司的常年货物供应商。甲公司和乙公司均为增值税一般纳税人。本年7月甲公司共从乙公司购货226 000元，取得乙公司开具的增值税专用发票，发票上注明价款200 000元，增值税税额26 000元，货款未付，甲公司取得的增值税专用发票本年7月符合抵扣规定。乙公司向甲公司销售的这批货物成本为160 000元。本年7月甲公司从乙公司收取广告促销费21 200元，向乙公司开具增值税专用发票，注明广告促销款20 000元，增值税税额1 200元。乙公司用银行存款支付广告促销费，该广告促销费与商品销售量、销售额无必然关系，乙公司取得的增值税专用发票本年7月符合抵扣规定。要求：(1) 对甲公司上述业务进行账务处理。(2) 对乙公司上述业务进行账务处理。

11. 甲公司是一家商业企业，丙公司是一家生产企业，丙公司是甲公司的常年货物供应商。甲公司和丙公司均为增值税一般纳税人。本年10月甲公司共向丙公司购货226 000元，取得丙公司开具的增值税专用发票，发票上注明价款200 000元，增值税税额26 000元，货款未付，甲公司取得的增值税专用发票本年10月符合抵扣规定。本年11月，甲公司已经全部以购进价格对外销售该批货物，当月甲公司按货物含增值税销售额的10%与丙公司结算返利，丙公司开具红字增值税专用发票，甲公司收到22 600元的现金返利。要求：(1) 对甲公司上述业务进行账务处理。(2) 对丙公司上述业务进行账务处理。

项目实训

1. 甲公司是一家自营出口的生产企业，为增值税一般纳税人，出口货物的征税率为13%、退税率为9%。本年8月购进原材料一批，取得的增值税专用发票注明的价款为200万元，增值税为26万元，货已入库。上期期末留抵税额5万元。当月内销货物销售额为100万元，销项税额为13万元，成本为80万元。本月出口货物销售额折合人民币300万元，成本为240万元。甲公司取得的增值税专用发票本年8月符合抵扣规定。要求：对甲公司上述业务进行账务处理。

2. 甲公司是一家生产企业，为增值税一般纳税人，主要生产A、B两种产品，本年7月发生下列业务：

(1) 1日，购入原材料一批，取得增值税专用发票，注明价款100 000元，增值税税额13 000元。同时支付运费，并取得增值税专用发票，注明运费30 000元，增值税2 700元。货款及运费价税合计均以银行存款支付。

(2) 3日，购进一批免税农产品，农产品收购凭证上注明的价款为80 000元，款项以银行存款支付。该批农产品于本期全部领用用于生产增值税税率为13%的产品。

(3) 9日，收到乙公司投资的原材料，双方协议不含税作价1 200 000元，该原材料的增值税税率为13%，取得增值税专用发票一张。

(4) 11日，收到某公司捐赠低值易耗品一批，双方确定的货物价值为不含税价20 000元，取得增值税专用发票，注明的增值税为2 600元。

(5) 12日，将某企业逾期未退还的包装物押金5 000元转作其他业务收入。

(6) 13日，购入小汽车一辆，取得增值税专用发票，注明的价款为300 000元，增值税为39 000元，用银行存款支付。

(7) 14日，销售A产品一批，开具增值税专用发票，注明的价款为1 000 000元，增值税为130 000元，货款已收到。

(8) 15日，甲公司将B产品一批用于本公司职工宿舍建设，按公司销售同类产品的价格计算，价款为80 000元。该批产品的成本为60 000元，适用的增值税税率为13%。

(9) 18日，某单位将A产品一部分退还给公司，价款为100 000元，增值税为13 000元，退货款已用银行存款支付，甲公司已开具红字增值税专用发票一张。

(10) 20日，甲公司向某小学捐赠A产品一批，按当月该种产品的平均售价计算，不含税价款为50 000元，成本为40 000元，A产品适用的增值税税率为13%，开具普通发票。

(11) 23日，甲公司将自产新产品分配给股东，未开具发票。该批新产品无同类产品市场售价，适用的增值税税率为13%，产品成本为800 000元（假设成本利润率为10%）。

(12) 25日，为促销A产品，采用以旧换新方式向消费者个人销售A产品900 000元（已扣除收购旧货支付的款项100 000元），开具普通发票6张。

（13）26日，甲公司将购进的原材料一批用于职工食堂建设。该批原材料成本为62 400元，其进项税额为8 112元。该批原材料系以前期间购入，已在购入当期抵扣进项税额。

（14）27日，甲公司进口原材料一批，海关核定的完税价格为600 000元，海关征收的进口关税为150 000元，该批原材料适用的增值税税率为13%，取得海关进口增值税专用缴款书。货款以银行存款支付。

（15）29日，甲公司在清库时发现A产品盘亏12 000元，B产品盘亏8 000元，经调查系因管理不善而被盗。经过计算，其所耗用的原材料的进项税额为1 560元。

甲公司取得的增值税专用发票和海关进口增值税专用缴款书本年7月均符合抵扣规定。甲公司也没有上期留抵的进项税额。

要求：（1）计算甲公司本年7月的应纳增值税。（2）根据上述经济业务，进行相关的账务处理。

3.甲公司为增值税一般纳税人，适用的增值税税率为13%，原材料按实际成本核算，销售商品价格为不含增值税的公允价格。本年6月发生交易或事项如下：

（1）5日，购入原材料一批，取得的增值税专用发票注明的价款为80 000元，增值税税额为10 400元，材料尚未到达，全部款项已用银行存款支付。

（2）10日，收到5日购入的原材料并验收入库，实际成本总额为80 000元。当日与运输公司结清运输费用，取得的增值税专用发票注明的运费金额为3 000元，增值税税额为270元，运输费用和增值税税额已用转账支票付讫。

（3）15日，购入不需安装的生产设备一台，取得的增值税专用发票上注明的价款为150 000元，增值税税额为19 500元，款项尚未支付。

（4）20日，购入农产品一批，农产品收购发票上注明的买价为100 000元，规定的扣除率为9%，货物尚未到达，价款已用银行存款支付。

（5）25日，生产车间委托外单位修理机器设备，对方开具的增值税专用发票上注明的修理费为18 000元，增值税税额为2 340元，款项已用银行存款支付。

（6）本年6月10日，甲公司购进一幢简易办公楼，并于当月投入使用。6月25日，甲公司取得购买该办公楼的增值税专用发票，发票注明的价款为700 000元，增值税税额为63 000元，款项已用银行存款支付。不考虑其他相关因素。

（7）10日，库存材料因管理不善发生意外火灾损失，有关增值税专用发票注明的材料成本为16 000元，增值税税额为2 080元。

（8）18日，领用一批购进原材料用于集体福利，该批原材料的成本为50 000元，购入时取得增值税专用发票，支付的增值税进项税额为6 500元。

（9）15日，销售产品一批，开具的增值税专用发票注明的价款为420 000元，增值税税额为54 600元，提货单和增值税专用发票已交给买方，款项尚未收到。

（10）28日，为外单位代加工电脑桌500个，每个收取加工费60元，已加工完成。开具增值税专用发票，注明的价款为30 000元，增值税税额为3 900元，款项已收到并存入银行。

（11）25日，用一批原材料进行对外长期股权投资。该批原材料实际成本为520 000元，双方协商不含税价值为600 000元。

（12）6月份，甲公司发生销项税额合计为136 500元（54 600+3 900+78 000），进项税额转出合计为8 580元（2 080+6 500），进项税额合计为104 510元（10 400+270+19 500+9 000+2 340+63 000）。甲公司当月应纳增值税计算结果如下：应纳增值税=136 500-（104 510-8 580）=40 570（元）。

月末，甲公司将尚未缴纳的增值税税额40 570元结转。

（13）次月初，甲公司缴纳上月未缴增值税40 570元。

甲公司取得的增值税专用发票本年6月均符合抵扣规定。

要求：根据上述经济业务，进行相关的账务处理。

项目三

消费税的会计实务

职业能力目标

（1）能根据相关业务资料计算消费税。

（2）能设置消费税的会计科目，能根据相关业务资料对消费税进行会计核算。

（3）能根据相关业务资料填写消费税及附加税费申报表以及相关申报表，并能进行消费税的纳税申报。

素养提升

动漫
长图

“税力量”陪伴老张一家的小康之路

项目引例3——消费税的计算、会计核算和纳税申报

大连白云卷烟有限公司为增值税一般纳税人（位于市区），纳税人识别号为91410150258325261N，主要生产销售白云牌卷烟。白云牌卷烟平均售价为80元/条（不含增值税）。2023年6月，大连白云卷烟有限公司发生下列经济业务：

（1）移送烟叶一批委托某县城加工厂加工烟丝1.2吨，烟叶成本20万元。该加工厂提供辅料，加工后直接发给大连白云卷烟有限公司，共收取辅料及加工费8万元（大连白云卷烟有限公司将该款项以银行存款支付给作为受托方的加工厂），开具增值税专用发票给大连白云卷烟有限公司（受托方没有同类产品售价）。大连白云卷烟有限公司收到加工厂的消费税代收代缴税款凭证，凭证上注明的消费税为12万元［（20+8）÷（1−30%）×30%］。大连白云卷烟有限公司生产车间本月领用该批委托加工收回烟丝的60%用于继续生产白云牌卷烟。大连白云卷烟有限公司期初库存无委托加工收回的烟丝。

（2）外购已税烟丝，取得增值税专用发票，注明价款40万元，增值税5.2万元，款项以银行存款支付。本月领用其中的80%用于生产白云牌卷烟。大连白云卷烟有限公司期初库存无外购已税的烟丝。

（3）向当地某烟草商贸公司销售白云牌卷烟120标准箱（1标准箱=250标准条，1标准条=200支），取得不含税销售额240万元，并收取包装物租金共计33.9万元，款项均已存入银行。

（4）本月没收白云牌卷烟逾期包装物押金6.78万元。

大连白云卷烟有限公司不适用小微企业“六税两费”减免政策。另外，大连白云卷烟有限公司上月应缴未缴消费税为98万元，2023年6月12日缴纳2023年5月应缴未缴消费税98万元［卷烟定额税率为每支0.003元；比例税率为每标准条对外调拨价格在70元以上（含70元）的，税率56%，70元以下的，税率36%；烟丝消费税税率为30%］。大连白云卷烟有限公司取得的增值税专用发票2023年6月均符合抵扣规定。大连白云卷烟有限公司2023年7月9日对2023年6月的消费税进行纳税申报。

【任务要求】

（1）计算大连白云卷烟有限公司2023年6月的应纳消费税。

（2）对大连白云卷烟有限公司2023年6月发生的经济业务以及2023年7月缴纳消费税的业务进行账务处理。

（3）大连白云卷烟有限公司2023年7月9日对2023年6月的消费税进行纳税申报，填写“消费税及附加税费申报表”等申报表。

【项目引例3解析】见本项目的任务三。

任务一 消费税的认知

任务引例

甲公司为一家生产成品油的炼油厂，将自产的成品油用于本单位的班车（接送员工上下班），是否可以免缴消费税？

一、消费税的概念

消费税是对在我国境内从事生产、委托加工、进口、批发或者零售应税消费品的单位和个人征收的一种流转税，是对特定的消费品和消费行为在特定的环节征收的一种流转税。

二、消费税的纳税环节

（一）生产应税消费品

生产应税消费品在生产销售环节征税。纳税人将生产的应税消费品换取生产资料、消费资料、投资入股、偿还债务，以及用于连续生产应税消费品以外的其他方面都应缴纳消费税。

点睛 生产销售环节是消费税征收的主要环节。

（二）委托加工应税消费品

委托加工应税消费品是指委托方提供原料和主要材料，受托方只收取加工费和代垫部分辅助材料加工的应税消费品。由受托方提供原材料或其他情形的一律不能视同委托加工应税消费品。

点睛 对于由受托方提供原材料生产的应税消费品，或者受托方先将原材料卖给委托方，然后再接受加工的应税消费品，以及由受托方以委托方名义购进原材料生产的应税消费品，不论在财务上是否做销售处理，都不得作为委托加工应税消费品，而应当按照销售自制应税消费品缴纳消费税。

委托加工的应税消费品，除受托方为个人外，由受托方向委托方交货时代收代缴税款；委托个人加工的应税消费品，由委托方收回后缴纳消费税。

（三）进口应税消费品

单位和个人进口应税消费品，于报关进口时由海关代征消费税。

（四）批发应税消费品

1.批发卷烟

卷烟消费税在生产和批发两个环节征收。自2009年5月1日起，在卷烟批发环节加征一道从价税，在我国境内从事卷烟批发业务的单位和个人，批发销售的所有牌号规格的卷烟，按其销售额（不含增值税）征收5%的消费税。纳税人应将卷烟销售额与其他商品销售额分开核算，未分开核算的，一并征收消费税。纳税人销售给纳税人以外的单位和个人的卷烟于销售时纳税。纳税人之间销售的卷烟不缴纳消费税。卷烟批发企业的机构所在地，总机构与分支机构不在同一地区的，由总机构申报纳税。自2015年5月10日起，将卷烟批发环节从价税税率由5%提高至11%，并按0.005元/支加征从量税。纳税人兼营卷烟批发和零售业务的，应当分别核算批发和零售环节的销售额、销售数量；未分别核算批发和零售环节销售额、销售数量的，按照全部销售额、销售数量计征批发环节消费税。

点睛　烟草批发企业将卷烟销售给“零售单位”的，要加征一道11%的从价税，并按0.005元/支加征从量税；烟草批发企业将卷烟销售给其他烟草“批发企业”的，不缴纳消费税。烟草批发企业在计算应纳税额时，不得扣除卷烟中已含的生产环节的消费税税款。

提示　卷烟在生产环节、批发环节征收两次消费税，但这两个环节一般不是同一个纳税人，卷烟生产企业是生产环节的纳税人，批发企业是批发环节的纳税人。其中，生产环节实行从价定率和从量定额相结合的复合计征方法，自2015年5月10日起批发环节也复合计征。

2.批发电子烟

自2022年11月1日起，将电子烟纳入消费税征税范围，在烟税目下增设电子烟子目。在中华人民共和国境内生产（进口）、批发电子烟的单位和个人为消费税纳税人。

电子烟生产环节纳税人，是指取得烟草专卖生产企业许可证，并取得或经许可使用他人电子烟产品注册商标（以下称持有商标）的企业。通过代加工方式生产电子烟的，由持有商标的企业缴纳消费税。电子烟批发环节纳税人，是指取得烟草专卖批发企业许可证并经营电子烟批发业务的企业。电子烟进口环节纳税人，是指进口电子烟的单位和个人。

纳税人生产、批发电子烟的，按照生产、批发电子烟的销售额计算纳税。电子烟生产环节纳税人采用代销方式销售电子烟的，按照经销商（代理商）销售给电子烟批发企业的销售额计算纳税。纳税人进口电子烟的，按照组成计税价格计算纳税。

电子烟生产环节纳税人从事电子烟代加工业务的，应当分开核算持有商标电子烟的销售额和代加工电子烟的销售额；未分开核算的，一并缴纳消费税。

（五）零售应税消费品

1.零售金银首饰、铂金首饰和钻石及钻石饰品

经国务院批准，自1995年1月1日起，金银首饰消费税由生产销售环节征收改为零售环节征收。改在零售环节征收消费税的金银首饰仅限于金基、银基合金首饰以及金、银和金基、银基合金的镶嵌首饰。自2002年1月1日起，钻石及钻石饰品消费税改为零售环节

征收。自2003年5月1日起，铂金首饰消费税改为零售环节征收。金银首饰、铂金首饰和钻石及钻石饰品适用的消费税税率为5%。其消费税的计税依据是不含增值税的销售额。

对既销售金银首饰又销售非金银首饰的生产、经营单位，应将两类商品划分清楚，分别核算销售额。凡划分不清楚或不能分别核算的：在生产环节销售的，一律从高适用税率征收消费税；在零售环节销售的，一律按金银首饰征收消费税。金银首饰与其他产品组成成套消费品销售的，应按销售额全额征收消费税。

金银首饰连同包装物一起销售的，无论包装物是否单独计价，也无论会计上如何核算，均应并入金银首饰的销售额，计征消费税。

带料加工的金银首饰，应按受托方销售的同类金银首饰的销售价格确定计税依据征收消费税。没有同类金银首饰销售价格的，按照组成计税价格计算纳税。

纳税人采用以旧换新（含翻新改制）方式销售的金银首饰，应按实际收取的不含增值税的全部价款确定计税依据征收消费税。

点睛 上述以旧换新（含翻新改制）方式销售金银首饰计税依据的规定其实质是抵减了旧的部分的价值。这与增值税对于金银首饰的相关规定是一致的。

2.零售超豪华小汽车

自2016年12月1日起，“小汽车”税目下增设“超豪华小汽车”子税目。征税范围为每辆零售价格130万元（不含增值税）及以上的乘用车和中轻型商用客车，即乘用车和中轻型商用客车子税目中的超豪华小汽车。对超豪华小汽车，在生产（进口）环节按现行税率征收消费税的基础上，在零售环节加征消费税，税率为10%。将超豪华小汽车销售给消费者的单位和个人为超豪华小汽车零售环节的纳税人。

总结 消费税属于价内税，一般情况下只征收一次，只有卷烟、电子烟、超豪华小汽车例外。

三、消费税的纳税人

消费税纳税人是指在中华人民共和国境内（起运地或者所在地在境内）生产、委托加工和进口《中华人民共和国消费税暂行条例》（简称《消费税暂行条例》）规定的应税消费品的单位或者个人，以及国务院确定的销售（批发或者零售）《消费税暂行条例》规定的某些应税消费品的其他单位和个人。

四、消费税的税目和税率

（一）消费税的税目

我国消费税的税目共有15个，分别是：❶烟；❷酒；❸高档化妆品；❹贵重首饰及珠宝玉石；❺鞭炮、焰火；❻成品油；❼摩托车；❽小汽车；❾高尔夫球及球具；❿高档手表；⓫游艇；⓬木制一次性筷子；⓭实木地板；⓮电池；⓯涂料。其中，有些税目还包括若干子目。

（二）消费税的税率

消费税的税率包括比例税率和定额税率两类。另外，应征消费税的白酒（含粮食白酒和薯类白酒）和卷烟实行的是比例税率和定额税率相结合的征收方式。消费税的税率见“应税消费品名称、税率和计量单位对照表”（表3-1）。

表3-1　**应税消费品名称、税率和计量单位对照表**

应税消费品名称（税目）	比例税率	定额税率	计量单位
一、烟			
1.卷烟			
（1）工业			
❶甲类卷烟［调拨价70元（不含增值税）/条以上（含70元）］	56%	30元/万支	万支
❷乙类卷烟［调拨价70元（不含增值税）/条以下］	36%	30元/万支	
（2）商业批发	11%	50元/万支	
2.雪茄烟	36%	—	支
3.烟丝	30%	—	千克
4.电子烟			
（1）工业	36%	—	盒
（2）商业批发	11%	—	盒
二、酒			
1.白酒	20%	0.5元/500克（毫升）	500克（毫升）
2.黄酒	—	240元/吨	吨
3.啤酒			
（1）甲类啤酒［出厂价格3 000元（不含增值税）/吨以上（含3 000元）］	—	250元/吨	吨
（2）乙类啤酒［出厂价格3 000元（不含增值税）/吨以下］	—	220元/吨	
4.其他酒	10%	—	吨
三、高档化妆品	15%	—	实际使用计量单位
四、贵重首饰及珠宝玉石			
1.金银首饰、铂金首饰和钻石及钻石饰品	5%	—	实际使用计量单位
2.其他贵重首饰和珠宝玉石	10%	—	
五、鞭炮、焰火	15%	—	实际使用计量单位
六、成品油			
1.汽油	—	1.52元/升	升
2.柴油	—	1.20元/升	
3.航空煤油	—	1.20元/升	
4.石脑油	—	1.52元/升	
5.溶剂油	—	1.52元/升	
6.润滑油	—	1.52元/升	
7.燃料油	—	1.20元/升	
七、摩托车			
1.气缸容量（排气量，下同）=250毫升	3%	—	辆
2.气缸容量＞250毫升	10%	—	
八、小汽车			
1.乘用车			
（1）气缸容量（排气量，下同）≤1.0升	1%	—	辆
（2）1.0升＜气缸容量≤1.5升	3%	—	
（3）1.5升＜气缸容量≤2.0升	5%	—	
（4）2.0升＜气缸容量≤2.5升	9%	—	辆
（5）2.5升＜气缸容量≤3.0升	12%	—	
（6）3.0升＜气缸容量≤4.0升	25%	—	
（7）气缸容量＞4.0升	40%	—	
2.中轻型商用客车	5%	—	
3.超豪华小汽车	10%	—	
九、高尔夫球及球具	10%	—	实际使用计量单位
十、高档手表	20%	—	只
十一、游艇	10%	—	艘
十二、木制一次性筷子	5%	—	万双
十三、实木地板	5%	—	平方米
十四、电池	4%	—	只
十五、涂料	4%	—	吨

提示　15个税目中，黄酒、啤酒、成品油实行的是单一的定额税率，其他大多数应税消费品均为单一的比例税率。特别要注意的是，卷烟、白酒实行“复合税率”（“复合税率”是同时适用比例税率与定额税率的一种特殊形式，其本身并不是一种税率）复合征收。

点睛　对纳税人兼营不同税率的应税消费品，应当分别核算不同税率应税消费品的销售额或销售数量。未分别核算销售额或销售数量的，或者将不同税率的应税消费品组成成套消费品销售的，应从高适用税率征收。

五、消费税应纳税额的计算

（一）从价定率征收应纳税额的计算

从价定率征收，即根据不同的应税消费品确定不同的比例税率。

应纳消费税税额=应税消费品的销售额×比例税率

（1）公式中的“销售额”是指纳税人销售应税消费品向购买方收取的全部价款和价外费用，不包括应向购买方收取的增值税税款。价外费用，是指价外向购买方收取的手续费、补贴、基金、集资费、返还利润、奖励费、违约金、滞纳金、延期付款利息、赔偿金、代收款项、代垫款项、包装费、包装物租金、储备费、优质费、运输装卸费及其他各种性质的价外收费。但下列项目不包括在销售额内：

❶同时符合以下条件的代垫运输费用：承运部门的运输费用发票开具给购买方的；纳税人将该项发票转交给购买方的。

❷同时符合以下条件代为收取的政府性基金或者行政事业性收费：由国务院或者财政部批准设立的政府性基金，由国务院或者省级人民政府及其财政、价格主管部门批准设立的行政事业性收费；收取时开具省级以上财政部门印制的财政票据；所收款项全额上缴财政。

（2）应税消费品在缴纳消费税的同时，与一般货物一样，还要缴纳增值税。因此，按照《中华人民共和国消费税暂行条例实施细则》（简称《消费税暂行条例实施细则》）的明确规定，应税消费品的销售额，不包括应向购买方收取的增值税税额。如果纳税人应税消费品的销售额中未扣除增值税税款或者因不得开具增值税专用发票而发生价款和增值税税款合并收取的，在计算消费税时，应当将含增值税的销售额换算为不含增值税的销售额。其换算公式为：

应税消费品的销售额=含增值税的销售额÷（1+增值税税率或征收率）

提示　在从价定率征收方法下，应纳税额的计算取决于应纳消费税的销售额和适用税率两个因素，此处的“销售额”与增值税中的“销售额”基本一致（特殊情况除外），销售额为纳税人销售应税消费品向购买方收取的全部价款和价外费用。“销售额”都是不含增值税（价外税）、但含消费税（价内税）的销售额。如果销售额为含增值税的销售额，必须换算成不含增值税的销售额。

点睛　纳税人用于换取生产资料和消费资料、投资入股和抵偿债务等方面的应税消费品，应当以纳税人同类应税消费品的“最高”销售价格作为计税依据计算征收消费税。纳税人将自己生产的应税消费品用于其他方面的（如发放福利），按照纳税人最近时期同类货物的“平均”销售价格作为计税依据计算征收消费税。

提示　纳税人通过自设非独立核算门市部销售的自产应税消费品，应按门市部“对外销售额或者销售数量”征收消费税。

【任务实例3-1】甲实木地板厂为增值税一般纳税人。本年6月1日，向当地一家大型装修批发商场销售一批实木地板，开具增值税专用发票一张，发票上注明不含增值税销售额20万元，增值税税额2.6万元。实木地板的消费税税率为5%。

【任务要求】计算甲实木地板厂上述业务的应纳消费税。

【任务实施】应纳消费税=20×5%=1（万元）

（二）从量定额征收应纳税额的计算

从量定额征收，即根据不同的应税消费品确定不同的单位税额。

应纳消费税税额=应税消费品的销售数量×单位税额

公式中的“应税消费品的销售数量”具体规定为：

❶销售（包括出厂销售[①]、批发、零售）应税消费品的，销售数量为应税消费品的销售（包括出厂销售、批发、零售）数量。

❷自产自用应税消费品的，销售数量为应税消费品的移送使用数量。

❸委托加工应税消费品的，销售数量为纳税人收回的应税消费品的数量。

❹进口的应税消费品，销售数量为海关核定的应税消费品进口征税数量。

【任务实例3-2】甲啤酒厂自产啤酒40吨，无偿提供给某啤酒节，已知每吨成本为1 500元，无同类产品售价。税务机关核定的消费税单位税额为250元/吨。

【任务要求】计算甲啤酒厂上述业务的应纳消费税。

【任务实施】应纳消费税=250×40=10 000（元）

（三）从价定率和从量定额复合征收应纳税额的计算

从价定率和从量定额复合征收，即以两种方法计算的应纳税额之和为该应税消费品的应纳税额。我国目前只对卷烟和白酒采用复合征收方法。

应纳消费税税额=应税消费品的销售额×比例税率+应税消费品的销售数量×单位定额税率

销售额为纳税人生产销售卷烟、白酒向购买方收取的全部价款和价外费用。销售数量具体规定为：销售卷烟、白酒（包括出厂销售、批发卷烟，出厂销售白酒）的，为卷烟、白酒的销售（包括出厂销售、批发、零售）数量；自产自用卷烟、白酒的，为卷烟、白酒的移送使用数量；委托加工卷烟、白酒的，为纳税人收回的卷烟、白酒数量；进口卷烟、白酒的，为海关核定的卷烟、白酒进口征税数量。

【任务实例3-3】甲公司是一家白酒生产企业，为增值税一般纳税人，本年5月销售粮食白酒10吨，取得不含增值税的销售额为60万元；销售薯类白酒20吨，取得不含增值税的销售额为80万元。白酒消费税的比例税率为20%，定额税率为0.5元/500克。

【任务要求】计算甲公司本月的应纳消费税。

【任务实施】从价定率应纳消费税=（60+80）×20%=28（万元）

从量定额应纳消费税=（10+20）×1 000×2×0.5÷10 000=3（万元）

应纳消费税合计=28+3=31（万元）

（四）应税消费品已纳税款的扣除

（1）由于某些应税消费品是用外购已缴纳消费税的应税消费品连续生产出来的，在对这些连续生产出来的应税消费品计算征税时，税法规定应当按照当期生产领用数量计算准予扣除的外购应税消费品已缴纳的消费税税款。扣除范围包括如下内容：

❶外购已税烟丝生产的卷烟。

---

① 出厂销售又称生产销售。

❷外购已税高档化妆品生产的高档化妆品。

❸外购已税珠宝玉石生产的贵重首饰及珠宝玉石。

❹外购已税鞭炮、焰火生产的鞭炮、焰火。

❺外购已税杆头、杆身和握把为原料生产的高尔夫球杆。

❻外购已税木制一次性筷子为原料生产的木制一次性筷子。

❼外购已税实木地板为原料生产的实木地板。

❽外购已税汽油、柴油、石脑油、燃料油、润滑油生产的应税成品油。

提示 自2015年5月1日起，从葡萄酒生产企业购进、进口葡萄酒连续生产应税葡萄酒的，准予从葡萄酒消费税应纳税额中扣除所耗用应税葡萄酒已纳消费税税款。

【任务实例3-4】甲卷烟厂为增值税一般纳税人，本年5月从乙公司购进烟丝，取得增值税专用发票，注明不含税价款70万元，其中，60%用于生产A牌卷烟（甲类卷烟）；本月销售A牌卷烟80箱（标准箱），取得不含税销售额700万元。甲类卷烟消费税从价税率为56%，从量税率为150元/标准箱；烟丝消费税税率为30%。

【任务要求】计算甲卷烟厂上述业务的应纳消费税。

【任务实施】卷烟的消费税实行复合计征，外购已税烟丝连续生产卷烟的，已纳消费税可以扣除。

应纳消费税=700×56%+150×80÷10 000−70×30%×60%=380.6（万元）

（2）委托加工的应税消费品，委托方用于连续生产应税消费品的，所纳税款准予按规定扣除；直接出售的，不再缴纳消费税。委托方将收回的应税消费品，以不高于受托方的计税价格出售的，委托加工的应税消费品收回后直接出售的，不再缴纳消费税；委托方以高于受托方的计税价格出售的，不属于直接出售，需按照规定申报缴纳消费税，在计税时准予扣除受托方已代收代缴的消费税。委托个人加工的应税消费品，由受托方收回后缴纳消费税。

委托加工的应税消费品因为已由受托方代收代缴消费税，因此，委托方收回货物后用于连续生产应税消费品的，其已纳税款准予按照规定从连续生产的应税消费品应纳税额中扣除。扣除范围包括如下内容：

❶以委托加工收回的已税烟丝为原料生产的卷烟。

❷以委托加工收回的已税高档化妆品为原料生产的高档化妆品。

❸以委托加工收回的已税珠宝玉石为原料生产的贵重首饰及珠宝玉石。

❹以委托加工收回的已税鞭炮、焰火为原料生产的鞭炮、焰火。

❺以委托加工收回的已税杆头、杆身和握把为原料生产的高尔夫球杆。

❻以委托加工收回的已税木制一次性筷子为原料生产的木制一次性筷子。

❼以委托加工收回的已税实木地板为原料生产的实木地板。

❽以委托加工收回的已税汽油、柴油、石脑油、燃料油、润滑油为原料生产的应税成品油。

【任务实例3-5】A厂（增值税一般纳税人）本年5月购进原材料一批，取得的增值税专用发票上注明的不含税价款为32万元，全部将其提供给B厂（增值税一般纳税人）加工成高档化妆品。

提货时，支付的加工费及增值税共2.26万元，取得了B厂开具的增值税专用发票，同时B厂代收代缴了消费税（无同类商品售价）。

A厂将收回高档化妆品的2/3用于连续加工生产高档化妆品。

本月出售自产高档化妆品，取得不含税收入80万元。高档化妆品消费税税率为15%。

【任务要求】

（1）计算B厂应代收代缴的消费税。

（2）计算B厂的增值税销项税额。

（3）计算A厂的应纳消费税。

（4）计算A厂的应纳增值税。

【任务实施】

（1）B厂应代收代缴的消费税=［32+2.26÷（1+13%）］÷（1−15%）×15%=6（万元）

（2）B厂的增值税销项税额=2.26÷（1+13%）×13%=0.26（万元）

（3）A厂应纳消费税=80×15%−6÷3×2=8（万元）

（4）A厂应纳增值税=80×13%−32×13%−2.26÷（1+13%）×13%=5.98（万元）

总结　增值税与消费税抵扣（扣除）的不同点：在计算增值税一般纳税人的当期增值税应纳税额时，如果取得了增值税专用发票并符合抵扣规定的，可以全额抵扣，与当期“生产领用数量”无关，增值税采用的是“购进扣税法”；但在计算消费税时，对于外购或委托加工收回的应税消费品用于连续生产应税消费品的，准予抵扣（扣除）的消费税与当期“生产领用数量”有关，强调配比原则。增值税与消费税抵扣（扣除）的相同点：增值税和消费税抵扣（扣除）的目的一样，均为避免重复征税。

（五）自产自用应税消费品应纳税额的计算

纳税人自产自用应税消费品用于连续生产应税消费品的，不纳税；凡用于其他方面的，一律于移送使用时，按视同销售依法缴纳消费税。若为从量征收，则应按自产自用应税消费品的移送使用数量计算纳税；若为从价征收，则应按照纳税人生产的同类消费品的销售价格计算纳税，没有同类消费品销售价格的，按照组成计税价格计算纳税。

上述所称用于其他方面是指包括用于本企业连续生产非应税消费品、在建工程、管理部门、非生产机构、提供劳务、馈赠、赞助、集资、广告、样品、职工福利、奖励等方面。

（1）实行从价定率办法计算纳税的自产自用应税消费品应纳税额的计算公式：

应纳税额=同类应税消费品销售价格或者组成计税价格×比例税率

其中：组成计税价格 =（成本+利润）÷（1−比例税率）

=［成本×（1+成本利润率）］÷（1−比例税率）

（2）实行从量定额办法计算纳税的自产自用应税消费品应纳税额的计算公式：

应纳税额=自产自用数量×定额税率

（3）实行复合计税办法计算纳税的自产自用应税消费品应纳税额的计算公式：

应纳税额=同类应税消费品销售价格或者组成计税价格×比例税率+自产自用数量×定额税率

其中：组成计税价格=（成本+利润+自产自用数量×定额税率）÷（1−比例税率）

=［成本×（1+成本利润率）+自产自用数量×定额税率］÷（1−比例税率）

点睛　用于连续生产的应税消费品，是指纳税人将自产自用的应税消费品作为直接材料生产最终应税消费品，自产自用应税消费品构成最终应税消费品的实体。例如，卷烟厂生产的烟丝用于本厂连续生产卷烟等。因为最终产品卷烟也是应税消费品，需要缴纳消费税，所以在领用烟丝环节就没有必要纳税

（外购烟丝或委托加工烟丝用于连续生产卷烟则可以按规定扣除已纳税款），避免重复征税（消费税一般只征一次）。

任务引例解析

根据《财政部 国家税务总局关于对成品油生产企业生产自用油免征消费税的通知》（财税〔2010〕98号）的规定，从2009年1月1日起，对成品油生产企业在生产成品油过程中，作为燃料、动力及原料消耗掉的自产成品油，免征消费税。对用于其他用途或直接对外销售的成品油照章征收消费税。2009年1月1日到本通知下发前，成品油生产企业生产自用油已经缴纳的消费税，符合上述免税规定的，予以退还。

甲公司将自产成品油用于班车（接送员工上下班）不符合上述规定，因此，应按规定缴纳消费税。

【任务实例3-6】甲酒厂本年1月将一批自产的葡萄酒用作职工福利，葡萄酒的成本为12 000元。该葡萄酒无同类产品市场销售价格，其成本利润率为5%，消费税税率为10%。

【任务要求】计算甲酒厂上述业务的应纳消费税。

【任务实施】

（1）组成计税价格=成本×（1+成本利润率）÷（1−消费税税率）

=12 000×（1+5%）÷（1−10%）=12 600÷0.9=14 000（元）

（2）应纳消费税=14 000×10%=1 400（元）

（六）委托加工应税消费品应纳税额的计算

（1）实行从价定率办法计算纳税的委托加工应税消费品应纳税额的计算公式：

应纳税额=同类应税消费品销售价格或者组成计税价格×比例税率

其中：组成计税价格=（材料成本+加工费）÷（1−比例税率）

（2）实行从量定额办法计算纳税的委托加工应税消费品应纳税额的计算公式：

应纳税额=委托加工数量×定额税率

（3）实行复合计税办法计算纳税的委托加工应税消费品应纳税额的计算公式：

应纳税额=同类应税消费品销售价格或者组成计税价格×比例税率+委托加工数量×定额税率

其中：组成计税价格=（材料成本+加工费+委托加工数量×定额税率）÷（1−比例税率）

点睛 “材料成本”是指委托方所提供加工材料的实际成本。委托加工应税消费品的纳税人，必须在委托加工合同上如实注明（或者以其他方式提供）材料成本，凡未提供材料成本的，受托方主管税务机关有权核定其材料成本。“加工费”是指受托方加工应税消费品向委托方收取的全部费用（包括代垫的辅助材料实际成本）。

提示 委托加工应税消费品，委托方不涉及缴纳增值税的问题。

【任务实例3-7】甲酒厂为增值税一般纳税人，本年5月将成本为61 600元的粮食直接运往异地的乙酒厂（增值税一般纳税人）全部用于生产加工白酒。本年5月白酒加工完毕，甲酒厂收回白酒8吨，取得乙酒厂开具的增值税专用发票，注明加工费为10 000元，代垫辅料价值为5 000元，加工的白酒当地无同类产品市场价格。白酒消费税比例税率为20%，定额税率为0.5元/500克。

【任务要求】

（1）计算乙酒厂应代收代缴的消费税。

（2）计算乙酒厂的增值税销项税额。

【任务实施】

(1) 乙酒厂应代收代缴的消费税 = [61 600+（10 000+5 000）+8×1 000×2×0.5] ÷（1−20%）×20%+8×1 000×2×0.5
=29 150（元）

(2) 乙酒厂的增值税销项税额=（10 000+5 000）×13%=1 950（元）

（七）进口应税消费品应纳税额的计算

（1）实行从价定率办法计算纳税的进口应税消费品应纳税额的计算公式：

应纳税额=组成计税价格×比例税率

其中：组成计税价格=（关税完税价格+关税）÷（1−比例税率）

（2）实行从量定额办法计算纳税的进口应税消费品应纳税额的计算公式：

应纳税额=海关核定的应税消费品进口征税数量×定额税率

（3）实行复合计税办法计算纳税的进口应税消费品应纳税额的计算公式：

应纳税额=组成计税价格×比例税率+海关核定的应税消费品进口征税数量×定额税率

其中：
$$\text{组成计税价格}=\left(\text{关税完税价格}+\text{关税}+\text{海关核定的应税消费品进口征税数量}\times\text{定额税率}\right)\div\left(1-\text{比例税率}\right)$$

总结　消费税在自产自用、委托加工、进口三种情况下的组成计税价格的共同特点是都除以(1−比例税率)，这是因为分子部分本身不包含消费税，而消费税属于价内税（指的是消费税应当含在价格即计税依据当中），其计税依据中应当包含消费税本身，因此用分子除以（1−比例税率）就相当于加上了消费税。

六、消费税的征收管理

（一）消费税的纳税义务发生时间

消费税的纳税义务发生时间根据应纳税行为和结算方式的不同而有所不同。

（1）纳税人销售应税消费品的，按不同的销售结算方式，其纳税义务发生时间分别为：

❶采取赊销和分期收款结算方式的，为书面合同约定的收款日期的当天，书面合同没有约定收款日期或者无书面合同的，为发出应税消费品的当天。

❷采取预收货款结算方式的，为发出应税消费品的当天。

❸采取托收承付和委托银行收款方式的，为发出应税消费品并办妥托收手续的当天。

❹采取其他结算方式的，为收讫销售款项或者取得索取销售款项凭据的当天。

（2）纳税人自产自用应税消费品的，其纳税义务发生时间为移送使用的当天。

（3）纳税人委托加工应税消费品的，其纳税义务发生时间为纳税人提货的当天。

（4）纳税人进口应税消费品的，其纳税义务发生时间为报关进口的当天。

（二）消费税的纳税期限

消费税纳税期限分别为1日、3日、5日、10日、15日、1个月或者1个季度。纳税人的具体纳税期限，由主管税务机关根据纳税人应纳税额的大小分别核定，不能按照固定期限纳税的，可以按次纳税。

纳税人以1个月或者1个季度为一个纳税期的，自期满之日起15日内申报纳税；纳税人以1日、3日、5日、10日、15日为一个纳税期的，自期满之日起5日内预缴税款，于次月1日起15日内申报纳税并结清上月应纳税款。

链接 消费税纳税义务发生时间与纳税期限的规定和增值税一致。

（三）消费税的纳税地点

（1）纳税人销售的应税消费品，以及自产自用的应税消费品，除国务院财政、税务主管部门另有规定外，应当向纳税人机构所在地或者居住地的主管税务机关申报纳税。

（2）委托加工的应税消费品，除受托方为个人外，由受托方向所在地主管税务机关代收代缴消费税税款；委托个人加工的应税消费品，由委托方向其机构所在地或者居住地主管税务机关申报纳税。

点睛 受托方是个人以外的单位，由受托方代收代缴；需要特别注意的是，受托方是“个人”时，由委托方自己申报纳税。另外，“个人”包括个体工商户和其他个人，其中，其他个人是指个体工商户以外的自然人。

（3）进口的应税消费品，由进口人或者其代理人向报关地海关申报纳税。

（4）纳税人到外县（市）销售或者委托外县（市）代销自产应税消费品的，于应税消费品销售后，向其机构所在地或者居住地主管税务机关申报纳税。

（5）纳税人销售的应税消费品，如果因质量等原因，由购买者退回时，经由机构所在地主管税务机关审核批准后，可退还已征收的消费税税款，但不能自行直接抵减应纳税税款。

任务二 消费税的会计核算

任务引例

从1995年6月1日起，对酒类（黄酒、啤酒除外）生产企业销售酒类产品而收取的包装物押金，无论押金是否返还及在会计上如何核算，均须并入酒类产品销售额中，依据酒类产品的适用税率计征消费税。为什么黄酒、啤酒除外？

一、消费税会计科目的设置

为了正确反映和核算消费税有关纳税事项，纳税人应在“应交税费”科目下设置“应交消费税”明细科目。该科目的借方反映纳税人实际缴纳的消费税税额和待抵扣的消费税税额；贷方反映按规定应缴纳的消费税税额。期末贷方余额，反映尚未缴纳的消费税税额；期末借方余额，反映多缴或待抵扣的消费税税额。

对于委托加工业务代收代缴的消费税税额，为了更加明确地对其进行核算，借鉴增值税的会计科目设置，受托方可以增设“代收代交消费税”明细科目。该科目的借方反映受托方实际缴纳代收代缴的消费税税额，贷方反映受托方从委托方收取代收代缴的消费税税额。

对于待抵扣（扣除）的消费税，为了更加明确地对其进行核算，借鉴增值税的会计科目设置，可以增设“待抵扣消费税额”明细科目。该科目的借方反映待抵扣的消费税税额，贷方反映实际抵扣了的消费税税额。如果纳税人不设置“应交税费——待抵扣消费税额”科目，则通过“应交税费——应交消费税”科目核算，但如果通过“应交税费——应交消费税”科目核算“待抵扣消费税额”，则在未全部领用可以抵扣消费税的应税消费品时，就存在一定的难处，不易清楚核算，详见【任务实例3-13】。

消费税属于价内税，即销售额中含有应负担的消费税税额，在计算（计提）消费税时，还应设置与之相应的会计科目，如“税金及附加”“在途物资”“原材料”“库存商品”“生产成本”“制造费用”“在建工程”“固定资产”“管理费用”“销售费用”“资产处置损益”“营业外支出”“长期股权投资”“应付职工薪酬”等科目。

二、消费税的会计核算实务

（一）直接销售应税消费品的会计核算

纳税人将生产的应税消费品直接对外销售，在计算应缴纳的消费税税额时，通过“税金及附加”科目进行核算。纳税人计提应缴纳的消费税税额时，借记“税金及附加”科目，贷记“应交税费——应交消费税”科目；同时，还要进行与收入和增值税有关的会计处理。实际缴纳消费税时，借记“应交税费——应交消费税”科目，贷记“银行存款”科目。发生销货退回及退税时，做相反的会计分录。

【任务实例3-8】甲公司为增值税一般纳税人，本年6月销售一批其自产的鞭炮，其成本为22 000元，不含增值税售价为40 000元，增值税税率为13%，消费税税率为15%。货款尚未收到。

【任务要求】对甲公司上述业务进行账务处理。

【任务实施】应纳增值税=40 000×13%=5 200（元）

应纳消费税=40 000×15%=6 000（元）

❶确认收入时：

借：应收账款	45 200	
贷：主营业务收入		40 000
应交税费——应交增值税（销项税额）		5 200

❷结转成本时：

借：主营业务成本	22 000	
贷：库存商品		22 000

❸计提消费税时：

借：税金及附加	6 000	
贷：应交税费——应交消费税		6 000

❹本年7月申报期内实际缴纳消费税时①：

借：应交税费——应交消费税	6 000	
贷：银行存款		6 000

【任务实例3-9】甲公司是一家生产金银首饰的厂家，为增值税一般纳税人，本年5月销售给乙金店一批其自产的金银首饰，成本为20 000元，不含增值税售价为32 000元，款项已存入银行。乙金店是一家零售金银首饰的商家，为增值税一般纳税人。乙金店本年5月从甲公司购进的金银首饰取得了增值税专用发票，款项以银行存款支付。乙金店取得的增值税专用发票本年5月符合抵扣规定。乙金店本年6月零售给消费者该批金银首饰，不含增值税售价为40 000元，款项以现金收讫。乙金店采用进价核算制进行核算。

① 注：本项目本例以下的例题，绝大多数省略“次月申报期内实际缴纳消费税的会计处理”。

【任务要求】

(1) 对甲公司上述业务进行账务处理。

(2) 对乙金店上述业务进行账务处理。

【任务实施】自1995年1月1日起，金银首饰消费税由生产销售环节征收改为零售环节征收。改在零售环节征收消费税的金银首饰仅限于金基、银基合金首饰以及金、银和金基、银基合金的镶嵌首饰。从2002年1月1日起，钻石及钻石饰品消费税改为零售环节征收。从2003年5月1日起，铂金首饰消费税改为零售环节征收。金银首饰、铂金首饰和钻石及钻石饰品适用的消费税税率为5%。其消费税的计税依据是不含增值税的销售额。

(1) 甲公司的账务处理如下：

甲公司本年5月销售给乙金店一批其自产的金银首饰时：

应纳增值税=32 000×13%=4 160（元）

借：银行存款	36 160	
贷：主营业务收入		32 000
应交税费——应交增值税（销项税额）		4 160
借：主营业务成本	20 000	
贷：库存商品		20 000

(2) 乙金店的账务处理如下：

❶乙金店本年5月从甲公司购进金银首饰时：

借：库存商品	32 000	
应交税费——应交增值税（进项税额）	4 160	
贷：银行存款		36 160

❷乙金店本年6月零售给消费者该批金银首饰时：

应纳增值税税额=40 000×13%=5 200（元）

应纳消费税税额=40 000×5%=2 000（元）

借：库存现金	45 200	
贷：主营业务收入		40 000
应交税费——应交增值税（销项税额）		5 200
借：主营业务成本	32 000	
贷：库存商品		32 000
借：税金及附加	2 000	
贷：应交税费——应交消费税		2 000

（二）自产自用应税消费品的会计核算

重难点视频

自产自用应税消费品消费税的会计核算

(1) 纳税人将自产的应税消费品用于本单位连续生产非应税消费品、在建工程、管理部门、非生产机构、提供劳务、馈赠、赞助、集资、广告、样品、职工福利、奖励等方面消费税的会计核算。

纳税人将自产的应税消费品用于本单位连续生产非应税消费品、在建工程、管理部门、非生产机构、提供劳务、馈赠、赞助、集资、广告、样品、职工福利、奖励等方面，一律视同销售处理，在移送使用时按同类消费品价格或组成计税价格计算增值税（若不属于增值税视同销售行为，则不需计算缴纳增值税）和消费税。纳税人在按规定计提应缴纳的消费税时，借记“生产成本”“制造费用”“在建工程”“固定资产”“管理费用”“销售费用”“资产处置损益”“营业外支出”“应付职工薪酬”“税金及附加”等科目，贷记“应交税费——应交消费税”等科目。

【任务实例3-10】甲汽车制造厂为增值税一般纳税人，本年1月将自产的一辆乘用车（气缸容量2.0升）用于管理部门。同类汽车不含增值税销售价格为200 000元，该汽车的成本为120 000元，适用的消费税税率为5%。

【任务要求】

（1）计算甲汽车制造厂的应纳消费税。

（2）对甲汽车制造厂的上述业务进行账务处理。

【任务实施】将自产的应税消费品用于管理部门，增值税不视同销售，消费税视同销售。

应纳消费税=200 000×5%=10 000（元）

借：固定资产	130 000	
贷：库存商品		120 000
应交税费——应交消费税		10 000

【任务实例3-11】甲化妆品公司为增值税一般纳税人，本年5月将自产的一批高档化妆品发放给职工。同类高档化妆品不含增值税平均销售价格为200 000元，该批高档化妆品的成本为120 000元，适用的消费税税率为15%。

【任务要求】

（1）计算甲化妆品公司的应纳增值税和消费税。

（2）对甲化妆品公司的上述业务进行账务处理。

【任务实施】将应税消费品用于个人消费，增值税和消费税均视同销售。

应纳增值税=200 000×13%=26 000（元）

应纳消费税=200 000×15%=30 000（元）

借：应付职工薪酬——非货币性福利	226 000	
贷：主营业务收入		200 000
应交税费——应交增值税（销项税额）		26 000
借：主营业务成本	120 000	
贷：库存商品		120 000
借：税金及附加	30 000	
贷：应交税费——应交消费税		30 000

（2）纳税人用于换取生产资料和消费资料、投资入股和抵偿债务等方面的应税消费品消费税的会计核算。

纳税人用于换取生产资料和消费资料、投资入股和抵偿债务等方面的应税消费品，应当以纳税人同类应税消费品的最高销售价格作为计税依据计算消费税，按同类应税消费品的平均销售价格作为计税依据计算增值税。纳税人在计提应缴纳的消费税时，借记“原材料”“管理费用”“长期股权投资”“应付账款”“税金及附加”等科目，贷记“应交税费——应交消费税”等科目。

【任务实例3-12】甲公司和乙客运公司为非同一控制下的两家公司，均为增值税一般纳税人。其中，甲公司是一家汽车制造企业。本年1月甲公司以本公司自产的乘用车20辆为对价取得乙客运公司有表决权股份的20%，准备长期持有。甲公司同类乘用车每辆不含增值税平均销售价格为130 000元（不含增值税，下同），每辆最高销售价格为150 000元，该批乘用车每辆的账面余额为100 000元，未计提存货跌价准备。该批乘用车当月已经发给乙客运公司。该批乘用车适用的消费税税率为5%。该批乘用车在发出时，其控制权由甲公司转移给乙客运公司。

【任务要求】对甲公司上述业务进行账务处理。

【任务实施】应纳增值税=130 000×20×13%=338 000（元）

应纳消费税=150 000×20×5%=150 000（元）

借：长期股权投资（2 600 000+338 000）	2 938 000	
贷：主营业务收入（130 000×20）		2 600 000
应交税费——应交增值税（销项税额）		338 000
借：主营业务成本（100 000×20）	2 000 000	
贷：库存商品		2 000 000
借：税金及附加	150 000	
贷：应交税费——应交消费税		150 000

有观点认为应当做如下账务处理：

借：长期股权投资（2 600 000+338 000+150 000）	3 088 000	
贷：主营业务收入（130 000×20）		2 600 000
应交税费——应交增值税（销项税额）		338 000
——应交消费税		150 000
借：主营业务成本（100 000×20）	2 000 000	
贷：库存商品		2 000 000

（三）外购应税消费品已纳消费税税款扣除的会计核算

用外购已税消费品连续生产的应税消费品对外销售时，可在税法规定的扣税范围内按当期生产领用数量计算准予扣除外购应税消费品已纳的消费税税款。对于准予扣除外购应税消费品已纳的消费税税款，有两种账务处理方式：一种是外购应税消费品时，将外购应税消费品已纳的消费税税款记入“原材料”的成本中，借记“原材料”等科目，贷记“银行存款”等科目；纳税人将外购已税消费品用于连续生产应税消费品时，应先按照当期生产领用应税消费品的买价（或数量）计算准予扣除外购的应税消费品已纳的消费税税款，然后应当按照根据规定计算（计提）的消费税税款扣除按照当期生产领用应税消费品的买价（或数量）计算准予扣除外购的应税消费品已纳的消费税税款后的余额，借记“税金及附加”科目，贷记“应交税费——应交消费税”科目。另一种是将外购应税消费品已纳的消费税税款单独记入“应交税费——待抵扣消费税额”科目的借方（如果纳税人不设置“应交税费——待抵扣消费税额”科目，则记入“应交税费——应交消费税”科目的借方），借记“应交税费——待抵扣消费税额”等科目，贷记“银行存款”等科目；纳税人将外购已税消费品用于连续生产应税消费品时，应按照当期生产领用应税消费品的买价（或数量）计算准予扣除外购的应税消费品已纳的消费税税款，借记“应交税费——应交消费税”科目，贷记“应交税费——待抵扣消费税额”科目（如果纳税人不设置“应交税费——待抵扣消费税额”科目，则不做该笔会计分录。如果纳税人不设置“应交税费——待抵扣消费税额”科目，而通过“应交税费——应交消费税”科目核算“待抵扣消费税额”，则在未全部领用可以抵扣消费税的应税消费品时，就存在一定的难处，不易清楚核算。此时只能在会计分录中核算计提的消费税，无法核算抵扣的消费税，需要由税务会计人员在账外记录本期可以抵扣的消费税和尚未抵扣的消费税，详见【任务实例3-13】），同时按照根据规定计算（计提）的消费税额，借记“税金及附加”科目，贷记“应交税费——应交消费税”科目；缴纳消费税时，按照根据规定计算（计提）的消费税税款扣除按照当期生产领用应税消费品的买价（或数量）计算准予扣除外购的应税消费品已纳的消费税税款后的余额，借记“应交税费——应交消费税”科目，贷记“银行存款”科目。

点睛　对外购已税消费品直接出售的，出售时不再缴纳消费税（除了卷烟、电子烟批发环节，超豪华小汽车的零售环节还需要加征消费税以外），相应地，外购应税消费品已纳消费税税款也就不能扣除。

【任务实例3-13】甲化妆品生产企业为增值税一般纳税人，本年5月从另一化妆品生产企业购进高档保湿精华一批（外购的高档保湿精华期初库存为0），取得增值税专用发票，注明不含增值税价款为300万元，款项以银行存款支付。甲化妆品生产企业取得的增值税专用发票本年5月符合抵扣规定；当月领用其中的60%（即期末库存的外购高档保湿精华为40%）用于生产高档保湿粉底液并全部销售，款项已存入银行，并向购买方开具增值税专用发票，注明不含增值税价款为1 500万元。该批高档保湿粉底液的成本共计1 000万元。高档化妆品的消费税税率为15%。

【任务要求】对甲化妆品生产企业上述业务进行账务处理。

【任务实施】

（1）购进高档保湿精华时：

借：原材料	3 000 000	
应交税费——应交增值税（进项税额）（3 000 000×13%）	390 000	
贷：银行存款		3 390 000

（2）销售高档保湿粉底液时：

甲化妆品生产企业当期准予扣除的外购应税消费品已纳税款=当期准予扣除的外购应税消费品买价×外购应税消费品适用税率

=（期初库存的外购应税消费品买价＋当期购进的外购应税消费品买价－期末库存的外购应税消费品买价）×外购应税消费品适用税率

=（0+300−300×40%）×15%=27（万元）

应纳消费税=1 500×15%−300×60%×15%=198（万元）

应纳增值税=1 500×13%−300×13%=156（万元）

❶确认收入时：

借：银行存款	16 950 000	
贷：主营业务收入		15 000 000
应交税费——应交增值税（销项税额）（15 000 000×13%）		1 950 000

❷结转成本时：

借：主营业务成本	10 000 000	
贷：库存商品		10 000 000

❸计提消费税时：

借：税金及附加　　1 980 000

　贷：应交税费——应交消费税　　1 980 000

❹次月申报期内实际缴纳消费税时：

借：应交税费——应交消费税　　1 980 000

　贷：银行存款　　1 980 000

点睛　针对【任务实例3-13】，另一种观点认为，将外购应税消费品已纳的消费税税款记入“应交税费——待抵扣消费税额”科目的借方（如果纳税人不设置“应交税费——待抵扣消费税额”科目，则记入“应交税费——应交消费税”科目的借方），而不记入“原材料”科目的借方。这样会使产品的成本随之降低至9 730 000元（10 000 000-450 000×60%）。甲化妆品生产企业的账务处理如下：

购进高档保湿精华时：

借：原材料　　2 550 000

　　应交税费——应交增值税（进项税额）　　390 000

　　　　　　——待抵扣消费税额（3 000 000×15%）　　450 000

　贷：银行存款　　3 390 000

[如果纳税人不设置“应交税费——待抵扣消费税额”科目，则：

借：原材料　　2 550 000

　　应交税费——应交增值税（进项税额）　　390 000

　　　　　　——应交消费税（3 000 000×15%）　　450 000

　贷：银行存款　　3 390 000]

销售高档保湿粉底液时：

甲化妆品生产企业当期准予扣除的外购应税消费品已纳税款=当期准予扣除的外购应税消费品买价×外购应税消费品适用税率

=（期初库存的外购应税消费品买价+当期购进的外购应税消费品买价-期末库存的外购应税消费品买价）×外购应税消费品适用税率

=（0+300-300×40%）×15%=27（万元）

应纳消费税=1 500×15%-300×60%×15%=198（万元）

应纳增值税=1 500×13%-300×13%=156（万元）

❶确认收入时：

借：银行存款　　16 950 000

　贷：主营业务收入　　15 000 000

　　　应交税费——应交增值税（销项税额）（15 000 000×13%）　　1 950 000

❷结转成本时：

借：主营业务成本　　9 730 000

　贷：库存商品　　9 730 000

❸计提和抵扣消费税时：

借：税金及附加（15 000 000×15%）　　2 250 000

　贷：应交税费——应交消费税　　2 250 000

借：应交税费——应交消费税（3 000 000×60%×15%）　　270 000

　贷：应交税费——待抵扣消费税额　　270 000

［如果纳税人不设置“应交税费——待抵扣消费税额”科目，而通过“应交税费——应交消费税”科目核算“待抵扣消费税额”，在未全部领用可以抵扣消费税的应税消费品时（例如，本例中领用了60%），就存在一定的难处，不易清楚核算。此时只能在会计分录中核算计提的消费税，无法核算抵扣的消费税，需要由税务会计人员在账外记录本期可以抵扣的消费税=3 000 000×60%×15%=270 000（元），尚未抵扣的消费税=450 000−270 000=180 000（元）。

借：税金及附加（15 000 000×15%） 2 250 000

　贷：应交税费——应交消费税 2 250 000］

❹次月申报期内实际缴纳消费税时：

借：应交税费——应交消费税（2 250 000−270 000） 1 980 000

　贷：银行存款 1 980 000

这种处理方式（即本“点睛”中的处理方式）与前一种处理方式（即【任务实例3-13】中的处理方式）相比，产生的利润总额是一致的［这种处理方式的利润总额=15 000 000−9 730 000−2 250 000=3 020 000（元），前一种方式的利润总额=15 000 000−10 000 000−1 980 000=3 020 000（元）］。这种处理方式实际上相当于将前一种处理方式记入“原材料”科目的金额450 000元记入了“应交税费——待抵扣消费税额”科目，并进而影响了“税金及附加”“库存商品”“主营业务成本”科目的金额。

【任务实例3-14】乙化妆品生产企业为增值税一般纳税人，本年5月从另一化妆品生产企业购进高档保湿精华一批（外购的高档保湿精华期初库存为0），取得增值税专用发票，注明不含增值税价款为260万元，款项以银行存款支付。乙化妆品生产企业取得的增值税专用发票本年5月符合抵扣规定；当月将其全部销售，向购买方开具增值税专用发票，注明不含增值税价款为299万元，款项已存入银行。高档化妆品的消费税税率为15%。

【任务要求】对乙化妆品生产企业上述业务进行账务处理。

【任务实施】对外购已税消费品直接出售的，除了卷烟和电子烟在批发环节、超豪华小汽车在零售环节还需要加征消费税外，出售时不再缴纳消费税，相应地，外购应税消费品已纳消费税税款也就不能扣除。

借：库存商品 2 600 000

　　应交税费——应交增值税（进项税额）（2 600 000×13%） 338 000

　贷：银行存款 2 938 000

借：银行存款 3 378 700

　贷：主营业务收入 2 990 000

　　　应交税费——应交增值税（销项税额）（2 990 000×13%） 388 700

借：主营业务成本 2 600 000

　贷：库存商品 2 600 000

（四）应税消费品包装物及包装物押金的会计核算

1.随同应税消费品出售单独计价的包装物消费税的会计核算

应税消费品连同包装物销售（即包装物随同应税消费品销售）的，无论包装物是否单独计价以及在会计上如何核算，均应并入应税消费品的销售额缴纳消费税。纳税人在应税消费品连同包装物（包装物单独计价）销售时，应借记“银行存款”等科目，按销售产品的收入，贷记“主营业务收入”科目，按随同应税消费品出售单独计价的包装物的销售收入，贷记“其他业务收入”科目，按应计提的增值税销项税额或应纳增值税额，贷记“应交税费——应交增值税（销项税额）”或“应交税费——简易计税”（小规模纳税人贷记“应交税费——应交增值税”）科目，按应缴纳的消费税税额，借记“税金及附加”科目，贷记“应交税费——应交消费税”科目，同时结转产品成本，借记“主营业务成本”科目，贷记“库存商品”科目，并且结转包装物的成本，借记“其他业务成本”科目，贷记“周转材料——包装物”科目。

【任务实例3-15】甲酒厂为增值税一般纳税人，本年5月异地销售粮食白酒500斤（1斤=500克），出厂价格共计10 000元（不含增值税），成本为5 000元。包装物单独计价，收取包装物价款700元（不含增值税），包装物成本为500元。以上款项均未收。粮食白酒的消费税税率：从价税率为20%，从量税率为0.5元/500克。

【任务要求】对甲酒厂上述业务进行账务处理。

【任务实施】应纳消费税=10 000×20%+500×0.5+700×20%=2 390（元）

应纳增值税=10 000×13%+700×13%=1 391（元）

借：应收账款	12 091	
贷：主营业务收入		10 000
其他业务收入		700
应交税费——应交增值税（销项税额）		1 391
借：主营业务成本	5 000	
贷：库存商品		5 000
借：其他业务成本	500	
贷：周转材料——包装物		500
借：税金及附加	2 390	
贷：应交税费——应交消费税		2 390

2. 随同应税消费品出售不单独计价的包装物消费税的会计核算

对于随同应税消费品出售且不单独计价的包装物，其包装物收入随同所出售的应税消费品一同计入应税消费品销售收入中。因此，出售包装物应缴纳的消费税与出售应税消费品应缴纳的消费税一同记入“税金及附加”科目。

3. 随同应税消费品出租、出借包装物逾期未收回而没收的押金消费税的会计核算

一般情况下，如果包装物不作价随同应税消费品销售，而是销售方随同应税消费品出租、出借包装物而收取押金，则此项押金不应并入应税消费品的销售额征税。但对因逾期未收回的包装物不再退还的或者已收取的时间超过12个月的押金，应并入应税消费品的销售额，按照应税消费品的适用税率缴纳消费税。对既作价随同应税消费品销售，又另外收取押金的包装物，凡纳税人在规定的期限内没有退还的，其押金均应并入应税消费品的销售额，按照应税消费品的适用税率缴纳消费税。特殊情况下，从1995年6月1日起，对酒类（黄酒、啤酒除外）生产企业销售酒类产品而收取的包装物押金，无论押金是否返还以及在会计上如何核算，均需并入酒类产品销售额，依据酒类产品的适用税率计征消费税。

对于一般情况下随同应税消费品出租、出借包装物而收取的押金，纳税人应按照收取的押金金额，借记“银行存款”科目，贷记“其他应付款”科目，若在规定期限内收回包装物押金时，再做相反的会计分录；而若在规定期限内未收回包装物时，则不再退还押

金，借记“其他应付款”科目，按包装物押金换算成的不含增值税收入，贷记“其他业务收入”科目，按计算出的销项税额或应纳增值税额，贷记“应交税费——应交增值税（销项税额）”或“应交税费——简易计税”（小规模纳税人贷记“应交税费——应交增值税”）科目，并按应缴纳的消费税税额，借记“税金及附加”科目，贷记“应交税费——应交消费税”科目，同时结转包装物成本，借记“其他业务成本”科目，贷记“周转材料——包装物”科目。

任务引例解析

由于黄酒、啤酒的消费税是从量计征，因此没有从价计征的比例税率，所以其包装物押金也就无法计征消费税。

【任务实例3-16】甲公司为增值税一般纳税人，本年5月销售鞭炮一批，不含增值税价格为10 000元，收取包装物押金1 130元，款项均已存入银行，产品成本为6 000元，包装物成本为500元。鞭炮的消费税税率为15%。

【任务要求】对甲公司上述业务进行账务处理。

【任务实施】

（1）销售产品时：

借：银行存款	12 430	
贷：主营业务收入		10 000
应交税费——应交增值税（销项税额）		1 300
其他应付款——存入保证金		1 130
借：主营业务成本	6 000	
贷：库存商品		6 000

（2）计提消费税时：

借：税金及附加（10 000×15%）	1 500	
贷：应交税费——应交消费税		1 500

（3）退还或者没收包装物押金时：

❶若购买方到期前返还包装物，甲公司退还包装物押金：

借：其他应付款——存入保证金	1 130	
贷：银行存款		1 130

❷若购买方逾期未返还包装物，甲公司没收包装物押金：

借：其他应付款——存入保证金	1 130	
贷：其他业务收入［1 130÷（1+13%）］		1 000
应交税费——应交增值税（销项税额）［1 130÷（1+13%）×13%］		130
借：税金及附加	150	
贷：应交税费——应交消费税［1 130÷（1+13%）×15%］		150
借：其他业务成本	500	
贷：周转材料——包装物		500

【任务实例3-17】甲公司是一家粮食白酒、啤酒生产销售企业，为增值税一般纳税人，在销售白酒和啤酒的同时收取包装物押金，本年5月销售白酒、啤酒给乙公司的情况如下：

（1）销售白酒40万斤（1斤=500克），不含增值税销售收入为1 000 000元，该白酒的成本为500 000元，另外收取包装物押金11 300元，款项已存入银行。双方约定3个月后由乙公司返还包装物，若本年8月乙公司未能返还包装物，则甲公司没收包装物押金，该包装物的成本为8 000元。白酒适用的消费税税率：比例税率为20%，定额税率为0.5元/500克。

（2）销售啤酒100吨，取得不含增值税销售收入260 000元，款项已存入银行，该啤酒的成本为180 000元。取得随同产品出售但单独计价的包装物不含增值税销售收入100 000元，款项已存入银行，该单独计价的包装物的成本为80 000元；另外，还有一部分包装物约定3个月后返还，收取包装物押金11 300元，款项已存入银行，其成本为7 000元。若本年8月乙公司未能返还包装物，则甲公司没收包装物押金11 300元。每吨啤酒出厂价格（含包装物及包装物押金）在3 000元（不含3 000元，不含增值税）以下的，单位税额为220元/吨。每吨啤酒出厂价格在3 000元（含3 000元，不含增值税）以上的，单位税额为250元/吨。

【任务要求】对甲公司上述业务进行账务处理。

【任务实施】《国家税务总局关于印发〈增值税若干具体问题的规定〉的通知》（国税发〔1993〕154号）规定如下：纳税人为销售货物而出租、出借包装物收取的押金，单独记账核算的，不并入销售额征税；但对因逾期未收回包装物不再退还的押金，应按所包装货物的适用税率计算销项税额。

《国家税务总局关于加强增值税征收管理若干问题的通知》（国税发〔1995〕192号）规定如下：从1995年6月1日起，对销售除啤酒、黄酒外的其他酒类产品而收取的包装物押金，无论是否返还以及会计上如何核算，均应并入当期销售额征收增值税。

《财政部 国家税务总局关于酒类产品包装物押金征税问题的通知》（财税字〔1995〕53号）规定如下：从1995年6月1日起，对酒类产品生产企业销售酒类产品而收取的包装物押金，无论如何核算均需并入酒类产品销售额中，依酒类产品的适用税率征收消费税。

需要注意的是：❶黄酒、啤酒从量征收消费税，因此对于黄酒、啤酒的包装物押金无论是否逾期都无法征收消费税。❷酒厂销售除啤酒、黄酒以外的其他酒类产品而收取的包装物押金，无论是否返还以及会计上如何核算，均应缴纳增值税和消费税。❸销售啤酒、黄酒收取的包装物押金，没有单独记账核算的，应当并入销售额计算销项税额；单独记账核算的，不并入销售额征税，但对因逾期未收回包装物不再退还的押金，应按所包装货物的适用税率计算销项税额。

（1）销售白酒的账务处理。

❶本年5月销售白酒时：

借：银行存款	1 141 300	
贷：主营业务收入		1 000 000
应交税费——应交增值税（销项税额）		130 000
其他应付款——存入保证金		11 300
借：主营业务成本	500 000	
贷：库存商品		500 000

❷40万斤（1斤=500克）白酒应纳消费税=100×20%+40×0.5=40（万元）

借：税金及附加	400 000	
贷：应交税费——应交消费税		400 000

❸包装物押金应纳增值税=11 300÷（1+13%）×13%=1 300（元）

包装物押金应纳消费税=11 300÷（1+13%）×20%=2 000（元）

借：销售费用	3 300	
贷：应交税费——应交增值税（销项税额）		1 300
——应交消费税		2 000

或者：

借：销售费用	1 300	
贷：应交税费——应交增值税（销项税额）		1 300
借：税金及附加	2 000	
贷：应交税费——应交消费税		2 000

❹本年8月包装物到期时：

若乙公司返还包装物：

借：其他应付款——存入保证金	11 300	
贷：银行存款		11 300

若乙公司未能返还包装物，甲公司没收包装物押金时：

借：其他应付款——存入保证金	11 300	
贷：其他业务收入		10 000
销售费用		1 300
借：其他业务成本	8 000	
贷：周转材料——包装物		8 000

（2）销售啤酒的账务处理。

❶本年5月销售啤酒时：

借：银行存款	293 800	
贷：主营业务收入		260 000
应交税费——应交增值税（销项税额）（260 000×13%）		33 800
借：主营业务成本	180 000	
贷：库存商品		180 000

包装物随同产品出售但单独计价：

借：银行存款	113 000	
贷：其他业务收入		100 000
应交税费——应交增值税（销项税额）		13 000
借：其他业务成本	80 000	
贷：周转材料——包装物		80 000

收取包装物押金时：

借：银行存款	11 300	
贷：其他应付款——存入保证金		11 300

❷每吨啤酒出厂价格（含包装物及包装物押金）=［260 000+100 000+11 300÷（1+13%）］÷100=3 700（元）＞3 000元，因此消费税单位税额为250元/吨。

啤酒应纳消费税=100×250=25 000（元）

借：税金及附加	25 000	
贷：应交税费——应交消费税		25 000

❸本年8月包装物到期时：

若乙公司返还包装物：

借：其他应付款——存入保证金	11 300	
贷：银行存款		11 300

若乙公司未能返还包装物，甲公司没收包装物押金时：

借：其他应付款——存入保证金	11 300	
贷：其他业务收入		10 000
应交税费——应交增值税（销项税额）		1 300
借：其他业务成本	7 000	
贷：周转材料——包装物		7 000

（五）委托加工应税消费品的会计核算

纳税人委托加工的应税消费品由受托方在向委托方交货时代收代缴消费税。根据《财政部 国家税务总局关于〈中华人民共和国消费税暂行条例实施细则〉有关条款解释的通知》（财法〔2012〕8号）的规定，《中华人民共和国消费税暂行条例实施细则》（财政部令第51号）第七条第二款规定，"委托加工的应税消费品直接出售的，不再缴纳消费税"。现将这一规定的含义解释如下：委托方将收回的应税消费品，以不高于受托方的计税价格出售的，为直接出售，不再缴纳消费税；委托方以高于受托方的计税价格出售的，不属于直接出售，需按照规定申报缴纳消费税，在计税时准予扣除受托方已代收代缴的消费税。

委托方收回应税消费品后，如果以不高于受托方的计税价格出售，则在销售时不再缴纳消费税。委托方在委托加工后提货时，应将受托方代收代缴的消费税随同应支付的加工费一并计入委托加工的应税消费品成本，借记"委托加工物资"等科目，贷记"银行存款"等科目。以不高于受托方的计税价格出售时，不再缴纳消费税，此时不需对消费税进行账务处理。

委托方收回应税消费品后，如果以高于受托方的计税价格出售，需按照规定申报缴纳消费税，在计税时准予扣除受托方代收代缴的消费税。这种情况下，委托方在委托加工后提货并销售有两种账务处理方式：一种方式是委托方在委托加工后提货时，将受托方代收代缴的消费税随同应支付的加工费一并计入委托加工的应税消费品成本，借记"委托加工物资"等科目，贷记"银行存款"等科目；以高于受托方的计税价格出售时，按照根据规定计算（计提）的消费税扣除受托方代收代缴的消费税税额后的金额，借记"税金及附加"科目，贷记"应交税费——应交消费税"科目。另一种方式是委托方在委托加工后提货时，将受托方代收代缴的消费税税额单独记入"应交税费——待抵扣消费税额"科目的借方（如果纳税人不设置"应交税费——待抵扣消费税额"科目，则记入"应交税费——应交消费税"科目的借方），借记"应交税费——待抵扣消费税额”等科目，贷记“银行存款”等科目（如果纳税人不设置“应交税费——待抵扣消费税额”科目，而通过“应交税费——应交消费税”科目核算“待抵扣消费税额”，则借记“应交税费——应交消费税”等科目，贷记“银行存款”等科目）。以高于受托方的计税价格出售时，按之前支付给受托方代收代缴的消费税税额，借记“应交税费——应交消费税”科目，贷记“应交税费——待抵扣消费税额”科目（如果纳税人不设置“应交税费——待抵扣消费税额”科目，则不做该笔会计分录。如果纳税人不设置“应交税费——待抵扣消费税额”科目，而通过“应交税费——应交消费税”科目核算“待抵扣消费税额”，在未全部销售该应税消费品时，就存在一定的难处，不易清楚核算。此时只能在会计分录中核算计提的消费税，无法核算抵扣的消费税，需要由税务会计人员在账外记录本期可以抵扣的消费税和尚未抵扣的消费税，道理与【任务实例3-13】类似），同时按照根据规定计算（计提）的消费税税额，借记“税金及附加”科目，贷记“应交税费——应交消费税”科目；缴纳消费税时，按照根据规定计算（计提）的消费税扣除受托方代收代缴的消费税税额后的金额，借记“应交税费——应交消费税”科目，贷记“银行存款”科目。

委托方收回应税消费品后，如果用于连续生产应税消费品的，其已纳消费税税款准予按照规定从连续生产的应税消费品应纳消费税税额中抵扣，委托方应按受托方代收代缴的消费税税额，借记“应交税费——待抵扣消费税额”科目，贷记“银行存款”等科目（如果纳税人不设置“应交税费——待抵扣消费税额”科目，而通过“应交税费——应交消费税”科目核算“待抵扣消费税额”，则借记“应交税费——应交消费税”等科目，贷记“银行存款”等科目）。

纳税人将委托加工后收回的已税消费品用于连续生产应税消费品时，应按照当期生产领用应税消费品的金额（或数量）计算准予扣除委托加工后收回的应税消费品已纳的消费税税款，借记“应交税费——应交消费税”科目，贷记“应交税费——待抵扣消费税额”科目（如果纳税人不设置“应交税费——待抵扣消费税额”科目，则不做该笔会计分录。如果纳税人不设置“应交税费——待抵扣消费税额”科目，而通过“应交税费——应交消费税”科目核算“待抵扣消费税额”，在未全部领用委托加工后收回的可以抵扣消费税的应税消费品时，就存在一定的难处，不易清楚核算。此时只能在会计分录中核算计提的消费税，无法核算抵扣的消费税，需要由税务会计人员在账外记录本期可以抵扣的消费税和尚未抵扣的消费税，道理与【任务实例3-13】类似），同时按照根据规定计算（计提）的消费税额，借记“税金及附加”科目，贷记“应交税费——应交消费税”科目；缴纳消费税时，按照根据规定计算（计提）的消费税税款扣除按照当期生产领用应税消费品的金额（或数量）计算准予扣除委托加工后收回的应税消费品已纳的消费税税款的余额，借记“应交税费——应交消费税”科目，贷记“银行存款”科目。

【任务实例3-18】甲酒厂为增值税一般纳税人，本年5月将库存自产的半成品酒发出（为生产该半成品酒而耗用了以前期间购进的原材料，涉及的进项税额已经于以前期间抵扣），委托外协单位乙酒厂加工调和成葡萄酒收回后直接对外出售。发出半成品的账面成本为770 000元，支付加工费242 000元（不含增值税），取得乙酒厂开具的增值税专用发票，款项以银行存款支付。甲酒厂取得的增值税专用发票本年5月符合抵扣规定。外协单位乙酒厂（受托方）同类消费品计税销售额为1 430 000元（不含增值税）。加工完毕，甲酒厂将葡萄酒验收入库待售。次月，甲酒厂将全部葡萄酒以1 320 000元的价格（不含增值税）对外销售，款项已存入银行。葡萄酒的消费税税率为10%。

【任务要求】

（1）计算甲酒厂本年5月的增值税进项税额。

（2）计算本年5月由乙酒厂代收代缴的消费税。

（3）对委托方甲酒厂上述业务进行账务处理。

（4）对受托方乙酒厂上述业务进行账务处理。

【任务实施】

（1）甲酒厂增值税进项税额=242 000×13%=31 460（元）

（2）由乙酒厂（受托方）代收代缴的消费税=1 430 000×10%=143 000（元）

（3）委托方甲酒厂的账务处理如下：

❶发出半成品时：

借：委托加工物资	770 000	
贷：原材料		770 000

❷支付加工费及相关税金（包括委托加工费、委托加工环节由受托方代收代缴的消费税、委托加工环节的增值税）时：

借：委托加工物资（242 000+143 000）	385 000	
应交税费——应交增值税（进项税额）	31 460	
贷：银行存款		416 460

❸加工完毕，收回入库时：

借：库存商品（770 000+385 000）	1 155 000	
贷：委托加工物资		1 155 000

❹次月将全部葡萄酒以1 320 000元的价格（不含增值税）对外销售，不高于受托方葡萄酒的计税价格1 430 000元，只计算增值税，不再计算缴纳消费税。

应纳增值税=1 320 000×13%=171 600（元）

借：银行存款	1 491 600	
贷：主营业务收入		1 320 000
应交税费——应交增值税（销项税额）		171 600
借：主营业务成本	1 155 000	
贷：库存商品		1 155 000

（4）受托方乙酒厂的账务处理如下：

❶收取加工费时：

借：银行存款	273 460	
贷：其他业务收入		242 000
应交税费——应交增值税（销项税额）		31 460

❷收取代收的消费税时：

借：银行存款	143 000	
贷：应交税费——应交消费税（或“应交税费——代收代交消费税”）		143 000

❸缴纳代收的消费税时：

借：应交税费——应交消费税（或“应交税费——代收代交消费税”）　143 000
　贷：银行存款　143 000

【任务实例 3-19】甲酒厂为增值税一般纳税人，本年5月将以前月份生产的库存半成品酒发出，委托外协单位乙酒厂加工调和成葡萄酒收回后直接对外出售。发出半成品的账面成本为770 000元，支付加工费242 000元（不含增值税），取得乙酒厂开具的增值税专用发票，款项以银行存款支付。甲酒厂取得的增值税专用发票本年5月符合抵扣规定。外协单位乙酒厂（受托方）同类消费品计税销售额为1 430 000元（不含增值税）。加工完毕，甲酒厂将葡萄酒验收入库待售。次月，甲酒厂将全部葡萄酒以1 500 000元的价格（不含增值税）对外销售，款项已存入银行。葡萄酒的消费税税率为10%。

【任务要求】

（1）计算甲酒厂的增值税进项税额。

（2）计算由乙酒厂代收代缴的消费税。

（3）对委托方甲酒厂上述业务进行账务处理。

（4）对受托方乙酒厂上述业务进行账务处理。

【任务实施】

（1）甲酒厂增值税进项税额=242 000×13%=31 460（元）

（2）由乙酒厂（受托方）代收代缴的消费税=1 430 000×10%=143 000（元）

（3）委托方甲酒厂的账务处理如下：

❶发出半成品时：

借：委托加工物资　770 000
　贷：原材料　770 000

❷支付加工费及相关税金（包括委托加工费、委托加工环节由受托方代收代缴的消费税、委托加工环节的增值税）时：

借：委托加工物资（242 000+143 000）　385 000
　应交税费——应交增值税（进项税额）　31 460
　贷：银行存款　416 460

❸加工完毕，收回入库时：

借：库存商品（770 000+385 000）　1 155 000
　贷：委托加工物资　1 155 000

❹将全部葡萄酒以1 500 000元的价格（不含增值税）对外销售，高于受托方葡萄酒的计税价格1 430 000元，既要计算增值税，又要按照差额计算缴纳消费税。

应纳增值税=1 500 000×13%=195 000（元）

应纳消费税=1 500 000×10%−143 000=7 000（元）

确认收入时：

借：银行存款　1 695 000
　贷：主营业务收入　1 500 000
　　应交税费——应交增值税（销项税额）　195 000

结转成本时：

借：主营业务成本 1 155 000

  贷：库存商品 1 155 000

计提消费税时：

借：税金及附加 7 000

  贷：应交税费——应交消费税 7 000

次月申报期内实际缴纳消费税时：

借：应交税费——应交消费税 7 000

  贷：银行存款 7 000

（4）受托方乙酒厂的账务处理如下：

❶收取加工费时：

借：银行存款 273 460

  贷：其他业务收入 242 000

    应交税费——应交增值税（销项税额） 31 460

❷收取代收的消费税时：

借：银行存款 143 000

  贷：应交税费——应交消费税（或"应交税费——代收代交消费税"） 143 000

❸缴纳代收的消费税时：

借：应交税费——应交消费税（或"应交税费——代收代交消费税"） 143 000

  贷：银行存款 143 000

点睛 针对【任务实例3-19】，另一种观点认为，将受托方代收代缴的消费税额单独记入"应交税费——待抵扣消费税额"科目的借方（如果纳税人不设置"应交税费——待抵扣消费税额"科目，则记入"应交税费——应交消费税"科目的借方），而不记入"委托加工物资"科目的借方。这样结果会使产品的成本随之降低。

委托方甲酒厂的账务处理如下：

❶发出半成品时：

借：委托加工物资 770 000

  贷：原材料 770 000

❷支付加工费及相关税金（包括委托加工费、委托加工环节由受托方代收代缴的消费税、委托加工环节的增值税）时：

借：委托加工物资 242 000

    应交税费——应交增值税（进项税额） 31 460

        ——待抵扣消费税额 143 000

  贷：银行存款 416 460

[如果纳税人不设置"应交税费——待抵扣消费税额"科目，则：

借：委托加工物资 242 000

    应交税费——应交增值税（进项税额） 31 460

        ——应交消费税 143 000

  贷：银行存款 416 460]

❸加工完毕，收回入库时：

借：库存商品（770 000+242 000） 1 012 000

贷：委托加工物资　1 012 000

❹将全部葡萄酒以1 500 000元的价格（不含增值税）对外销售，高于受托方葡萄酒的计税价格1 430 000元，既要计算增值税，又要按照差额计算缴纳消费税。

应纳增值税=1 500 000×13%=195 000（元）

应纳消费税=1 500 000×10%-143 000=150 000-143 000=7 000（元）

确认收入时：

借：银行存款　1 695 000

　贷：主营业务收入　1 500 000

　　　应交税费——应交增值税（销项税额）　195 000

结转成本时：

借：主营业务成本　1 012 000

　贷：库存商品　1 012 000

计提和抵扣消费税时：

借：税金及附加　150 000

　贷：应交税费——应交消费税　150 000

借：应交税费——应交消费税　143 000

　贷：应交税费——待抵扣消费税额　143 000

（如果纳税人不设置“应交税费——待抵扣消费税额”科目，而通过“应交税费——应交消费税”科目核算“待抵扣消费税额”，则：

借：税金及附加　150 000

　贷：应交税费——应交消费税　150 000）

次月申报期内实际缴纳消费税时：

借：应交税费——应交消费税（150 000-143 000）　7 000

　贷：银行存款　7 000

这两种账务处理方式不同，但对于当期利润的影响是一样的。第一种方式将委托加工环节的消费税143 000元计入产品成本（先记入“委托加工物资”科目，后转入“库存商品”科目），因此在产品销售环节，“主营业务成本”科目多结转143 000元。第二种方式将委托加工环节的消费税143 000元记入“应交税费——待抵扣消费税额”科目的借方，而在销售环节，“税金及附加”科目多记143 000元。“主营业务成本”科目与“税金及附加”科目同为利润表项目的减项，因此对于最终利润的影响是一样的。

【任务实例3-20】甲卷烟厂为增值税一般纳税人，本年5月委托乙厂加工烟丝，卷烟厂提供烟叶的价款为84 000元，支付加工费31 500元（不含增值税），取得乙厂开具的增值税专用发票，款项以银行存款支付。甲卷烟厂取得的增值税专用发票本年5月符合抵扣规定。乙厂无同类产品销售价格。增值税税率为13%，烟丝的消费税税率为30%。甲卷烟厂本月收回烟丝后全部继续加工成甲类卷烟销售。当月销售60标准箱，每标准条调拨价为75元（每标准箱的卷烟数量为50 000支，换算为250标准条。该卷烟适用的消费税比例税率为56%，定额税率为每标准箱150元），款项已存入银行。当月销售卷烟的成本为300 000元。甲卷烟厂期初库存委托加工收回的烟丝已纳消费税为20 000元，期末库存委托加工烟丝已纳消费税为20 000元。

【任务要求】

（1）计算甲卷烟厂销售卷烟的销售收入。

（2）计算甲卷烟厂销售卷烟的应纳增值税。

（3）计算受托方乙厂代收代缴的消费税及当月甲卷烟厂销售卷烟实际应纳的消费税。

（4）对委托方甲卷烟厂上述业务进行账务处理。

（5）对受托方乙厂上述业务进行账务处理。

【任务实施】

（1）甲卷烟厂销售收入=75×250×60=1 125 000（元）

（2）甲卷烟厂销售卷烟的应纳增值税=1 125 000×13%=146 250（元）

（3）由受托方乙厂代收代缴的消费税=（84 000+31 500）÷（1−30%）×30%=49 500（元）

甲卷烟厂销售卷烟的应纳消费税=1 125 000×56%+150×60=639 000（元）

甲卷烟厂当月销售卷烟实际应纳的消费税=639 000−49 500=589 500（元）

（4）委托方甲卷烟厂的账务处理如下：

❶发出委托加工材料时：

借：委托加工物资	84 000	
贷：原材料		84 000

❷支付委托加工费时：

借：委托加工物资	31 500	
应交税费——应交增值税（进项税额）（31 500×13%）	4 095	
贷：银行存款		35 595

❸支付受托方代收代缴的消费税时：

借：应交税费——待抵扣消费税额	49 500	
贷：银行存款		49 500

如果纳税人不设置“应交税费——待抵扣消费税额”科目，则：

借：应交税费——应交消费税	49 500	
贷：银行存款		49 500

❹加工的烟丝收回入库时：

借：原材料（84 000+31 500）	115 500	
贷：委托加工物资		115 500

❺销售卷烟取得收入并结转成本时：

借：银行存款	1 271 250	
贷：主营业务收入		1 125 000
应交税费——应交增值税（销项税额）		146 250
借：主营业务成本	300 000	
贷：库存商品		300 000

❻计提消费税时：

借：税金及附加	639 000	
贷：应交税费——应交消费税		639 000

❼抵扣消费税时：

当月准予抵扣的消费税税额=20 000+49 500−20 000=49 500（元）

借：应交税费——应交消费税	49 500	

贷：应交税费——待抵扣消费税额　49 500

（如果纳税人不设置“应交税费——待抵扣消费税额”科目，则不做该笔会计分录）

❽下月初实际缴纳消费税时：

借：应交税费——应交消费税（639 000−49 500）　589 500
　贷：银行存款　589 500

（5）受托方乙厂的账务处理如下：

❶收取加工费时：

借：银行存款　35 595
　贷：其他业务收入　31 500
　　应交税费——应交增值税（销项税额）　4 095

❷收取代收的消费税时：

借：银行存款　49 500
　贷：应交税费——应交消费税（或“应交税费——代收代交消费税”）　49 500

❸缴纳代收的消费税时：

借：应交税费——应交消费税（或“应交税费——代收代交消费税”）　49 500
　贷：银行存款　49 500

（六）进口应税消费品的会计核算

进口应税消费品时，进口单位缴纳的消费税应计入应税消费品的成本中。进口单位应当按进口成本连同应纳关税、消费税，借记“固定资产”“原材料”“在途物资”“库存商品”等科目，由于进口货物向海关缴税与提货联系在一起，即缴税后方能提货，为简化核算，应纳关税、消费税可以不通过“应交税费”科目核算，直接贷记“银行存款”“应付账款”等科目。若情况特殊，先提货，后缴税时，也可以通过“应交税费”科目核算。

【任务实例3-21】甲公司为增值税一般纳税人，本年5月从国外进口一辆小汽车，其关税完税价格为60 000美元，适用的关税税率为50%，款项以银行存款支付。按照税法规定，该小汽车适用从价定率办法计算征收消费税，其消费税税率为3%，当月1日美元汇率为1美元兑6.20元人民币。甲公司从海关取得了海关进口增值税专用缴款书，该海关进口增值税专用缴款书本年5月已经申请稽核比对，并且稽核比对结果为相符。

【任务要求】

（1）计算甲公司进口应税消费品的组成计税价格。

（2）计算甲公司的应纳增值税及消费税。

（3）对甲公司上述业务进行账务处理。

【任务实施】

（1）消费税组成计税价格=（60 000×6.20+60 000×6.20×50%）÷（1−3%）
=558 000÷（1−3%）=575 257.73（元）

（2）应纳消费税=575 257.73×3%=17 257.73（元）

应纳增值税=（60 000×6.20+60 000×6.20×50%+17 257.73）×13%=74 783.50（元）

（3）甲公司的账务处理如下：

❶支付外商货款及缴纳进口关税时：

借：在途物资　558 000

贷：银行存款 558 000

❷计提消费税时：

借：在途物资 17 257.73

贷：应交税费——应交消费税 17 257.73

❸缴纳进口消费税时：

借：应交税费——应交消费税 17 257.73

贷：银行存款 17 257.73

❹缴纳进口增值税时：

借：应交税费——应交增值税（进项税额） 74 783.50

贷：银行存款 74 783.50

或上述分录合并为：

借：在途物资（60 000×6.20+60 000×6.20×50%+17 257.73） 575 257.73

应交税费——应交增值税（进项税额） 74 783.50

贷：银行存款 650 041.23

（七）消费税出口退（免）税和征税的会计核算

目前，我国的出口应税消费品的消费税税收政策分为以下三种形式：❶出口免税并退税；❷出口免税不退税；❸出口不免税也不退税。下面对这三种形式的会计核算分别进行阐述。

1. 消费税出口免税并退税的会计核算

有出口经营权的外贸企业购进应税消费品直接出口，以及外贸企业受其他外贸企业委托代理出口应税消费品，在出口销售环节免征消费税，并可退还生产环节的消费税。

点睛 外贸企业只有受其他外贸企业委托，代理出口应税消费品才可办理退税，外贸企业受其他企业（主要是非生产性的一般商贸企业）委托，代理出口应税消费品是不予退（免）税的。

另外，根据《财政部 国家税务总局关于出口货物劳务增值税和消费税政策的通知》（财税〔2012〕39号）的规定，出口企业出口或视同出口适用增值税退（免）税的货物，免征消费税，如果属于购进出口的货物，退还前一环节对其已征的消费税。

出口货物的消费税应退税额的计税依据，按购进出口货物的消费税专用缴款书和海关进口消费税专用缴款书确定。

点睛 具体来说，出口货物的消费税应退税额的计税依据，按购进的用于出口货物的“出口货物消费税专用缴款书”或进口的用于出口货物的“海关进口消费税专用缴款书”确定。

提示 《国家税务总局关于使用出口货物消费税专用缴款书管理办法的通知》（国税明电〔1993〕71号）的规定如下：（1）出口企业直接从生产企业收购消费税应税货物用于出口的，由生产企业所在地税务机关在征税时开具“出口货物消费税专用缴款书”（以下简称“专用税票”）；（2）专用税票经税务、国库（经收处）收款盖章后，由生产企业转交出口企业，在货物出口后据以申请退还消费税；（3）出口企业将收购的已征收消费税的货物销售给其他企业出口的，可由主管其出口退税的税务机关在专用税票上盖章或者开具专用税票分割单交其他企业据以申请退税。

属于从价定率计征消费税的，出口货物的消费税应退税额的计税依据为已征且未在内销应税消费品应纳税额中抵扣的购进出口货物金额；属于从量定额计征消费税的，出口货物的消费税应退税额的计税依据为已征且未在内销应税消费品应纳税额中抵扣的购进出口货物数量；属于复合计征消费税的，出口货物的消费税应退税额的计税依据按从价定率和从量定额的计税依据分别确定。

$$\frac{\text{从价定率计征消费税}}{\text{应退税额}}=\frac{\text{从价定率计征消费税}}{\text{的退税计税依据}}\times\frac{\text{比例}}{\text{税率}}=\frac{\text{已征且未在内销应税消费品应纳税额}}{\text{中抵扣的购进出口货物金额}}\times\frac{\text{比例}}{\text{税率}}$$

$$\frac{\text{从量定额计征消费税}}{\text{应退税额}}=\frac{\text{从量定额计征消费税}}{\text{的退税计税依据}}\times\frac{\text{定额}}{\text{税率}}=\frac{\text{已征且未在内销应税消费品应纳税额}}{\text{中抵扣的购进出口货物数量}}\times\frac{\text{定额}}{\text{税率}}$$

$$\frac{\text{复合计征消费税}}{\text{应退税额}}=\frac{\text{从价定率计征消费税}}{\text{的退税计税依据}}\times\frac{\text{比例}}{\text{税率}}+\frac{\text{从量定额计征消费税}}{\text{的退税计税依据}}\times\frac{\text{定额}}{\text{税率}}$$

$$=\frac{\text{已征且未在内销应税消费品应纳}}{\text{税额中抵扣的购进出口货物金额}}\times\frac{\text{比例}}{\text{税率}}+\frac{\text{已征且未在内销应税消费品应纳}}{\text{税额中抵扣的购进出口货物数量}}\times\text{定额税率}$$

【任务实例3-22】甲外贸公司为增值税一般纳税人，本年1月从乙化妆品厂购入高档化妆品一批（乙化妆品厂该批高档化妆品的成本为130万元），款项以银行存款支付。甲外贸公司取得的增值税专用发票注明价款200万元，增值税税额26万元，取得的出口货物消费税专用缴款书上注明计税金额200万元，消费税税额30万元。上述增值税专用发票本年1月符合抵扣规定。甲外贸公司本年2月将该批高档化妆品销往国外，离岸价格为120万美元（当日外汇牌价1美元兑6.3元人民币），款项已存入银行，甲外贸公司按规定申报办理消费税退税。该批高档化妆品在出口时，其控制权由甲外贸公司转移给客户。高档化妆品的消费税税率为15%，消费税退税率为15%，增值税退税率为9%。

【任务要求】

（1）计算甲外贸公司的应退消费税和应退增值税。

（2）对乙化妆品厂上述业务进行账务处理。

（3）对甲外贸公司上述业务进行账务处理。

【任务实施】

（1）应退消费税=2 000 000×15%=300 000（元）

应退增值税=2 000 000×9%=180 000（元）

（2）乙化妆品厂的账务处理如下：

❶确认收入时：

借：银行存款	2 260 000	
贷：主营业务收入		2 000 000
应交税费——应交增值税（销项税额）		260 000

❷结转成本时：

借：主营业务成本	1 300 000	
贷：库存商品		1 300 000

❸计提消费税时：

借：税金及附加（2 000 000×15%）	300 000	
贷：应交税费——应交消费税		300 000

(3) 甲外贸公司的账务处理如下：

❶购入高档化妆品时：

借：库存商品 2 000 000
　　应交税费——应交增值税（进项税额） 260 000
　贷：银行存款 2 260 000

❷高档化妆品报关出口时（出口时免征增值税和消费税）：

借：银行存款（1 200 000×6.3） 7 560 000
　贷：主营业务收入 7 560 000

❸结转销售成本时：

借：主营业务成本 2 000 000
　贷：库存商品 2 000 000

❹不予退还的增值税做进项税额转出时：

借：主营业务成本［2 000 000×（13%-9%）］ 80 000
　贷：应交税费——应交增值税（进项税额转出） 80 000

❺申请退税时：

借：应收出口退税款——增值税 180 000
　　　　　　　　　——消费税 300 000
　贷：应交税费——应交增值税（出口退税） 180 000
　　　主营业务成本 300 000

❻收到出口退税款时：

借：银行存款 480 000
　贷：应收出口退税款——增值税 180 000
　　　　　　　　　　——消费税 300 000

2. 消费税出口免税不退税的会计核算

有出口经营权的生产企业自营出口或生产企业委托外贸企业代理出口自产的应税消费品，依据其实际出口数量免征消费税，不予退还消费税。

免征消费税是指对生产企业按其实际出口数量免征生产环节（这里的生产环节即为出口销售环节）的消费税。

点睛 生产环节指的是第一道生产销售环节，即出厂销售环节，由于出口，因此这里的生产环节即为出口销售环节。

不予办理退还消费税，是指因已免征生产环节（这里的生产环节即为出口销售环节）的消费税，该应税消费品出口时，已不含有消费税，所以不需要再退还消费税。另外，根据《财政部 国家税务总局关于出口货物劳务增值税和消费税政策的通知》（财税〔2012〕39号）的规定，出口企业出口或视同出口适用增值税免税政策的货物，免征消费税，但不退还其以前环节已征的消费税，且不允许在内销应税消费品应纳消费税款中抵扣。

点睛 这项“出口免税不退税”的消费税政策规定与第二章的第三节中“出口免税不退税”的增值税政策规定是不同的。

就“出口免税不退税”的消费税政策而言，消费税出口免税是指对生产企业按其实际出口数量免征生产环节（这里的生产环节即为出口销售环节）的消费税；消费税出口不退税，是指因已免征生产环节

（这里的生产环节即为出口销售环节）的消费税，该应税消费品出口时，已不含有消费税，所以不需要再退还消费税。

就“出口免税不退税”的增值税政策而言，增值税出口免税是指对货物、劳务和跨境应税行为在出口销售环节免征增值税，这是把货物、劳务和跨境应税行为出口销售环节与出口前的销售环节都同样视为一个增值税征税环节；增值税出口不退税是指适用这个政策的出口货物、劳务和跨境应税行为因在前一道生产、销售环节或进口环节是免征增值税的，因此，出口时该货物、劳务和跨境应税行为的价格中本身就不含增值税，也不需要退还增值税。

【任务实例3-23】甲公司是一家拥有进出口经营权的生产企业，为增值税一般纳税人，对自产高档化妆品A产品经营出口销售及国内销售。甲公司本年1月购进所需原材料，取得的增值税专用发票上注明价款5 000 000元，增值税税额650 000元，款项以银行存款支付；本年1月内销A产品取得销售额3 000 000元（不含增值税），内销A产品成本为2 000 000元，该批A产品已经发出，款项已存入银行，该批A产品在发出时，其控制权由甲公司转移给客户；本年1月出口A产品离岸价折合人民币24 000 000元，出口A产品成本为16 000 000元，款项尚未收到，该批A产品在出口时，其控制权由甲公司转移给客户。上期增值税留抵税款50 000元，增值税税率为13%，增值税退税率为12%，消费税税率为15%。甲公司取得的增值税专用发票本年1月符合抵扣规定。

【任务要求】对甲公司上述业务进行账务处理。

【任务实施】

（1）购进原材料时：

借：原材料	5 000 000	
应交税费——应交增值税（进项税额）	650 000	
贷：银行存款		5 650 000

（2）A产品外销（出口）时（出口时免征增值税和消费税）：

借：应收账款	24 000 000	
贷：主营业务收入		24 000 000
借：主营业务成本	16 000 000	
贷：库存商品		16 000 000

（3）A产品内销时（内销时不免征增值税和消费税）：

借：银行存款	3 390 000	
贷：主营业务收入		3 000 000
应交税费——应交增值税（销项税额）		390 000
借：税金及附加	450 000	
贷：应交税费——应交消费税（3 000 000×15%）		450 000
借：主营业务成本	2 000 000	
贷：库存商品		2 000 000

（4）计算月末当期免抵退税不得免征和抵扣税额，做进项税额转出时：

$$\frac{\text{当期免抵退税不得}}{\text{免征和抵扣税额}}=\frac{\text{当期出口}}{\text{货物离岸价}}\times\frac{\text{外汇}}{\text{人民币牌价}}\times\left(\frac{\text{出口货物}}{\text{征税率}}-\frac{\text{出口货物}}{\text{退税率}}\right)-\frac{\text{免抵退税不得免征}}{\text{和抵扣税额抵减额}}$$

=24 000 000×（13%−12%）−0=240 000（元）

借：主营业务成本　240 000
　贷：应交税费——应交增值税（进项税额转出）　240 000

（5）计算增值税应纳税额。

$$\text{当期增值税应纳税额}=\text{当期内销货物的销项税额}-\left(\text{当期全部进项税额}-\text{当期免抵退税不得免征和抵扣税额}\right)-\text{上期留抵税额}$$

$$=390\,000-(650\,000-240\,000)-50\,000=-70\,000\text{（元）}$$

由于当期增值税应纳税额=-70 000元<0，说明当期期末退税前的留抵税额为70 000元，无须做会计分录。当期期末退税前的留抵税额70 000元为当期“增值税及附加税费申报表（一般纳税人适用）”中的“期末留抵税额”。

（6）计算免抵退税额、应退税额和免抵税额。

$$\text{当期免抵退税额}=\text{当期出口货物离岸价格}\times\text{外汇人民币牌价}\times\text{出口货物退税率}-\text{免抵退税额抵减额}=24\,000\,000\times12\%-0=2\,880\,000\text{（元）}$$

由于当期期末退税前的留抵税额70 000元<当期免抵退税额2 880 000元，因此：

当期应退税额=当期期末退税前的留抵税额=70 000（元）

当期免抵税额=当期免抵退税额-当期应退税额=2 880 000-70 000=2 810 000（元）

当期期末退税后的留抵税额（结转下期继续留抵税额）=当期期末退税前的留抵税额-当期应退税额=70 000-70 000=0（元）

计提免抵税额并申报退税时：

借：应收出口退税款——增值税　70 000
　　应交税费——应交增值税（出口抵减内销产品应纳税额）　2 810 000
　贷：应交税费——应交增值税（出口退税）　2 880 000

（7）收到退税款时：

借：银行存款　70 000
　贷：应收出口退税款——增值税　70 000

3.消费税出口不免税也不退税的会计核算

除生产企业、外贸企业外的其他企业（主要是非生产性的一般商贸企业）委托外贸企业代理出口应税消费品一律不予退（免）税，即不免税也不退税。另外，根据《财政部 国家税务总局关于出口货物劳务增值税和消费税政策的通知》（财税〔2012〕39号）的规定，出口企业出口或视同出口适用增值税征税政策的货物，应按规定缴纳消费税，不退还其以前环节已征的消费税，且不允许在内销应税消费品应纳消费税款中抵扣。

点睛　消费税出口退（免）税的其他有关规定：（1）出口的应税消费品办理退税后，发生退关，或者国外退货进口时予以免税的，报关出口者必须及时向其所在地主管税务机关申报补缴已退的消费税税款。（2）纳税人直接出口的应税消费品办理免税后，发生退关或国外退货，复进口时已予以免税的，经所在地主管税务机关批准，可暂不办理补税，待其转为国内销售时，再向其主管税务机关申报补缴消费税。

【任务实例3-24】甲公司是一家拥有进出口经营权的生产企业，为增值税一般纳税人，对自产某应税消费品B产品［属于《财政部 国家税务总局关于出口货物劳务增值税和消费税政策的通知》（财税〔2012〕39号）中“适用增值税征税政策的范围”］经营出口销售及国内销售。甲公司本年1月购进所需原材料，取得的增值税专用发票上注明价款10 000 000元，增值税税额1 300 000元，款项以银行存款支付；本年1月内销B产品取得销售额3 390 000元（含增值税），内销B产品的成本为2 000 000元，该批B产品已经发出，款项3 390 000元已存入银行，该批B产品在发出时，其控制权由甲公司转移给客户；本年1月出口B产品离岸价折合人民币22 600 000元（含增值税），出口B产品的成本为16 000 000元，款项尚未收到，该批B产品在出口时，其控制权由甲公司转移给客户。B产品适用的增值税税率为13%，消费税税率为15%。上期期末无增值税留抵税额。甲公司取得的增值税专用发票本年1月符合抵扣规定。出口B产品不存在耗用进料加工保税进口料件事项。

【任务要求】对甲公司上述业务进行账务处理。

【任务实施】

（1）购进原材料时：

借：原材料 10 000 000
　　应交税费——应交增值税（进项税额） 1 300 000
　贷：银行存款 11 300 000

（2）将原材料用于生产免税B产品时：

借：生产成本 10 000 000
　贷：原材料 10 000 000

（3）B产品外销（出口）时（出口时不免征增值税和消费税）：

$$\text{出口增值税销项税额}=\left(\text{出口货物离岸价}-\text{出口货物耗用的进料加工保税进口料件金额}\right)\div(1+\text{适用税率})\times\text{适用税率}$$

$$=(22\ 600\ 000-0)\div(1+13\%)\times13\%=20\ 000\ 000\times13\%=2\ 600\ 000\text{（元）}$$

借：应收账款 22 600 000
　贷：主营业务收入 20 000 000
　　　应交税费——应交增值税（销项税额） 2 600 000
借：税金及附加 3 000 000
　贷：应交税费——应交消费税（20 000 000×15%） 3 000 000
借：主营业务成本 16 000 000
　贷：库存商品 16 000 000

（4）B产品内销时（内销时不免征增值税和消费税）：

内销增值税销项税额=3 390 000÷（1+13%）×13%=3 000 000×13%=390 000（元）

借：银行存款 3 390 000
　贷：主营业务收入 3 000 000
　　　应交税费——应交增值税（销项税额） 390 000
借：税金及附加 450 000
　贷：应交税费——应交消费税（3 000 000×15%） 450 000
借：主营业务成本 2 000 000
　贷：库存商品 2 000 000

（5）本年1月31日转出应缴未缴增值税时：

当期应纳税额=（2 600 000+390 000）-1 300 000=1 690 000（元）

借：应交税费——应交增值税（转出未交增值税）　　16 900 000

　贷：应交税费——未交增值税　　1 690 000

（6）本年2月申报期内申报缴纳增值税和消费税时：

借：应交税费——未交增值税　　1 690 000

　　应交税费——应交消费税（3 000 000+450 000）　　3 450 000

　贷：银行存款　（1 690 000+3 450 000）　　5 140 000

（八）缴纳消费税的会计核算

纳税人缴纳消费税通过“应交税费——应交消费税”以及“银行存款”两个科目来核算。纳税人按照应缴纳的消费税税额，借记“应交税费——应交消费税”科目，同时贷记“银行存款”科目。

缴纳消费税的会计核算在前面的例题中已经多次举例，这里不再赘述。

（九）减免消费税的会计核算

1.直接减免消费税的会计核算

纳税人对法定直接减免的消费税，国家未指定特定用途的，可以不进行会计处理。但严谨起见，应当先借记“税金及附加”等科目，贷记“应交税费——应交消费税”科目，然后借记“应交税费——应交消费税”科目，贷记“其他收益”或“营业外收入”或“税金及附加”等科目。

点睛　纳税人先借记“税金及附加”等科目，贷记“应交税费——应交消费税”科目，然后借记“应交税费——应交消费税”科目，贷记“其他收益”或“营业外收入”或“税金及附加”等科目，这样实际上相当于没有做会计分录。

纳税人对法定直接减免的消费税，国家指定特定用途的，应当先借记“税金及附加”等科目，贷记“应交税费——应交消费税”科目，再借记“应交税费——应交消费税”科目，贷记“实收资本”等科目。

2.先征后返、先征后退和即征即退消费税的会计核算

纳税人对实行先征后返、先征后退和即征即退消费税的减免方式，应当先按正常计税要求计算缴纳消费税，并进行相应的会计核算。本月缴纳以前期间应缴未缴的消费税，则借记“应交税费——应交消费税”科目，贷记“银行存款”科目；在收到退税款时，借记“银行存款”科目，贷记“其他收益”科目（最后一步账务处理也可分为两步：在确认先征后返、先征后退或即征即退消费税时，借记“其他应收款”科目，贷记“其他收益”科目；日后收到退税款时，借记“银行存款”科目，贷记“其他应收款”科目）。

税收动漫

3分钟带你了解纳税信用

“先征后返、先征后退和即征即退消费税的会计核算”与项目二中“先征后返、先征后退和即征即退增值税的会计核算”类似，这里不再赘述。

任务三　消费税的纳税申报

任务引例

在实务中，消费税税务会计工作是按照消费税的计算、消费税的账务处理（会计核算）、消费税纳税申报的顺序进行的吗？

纳税人对消费税进行纳税申报时，应填报“本期准予扣除税额计算表”①（见表3-2）、“本期准予扣除税额计算表（成品油消费税纳税人适用）”②（略）、“本期减（免）税额明细表”（略）、“本期委托加工收回情况报告表”（略）、“卷烟批发企业月份销售明细清单（卷烟批发环节消费税纳税人适用）”③（略）、“卷烟生产企业合作生产卷烟消费税情况报告表（卷烟生产环节消费税纳税人适用）”④（略）、“消费税附加税费计算表”（见表3-3）、“消费税及附加税费申报表”（见表3-4）。

表3-2　　**本期准予扣除税额计算表**　　金额单位：元（列至角分）

应税消费品名称 \ 准予扣除项目				卷烟			合计
一、本期准予扣除的委托加工应税消费品已纳税款计算		期初库存委托加工应税消费品已纳税款	1	0.00			0.00
		本期收回委托加工应税消费品已纳税款	2	120 000.00			120 000.00
		期末库存委托加工应税消费品已纳税款	3	48 000.00			48 000.00
		本期领用不准予扣除委托加工应税消费品已纳税款	4	0.00			0.00
		本期准予扣除委托加工应税消费品已纳税款	5=1+2-3-4	72 000.00			72 000.00
二、本期准予扣除的外购应税消费品已纳税款计算	（一）从价计税	期初库存外购应税消费品买价	6	0.00			0.00
		本期购进应税消费品买价	7	400 000.00			400 000.00
		期末库存外购应税消费品买价	8	80 000.00			80 000.00
		本期领用不准予扣除外购应税消费品买价	9	0.00			0.00
		适用税率	10	30%			
		本期准予扣除外购应税消费品已纳税款	11=（6+7-8-9）×10	96 000.00			96 000.00
	（二）从量计税	期初库存外购应税消费品数量	12				
		本期外购应税消费品数量	13				
		期末库存外购应税消费品数量	14				
		本期领用不准予扣除外购应税消费品数量	15				
		适用税率	16				
		计量单位	17				
		本期准予扣除的外购应税消费品已纳税款	18=（12+13-14-15）×16				
三、本期准予扣除税款合计			19=5+11+18	168 000.00			168 000.00

① 本表由外购（含进口）或委托加工收回应税消费品用于连续生产应税消费品、委托加工收回的应税消费品以高于受托方计税价格出售的纳税人（成品油消费税纳税人除外）填写。

② 本表由外购（含进口）或委托加工收回已税汽油、柴油、石脑油、润滑油、燃料油（以下简称应税油品）用于连续生产应税消费品的成品油消费税纳税人填写。

③ 本表由卷烟批发环节消费税纳税人填报，于办理消费税纳税申报时一并报送。

④ 本表由卷烟生产环节消费税纳税人填报，未发生合作生产卷烟业务的纳税人不填报本表。

表3-3　**消费税附加税费计算表**①　金额单位：元（列至角分）

本期是否适用小微企业“六税两费”减免政策	□是 ☑否	减免政策适用主体	增值税小规模纳税人：□是 □否
			增值税一般纳税人：□个体工商户 □小型微利企业
		适用减免政策起止时间	年 月 至 年 月

税（费）种	计税（费）依据	税（费）率（%）	本期应纳税（费）额	本期减免税（费）额		小微企业“六税两费”减免政策		本期已缴税（费）额	本期应补（退）税（费）额
	消费税税额			减免性质代码	减免税（费）额	减征比例（%）	减征额		
	1	2	3=1×2	4	5	6	7=（3-5）×6	8	9=3-5-7-8
城市维护建设税	1 395 600.00	7%	97 692.00						97 692.00
教育费附加	1 395 600.00	3%	41 868.00						41 868.00
地方教育附加	1 395 600.00	2%	27 912.00						27 912.00
合计	—	—	167 472.00	—		—			167 472.00

表3-4　**消费税及附加税费申报表**②

税款所属期：自2023年06月01日至2023年06月30日

纳税人识别号（统一社会信用代码）：91410150258325261N

纳税人名称：**大连白云卷烟有限公司**（公章）　金额单位：人民币元（列至角分）

项目 应税消费品名称	适用税率 定额税率	适用税率 比例税率	计量单位	本期销售数量	本期销售额	本期应纳税额
	1	2	3	4	5	6=1×4+2×5
卷烟	**30元**	**56%**	**万支**	**600.00**	**2 760 000.00**	**1 563 600.00**
合计	—	—	—	—	—	**1 563 600.00**

	栏次	本期税费额
本期减（免）税额	7	**0.00**
期初留抵税额	8	**0.00**
本期准予扣除税额	9	**168 000.00**
本期应扣除税额	10=8+9	**168 000.00**
本期实际扣除税额	11［10<（6-7），则为10，否则为6-7］	**168 000.00**
期末留抵税额	12=10-11	**0.00**
本期预缴税额	13	**0.00**
本期应补（退）税额	14=6-7-11-13	**1 395 600.00**
城市维护建设税本期应补（退）税额	15	**97 692.00**
教育费附加本期应补（退）费额	16	**41 868.00**
地方教育附加本期应补（退）费额	17	**27 912.00**

声明：此表是根据国家税收法律法规及相关规定填写的，本人（单位）对填报内容（及附带资料）的真实性、可靠性、完整性负责。

纳税人（签章）：**大连白云卷烟有限公司**　　2023年07月09日

经办人：**略**	受理人：
经办人身份证号：**略**	受理税务机关（章）：
代理机构签章：	受理日期：　年　月　日
代理机构统一社会信用代码：	

① 本表属于“项目六　其他税种的会计实务（上）”的“任务一　城市维护建设税、教育费附加和地方教育附加的会计实务”的学习内容。

② 本表的“第15至17栏次”属于“项目六　其他税种的会计实务（上）”的“任务一　城市维护建设税、教育费附加和地方教育附加的会计实务”的学习内容。

项目引例3解析

（1）计算大连白云卷烟有限公司2023年6月的应纳消费税。

❶逐笔分析经济业务，确定本期每笔经济业务应纳消费税或者可抵扣（扣除）消费税。

业务（1）：委托加工环节受托方代收代缴的消费税 =（200 000+80 000）÷（1−30%）×30%=120 000（元）

生产车间本月领用委托加工收回烟丝的60%用于连续生产白云牌卷烟可以扣除的烟丝消费税 =120 000×60%=72 000（元）

业务（2）：生产车间本月领用外购烟丝的80%用于连续生产白云牌卷烟可以扣除的烟丝消费税 =400 000×30%×80%=120 000×80%

=96 000（元）

业务（3）：120标准箱=120×250=30 000（标准条）=30 000×200=6 000 000（支）

销售卷烟应纳消费税 =240×10 000×56%+33.9×10 000÷（1+13%）×56%+6 000 000×0.003=1 530 000（元）

业务（4）：没收包装物押金应纳消费税=6.78×10 000÷（1+13%）×56%=33 600（元）

❷计算本期应纳消费税税额以及本期应补（退）消费税税额。

本期应纳消费税税额=1 530 000+33 600=1 563 600（元）

本期应补（退）消费税税额=1 563 600−72 000−96 000=1 395 600（元）

（2）对大连白云卷烟有限公司2023年6月发生的经济业务以及2023年7月缴纳消费税的业务进行账务处理。

业务（1）：

发出委托加工材料时：

借：委托加工物资　200 000

　贷：原材料　200 000

支付委托加工费时：

借：委托加工物资　80 000

　　应交税费——应交增值税（进项税额）　10 400

　贷：银行存款　90 400

支付受托方代收代缴的消费税时：

借：应交税费——待抵扣消费税额　120 000

　贷：银行存款　120 000

加工的烟丝收回入库时：

借：原材料（200 000+80 000）　280 000

　贷：委托加工物资　280 000

抵扣消费税时：

借：应交税费——应交消费税　72 000

　贷：应交税费——待抵扣消费税额　72 000

业务（2）：

外购已税烟丝时：

借：原材料　280 000

借：应交税费——待抵扣消费税额 120 000
——应交增值税（进项税额） 52 000
贷：银行存款 452 000

抵扣消费税时：

借：应交税费——应交消费税 96 000
贷：应交税费——待抵扣消费税额 96 000

业务（3）：

销售卷烟取得收入并结转成本时：

借：银行存款 3 051 000
贷：主营业务收入 2 400 000
其他业务收入［33.9×10 000÷（1+13%）］ 300 000
应交税费——应交增值税（销项税额）［2 400 000×13%+33.9×10 000÷（1+13%）×13%］ 351 000

结转成本的会计分录略。

计提消费税时：

借：税金及附加 1 530 000
贷：应交税费——应交消费税 1 530 000

业务（4）：

没收白云牌卷烟逾期包装物押金6.78万元时：

借：其他应付款——存入保证金 67 800
贷：其他业务收入［6.78×10 000÷（1+13%）］ 60 000
应交税费——应交增值税（销项税额）［6.78×10 000÷（1+13%）×13%］ 7 800

借：税金及附加 33 600
贷：应交税费——应交消费税 33 600

另外，2023年6月12日缴纳2023年5月应缴未缴消费税时：

借：应交税费——应交消费税 980 000
贷：银行存款 980 000

2023年7月9日缴纳2023年6月应缴未缴消费税时：

借：应交税费——应交消费税（1 530 000+33 600−72 000−96 000） 1 395 600
贷：银行存款 1 395 600

（3）大连白云卷烟有限公司2023年7月9日对2023年6月的消费税进行纳税申报，填写"消费税及附加税费申报表"等申报表。

第一步：根据"应交税费——应交消费税"明细账，填写"本期准予扣除税额计算表"（见表3-2）、"本期委托加工收回情况报告表"（略）、"消费税附加税费计算表"（见表3-3）。

第二步：根据"应交税费——应交消费税"明细账，"本期准予扣除税额计算表"（见表3-2）、"本期委托加工收回情况报告表"（略）、"消费税附加税费计算表"（见表3-3）等，填写"消费税及附加税费申报表"（见表3-4）。

任务引例解析

在实务中，消费税的计算应当与消费税的账务处理（会计核算）同步进行。最终根据“应交税费——应交消费税”明细账，汇总计算消费税，并填写消费税及附加税费申报表。

项目练习

1. 甲汽车制造厂为增值税一般纳税人，本年5月销售10辆A型号小汽车，出厂价为每辆100 000元（不含税），A型号小汽车成本为每辆70 000元；用10辆B型号小汽车抵偿以前欠乙公司货款1 500 000元，B型号小汽车成本为每辆100 000元，B型号小汽车的平均售价为每辆120 000元（不含税），最高售价为每辆125 000元（不含税）。上述小汽车的消费税税率均为9%。要求：对甲汽车制造厂上述业务进行账务处理。

2. 甲珠宝店为增值税一般纳税人，本年5月将自产的金项链100克奖励给管理部门的优秀职工，其成本为50 000元，当月同样金项链的零售价格为678元/克。要求：对甲珠宝店上述业务进行账务处理。

项目实训

甲卷烟生产企业为增值税一般纳税人，本年5月按65元/标准条的调拨价格（不含增值税）销售900标准箱M牌卷烟给乙卷烟批发企业，并向其开具增值税专用发票。甲卷烟生产企业销售的900标准箱M牌卷烟的成本为6 000 000元。乙卷烟批发企业为增值税一般纳税人，取得的增值税专用发票本年5月符合抵扣规定。乙卷烟批发企业本年6月将上月购入的900标准箱M牌卷烟全部对外批发销售，其中，批发给另一卷烟批发企业600箱、零售专卖店200箱、个体烟摊100箱。每箱不含税批发价格为30 000元。1标准箱=250标准条，1标准条=200支。以上款项均未收。

要求：

（1）计算甲卷烟生产企业的应纳消费税，并对甲卷烟生产企业上述业务进行账务处理。

（2）计算乙卷烟批发企业的应纳消费税，并对乙卷烟批发企业上述业务进行账务处理。

项目四

企业所得税的会计实务

职业能力目标

（1）能根据相关业务资料计算企业所得税。

（2）能设置企业所得税的会计科目，能根据相关业务资料对企业所得税进行会计核算。

（3）能根据相关业务资料填写企业所得税预缴纳税申报表和年度纳税申报表，并能进行企业所得税的预缴纳税申报和年度汇算清缴纳税申报。

素养提升

视频

企业研发费用加计扣除政策观察：
政策效应超预期　企业可享多重利好

项目引例4——企业所得税的计算、会计核算和纳税申报

山东宏远有限公司为居民企业，其纳税人识别号为91370722004056710T，企业从业人数为160人，资产总额为6 000万元，所属行业为工业企业（制造业企业）。2023年度境内经营业务如下：

❶取得销售收入2 000万元。

❷发生销售成本700万元。

❸发生销售费用600万元（其中含广告费和业务宣传费合计420万元），管理费用500万元（其中含业务招待费16万元；2023年7月发生的用于X产品新技术的研究开发费用共计40万元且未形成无形资产），财务费用42万元（均为利息支出）。

❹发生各种税金180万元（含增值税120万元）。

❺发生固定资产处置净损益（收益）80万元（会计上记入“资产处置损益”科目，而非“营业外收入”科目），发生无形资产处置净损益（损失）2.4万元（会计上记入“资产处置损益”科目，而非“营业外支出”科目）。

❻营业外支出37.6万元（含通过公益性社会团体向C市D希望小学捐款1.6万元，支付税收滞纳金36万元）。

❼2023年7月取得直接投资于其他居民企业连续12个月以上的权益性投资收益30万元（已在被投资方所在地按15%的税率缴纳了企业所得税）。

❽计入成本、费用中的实发工资总额120万元，职工工会经费2万元，职工福利

费20万元，职工教育经费10.6万元。

❾山东宏远有限公司在A、B两国设有分支机构。在A国机构的税后所得为32.2万元，A国企业所得税税率为30%；在B国机构的税后所得为30万元，B国企业所得税税率为20%。在A、B两国已分别缴纳所得税13.8万元、7.5万元。假设A、B两国应税所得额的计算与我国税法相同。山东宏远有限公司选择“分国（地区）不分项”的方法来计算其来源于境外的应纳税所得额。

山东宏远有限公司2023年度无以前年度亏损（2018—2022年均无亏损），2023年度前三季度已经预缴企业所得税28.1625万元，2023年第四季度营业收入为2 000万元，营业成本为700万元，利润总额为230.2万元，第四季度预缴企业所得税21.8875万元。根据规定，“自2023年1月1日起，❶企业7月份预缴申报第2季度（按季预缴）或6月份（按月预缴）企业所得税时，能准确归集核算研发费用的，可以结合自身生产经营实际情况，自主选择就当年上半年研发费用享受加计扣除政策。对7月份预缴申报期未选择享受优惠的企业，在10月份预缴申报或年度汇算清缴时能够准确归集核算研发费用的，可结合自身生产经营实际情况，自主选择在10月份预缴申报或年度汇算清缴时统一享受。❷企业10月份预缴申报第3季度（按季预缴）或9月份（按月预缴）企业所得税时，能准确归集核算研发费用的，企业可结合自身生产经营实际情况，自主选择就当年前三季度研发费用享受加计扣除政策。对10月份预缴申报期未选择享受优惠的企业，在年度汇算清缴时能够准确归集核算研发费用的，可结合自身生产经营实际情况，自主选择在年度汇算清缴时统一享受”。山东宏远有限公司选择2024年办理2023年度企业所得税汇算清缴时统一享受研发费用加计扣除优惠政策。另外，该公司为员工缴纳各类基本社会保障性缴款50万元，未缴纳补充养老和医疗保险，为员工缴纳住房公积金30万元，未超过当地政府规定的标准。

【任务要求】

（1）计算山东宏远有限公司2023年度企业所得税汇算清缴时应补（退）缴的企业所得税。

（2）对山东宏远有限公司2023年度的递延所得税费用进行账务处理。

（3）对山东宏远有限公司2023年第四季度的预缴企业所得税进行账务处理。

（4）对山东宏远有限公司2024年5月15日的企业所得税汇算清缴进行账务处理。

（5）山东宏远有限公司2024年1月12日对2023年第四季度的预缴企业所得税进行纳税申报，填写2023年第四季度的“中华人民共和国企业所得税月（季）度预缴纳税申报表（A类）”及其附表。

（6）山东宏远有限公司2024年5月15日进行企业所得税年度纳税申报（企业所得税汇算清缴），填写2023年度的“中华人民共和国企业所得税年度纳税申报表（A类）”及其附表。

【项目引例4解析】见本项目的任务三。

任务一　企业所得税的认知

任务引例

甲公司本年12月计提的工资在下年度1月发放，能否计入本年度工资薪金支出，并在本年度计算应纳税所得额时进行税前扣除？

一、企业所得税的概念

企业所得税是对中华人民共和国境内的企业和其他取得收入的组织的生产经营所得和其他所得征收的一种税。

二、企业所得税的纳税人

企业分为居民企业和非居民企业。居民企业是指依法在中国境内成立，或者依照外国（地区）法律成立但实际管理机构在中国境内的企业。非居民企业是指依照外国（地区）法律成立且实际管理机构不在中国境内，但在中国境内设立机构、场所的，或者在中国境内未设立机构、场所，但有来源于中国境内所得的企业。

提示 个人独资企业投资者和合伙企业自然人合伙人不适用《中华人民共和国企业所得税法》，不作为企业所得税的纳税人。对个人独资企业投资者和合伙企业自然人合伙人只征收个人所得税。

三、企业所得税的征税对象

居民企业应就来源于中国境内、境外的所得缴纳企业所得税。

非居民企业在中国境内设立机构、场所的，应当就其所设机构、场所取得的来源于中国境内的所得，以及发生在中国境外但与其所设机构、场所有实际联系的所得，缴纳企业所得税。

非居民企业在中国境内未设立机构、场所的，或者虽设立机构、场所但取得的所得与其所设机构、场所没有实际联系的，应当就其来源于中国境内的所得缴纳企业所得税。

点睛 实际联系，是指非居民企业在中国境内设立的机构、场所拥有据以取得所得的股权、债权，以及拥有、管理、控制据以取得所得的财产等。

四、企业所得税的税率

（一）基本税率

企业所得税的基本税率为25%，适用于居民企业和在中国境内设有机构、场所且取得的所得与其所设机构、场所有实际联系的非居民企业。

（二）优惠税率

（1）对符合条件的小型微利企业，减按20%的税率征收企业所得税。

点睛 自2019年1月1日至2021年12月31日，对小型微利企业年应纳税所得额不超过100万元的部分，减按25%计入应纳税所得额，按20%的税率缴纳企业所得税；对年应纳税所得额超过100万元但不超过300万元的部分，减按50%计入应纳税所得额，按20%的税率缴纳企业所得税。上述小型微利企业是指从事国家非限制和禁止行业，且同时符合年度应纳税所得额不超过300万元、从业人数不超过300人、资产总额不超过5 000万元等三个条件的企业。自2021年1月1日至2022年12月31日，对小型微利企业年应纳税所得额不超过100万元的部分，在上述优惠政策基础上，再减半征收企业所得税，即减按12.5%计入应纳税所得额，按20%的税率缴纳企业所得税。自2023年1月1日至2027年12月31日，对小型微利企业年应纳税所得额不超过100万元的部分，减按25%计入应纳税所得额，按20%的税率缴纳企业所得税。自2022年1月1日至2027年12月31日，对小型微利企业年应纳税所得额超过100万元但不超过300万元的部分，减按25%计入应纳税所得额，按20%的税率缴纳企业所得税。

（2）对国家需要重点扶持的高新技术企业，减按15%的税率征收企业所得税。

（3）非居民企业在中国境内未设立机构、场所的，或者虽设立机构、场所但取得的所得与其所设机构、场所没有实际联系的所得，适用税率为20%，但实际征税时减按10%的税率征收企业所得税，以支付人为扣缴义务人。

五、企业所得税的应纳税所得额和应纳税额的计算

企业所得税应纳税所得额是企业所得税的计税依据。按照《中华人民共和国企业所得税法》（简称《企业所得税法》）的规定，应纳税所得额为企业每一个纳税年度的收入总额减去不征税收入额、免税收入额、各项扣除额，以及准予弥补的以前年度亏损额之后的余额。企业的应纳税额取决于应纳税所得额和适用税率两个因素。

企业应纳税所得额有如下两种计算方法：

直接计算法下的计算公式为：

应纳税所得额=收入总额-不征税收入额-免税收入额-各项扣除额-准予弥补的以前年度亏损额

间接计算法下的计算公式为：

应纳税所得额=利润总额±纳税调整项目金额

企业所得税应纳税额的计算公式为：

应纳税额=应纳税所得额×适用税率-减免税额-抵免税额

减免税额和抵免税额，是指依照《企业所得税法》和国务院的税收优惠规定减征、免征和准予抵免的应纳税额。

点睛　由于我国的财务会计只设置一套账表，而税务会计不需单独设置一套账表，因此对于税法与会计规定不一致的内容，应当在会计利润的基础上，根据税法的规定对其进行纳税调整，以求得税法口径的应纳税所得额。

提示　会计利润与应纳税所得额是两个不同计算口径的所得，一个反映会计收益，一个反映税收收益，计算应纳企业所得税的依据是税收收益。

点睛　企业应纳税所得额的计算，应当以权责发生制为原则。

（一）收入总额

企业以货币形式和非货币形式从各种来源取得的收入，为收入总额，包括销售货物收入，提供劳务收入，转让财产收入，股息、红利等权益性投资收益，利息收入，租金收入，特许权使用费收入，接受捐赠收入，其他收入。

（二）不征税收入

收入总额中的下列收入为不征税收入：

（1）财政拨款，是指各级人民政府对纳入预算管理的事业单位、社会团体等组织拨付的财政资金，但国务院和国务院财政、税务主管部门另有规定的除外。

（2）依法收取并纳入财政管理的行政事业性收费、政府性基金。行政事业性收费，是指依照法律法规等有关规定，按照国务院规定程序批准，在实施社会公共管理，以及在向公民、法人或者其他组织提供特定公共服务过程中，向特定对象收取并纳入财政管理的费用。政府性基金，是指企业依照法律、行政法规等有关规定，代政府收取的具有专项用途的财政资金。

（3）国务院规定的其他不征税收入，是指企业取得的，由国务院财政、税务主管部门规定专项用途并经国务院批准的财政性资金。

财政性资金，是指企业取得的来源于政府及其有关部门的财政补助、补贴、贷款贴息，以及其他各类财政专项资金，包括直接减免的增值税和即征即退、先征后退、先征后返的各种税收，但不包括企业按规定取得的出口退税款。

点睛　企业的不征税收入用于支出所形成的费用，不得在计算应纳税所得额时扣除；企业的不征税收入用于支出所形成的资产，其计算的折旧、摊销不得在计算应纳税所得额时扣除。

（三）免税收入

免税收入是指属于企业的应税所得但按照税法规定免予征收企业所得税的收入。

企业的下列收入为免税收入：

（1）国债利息收入。

（2）符合条件的居民企业之间的股息、红利等权益性投资收益（该收益是指居民企业直接投资于其他居民企业取得的投资收益，且该收益不包括连续持有居民企业公开发行并上市流通的股票不足12个月取得的投资收益）。

（3）在中国境内设立机构、场所的非居民企业从居民企业取得与该机构、场所有实际联系的股息、红利等权益性投资收益（该收益不包括连续持有居民企业公开发行并上市流通的股票不足12个月取得的投资收益）。

（4）符合条件的非营利组织的收入。

（5）非营利组织其他免税收入。其具体包括：接受其他单位或者个人捐赠的收入；除《企业所得税法》第七条规定的财政拨款以外的其他政府补助收入，但不包括因政府购买服务取得的收入；按照省级以上民政、财政部门规定收取的会费；不征税收入和免税收入孳生的银行存款利息收入；财政部、国家税务总局规定的其他收入。

比较　不征税收入和免税收入都是企业"收入"。不征税收入属于"非营利性活动"带来的经济收益，理论上不应列为应税所得范畴，其本身就不负有纳税义务；而免税收入属于应税收入的组成部分，是国家为了实现某些经济和社会目标，在特定时期对特定项目取得的经济利益给予的税收优惠。也就是说，不征税收入是本身就不负有纳税义务的收入；而免税收入是本来应当纳税，但国家免除其纳税义务的收入。

（四）准予扣除项目

税前扣除项目包括成本、费用、税金、损失和其他支出。

（1）成本，是指企业销售商品（产品、材料废料等）、提供劳务、转让无形资产和固定资产的成本。

（2）费用，是指企业在生产经营活动中发生的销售费用、管理费用和财务费用，已经计入成本的有关费用除外。

（3）税金，是指企业发生的除企业所得税和允许抵扣的增值税以外的各项税金及其附加。

点睛　可以扣除的"税金"是指各项税金及附加，包括消费税、资源税、土地增值税、关税、城镇土地使用税、房产税、车船税、印花税、城市维护建设税、教育费附加和地方教育附加等，但缴纳的企业所得税和增值税不得扣除。

答疑　如何理解企业所得税和增值税不得税前扣除？

答：要看税金能否税前扣除，可以结合会计中的利润表来分析。只要在利润表中"利润总额"项目之前能够体现的税金都可以扣除。"税前扣除"中的"税"字指的是企业所得税。企业所得税税前可以扣除的税金自然不包括企业所得税本身。另外，增值税是价外税，其计算与缴纳均不会影响到损益，不在利润表中体现。

（4）损失，是指企业在生产经营活动中发生的固定资产和存货的盘亏、毁损、报废损失，转让财产损失，呆账损失，坏账损失，自然灾害等不可抗力因素造成的损失以及其他损失。企业发生的损失，减除责任人赔偿和保险赔款后的余额，依照国务院财政、税务主管部门的规定扣除。企业已经作为损失处理的资产，在以后纳税年度又全部收回或者部分收回时，应当计入当期收入。

（5）其他支出，是指除成本、费用、税金、损失外，企业在生产经营活动中发生的与生产经营活动有关的、合理的支出，以及国务院财政、税务主管部门规定的其他支出。

（五）不得扣除项目

（1）向投资者支付的股息、红利等权益性投资收益款项。

（2）企业所得税税款。

（3）税收滞纳金。

（4）罚金、罚款和被没收财物的损失。

点睛 合同违约金、银行罚息、罚款（经营性罚款）和诉讼费可以在企业所得税税前扣除。行政性罚款不得在企业所得税税前扣除，如企业因排污超标而被环保部门处以的罚款等。

（5）企业发生的公益性捐赠支出以外的捐赠支出。

（6）赞助支出，是指企业发生的与生产经营活动无关的各种非广告性支出。

点睛 广告费和业务宣传费支出应与赞助支出严格区分，如果是广告性质的赞助支出，则按广告费的标准限额内扣除。

（7）未经核准的准备金支出，是指企业未经国务院财政、税务主管部门核定而提取的各项资产减值准备、风险准备等准备金。

（8）企业之间支付的管理费、企业内营业机构之间支付的租金和特许权使用费，以及非银行企业内营业机构之间支付的利息。

（9）与取得收入无关的其他支出。

（六）准予限额扣除项目

准予限额扣除项目包括但不限于以下内容：

（1）工资、薪金。企业发生的合理的工资、薪金支出，准予扣除。

任务引例解析

根据《关于企业工资薪金和职工福利费等支出税前扣除问题的公告》（国家税务总局公告2015年第34号）的规定，企业在年度汇算清缴结束前向员工实际支付的已预提汇缴年度工资薪金，准予在汇缴年度按规定扣除。

甲公司本年12月计提的工资在下年度1月发放，准予在本年度企业所得税汇算清缴时税前扣除（即准予计入本年度工资薪金支出，并在本年度计算应纳税所得额时进行税前扣除）。

（2）社会保险费和住房公积金。

❶企业依照国务院有关主管部门或者省级人民政府规定的范围和标准为职工缴纳的“五险一金”，即基本养老保险费、基本医疗保险费、失业保险费、工伤保险费、生育保险费等社会保险费和住房公积金，准予扣除。

❷企业为投资者或者职工支付的补充养老保险费、补充医疗保险费，在国务院财政、税务主管部门规定的范围和标准内，准予扣除。

链接 (1)企业参加财产保险，按照规定缴纳的保险费，准予扣除。(2)除企业依照国家有关规定为特殊工种职工支付的人身安全保险费和国务院财政、税务主管部门规定可以扣除的其他商业保险费外，企业为投资者或者职工支付的商业保险费，不得扣除。(3)企业职工因公出差乘坐交通工具发生的人身意外保险费支出，准予企业在计算应纳税所得额时扣除。(4)企业参加雇主责任险、公众责任险等责任保险，按照规定缴纳的保险费，准予在企业所得税税前扣除。该项规定适用于2018年度及以后年度企业所得税汇算清缴。

(3)职工福利费、工会经费、职工教育经费。企业发生的职工福利费支出，不超过工资、薪金总额14%的部分，准予扣除。企业拨缴的工会经费，不超过工资、薪金总额2%的部分，准予扣除。自2018年1月1日起，除国务院财政、税务主管部门另有规定外，企业发生的职工教育经费支出，不超过工资、薪金总额8%的部分，准予扣除；超过部分，准予结转以后纳税年度扣除。

点睛 职工福利费、工会经费、职工教育经费这三项经费中只有“职工教育经费”支出超支后可以结转以后纳税年度扣除，其他两项经费支出不能结转到以后纳税年度扣除。

【任务实例4-1】甲公司为一家居民企业，本年实际发生工资支出300万元、职工福利费50万元、工会经费5万元、职工教育经费36万元。

【任务要求】计算甲公司本年计算应纳税所得额时，应调增的应纳税所得额。

【任务实施】

(1)职工福利费不超过工资、薪金总额14%的部分，准予扣除。

工资、薪金总额的14%=300×14%=42(万元)

职工福利费应调增应纳税所得额=50-42=8(万元)

(2)工会经费不超过工资、薪金总额2%的部分，准予扣除。

工资、薪金总额的2%=300×2%=6(万元)

工会经费的发生额为5万元，未超支，不需要纳税调整。

(3)职工教育经费不超过工资、薪金总额8%的部分，准予扣除。

工资、薪金总额的8%=300×8%=24(万元)

职工教育经费应调增应纳税所得额=36-24=12(万元)

合计应调增应纳税所得额=8+12=20(万元)

(4)业务招待费。企业发生的与生产经营活动有关的业务招待费支出，按照发生额的60%扣除，但最高不得超过当年销售(营业)收入的5‰。

【任务实例4-2】甲公司为一家居民企业，本年实现销售货物收入2 800万元，让渡专利使用权收入600万元，包装物出租收入100万元，视同销售货物收入200万元，转让商标所有权收入280万元，接受捐赠收入60万元，债务重组收益30万元，发生业务招待费70万元。

【任务要求】计算甲公司本年可在企业所得税税前扣除的业务招待费金额。

【任务实施】转让商标所有权收入、接受捐赠收入、债务重组收益均属于企业所得税法律制度中的营业外收入范畴，不能作为计算业务招待费扣除限额的基数。可在企业所得税税前扣除的业务招待费的计算基数，即当年销售(营业)收入=2 800+600+100+200=3 700(万元)。

第一标准为发生额的60%=70×60%=42(万元)

第二标准为当年销售(营业)收入的5‰=3 700×5‰=18.5(万元)

由于18.5万元<42万元，因此本年可在企业所得税税前列支的业务招待费金额为18.5万元。

（5）广告费和业务宣传费。企业发生的符合条件的广告费和业务宣传费支出，除国务院财政、税务主管部门另有规定外，不超过当年销售（营业）收入15%的部分，准予扣除；超过部分，准予结转以后纳税年度扣除。

比较　“广告费和业务宣传费支出”可以结转以后纳税年度扣除，而“业务招待费”不能结转以后纳税年度扣除。

点睛　在计算业务招待费、广告费和业务宣传费的扣除限额时，销售（营业）收入包括销售货物收入、提供劳务收入、租金收入、视同销售收入等，但不包括“营业外收入”。同时，销售（营业）收入为不含增值税的收入。

【任务实例4-3】甲公司为一家居民企业，本年实现商品销售收入1 800万元，发生现金折扣60万元，接受捐赠收入70万元，转让无形资产所有权收入30万元。该公司当年实际发生业务招待费35万元、广告费230万元、业务宣传费90万元。

【任务要求】计算甲公司本年可在企业所得税税前扣除的业务招待费、广告费、业务宣传费的合计额。

【任务实施】销售商品涉及现金折扣，应按照扣除现金折扣前的金额确定销售收入。接受捐赠收入、转让无形资产所有权收入属于营业外收入范畴，不能作为计算业务招待费、广告费、业务宣传费扣除限额的基数。

业务招待费按发生额的60%扣除，但不得超过当年销售（营业）收入的5‰，可扣除业务招待费=1 800×5‰=9（万元）＜35×60%=21（万元）。

广告费和业务宣传费不超过当年销售（营业）收入15%的部分准予扣除，可扣除广告费、业务宣传费=1 800×15%=270（万元）＜230+90=320（万元）。

合计可扣除金额=9+270=279（万元）

（6）利息费用。企业在生产经营活动中发生的下列利息支出，准予扣除：❶非金融企业向金融企业借款的利息支出、金融企业的各项存款利息支出和同业拆借利息支出、企业经批准发行债券的利息支出；❷非金融企业向非金融企业借款的利息支出，不超过按照金融企业同期同类贷款利率计算的数额的部分。

（7）借款费用。企业在生产、经营活动中发生的合理的不需要资本化的借款费用，准予扣除。企业为购置、建造固定资产、无形资产和经过12个月以上的建造才能达到预定可销售状态的存货发生借款的，在有关资产购置、建造期间发生的合理的借款费用，应当予以资本化，作为资本性支出计入有关资产的成本，并依照税法的规定扣除；有关资产交付使用后发生的借款利息，可在发生当期扣除。

（8）公益性捐赠支出。企业发生的公益性捐赠支出，不超过年度利润总额12%的部分，准予在计算应纳税所得额时扣除；超过年度利润总额12%的部分，准予结转以后3年内在计算应纳税所得额时扣除。

点睛　年度利润总额，是指企业依照国家统一会计制度的规定计算的年度会计利润。

公益性捐赠，是指企业通过公益性社会团体或者县级以上人民政府及其部门，用于符合法律规定的慈善活动、公益事业的捐赠。

纳税人“直接”向受赠人的捐赠不属于公益性捐赠，不允许在企业所得税税前扣除。

比较　非公益性捐赠支出金额不得在企业所得税税前扣除；公益性捐赠支出在年度利润总额

12%内的部分准予在企业所得税税前扣除。

(9) 依照法律、法规规定的准予扣除的其他项目。

(七) 亏损弥补

纳税人发生年度亏损的，可以用下一纳税年度的所得弥补；下一纳税年度的所得不足弥补的，可以逐年延续弥补，但是延续弥补期最长不得超过5年。5年内不管是盈利还是亏损，都作为实际弥补期限。税法所指亏损的概念，不是企业财务会计报告中反映的亏损额，而是企业财务会计报告中的亏损额经税务机关按税法规定核实调整后的金额。自2018年1月1日起，当年具备高新技术企业或科技型中小企业资格（以下统称资格）的企业，其具备资格年度之前5个年度发生的尚未弥补完的亏损，准予结转以后年度弥补，最长结转年限由5年延长至10年。

【任务实例4-4】甲公司为一家居民企业，不符合小型微利企业的条件，经税务机关审定的连续7年应纳税所得额（未弥补亏损）情况见表4-1，假设该公司一直执行5年亏损弥补规定。

表4-1 经税务机关审定的甲公司连续7年应纳税所得额（未弥补亏损）情况

年度	2017	2018	2019	2020	2021	2022	2023
应纳税所得额（万元）	-120	20	-50	40	30	20	200

【任务要求】计算甲公司7年间的应纳企业所得税。

【任务实施】对于2017年的亏损，要用2018年至2022年的应纳税所得额弥补，尽管其间2019年亏损，也要占用5年抵亏期的一个抵扣年度，且先亏先补，2019年的亏损需在2017年的亏损问题解决之后才能考虑。到2022年，2017年的亏损未弥补完但已到5年抵亏期满，还有10万元亏损不得在企业所得税税前弥补。

2019年之后的2020年至2022年之间的应纳税所得额，已被用于弥补2017年的亏损，2019年的亏损只能用2023年的应纳税所得额弥补，在弥补2019年亏损后，2023年还有应纳税所得额150万元（200-50）要计算缴纳企业所得税。

甲公司应纳企业所得税=150×25%=37.5（万元）

【任务实例4-5】甲公司为一家居民企业，本年发生经营业务如下：

(1) 取得产品销售收入3 500万元。

(2) 发生产品销售成本2 100万元。

(3) 发生销售费用500万元（其中广告费400万元）、管理费用380万元（其中业务招待费30万元）、财务费用70万元。

(4) 发生销售税金130万元（含增值税80万元）。

(5) 取得营业外收入60万元，发生营业外支出50万元（含通过公益性社会团体向贫困山区捐款35万元，支付税收滞纳金5万元）。

(6) 计入成本、费用中的实发工资总额160万元，拨缴职工工会经费4万元，发生职工福利费25万元，发生职工教育经费15万元。

【任务要求】计算甲公司本年的应纳企业所得税。

【任务实施】

(1) 会计利润总额=3 500+60-2 100-500-380-70-（130-80）-50=410（万元）

（2）广告费和业务宣传费扣除限额=3 500×15%=525（万元）＞400万元，因此可全额扣除，无须纳税调整。

（3）由于3 500×5‰=17.5（万元）＜30×60%=18（万元），因此业务招待费应调增应纳税所得额=30−17.5=12.5（万元）。

（4）捐赠支出扣除限额=410×12%=49.2（万元）＞35万元，因此可全额扣除，无须纳税调整。

（5）税收滞纳金不得税前扣除，应调增应纳税所得额5万元。

（6）工会经费扣除限额=160×2%=3.2（万元）＜4万元，因此工会经费应调增应纳税所得额=4−3.2=0.8（万元）。

（7）职工福利费扣除限额=160×14%=22.4（万元）＜25万元，因此职工福利费应调增应纳税所得额=25−22.4=2.6（万元）。

（8）职工教育经费扣除限额=160×8%=12.8（万元）＜15万元，因此职工教育经费应调增应纳税所得额=15−12.8=2.2（万元）。

（9）应纳税所得额=410+12.5+5+0.8+2.6+2.2=433.1（万元）

（10）本年应纳企业所得税=433.1×25%=108.275（万元）

六、企业所得税的征收管理

（一）企业所得税的纳税期限

企业所得税实行按年计征、分月或者分季预缴、年终汇算清缴、多退少补的征纳方法。纳税年度自公历1月1日起至12月31日止。

按月或按季预缴的，应当自月份或者季度终了之日起15日内，向税务机关报送预缴企业所得税纳税申报表，预缴税款。

企业应当自年度终了之日起5个月内，向税务机关报送年度企业所得税纳税申报表，并汇算清缴，结清应缴税款或应退税款。对于2021年度及以后年度企业所得税汇算清缴，在纳税年度内预缴企业所得税税款超过汇算清缴应纳税款的，纳税人应及时申请退税，主管税务机关应及时按有关规定办理退税，不再抵缴其下一年度应缴企业所得税税款。

企业在一个纳税年度中间开业，或者终止经营活动，使该纳税年度的实际经营期不足12个月的，应当以其实际经营期为一个纳税年度。企业依法清算时，应当以清算期间作为一个纳税年度。企业应当在办理注销登记前，就其清算所得向税务机关申报并依法缴纳企业所得税。

企业在年度中间终止经营活动的，应当自实际经营终止之日起60日内，向税务机关办理当期企业所得税汇算清缴。

（二）企业所得税的纳税地点

除税收法律、行政法规另有规定外，居民企业一般以企业登记注册地为纳税地点，但登记注册地在境外的，以企业实际管理机构所在地为纳税地点。

居民企业在中国境内设立不具有法人资格的分支机构或者营业机构的，应当由该居民企业汇总计算并缴纳企业所得税。企业汇总计算并缴纳企业所得税时，应当统一核算应纳税所得额。

非居民企业在中国境内设立机构、场所的，应当就其所设机构、场所取得的来源于中国境内的所得，以及发生在中国境外但与其所设机构、场所有实际联系的所得，以机构、场所所在地为纳税地点。

非居民企业在中国境内设立两个或者两个以上的机构、场所的，经税务机关审核批准，可以选择由其主要机构、场所汇总缴纳企业所得税。

非居民企业在中国境内未设立机构、场所的，或者虽设立机构、场所但取得的所得与其所设机构、场所没有实际联系的所得，以扣缴义务人所在地为纳税地点。

除国务院另有规定外，企业之间不得合并缴纳企业所得税。

任务二　企业所得税的会计核算

任务引例

暂时性差异和非暂时性差异（永久性差异）的会计核算有什么异同？

一、企业所得税会计的认知

在我国，企业所得税会计简称为所得税会计。我国所得税会计采用资产负债表债务法核算，要求企业从资产负债表出发，比较资产负债表上列示的资产、负债按照企业会计准则的规定确定的账面价值与按照税法的规定确定的计税基础，对于两者之间的差异分别应纳税暂时性差异与可抵扣暂时性差异，确认相关的递延所得税负债与递延所得税资产，并在此基础上确定每一会计期间利润表中的所得税费用。

（一）企业所得税会计的差异分析

企业会计准则与税法计算基础不尽相同。在企业会计准则与税法计算基础不同的情况下，所得税会计通常会产生两种差异，即永久性差异和暂时性差异。

1.永久性差异

永久性差异是指由于企业会计准则与税法对收入或费用等支出项目的计算口径不同而形成的、不能在以后各期转回的差异。由于企业会计准则与税法的计算口径不同，收入或费用项目在计算税前会计利润时包括在内，而在计算应纳税所得额时不包括在内，或者相反，因此形成了差异，若该差异在以后期间不能转回，则为永久性差异。例如，企业购买的国债获得的利息收入，按企业会计准则的要求应确认为投资收益，因而包括在税前会计利润（利润总额）中，而税法为了鼓励企业投资国债，规定国债利息收入免征企业所得税，因而不包括在应纳税所得额中。这就体现了企业会计准则与税法在收入确认方面的永久性差异。

2.暂时性差异

暂时性差异是指资产、负债的账面价值与其计税基础不同产生的差异。因资产、负债的账面价值与其计税基础不同，产生了在未来收回资产或清偿负债的期间内，应纳税所得额增加或减少并导致未来期间应缴纳的企业所得税增加或减少的情况，形成企业的负债或资产，在有关暂时性差异发生当期，符合确认条件的情况下，应当确认相关的递延所得税负债或递延所得税资产。

暂时性差异根据其对未来期间应纳税所得额的影响，分为应纳税暂时性差异和可抵扣暂时性差异。

链接　除因资产、负债的账面价值与其计税基础不同产生的暂时性差异以外，按照税法规定可以结转以后年度的未弥补亏损和税款抵减，也视同可抵扣暂时性差异处理。

（1）应纳税暂时性差异。

应纳税暂时性差异，是指在确定未来收回资产或清偿负债期间的应纳税所得额时，将导致产生应税金额的暂时性差异，即在未来期间不考虑该事项影响的应纳税所得额的基础上，由于该暂时性差异的转回，会进一步增加转回期间的应纳税所得额和应缴纳的企业所得税，在其产生当期，应确认相关的递延所得税负债。

点睛　应纳税暂时性差异会导致未来期间多缴纳企业所得税。

应纳税暂时性差异通常产生于以下情况：

❶资产的账面价值大于其计税基础。

资产的账面价值代表的是企业在持续使用或最终出售该项资产时将取得的经济利益的总额。

资产的计税基础，是指在企业收回资产账面价值过程中，计算应纳税所得额时按照税法规定可以自应税经济利益中扣除（抵扣）的金额，即某一项资产在未来期间计税时可以税前扣除的金额。

资产的账面价值大于其计税基础，该项资产未来期间产生的经济利益不能全部税前扣除，两者之间的差额需要缴税，产生应纳税暂时性差异，应确认相关的递延所得税负债。例如，一项资产的账面价值为600万元，计税基础为400万元，两者之间的差额会造成未来期间应纳税所得额和应缴纳的企业所得税的增加，在其产生当期，应确认相关的递延所得税负债。

❷负债的账面价值小于其计税基础。

负债的账面价值为企业预计在未来期间清偿该项负债时的经济利益流出。

负债的计税基础，是指负债的账面价值减去未来期间按照税法规定可予税前扣除的金额[①]之后的差额。

用公式表示为：

负债的计税基础=账面价值-未来期间按照税法规定可予税前扣除的金额

提示　对于预收收入，所产生负债的计税基础是其账面价值减去未来期间非应税收入的金额[②]。用公式表示为：

负债的计税基础=账面价值-未来期间非应税收入的金额

负债的账面价值与其计税基础不同产生的暂时性差异，实质上是未来期间按照税法规定可予税前扣除的金额（即与该项负债相关的费用支出在未来期间可予税前扣除的金额）。

用公式表示为：

负债产生的暂时性差异=账面价值-计税基础

=账面价值-（账面价值-未来期间按照税法规定可予税前扣除的金额）

=未来期间按照税法规定可予税前扣除的金额

① “未来期间按照税法规定可予税前扣除的金额”的全称为“未来期间计算应纳税所得额时按照税法规定可予税前扣除的金额”。

② 除非特别说明，本书不考虑“预收收入所产生负债的计税基础”的情形。

负债的账面价值小于其计税基础，则意味着该项负债“未来期间按照税法规定可予税前扣除的金额”为负数，即应在未来期间应纳税所得额的基础上调增，增加未来期间的应纳税所得额和应缴纳的企业所得税，产生应纳税暂时性差异，应确认相关的递延所得税负债。例如，一项负债的账面价值为200万元，计税基础为300万元，两者之间的差额会造成未来期间应纳税所得额和应缴纳的企业所得税的增加，在其产生当期，应确认相关的递延所得税负债。

（2）可抵扣暂时性差异。

可抵扣暂时性差异，是指在确定未来收回资产或清偿负债期间的应纳税所得额时，将导致产生可抵扣金额的暂时性差异。该差异在未来期间转回时会减少转回期间的应纳税所得额，减少未来期间应缴纳的企业所得税。在可抵扣暂时性差异产生当期，符合确认条件时，应当确认相关的递延所得税资产。

点睛 可抵扣暂时性差异会导致未来期间少缴纳企业所得税。

可抵扣暂时性差异通常产生于以下情况：

❶资产的账面价值小于其计税基础。

资产的账面价值小于其计税基础，意味着资产在未来期间产生的经济利益少，按照税法规定允许税前扣除的金额多，两者之间的差额可以减少企业在未来期间的应纳税所得额并减少应缴纳的企业所得税，符合有关条件时，应当确认相关的递延所得税资产。例如，一项资产的账面价值为600万元，计税基础为800万元，则企业在未来期间就该项资产可以在其自身取得经济利益的基础上多扣除200万元（800-600），未来期间应纳税所得额会减少，应缴纳的企业所得税也会减少，形成可抵扣暂时性差异，在其产生当期，应确认相关的递延所得税资产。

❷负债的账面价值大于其计税基础。

前文所述，负债的账面价值与其计税基础不同产生的暂时性差异，实质上是未来期间按照税法规定可予税前扣除的金额（即与该项负债相关的费用支出在未来期间可予税前扣除的金额）。

负债的账面价值大于其计税基础，意味着未来期间按照税法规定与负债相关的全部或部分支出可以自未来应税经济利益中扣除，减少未来期间的应纳税所得额和应缴纳的企业所得税。符合有关确认条件时，应确认相关的递延所得税资产。例如，一项负债的账面价值为500万元，计税基础为300万元，两者之间的差额会造成未来期间应纳税所得额和应缴纳的企业所得税的减少，在其产生当期，符合确认条件时，应确认相关的递延所得税资产。

（3）特殊项目产生的暂时性差异。

❶未作为资产、负债确认的项目产生的暂时性差异。某些交易或事项发生以后，因为不符合资产、负债确认条件而未体现为资产负债表中的资产或负债，但按照税法规定能够确定其计税基础的，其账面价值零与计税基础之间的差异也构成暂时性差异。如企业发生的符合条件的广告费和业务宣传费支出，除另有规定外，不超过当年销售（营业）收入15%的部分准予扣除；超过部分准予在以后纳税年度结转扣除。该类费用在发生时按照企业会计准则的规定计入当期损益，不形成资产负债表中的资产，但按照税法规定可以确定其计税基础，两者之间的差异也形成暂时性差异。

【任务实例4-6】甲公司本年发生了1 400万元广告费和业务宣传费支出，发生时已作为销售费用计入当期损益。税法规定，企业发生的符合条件的广告费和业务宣传费支出，除另有规定外，不超过当年销售（营业）收入15%的部分准予扣除；超过部分准予在以后纳税年度结转扣除。甲公司当年实现销售（营业）收入8 000万元。

【任务要求】

（1）确定甲公司广告费和业务宣传费支出于本年12月31日的账面价值。

（2）确定甲公司广告费和业务宣传费支出于本年12月31日的计税基础。

（3）对甲公司广告费和业务宣传费支出的账面价值与计税基础的差异进行分析。

【任务实施】该广告费和业务宣传费支出因按照企业会计准则的规定在发生时已计入当期损益，不体现为期末资产负债表中的资产，如果将其视为资产，其账面价值为0。

因按照税法规定广告费和业务宣传费支出税前列支有一定的标准限制，根据当期甲公司销售收入15%计算，当期可予税前扣除1 200万元（8 000×15%），当期未予税前扣除的200万元（1 400-1 200）可以向以后年度结转，其计税基础为200万元。

该项资产的账面价值0小于其计税基础200万元的差额200万元，将于未来期间减少企业的应纳税所得额，为可抵扣暂时性差异，符合确认条件时，应确认相关的递延所得税资产。

❷可抵扣亏损及税款抵减产生的暂时性差异。按照税法规定可以结转以后年度的未弥补亏损及税款抵减，虽不是因资产、负债的账面价值与计税基础不同产生的，但与可抵扣暂时性差异具有同样的作用，均能够减少未来期间的应纳税所得额，进而减少未来期间应缴纳的企业所得税，会计处理上视同可抵扣暂时性差异，在符合条件的情况下，应确认与其相关的递延所得税资产。

【任务实例4-7】甲公司本年因政策性原因首次发生经营亏损800万元，经税务机关审定的应纳税所得额为-800万元。按照税法规定，该亏损800万元可用于抵减以后5个年度的应纳税所得额。该公司预计其于未来5年期间能够产生足够的应纳税所得额弥补该亏损。

【任务要求】分析甲公司亏损产生的暂时性差异。

【任务实施】该经营亏损800万元不是资产、负债的账面价值与其计税基础不同产生的，但从性质上可以减少未来期间企业的应纳税所得额和应缴纳的企业所得税，属于可抵扣暂时性差异。企业预计未来期间能够产生足够的应纳税所得额利用该可抵扣亏损时，应确认相关的递延所得税资产。

（二）企业所得税会计核算的一般程序

按照企业会计准则的规定，企业应于资产负债表日采用资产负债表债务法核算企业所得税。发生特殊交易或事项时，如企业合并，在确认因交易或事项产生资产、负债时即应确认相关的所得税影响。企业所得税的会计核算一般应遵循以下程序：

（1）确定资产和负债的账面价值。

确定资产和负债的账面价值，具体来说，指的是按照企业会计准则的规定，确定资产负债表中除递延所得税资产和递延所得税负债以外的其他资产和负债的账面价值。

点睛　资产、负债的账面价值，是指企业按照相关企业会计准则的规定进行核算后在资产负债表中列示的金额。对于计提了减值准备的各项资产，其账面价值是指其账面余额减去已计提的减值准备后的金额。例如，企业持有的应收账款账面余额为2 000万元，企业对该应收账款计提了100万元的坏账准备，其账面价值为1 900万元。

（2）确定资产和负债的计税基础。

按照企业会计准则中对于资产和负债计税基础的确定方法，以《企业所得税法》等税收法律法规为基础，确定资产负债表中有关资产和负债的计税基础。

（3）确认递延所得税（递延所得税费用）。

比较资产、负债的账面价值与其计税基础，对于两者之间存在差异的，分析其性质，除企业会计准则中规定的特殊情况外，分别（区分）可抵扣暂时性差异与应纳税暂时性差异并乘以企业所得税税率，从而确定资产负债表日递延所得税资产和递延所得税负债的应有金额，并与期初递延所得税资产和递延所得税负债的余额相比，确定当期应予进一步确认的递延所得税资产和递延所得税负债金额或应予转销（转回）的金额，作为当期利润表中所得税费用中的递延所得税费用。

递延所得税费用的计算公式如下：

$$\text{递延所得税费用}=\left(\begin{matrix}\text{递延所得税}\\\text{负债的期末余额}\end{matrix}-\begin{matrix}\text{递延所得税}\\\text{负债的期初余额}\end{matrix}\right)-\left(\begin{matrix}\text{递延所得税}\\\text{资产的期末余额}\end{matrix}-\begin{matrix}\text{递延所得税}\\\text{资产的期初余额}\end{matrix}\right)$$

（4）确认当期所得税（当期所得税费用）。

就企业当期发生的交易或事项，按照适用的税法规定计算确定当期应纳税所得额，将应纳税所得额与适用的企业所得税税率计算的结果确认为当期应缴纳的企业所得税，作为当期利润表中所得税费用中的当期所得税费用。

当期所得税费用的计算公式如下：

$$\text{当期所得税费用}=\text{应纳税所得额}\times\text{当期适用税率}$$

（5）确认利润表中的所得税费用。

利润表中的所得税费用包括当期所得税费用和递延所得税费用两部分。

所得税费用的计算公式如下：

$$\text{所得税费用}=\text{当期所得税费用}+\text{递延所得税费用}$$

二、企业所得税会计科目的设置

（一）“递延所得税资产”科目

“递延所得税资产”科目核算企业根据所得税准则确认的可抵扣暂时性差异产生的所得税资产。根据税法的规定可用以后年度税前利润弥补的亏损产生的所得税资产，也在本科目核算。本科目应当按照可抵扣暂时性差异等项目进行明细核算。

资产负债表日，若企业初次确认递延所得税资产，借记“递延所得税资产”科目，贷记“所得税费用——递延所得税费用”等科目。以后各期的资产负债表日递延所得税资产的应有余额大于其账面余额的，应按其差额确认，借记“递延所得税资产”科目，贷记“所得税费用——递延所得税费用”等科目；资产负债表日递延所得税资产的应有余额小于其账面余额的，做相反的会计分录。

企业合并中取得资产、负债的入账价值与其计税基础不同形成可抵扣暂时性差异的，应于购买日确认递延所得税资产，借记“递延所得税资产”科目，贷记“商誉”等科目。

与直接计入所有者权益的交易或事项相关的递延所得税资产，借记“递延所得税资产”科目，贷记“资本公积——其他资本公积”科目。

资产负债表日，预计未来期间很可能无法获得足够的应纳税所得额用于抵扣可抵扣暂时性差异的，按原已确认的递延所得税资产中应减记的金额，借记“所得税费用——递延所得税费用”“资本公积——其他资本公积”等科目，贷记“递延所得税资产”科目。

本科目期末余额在借方，反映企业已确认的递延所得税资产的余额。

（二）“递延所得税负债”科目

“递延所得税负债”科目核算企业根据所得税准则确认的应纳税暂时性差异产生的所得税负债。本科目应当按照应纳税暂时性差异项目进行明细核算。

资产负债表日，若企业初次确认递延所得税负债，借记“所得税费用——递延所得税费用”等科目，贷记“递延所得税负债”科目。以后各期的资产负债表日递延所得税负债的应有余额大于其账面余额的，应按其差额确认，借记“所得税费用——递延所得税费用”等科目，贷记“递延所得税负债”科目；资产负债表日递延所得税负债的应有余额小于其账面余额的，做相反的会计分录。

企业合并中取得资产、负债的入账价值与其计税基础不同形成应纳税暂时性差异的，应于购买日确认递延所得税负债，同时调整商誉，借记“商誉”等科目，贷记“递延所得税负债”科目。

与直接计入所有者权益的交易或事项相关的递延所得税负债，借记“资本公积——其他资本公积”科目，贷记“递延所得税负债”科目。

本科目期末余额在贷方，反映企业已确认的递延所得税负债的余额。

（三）“所得税费用”科目

“所得税费用”科目核算企业确认的应从当期利润总额中扣除的所得税费用。本科目可按“当期所得税费用”“递延所得税费用”进行明细核算。期末，应将本科目的余额转入“本年利润”科目，结转后本科目无余额。

企业所得税纳税期限的期末，企业按照税法的规定计算确定的当期应缴纳的企业所得税，借记“所得税费用——当期所得税费用”科目，贷记“应交税费——应交所得税”科目。

资产负债表日，根据递延所得税资产的应有余额大于“递延所得税资产”科目余额的差额（若初次确认递延所得税资产，则按初次确认的递延所得税资产金额），借记“递延所得税资产”科目，贷记“所得税费用——递延所得税费用”“资本公积——其他资本公积”等科目；递延所得税资产的应有余额小于“递延所得税资产”科目余额的差额，做相反的会计分录。

资产负债表日，根据递延所得税负债的应有余额大于“递延所得税负债”科目余额的差额（若初次确认递延所得税负债，则按初次确认的递延所得税负债金额），借记“所得税费用——递延所得税费用”“资本公积——其他资本公积”等科目，贷记“递延所得税负债”科目；递延所得税负债的应有余额小于“递延所得税负债”科目余额的差额，做相反的会计分录。

（四）“应交税费——应交所得税”科目

“应交税费——应交所得税”科目反映企业所得税的当期应缴、实际缴纳和退补情况。本科目的贷方反映当期应缴和应补缴的企业所得税，借方反映实际缴纳和补缴的企业所得税；贷方余额反映当期应缴未缴的企业所得税，借方余额反映多缴的企业所得税。纳税人在当期期末，应当按照当期应缴纳的企业所得税，借记“所得税费用——当期所得税费用”科目，贷记本科目。实际缴纳时，借记本科目，贷记“银行存款”科目。

提示 由于企业所得税一般是按月或按季预缴，应当自月份或者季度终了之日起15日内，向税务机关报送预缴企业所得税纳税申报表，预缴税款；自年度终了之日起5个月内，向税务机关报送年度企业所得税纳税申报表，并汇算清缴，结清应缴税款或应退税款。因此，实务中对于“所得税费用——当期所得税费用”“应交税费——应交所得税”科目，每个年度都要根据预缴（按月预缴则每年需要预缴12次，按季预缴则每年需要预缴4次）以及汇算清缴次数进行多次账务处理。为研究方便，本节的大部分例题将每个年度上述相关多次的账务处理在年末合并为一次账务处理。

三、递延所得税负债和递延所得税资产的确认和计量

企业在计算确定了应纳税暂时性差异与可抵扣暂时性差异以后，应当按照所得税会计准则规定的原则确认相关的递延所得税负债及递延所得税资产。

（一）递延所得税负债的确认和计量

1.递延所得税负债的确认

（1）递延所得税负债的计算公式。

递延所得税负债=应纳税暂时性差异×预计税率

（2）递延所得税负债确认的一般原则。

除所得税准则中明确规定可不确认递延所得税负债的情况以外，企业对于所有的应纳税暂时性差异均应确认相关的递延所得税负债。

除直接计入所有者权益的交易或事项以及企业合并中取得资产、负债相关的以外，在确认递延所得税负债的同时，应增加利润表中的所得税费用。

【任务实例4-8】甲公司本年1月1日开始计提折旧的某设备，取得成本为840 000元，采用年限平均法计提折旧，预计使用年限为10年，假设净残值为0。假定计税时允许按缩短年限法将折旧年限缩短为6年计提折旧，假设净残值为0。甲公司适用的企业所得税税率一直为25%。假定该公司不存在其他会计与税收处理的差异。本年12月31日，甲公司估计该项固定资产的可收回金额为756 000元。

【任务要求】计算甲公司应确认的递延所得税负债。

【任务实施】

（1）本年12月31日，该固定资产的账面净值=固定资产原价-累计折旧=840 000-840 000÷10=756 000（元），由于本年12月31日，甲公司估计该项固定资产的可收回金额为756 000元，因此没有发生减值，不需要计提固定资产减值准备。固定资产的账面价值=固定资产的原价-累计折旧-减值准备=840 000-840 000÷10-0=756 000（元）。

（2）本年12月31日，该固定资产的计税基础=840 000-840 000÷6=700 000（元）。

（3）该固定资产的账面价值756 000元大于其计税基础700 000元的差额56 000元，将于未来期间增加企业的应纳税所得额，为应纳税暂时性差异，应确认相关的递延所得税负债14 000元（56 000×25%）。

（3）不确认递延所得税负债的特殊情况。

有些情况下，虽然资产、负债的账面价值与其计税基础不同，产生了应纳税暂时性差异，但出于各方面考虑，企业会计准则规定不确认相关的递延所得税负债，主要包括：

❶商誉的初始确认。非同一控制下的企业合并中，企业合并成本大于合并中取得的被购买方可辨认净资产公允价值份额的差额，按照会计准则规定应确认为商誉。因会计与税法的划分标准不同，会计上作为非同一控制下的企业合并，但如果按照税法规定计税时作

为免税合并的情况下，商誉的计税基础为零，其账面价值与计税基础形成应纳税暂时性差异，所得税准则中规定不确认与其相关的递延所得税负债。

【任务实例4-9】甲公司以增发市场价值为30 000 000元的本公司普通股为对价购入乙公司100%的净资产，以此对乙公司进行吸收合并，并且在合并之前甲公司和乙公司之间不存在任何关联关系。假定该项企业合并符合税法规定的企业所得税免税合并条件，且甲公司、乙公司选择进行免税处理。甲公司、乙公司适用的企业所得税税率均为25%，且预期在未来期间不会发生变化。购买日乙公司各项可辨认资产、负债的公允价值及其计税基础见表4-2。

表4-2　购买日乙公司各项可辨认资产、负债的公允价值及其计税基础　单位：元

项目	公允价值（账面价值）	计税基础	暂时性差异
固定资产	13 500 000	7 750 000	5 750 000
应收账款	10 500 000	10 500 000	0
存货	8 700 000	6 200 000	2 500 000
其他应付款	（1 500 000）	0	（1 500 000）
应付账款	（6 000 000）	（6 000 000）	0
不包括递延所得税的可辨认资产、负债的公允价值	25 200 000	18 450 000	6 750 000

【任务要求】计算甲公司上述交易中应确认的递延所得税负债及商誉金额。

【任务实施】该项交易中应确认递延所得税负债及商誉的金额计算如下：

企业合并成本=30 000 000元

可辨认净资产的公允价值（可辨认资产、负债的公允价值）=25 200 000元

递延所得税资产=1 500 000×25%=375 000（元）

递延所得税负债=（5 750 000+2 500 000）×25%=8 250 000×25%=2 062 500（元）

考虑递延所得税后可辨认净资产的公允价值(可辨认资产、负债的公允价值)=25 200 000+375 000−2 062 500=23 512 500（元）

商誉=30 000 000−23 512 500=6 487 500（元）

因该合并符合税法规定的企业所得税免税合并条件，在当事各方选择进行免税处理的情况下，购买方在免税合并中取得的被购买方有关资产、负债应维持其原计税基础不变。被购买方原账面上未确认商誉，即商誉的计税基础为0。

该项合并中所确认的商誉金额6 487 500元与其计税基础0之间产生的应纳税暂时性差异，不再进一步确认相关的递延所得税影响。

需要说明的是，按照会计准则规定在非同一控制下企业合并中确认了商誉，并且按照企业所得税法律制度的规定商誉在初始确认时计税基础等于账面价值的，该商誉在后续计量过程中因会计准则与税法规定不同产生暂时性差异的，应当确认相关的所得税影响。

❷除企业合并以外的其他交易或事项中，如果该项交易或事项发生时既不影响会计利润，也不影响应纳税所得额，则所产生的资产、负债的初始确认金额与其计税基础不同，形成应纳税暂时性差异的，交易或事项发生时不确认相应的递延所得税负债。该规定主要是考虑到由于交易发生时既不影响会计利润，也不影响应纳税所得额，确认递延所得税负债的直接结果是增加有关资产的账面价值或是降低所确认负债的账面价值，使得资产、负债在初始确认时，违背历史成本原则，影响会计信息的可靠性。

❸与子公司、联营企业、合营企业投资等相关的应纳税暂时性差异，一般应确认递延所得税负债，但同时满足以下两个条件的除外：一是投资企业能够控制暂时性差异转回的时间；二是该暂时性差异在可预见的未来很可能不会转回。满足上述条件时，投资企业可以运用自身的影响力决定暂时性差异的转回，如果不希望其转回，则在可预见的未来该项暂时性差异不会转回，从而无须确认相关的递延所得税负债。

提示 对于采用权益法核算的长期股权投资，其账面价值与计税基础产生的有关暂时性差异是否应确认相关的所得税影响，应当考虑该项投资的持有意图：（1）如果企业拟长期持有，则因初始投资成本的调整产生的暂时性差异预计未来期间不会转回，对未来期间没有所得税影响；因确认投资损益产生的暂时性差异，如果在未来期间逐期分回现金股利或利润时免税（我国税法规定，符合条件的居民企业之间的股息、红利等权益性投资收益免征企业所得税），也不存在对未来期间的所得税影响；因确认应享有被投资单位其他权益变动而产生的暂时性差异，在长期持有的情况下预计未来期间也不会转回。因此，在准备长期持有的情况下，对于采用权益法核算的长期股权投资账面价值与计税基础之间的差异，投资企业一般不确认相关的所得税影响。（2）如果投资企业改变持有意图拟对外出售的情况下，按照税法规定，企业在转让或者处置投资资产时，投资资产的成本准予扣除。在持有意图由长期持有转变为拟近期出售的情况下，因长期股权投资的账面价值与计税基础不同产生的有关暂时性差异，均应确认相关的所得税影响。

2.递延所得税负债的计量

所得税准则规定，资产负债表日，对于递延所得税负债，应当根据税法规定，按照预期收回该资产或清偿该负债期间的适用税率计量。即递延所得税负债应以相关应纳税暂时性差异转回期间按照税法规定适用的所得税税率计量。无论应纳税暂时性差异的转回期间如何，相关的递延所得税负债不要求折现。

（二）递延所得税资产的确认和计量

1.递延所得税资产的确认

（1）递延所得税资产的计算公式。

递延所得税资产=可抵扣暂时性差异×预计税率

（2）递延所得税资产确认的一般原则。

递延所得税资产产生于可抵扣暂时性差异。确认因可抵扣暂时性差异产生的递延所得税资产应以未来期间可能取得的应纳税所得额为限。在可抵扣暂时性差异转回的未来期间内，企业无法产生足够的应纳税所得额用以利用可抵扣暂时性差异的影响，使得与可抵扣暂时性差异相关的经济利益无法实现的，不应确认递延所得税资产；企业有明确的证据表明其于可抵扣暂时性差异转回的未来期间能够产生足够的应纳税所得额，进而利用可抵扣暂时性差异的，则应以可能取得的应纳税所得额为限，确认相关的递延所得税资产。

在判断企业于可抵扣暂时性差异转回的未来期间是否能够产生足够的应纳税所得额时，应考虑企业在未来期间通过正常的生产经营活动能够实现的应纳税所得额以及以前期间产生的应纳税暂时性差异在未来期间转回时将增加的应纳税所得额。

另外，对于递延所得税资产的确认还应注意以下两个问题：

❶对与子公司、联营企业、合营企业的投资相关的可抵扣暂时性差异，同时满足下列条件的，应当确认相关的递延所得税资产：一是暂时性差异在可预见的未来很可能转回；二是未来很可能获得用来抵扣可抵扣暂时性差异的应纳税所得额。

对联营企业和合营企业等的投资产生的可抵扣暂时性差异，主要产生于权益法下被投资单位发生亏损时，投资企业按照持股比例确认应予承担的部分相应减少长期股权投资的账面价值，但税法规定长期股权投资的成本在持有期间不发生变化，造成长期股权投资的账面价值小于其计税基础，产生可抵扣暂时性差异。

在投资企业对有关投资计提减值准备的情况下，也会产生可抵扣暂时性差异。

❷对于按照税法规定可以结转以后年度的未弥补亏损和税款抵减，应视同可抵扣暂时性差异处理。在有关的亏损或税款抵减金额得到税务部门的认可或预计能够得到税务部门的认可且预计可利用未弥补亏损或税款抵减的未来期间内能够取得足够的应纳税所得额时，除准则中规定不予确认的情况外，应当以未来很可能取得的应纳税所得额为限，确认相应的递延所得税资产，同时减少确认当期的所得税费用。

【任务实例4-10】甲公司本年1月1日开始计提折旧的某项固定资产，原价为1 600 000元，在会计核算时估计其使用寿命为5年，采用年限平均法计提折旧，假设预计净残值为0。税法规定类似固定资产按照10年计算确定可税前扣除的折旧额，假设预计净残值为0。本年12月31日，甲公司估计该项固定资产的可收回金额为1 280 000元。

【任务要求】计算甲公司应确认的递延所得税资产。

【任务实施】

（1）本年12月31日，该固定资产的账面净值=固定资产原价−累计折旧=1 600 000−1 600 000÷5=1 280 000（元），由于本年12月31日，甲公司估计该项固定资产的可收回金额为1 280 000元，因此没有发生减值，不需要计提固定资产减值准备。固定资产的账面价值=固定资产的原价−累计折旧−减值准备=1 600 000−1 600 000÷5−0=1 280 000（元）。

（2）本年12月31日，该固定资产的计税基础=1 600 000−1 600 000÷10=1 440 000（元）。

（3）该固定资产的账面价值1 280 000元小于其计税基础1 440 000元的差额160 000元，将于未来期间减少企业的应纳税所得额，为可抵扣暂时性差异，符合确认条件时，应确认相关的递延所得税资产40 000元（160 000×25%）。

（3）不确认递延所得税资产的情况。

在某些情况下，企业发生的某项交易或事项不属于企业合并，并且交易发生时既不影响会计利润也不影响应纳税所得额，且该项交易中产生的资产、负债的初始确认金额与其计税基础不同，产生可抵扣暂时性差异的，所得税准则中规定在交易或事项发生时不确认相应的递延所得税资产。

【任务实例4-11】甲公司进行内部研究开发所形成的无形资产成本为2 000 000元，因按照税法规定可于未来期间税前扣除的金额为4 000 000元（2 000 000×200%），其计税基础为4 000 000元。

【任务要求】计算甲公司上述事项中应确认的递延所得税资产。

【任务实施】该项无形资产并非产生于企业合并，同时在初始确认时既不影响会计利润也不影响应纳税所得额，确认其账面价值与计税基础之间产生暂时性差异的所得税影响需要调整该项资产的历史成本，所得税准则规定该种情况下不确认相关的递延所得税资产。

2.递延所得税资产的计量

同递延所得税负债的计量原则相一致，确认递延所得税资产时，应当以预期收回该资产期间的适用企业所得税税率为基础计算确定。无论相关的可抵扣暂时性差异转回期间如何，递延所得税资产均不要求折现。

企业在确认了递延所得税资产以后，资产负债表日，应当对递延所得税资产的账面价值进行复核。如果未来期间很可能无法取得足够的应纳税所得额用以利用可抵扣暂时性差异带来的利益，应当减记递延所得税资产的账面价值。减记的递延所得税资产，除原确认时计入所有者权益的，其减记金额也应计入所有者权益外，其他的情况均应增加所得税费用。

因无法取得足够的应纳税所得额利用可抵扣暂时性差异减记递延所得税资产账面价值的，以后期间根据新的环境和情况判断能够产生足够的应纳税所得额利用可抵扣暂时性差异，使得递延所得税资产包含的经济利益能够实现的，应相应恢复递延所得税资产的账面价值。

提示 无论是递延所得税资产还是递延所得税负债的计量，均应考虑资产负债表日企业预期收回资产或清偿负债方式的所得税影响，在计量递延所得税资产和递延所得税负债时，应当采用与收回资产或清偿债务的预期方式相一致的税率和计税基础。例如，企业持有的某项固定资产，一般情况下是为企业的正常生产经营活动提供必要的生产条件，但在某一时点上，企业决定将该固定资产对外出售，实现其为企业带来的未来经济利益，且假定税法规定长期资产处置时适用的企业所得税税率与一般情况不同的，则企业在计量因该资产产生的应纳税暂时性差异或可抵扣暂时性差异的所得税影响时，应考虑该资产带来的经济利益预期实现方式的影响。

（三）特殊交易或事项中涉及递延所得税的确认

（1）与直接计入所有者权益的交易或事项相关的递延所得税。

与当期及以前期间直接计入所有者权益的交易或事项相关的当期所得税及递延所得税应当计入所有者权益。直接计入所有者权益的交易或事项主要有：会计政策变更采用追溯调整法或对前期差错更正采用追溯重述法调整期初留存收益、以公允价值计量且其变动计入其他综合收益的金融资产公允价值的变动金额、同时包含负债及权益成分的金融工具在初始确认时计入所有者权益、自用房地产转为采用公允价值模式计量的投资性房地产时公允价值大于原账面价值的差额计入其他综合收益等。

（2）与企业合并相关的递延所得税。

在企业合并中，购买方取得的可抵扣暂时性差异，比如，购买日取得的被购买方在以前期间发生的未弥补亏损等可抵扣暂时性差异，按照税法规定可以用于抵减以后年度应纳税所得额，但在购买日不符合递延所得税资产确认条件而不予以确认。购买日后12个月内，如取得新的或进一步的信息表明购买日的相关情况已经存在，预期被购买方在购买日可抵扣暂时性差异带来的经济利益能够实现的，应当确认相关的递延所得税资产，同时减少商誉，商誉不足冲减的，差额部分确认为当期损益；除上述情况以外，确认与企业合并相关的递延所得税资产，应当计入当期损益。

（3）与股份支付相关的当期及递延所得税。

与股份支付相关的支出在按照会计准则规定确认为成本费用时，其相关的所得税影响应区别于税法的规定进行处理：如果税法规定与股份支付相关的支出不允许税前扣除，则不形成暂时性差异；如果税法规定与股份支付相关的支出允许税前扣除，在按照会计准则规定确认成本费用的期间内，企业应当根据会计期末取得的信息估计可税前扣除的金额计算确定其计税基础及由此产生的暂时性差异，符合确认条件的情况下，应当确认相关的递延所得税。

根据相关税法规定，对于附有业绩条件或服务条件的股权激励计划，企业按照会计准则的相关规定确认的成本费用在等待期内不得税前抵扣，待股权激励计划可行权时方可抵扣，可抵扣的金额为实际行权时的股票公允价值与激励对象支付的行权金额之间的差额。因此，企业未来可以在税前抵扣的金额与等待期内确认的成本费用金额很可能存在差异。企业应根据期末的股票价格估计未来可以税前抵扣的金额，以未来期间很可能取得的应纳税所得额为限确认递延所得税资产。此外，如果预计未来期间可抵扣的金额超过等待期内确认的成本费用，超出部分形成的递延所得税资产应直接计入所有者权益，而不是计入当期损益。

（4）与单项交易相关的递延所得税。

对于不是企业合并、交易发生时既不影响会计利润也不影响应纳税所得额（或可抵扣亏损），且初始确认的资产和负债导致产生等额应纳税暂时性差异和可抵扣暂时性差异的单项交易（包括承租人在租赁期开始日初始确认租赁负债并计入使用权资产的租赁交易，以及因固定资产等存在弃置义务而确认预计负债并计入相关资产成本的交易等，以下简称单项交易），不适用上述关于豁免初始确认递延所得税负债和递延所得税资产的规定。企业对该单项交易因资产和负债的初始确认所产生的应纳税暂时性差异和可抵扣暂时性差异，应当在交易发生时分别确认相应的递延所得税负债和递延所得税资产。

（5）发行方分类为权益工具的金融工具相关股利的所得税影响。

对于企业（指发行方）按照《企业会计准则第37号——金融工具列报》等规定分类为权益工具的金融工具（如分类为权益工具的永续债等），相关股利支出按照税法相关规定在企业所得税税前扣除的，企业应当在确认应付股利时，确认与股利相关的所得税影响。该股利的所得税影响通常与过去产生可供分配利润的交易或事项更为直接相关，企业应当按照与过去产生可供分配利润的交易或事项时所采用的会计处理相一致的方式，将股利的所得税影响计入当期损益或所有者权益项目（含其他综合收益项目）。对于所分配的利润来源于以前产生损益的交易或事项，该股利的所得税影响应当计入当期损益；对于所分配的利润来源于以前确认在所有者权益中的交易或事项，该股利的所得税影响应当计入所有者权益项目。

（四）适用税率变化对已确认递延所得税资产和递延所得税负债的影响

因税收法规的变化，导致企业在某一会计期间适用的企业所得税税率发生变化的，企业应对已确认的递延所得税资产和递延所得税负债按照新的税率进行重新计量。递延所得税资产和递延所得税负债的金额代表的是有关可抵扣暂时性差异或应纳税暂时性差异于未来期间转回时，导致企业应缴纳的企业所得税金额的减少或增加的情况。在适用税率变动的情况下，应对原已确认的递延所得税资产及递延所得税负债的金额进行调整，反映税率变化带来的影响。

除直接计入所有者权益的交易或事项产生的递延所得税资产及递延所得税负债，相关的调整金额应计入所有者权益以外，其他情况下因税率变化产生的调整金额应确认或冲减税率变化当期的所得税费用（或收益）。

四、所得税费用的确认和计量

所得税会计的主要目的之一是确定当期应缴纳的企业所得税以及利润表中的所得税费用。在按照资产负债表债务法核算企业所得税的情况下，利润表中的所得税费用包括当期所得税费用和递延所得税费用两个部分。

（一）当期所得税

当期所得税是当期所得税费用的简称，是指企业按照税法规定计算确定的针对当期发生的交易和事项，应缴纳给税务机关的企业所得税。

企业在确定当期所得税时，对于当期发生的交易或事项，会计处理与税法处理不同的，应在会计利润的基础上，按照适用税收法规的规定进行调整，计算出当期应纳税所得额，按照应纳税所得额与适用企业所得税税率计算确定当期所得税。一般情况下，应纳税所得额可在会计利润的基础上，考虑会计与税收法规之间的差异，按照以下公式计算确定：

应纳税所得额=会计利润+按照企业会计准则规定计入利润表，但计税时不允许税前扣除的费用±计入利润表的费用与按照税法规定可予税前抵扣的金额之间的差额±计入利润表的收入与按照税法规定应计入应纳税所得额的收入之间的差额−税法规定的不征税收入±其他需要调整的因素

当期所得税费用=应纳税所得额×当期适用税率

（二）递延所得税

递延所得税是递延所得税费用的简称，是指按照所得税准则规定当期应予确认的递延所得税资产和递延所得税负债的金额，即递延所得税资产及递延所得税负债当期发生金额或予以转销的金额的综合结果，但不包括计入所有者权益的交易或事项的所得税影响。用公式表示为：

$$\text{递延所得税费用}=\left(\text{递延所得税负债的期末余额}-\text{递延所得税负债的期初余额}\right)-\left(\text{递延所得税资产的期末余额}-\text{递延所得税资产的期初余额}\right)$$

应当说明的是，企业因确认递延所得税资产和递延所得税负债产生的递延所得税，一般应当计入所得税费用，但以下两种情况除外：

（1）与直接计入所有者权益的交易或事项相关的递延所得税。

某项交易或事项按照企业会计准则规定应计入所有者权益的，由该交易或事项产生的递延所得税资产或递延所得税负债及其变化也应计入所有者权益，不构成利润表中的递延所得税费用（或收益）。

【任务实例4-12】甲公司持有的某项以公允价值计量且其变动计入其他综合收益的其他债权投资，成本为200万元，会计期末，其公允价值为260万元，该公司适用的企业所得税税率为25%。除该事项外，该公司不存在其他会计与税收法规规定之间的差异，且递延所得税资产和递延所得税负债不存在期初余额。

【任务要求】对甲公司上述企业所得税相关业务进行账务处理。

【任务实施】

（1）会计期末，在确认60万元（260−200）的公允价值变动时：

借：其他债权投资	600 000	
贷：其他综合收益		600 000

（2）确认应纳税暂时性差异对所得税的影响时：

借：其他综合收益	150 000	
贷：递延所得税负债		150 000

（2）与企业合并相关的递延所得税。

企业合并中取得的资产、负债，其账面价值与计税基础不同，应确认相关递延所得税的，该递延所得税的确认影响合并中产生的商誉或是计入当期损益的金额，不影响所得税费用。

【任务实例4-13】甲公司本年1月1日购买乙公司80%的股权，形成非同一控制下企业合并。因企业会计准则规定与适用税法规定的处理方法不同，在购买日产生可抵扣暂时性差异300万元。假定购买日及未来期间企业适用的企业所得税税率为25%。

购买日，因预计未来期间无法取得足够的应纳税所得额，未确认与可抵扣暂时性差异相关的递延所得税资产75万元。购买日确认的商誉为50万元。

（1）假定在购买日后6个月，甲公司预计能够产生足够的应纳税所得额用以抵扣企业合并时产生的可抵扣暂时性差异300万元，且该事实于购买日已经存在。

（2）假定在购买日后6个月，甲公司根据新的事实预计能够产生足够的应纳税所得额用以抵扣企业合并时产生的可抵扣暂时性差异300万元，且该新的事实于购买日并不存在。

【任务要求】对甲公司上述企业所得税相关业务进行账务处理。

【任务实施】

（1）第一种情况，假定在购买日后6个月，甲公司预计能够产生足够的应纳税所得额用以抵扣企业合并时产生的可抵扣暂时性差异300万元，且该事实于购买日已经存在，则甲公司应作如下账务处理：

借：递延所得税资产（3 000 000×25%）	750 000	
贷：商誉		500 000
所得税费用——递延所得税费用		250 000

（2）第二种情况，假定在购买日后6个月，甲公司根据新的事实预计能够产生足够的应纳税所得额用以抵扣企业合并时产生的可抵扣暂时性差异300万元，且该新的事实于购买日并不存在，则甲公司应作如下账务处理：

借：递延所得税资产	750 000	
贷：所得税费用——递延所得税费用		750 000

（三）所得税费用

计算确定了当期所得税费用及递延所得税费用以后，利润表中应予确认的所得税费用为两者之和，即：

所得税费用=当期所得税费用+递延所得税费用

【任务实例4-14】甲公司2022年度利润表中的利润总额为3 000万元，适用的企业所得税税率为25%。递延所得税资产及递延所得税负债不存在期初余额。与所得税核算有关的情况如下：

在2022年发生的有关交易和事项中，会计处理与税法处理存在差别的有：

（1）2022年1月开始计提折旧的一项固定资产，成本为1 500万元，使用年限为10年，假设净残值为0，会计处理按双倍余额递减法计提折旧，税法处理按直线法计提折旧。假定税法规定的使用年限及净残值与会计规定相同。

（2）向关联企业直接捐赠现金500万元。按照税法规定，企业向关联方的直接捐赠支出不得税前扣除。

（3）当期取得作为交易性金融资产核算的股票投资的成本为800万元，2022年12月31日的公允价值为1 200万元。税法规定，以公允价值计量的金融资产持有期间的市价变动不计入应纳税所得额。

（4）因违反环保法的规定，支付罚款250万元。税法规定，罚金、罚款和被没收财物的损失不得税前扣除。

（5）存货原账面价值为2 075万元，经测试发生减值75万元，期末对持有的存货计提了75万元的存货跌价准备。税法规定，未经核定的准备金支出不得税前扣除。

甲公司上述交易或事项均按照企业会计准则的规定进行了处理。甲公司有确凿证据表明未来期间有足够的应纳税所得额用来抵扣可抵扣暂时性差异。假设除上述事项外，没有其他影响所得税核算的因素。

【任务要求】

（1）计算甲公司2022年度的当期应纳企业所得税。

（2）计算甲公司2022年度的递延所得税费用。

（3）计算甲公司2022年度利润表中应确认的所得税费用。

（4）对甲公司确认的所得税费用进行账务处理。

【任务实施】甲公司2022年资产负债表相关资产、负债项目账面价值与计税基础见表4-3。

表4-3　**2022年资产负债表相关资产、负债项目账面价值与计税基础**　单位：万元

项　目	账面价值	计税基础	差　异	
			应纳税暂时性差异	可抵扣暂时性差异
存货	2 000	2 075		75
固定资产				
固定资产原价	1 500	1 500		
减：累计折旧	300	150		
固定资产减值准备	0	0		
固定资产账面价值	1 200	1 350		150
交易性金融资产	1 200	800	400	
其他应付款	250	250		
总计			400	225

（1）确定2022年12月31日资产和负债的账面价值。

见表4-3。

（2）确定2022年12月31日资产和负债的计税基础。

见表4-3。

（3）确认2022年度的递延所得税（递延所得税费用）。

2022年12月31日资产的账面价值小于计税基础的差额=（2 075−2 000）+（1 350−1 200）=75+150=225（万元），为可抵扣暂时性差异，应确认相关的递延所得税资产56.25万元（225×25%）。

2022年12月31日资产的账面价值大于计税基础的差额=1 200−800=400（万元），为应纳税暂时性差异，应确认相关的递延所得税负债100万元（400×25%）。

$$\text{2022年度递延所得税费用}=\left(\text{递延所得税负债的期末余额}-\text{递延所得税负债的期初余额}\right)-\left(\text{递延所得税资产的期末余额}-\text{递延所得税资产的期初余额}\right)$$

$$=(100-0)-(56.25-0)=43.75\text{（万元）}$$

（4）确认2022年度当期所得税（当期所得税费用）。

2022年度应纳税所得额=3 000+150+500−400+250+75=3 575（万元）

2022年度当期所得税费用（应纳企业所得税）=应纳税所得额×当期适用税率

=3 575×25%=893.75（万元）

（5）确认2022年度利润表中的所得税费用。

2022年度所得税费用=当期所得税费用+递延所得税费用=893.75+43.75=937.5（万元）

确认所得税费用的账务处理如下：

借：所得税费用——当期所得税费用　8 937 500
　　　　　　——递延所得税费用　437 500
　　递延所得税资产　562 500
　贷：应交税费——应交所得税　8 937 500
　　　递延所得税负债　1 000 000

或分为两个分录：

借：所得税费用——当期所得税费用　8 937 500
　贷：应交税费——应交所得税　8 937 500
借：所得税费用——递延所得税费用　437 500
　　递延所得税资产　562 500
　贷：递延所得税负债　1 000 000

【任务实例4-15】沿用【任务实例4-14】中有关资料，假定甲公司2023年当期应纳税所得额为4 620万元。资产负债表中有关资产、负债的账面价值与计税基础相关资料见表4-4，除所列项目外，其他资产、负债项目不存在会计和税法规定之间的差异。

表4-4　2023年资产负债表相关资产、负债项目账面价值与计税基础　单位：万元

项　目	账面价值	计税基础	差　异	
			应纳税暂时性差异	可抵扣暂时性差异
存货	4 000	4 200		200
固定资产				
固定资产原价	1 500	1 500		
减：累计折旧	540	300		
固定资产减值准备	50	0		
固定资产账面价值	910	1 200		290
交易性金融资产	1 675	1 000	675	
预计负债	250	0		250
总　计			675	740

【任务要求】

（1）计算甲公司2023年度递延所得税费用。

（2）计算甲公司2023年度应确认的所得税费用。

（3）对甲公司确认的所得税费用进行账务处理。

【任务实施】

（1）确定2023年12月31日资产和负债的账面价值。

见表4-4。

（2）确定2023年12月31日资产和负债的计税基础。

见表4-4。

（3）确认2023年度递延所得税（递延所得税费用）。

2023年12月31日资产的账面价值小于计税基础的差额以及负债的账面价值大于计税

基础的差额=（4 200-4 000）+（1 200-910）+（250-0）=200+290+250=740（万元），为累计应确认的可抵扣暂时性差异，2023年期末递延所得税资产余额=740×25%=185（万元），2023年期初递延所得税资产余额为56.25元，应确认递延所得税资产（递延所得税资产增加额）=185-56.25=128.75（万元）。

2023年12月31日资产的账面价值大于计税基础的差额=1 675-1 000=675（万元），为累计应确认的应纳税暂时性差异，2023年期末递延所得税负债余额=675×25%=168.75（万元），2023年期初递延所得税负债余额为100元，应确认递延所得税负债（递延所得税负债增加额）=168.75-100=68.75（万元）。

$$\text{2023年度递延所得税费用}=\left(\text{递延所得税负债的期末余额}-\text{递延所得税负债的期初余额}\right)-\left(\text{递延所得税资产的期末余额}-\text{递延所得税资产的期初余额}\right)$$

=（168.75-100）-（185-56.25）=68.75-128.75=-60（万元）（负数代表收益）

（4）确认2023年度当期所得税（当期所得税费用）。

2023年度应纳税所得额=4 620万元

2023年度当期所得税费用（应纳企业所得税）=应纳税所得额×当期适用税率

=4 620×25%=1 155（万元）

（5）确认2023年度利润表中的所得税费用。

2023年度所得税费用=当期所得税费用+递延所得税费用=1 155+（-60）=1 095（万元）

确认所得税费用的账务处理如下：

借：所得税费用——当期所得税费用	11 550 000	
递延所得税资产	1 287 500	
贷：所得税费用——递延所得税费用		600 000
应交税费——应交所得税		11 550 000
递延所得税负债		687 500

或分为两个分录：

借：所得税费用——当期所得税费用	11 550 000	
贷：应交税费——应交所得税		11 550 000
借：递延所得税资产	1 287 500	
贷：所得税费用——递延所得税费用		600 000
递延所得税负债		687 500

（四）合并财务报表中因抵销未实现内部销售损益产生的递延所得税

企业在编制合并财务报表时，因抵销未实现内部销售损益导致合并资产负债表中资产、负债的账面价值与其在纳入合并范围的企业按照适用税法规定确定的计税基础之间产生暂时性差异的，在合并资产负债表中应当确认递延所得税资产或递延所得税负债，同时调整合并利润表中的所得税费用，但与直接计入所有者权益的交易或事项及企业合并相关的递延所得税除外。

企业在编制合并财务报表时，按照合并报表的编制原则，应将纳入合并范围的企业之间发生的未实现内部交易损益予以抵销，因此对于所涉及的资产负债项目在合并资产负债表中列示的价值与其所属的企业个别资产负债表中的价值会不同，并进而可能产生与有关资产、负债所属个别纳税主体计税基础的不同，从合并财务报表作为一个完整经济主体的角度，应当确认该暂时性差异的所得税影响。

【任务实例4-16】甲公司拥有乙公司80%表决权股份，能够控制乙公司的生产经营决策。本年9月甲公司以50万元的价格将自产产品一批销售给乙公司，该批产品在甲公司的生产成本为30万元。至本年12月31日，乙公司尚未对外销售该批商品。假定涉及商品未发生减值。甲、乙公司适用的企业所得税税率均为25%，且在未来期间预计不会发生变化。税法规定，企业的存货以历史成本作为计税基础。

【任务要求】对甲公司上述企业所得税相关业务进行账务处理。

【任务实施】

（1）甲公司在编制合并财务报表时，对于与乙公司发生的内部交易应进行以下抵销处理：

借：营业收入	500 000	
贷：营业成本		300 000
存货		200 000

（2）经过上述抵销处理后，该项内部交易中涉及的存货在合并资产负债表中体现的价值为30万元（50-20），即在未发生减值的情况下，为出售方的成本，而其计税基础为50万元，两者之间产生了20万元的可抵扣暂时性差异，与该暂时性差异相关的递延所得税在乙公司并未确认，为此在合并财务报表中应进行以下处理：

借：递延所得税资产（200 000×25%）	50 000	
贷：所得税费用		50 000

五、企业所得税的会计核算实务

会计准则与税法计算基础不尽相同。在会计准则与税法计算基础相同的情况下，不产生差异，不需要进行纳税调整；在会计准则与税法计算基础不同的情况下，所得税会计通常会产生两种差异，即永久性差异和暂时性差异，此时需要进行纳税调整。其中，对于暂时性差异需要确认相关的递延所得税影响。企业所得税的会计核算实务的内容非常多，以下仅就部分业务进行说明。

（一）与资产相关的企业所得税会计核算

1.固定资产的企业所得税会计核算

（1）固定资产折旧的企业所得税会计核算。

❶固定资产折旧方法的不同会产生差异。

企业会计准则规定，企业可以根据固定资产经济利益的预期实现方式合理选择折旧方法，如可以按照年限平均法计提折旧，也可以按照双倍余额递减法、年数总和法等计提折旧，前提是有关的方法能够反映固定资产为企业带来经济利益的实现情况。而税法规定，除某些按规定可以加速折旧的情况外，一般情况下，可以税前扣除的是按照直线法（年限平均法）计提的折旧。这样会产生固定资产账面价值与计税基础之间的差异，需要确认相关的递延所得税影响。

❷固定资产折旧年限的不同会产生差异。

税法一般规定每一类固定资产的最低折旧年限，而在会计处理时，按照企业会计准则的规定是由企业按照固定资产能够为企业带来经济利益的期限估计确定的。因而折旧年限的不同，也会产生固定资产账面价值与计税基础之间的差异，需要确认相关的递延所得税影响。

【任务实例4-17】2019年12月25日，甲公司购入一辆由管理部门专门使用的汽车，取得的增值税专用发票上注明的价款为40 000元，进项税额为5 200元，款项以银行存款支付。甲公司取得的增值税专用发票2019年12月符合抵扣规定。该汽车预计使用期限为4年，会计上采用直线法按照4年计提折旧（假设不考虑残值），税法上采用年数总和法按照4年计提折旧（假设不考虑残值）。假定甲公司每年的利润总额均为500 000元。甲公司未对该汽车计提减值准备。假设无其他纳税调整项目，且每年企业所得税税率均为25%。

【任务要求】对甲公司上述企业所得税相关业务进行账务处理。

【任务实施】

（1）2019年12月25日购入该汽车时：

借：固定资产——汽车	40 000	
应交税费——应交增值税（进项税额）	5 200	
贷：银行存款		45 200

（2）计算2020年度利润表中的所得税费用。

❶确定2020年12月31日资产的账面价值。

2020年，会计上计提折旧10 000元（40 000÷4）。

2020年12月31日固定资产的账面价值=固定资产成本（原值）−固定资产累计折旧−固定资产减值准备

=40 000−10 000−0=30 000（元）

借：管理费用	10 000	
贷：累计折旧		10 000[①]

❷确定2020年12月31日资产的计税基础。

2020年，按税法规定计提折旧16 000元［40 000×4÷（1+2+3+4）］。

2020年12月31日固定资产的计税基础=固定资产成本（原值）−按照税法规定计算确定的累计折旧

=40 000−16 000=24 000（元）

❸确认2020年度递延所得税（递延所得税费用）。

2020年12月31日固定资产的账面价值30 000元大于计税基础24 000元的差额6 000元（30 000−24 000），将于未来期间增加企业的应纳税所得额，为应纳税暂时性差异。2020年期末应确认相关的递延所得税负债1 500元（6 000×25%）。

$$\text{2020年度递延所得税费用}=\left(\text{递延所得税负债的期末余额}-\text{递延所得税负债的期初余额}\right)-\left(\text{递延所得税资产的期末余额}-\text{递延所得税资产的期初余额}\right)$$

=（1 500−0）−（0−0）=1 500（元）

❹确认2020年度当期所得税（当期所得税费用）。

2020年度当期所得税费用=应纳税所得额×当期适用税率

=（500 000+10 000−16 000）×25%=123 500（元）

❺确认2020年度利润表中的所得税费用。

2020年度所得税费用=当期所得税费用+递延所得税费用=123 500+1 500=125 000（元）

确认所得税费用的账务处理如下：

借：所得税费用——当期所得税费用	123 500	
——递延所得税费用	1 500	

① 每月按照10 000元的1/12计提折旧，下同。

贷：应交税费——应交所得税　123 500
　　递延所得税负债　1 500

（3）计算2021年度利润表中的所得税费用。

❶确定2021年12月31日资产的账面价值。

2021年，会计上计提折旧10 000元（40 000÷4）。

2021年12月31日固定资产的账面价值=固定资产成本（原值）–固定资产累计折旧–固定资产减值准备
=40 000–（10 000+10 000）–0=20 000（元）

借：管理费用　10 000
　贷：累计折旧　10 000

❷确定2021年12月31日资产的计税基础。

2021年，按税法规定计提折旧12 000元［40 000×3÷（1+2+3+4）］。

2021年12月31日固定资产的计税基础=固定资产成本（原值）–按照税法规定计算确定的累计折旧
=40 000–（16 000+12 000）=12 000（元）

❸确认2021年度递延所得税（递延所得税费用）。

2021年12月31日固定资产的账面价值20 000元大于计税基础12 000元的差额8 000元（20 000–120 00），为累计应确认的应纳税暂时性差异。2021年期末递延所得税负债余额=8 000×25%=2 000（元），由于2021年期初递延所得税负债余额为1 500元，因此2021年期末应进一步确认的递延所得税负债（递延所得税负债增加额）为500元（2 000–1 500）。

2021年度递延所得税费用=（递延所得税负债的期末余额–递延所得税负债的期初余额）–（递延所得税资产的期末余额–递延所得税资产的期初余额）
=（2 000–1 500）–（0–0）=500（元）

❹确认2021年度当期所得税（当期所得税费用）。

2021年度当期所得税费用=应纳税所得额×当期适用税率
=（500 000+10 000–12 000）×25%=124 500（元）

❺确认2021年度利润表中的所得税费用。

2021年度所得税费用=当期所得税费用+递延所得税费用=124 500+500=125 000（元）

借：所得税费用——当期所得税费用　124 500
　　　　　　　——递延所得税费用　500
　贷：应交税费——应交所得税　124 500
　　　递延所得税负债　500

（4）计算2022年度利润表中的所得税费用。

❶确定2022年12月31日资产的账面价值。

2022年，会计上计提折旧10 000元（40 000÷4）。

2022年12月31日固定资产的账面价值=固定资产成本（原值）–固定资产累计折旧–固定资产减值准备
=40 000–（1 0000+10 000+10 000）–0=10 000（元）

借：管理费用　10 000
　贷：累计折旧　10 000

❷确定2022年12月31日资产的计税基础。

2022年，按税法规定计提折旧8 000元［40 000×2÷（1+2+3+4）］。

2022年12月31日固定资产的计税基础=固定资产成本（原值）－按照税法规定计算确定的累计折旧

=40 000－（16 000+12 000+8 000）=4 000（元）

❸确认2022年度递延所得税（递延所得税费用）。

2022年12月31日固定资产的账面价值10 000元大于计税基础4 000元的差额6 000元（10 000－4 000），为累计应确认的应纳税暂时性差异。2022年期末递延所得税负债余额=6 000×25%=1 500（元），由于2022年期初递延所得税负债余额为2 000元，因此2022年期末应转回的递延所得税负债（递延所得税负债减少额）为500元（2 000－1 500）。

2022年度递延所得税费用=（递延所得税负债的期末余额－递延所得税负债的期初余额）－（递延所得税资产的期末余额－递延所得税资产的期初余额）

=（1 500－2 000）－（0－0）=－500（元）（负数代表收益）

❹确认2022年度当期所得税（当期所得税费用）。

2022年度当期所得税费用=应纳税所得额×当期适用税率

=（500 000+10 000－8 000）×25%=125 500（元）

❺确认2022年度利润表中的所得税费用。

2022年度所得税费用=当期所得税费用+递延所得税费用=125 500+（－500）=125 000（元）

借：所得税费用——当期所得税费用	125 500	
递延所得税负债	500	
贷：应交税费——应交所得税		125 500
所得税费用——递延所得税费用		500

（5）计算2023年度利润表中的所得税费用。

❶确定2023年12月31日资产的账面价值。

2023年，会计上计提折旧10 000元（40 000÷4）。

2023年12月31日固定资产的账面价值=固定资产成本（原值）－固定资产累计折旧－固定资产减值准备

=40 000－（10 000+10 000+10 000+10 000）－0=0

借：管理费用	10 000	
贷：累计折旧		10 000

❷确定2023年12月31日资产的计税基础。

2023年，按税法规定计提折旧4 000元（40 000×1÷（1+2+3+4））。

2023年12月31日固定资产的计税基础=固定资产成本（原值）－按照税法规定计算确定的累计折旧

=40 000－（16 000+12 000+8 000+4 000）=0

❸确认2023年度递延所得税（递延所得税费用）。

2023年12月31日固定资产的账面价值与计税基础均为0，两者之间不存在暂时性差异，前期已经确认的与该固定资产相关的递延所得税负债应予全额转回。2023年期末递延所得税负债余额为0，由于2023年期初递延所得税负债余额为1 500元，因此2023年期末应转回的递延所得税负债（递延所得税负债减少额）为1 500元（1 500－0）。

2023年度递延所得税费用=（递延所得税负债的期末余额－递延所得税负债的期初余额）－（递延所得税资产的期末余额－递延所得税资产的期初余额）

=（0－1 500）－（0－0）=－1 500（元）（负数代表收益）

❹确认2023年度当期所得税（当期所得税费用）。

2023年度当期所得税费用=应纳税所得额×当期适用税率

=（500 000+10 000−4 000）×25%=126 500（元）

❺确认2023年度利润表中的所得税费用。

2023年度所得税费用=当期所得税费用+递延所得税费用=126 500+（−1 500）=125 000（元）

借：所得税费用——当期所得税费用	126 500	
递延所得税负债	1 500	
贷：应交税费——应交所得税		126 500
所得税费用——递延所得税费用		1 500

（2）固定资产减值的企业所得税会计核算。

❶计提固定资产减值准备会产生差异。

在持有固定资产的期间内，会计上可能对固定资产计提了减值准备，但因会计上所计提的减值准备在税法上规定在计提当期不允许税前扣除，也会造成固定资产的账面价值与计税基础的差异，需要确认相关的递延所得税影响。在计算当期应纳税所得额时，企业应在会计利润总额的基础上，加上按照税法规定不允许从当期应纳税所得额中扣除的同期计提的资产减值准备金额，调整为当期应纳税所得额。

❷计提固定资产减值准备后固定资产的折旧会进一步产生差异。

对固定资产而言，会计上计提减值准备后，应按计提减值准备后的账面价值及尚可使用寿命或尚可使用年限（含预计净残值等的变更）重新计算每期的折旧率、折旧额，重新计算的金额与税法上可在应纳税所得额中抵扣的折旧额的差额，应从当期利润总额中减去后，计算出企业当期的应纳税所得额。

【任务实例4-18】甲公司2019年12月购入一台管理用电子设备，取得增值税专用发票，发票上注明价款27万元，增值税3.51万元，款项以银行存款支付。甲公司取得的增值税专用发票2019年12月符合抵扣规定。该设备预计使用3年，假设预计净残值为0，采用年限平均法计提折旧。假定其使用年限、折旧方法、净残值与税法规定一致。2020年12月31日，会计上认定该设备可能发生减值，估计现行销售净价为15万元。假设2020年的会计利润为150万元。2021年12月31日，会计上认定该设备未再发生减值，2021年的会计利润为150万元。2022年12月31日，会计上认定该设备未再发生减值，2022年的会计利润为150万元。甲公司有确凿证据表明未来期间有足够的应纳税所得额用来抵扣可抵扣暂时性差异。假设无其他纳税调整项目，且每年企业所得税税率均为25%。

【任务要求】对甲公司上述企业所得税相关业务进行账务处理。

【任务实施】

（1）2019年12月购入设备时：

借：固定资产	270 000	
应交税费——应交增值税（进项税额）	35 100	
贷：银行存款		305 100

（2）计算2020年度利润表中的所得税费用。

❶确定2020年12月31日资产的账面价值。

2020年，会计上计提折旧90 000元（270 000÷3）。

2020年12月31日固定资产的账面价值为150 000元，会计上需要计提固定资产减值准备30 000元（270 000−90 000−150 000）。

借：管理费用	90 000	
贷：累计折旧		90 000
借：资产减值损失	30 000	
贷：固定资产减值准备		30 000

❷确定2020年12月31日资产的计税基础。

2020年，按税法规定计提折旧90 000元（270 000÷3）。

2020年12月31日固定资产的计税基础=固定资产成本（原值）−按照税法规定计算确定的累计折旧

=270 000−90 000=180 000（元）

❸确认2020年度递延所得税（递延所得税费用）。

2020年12月31日固定资产的账面价值150 000元小于计税基础180 000元的差额30 000元（180 000−150 000），为应确认的可抵扣暂时性差异，符合确认条件时，应确认相关的递延所得税资产7 500元（30 000×25%）。

$$\text{2020年度递延所得税费用}=\left(\text{递延所得税负债的期末余额}-\text{递延所得税负债的期初余额}\right)-\left(\text{递延所得税资产的期末余额}-\text{递延所得税资产的期初余额}\right)$$

=（0−0）−（7 500−0）=−7 500（元）（负数代表收益）

❹确认2020年度当期所得税（当期所得税费用）。

2020年度当期所得税费用=应纳税所得额×当期适用税率=（1 500 000+30 000）×25%=382 500（元）

❺确认2020年度利润表中的所得税费用。

2020年度所得税费用=当期所得税费用+递延所得税费用=382 500+（−7 500）=375 000（元）

借：所得税费用——当期所得税费用	382 500	
递延所得税资产	7 500	
贷：应交税费——应交所得税		382 500
所得税费用——递延所得税费用		7 500

（3）计算2021年度利润表中的所得税费用。

❶确定2021年12月31日资产的账面价值。

2021年，会计上计提折旧75 000元（150 000÷2）。

2021年12月31日固定资产的账面价值=固定资产成本（原值）−固定资产累计折旧−固定资产减值准备

=270 000−（90 000+75 000）−30 000=75 000（元）

借：管理费用	75 000	
贷：累计折旧		75 000

❷确定2021年12月31日资产的计税基础。

2021年，按税法规定计提折旧90 000元（270 000÷3）。

2021年12月31日固定资产的计税基础=固定资产成本（原值）−按照税法规定计算确定的累计折旧

=270 000−（90 000+90 000）=90 000（元）

❸确认2021年度递延所得税（递延所得税费用）。

2021年12月31日固定资产的账面价值75 000元小于计税基础90 000元的差额15 000元（90 000−75 000），为累计应确认的可抵扣暂时性差异。2021年期末递延所得税资产余额=15 000×25%=3 750（元），由于2021年期初递延所得税资产余额为7 500元，因此2021年期末应转回的递延所得税资产（递延所得税资产减少额）为3 750元（7 500−3 750）。

2021年度递延所得税费用 =（递延所得税负债的期末余额 − 递延所得税负债的期初余额）−（递延所得税资产的期末余额 − 递延所得税资产的期初余额）

=（0−0）−（3 750−7 500）=3 750（元）

❹确认2021年度当期所得税（当期所得税费用）。

2021年度当期所得税费用=应纳税所得额×当期适用税率

=（1 500 000+75 000−90 000）×25%=371 250（元）

❺确认2021年度利润表中的所得税费用。

2021年度所得税费用=当期所得税费用+递延所得税费用=371 250+3 750=375 000（元）

借：所得税费用——当期所得税费用	371 250	
——递延所得税费用	3 750	
贷：应交税费——应交所得税		371 250
递延所得税资产		3 750

（4）计算2022年度利润表中的所得税费用。

❶确定2022年12月31日资产的账面价值。

2022年，会计上计提折旧75 000元（150 000÷2）。

2022年12月31日固定资产的账面价值=固定资产成本（原值）−固定资产累计折旧−固定资产减值准备

=270 000−（90 000+75 000+75 000）−30 000=0

借：管理费用	75 000	
贷：累计折旧		75 000

❷确定2022年12月31日资产的计税基础。

2022年，按税法规定计提折旧90 000元（270 000÷3）。

2022年12月31日固定资产的计税基础=固定资产成本（原值）−按照税法规定计算确定的累计折旧

=270 000−（90 000+90 000+90 000）=0

❸确认2022年度递延所得税（递延所得税费用）。

2022年12月31日固定资产的账面价值与计税基础均为0，两者之间不存在暂时性差异，前期已经确认的与该固定资产相关的递延所得税资产应予全额转回。2022年期末递延所得税资产余额应为0，由于2022年期初递延所得税资产余额为3 750元，因此2022年期末应转回的递延所得税资产（递延所得税资产减少额）为3 750元（3 750−0）。

2022年度递延所得税费用 =（递延所得税负债的期末余额 − 递延所得税负债的期初余额）−（递延所得税资产的期末余额 − 递延所得税资产的期初余额）

=（0−0）−（0−3 750）=3 750（元）

❹确认2022年度当期所得税（当期所得税费用）。

2022年度当期所得税费用=应纳税所得额×当期适用税率

=（1 500 000+75 000−90 000）×25%=371 250（元）

❺确认2022年度利润表中的所得税费用。

2022年度所得税费用=当期所得税费用+递延所得税费用=371 250+3 750=375 000（元）

借：所得税费用——当期所得税费用	371 250	
——递延所得税费用	3 750	

贷：应交税费——应交所得税	371 250
递延所得税资产	3 750

2.无形资产的企业所得税会计核算

（1）内部研究开发形成的无形资产的企业所得税会计核算。

除内部研究开发形成的无形资产以外，其他方式取得的无形资产，初始确认时按照会计准则规定确定的入账价值与按照税法规定确定的计税基础之间一般不存在差异。

内部研究开发形成的无形资产，会计准则规定其成本为开发阶段符合资本化条件以后至达到预定用途前发生的支出，除此之外，研究开发过程中发生的其他支出应予费用化计入损益。税法规定，企业为开发新技术、新产品和新工艺发生的研究开发费用（又称研究开发费、研发费用），未形成无形资产计入当期损益的，在按照规定据实扣除的基础上，按照研发费用的50%加计扣除；形成无形资产的，按照无形资产成本的150%摊销。企业开展研发活动中实际发生的研发费用，未形成无形资产计入当期损益的，在按规定据实扣除的基础上，在2018年1月1日至2023年12月31日期间，再按照实际发生额的75%在税前加计扣除；形成无形资产的，在上述期间按照无形资产成本的175%在税前摊销。适用研发费用税前加计扣除比例75%的企业，在2022年10月1日至2022年12月31日期间，税前加计扣除比例提高至100%。制造业企业开展研发活动中实际发生的研发费用，未形成无形资产计入当期损益的，在按规定据实扣除的基础上，自2021年1月1日起，再按照实际发生额的100%在税前加计扣除；形成无形资产的，自2021年1月1日起，按照无形资产成本的200%在税前摊销。科技型中小企业开展研发活动中实际发生的研发费用，未形成无形资产计入当期损益的，在按规定据实扣除的基础上，自2022年1月1日起，再按照实际发生额的100%在税前加计扣除；形成无形资产的，自2022年1月1日起，按照无形资产成本的200%在税前摊销。企业开展研发活动中实际发生的研发费用，未形成无形资产计入当期损益的，在按规定据实扣除的基础上，自2023年1月1日起，再按照实际发生额的100%在税前加计扣除；形成无形资产的，自2023年1月1日起，按照无形资产成本的200%在税前摊销（该政策作为制度性安排长期实施）。集成电路企业和工业母机企业开展研发活动中实际发生的研发费用，未形成无形资产计入当期损益的，在按规定据实扣除的基础上，在2023年1月1日至2027年12月31日期间，再按照实际发生额的120%在税前扣除；形成无形资产的，在上述期间按照无形资产成本的220%在税前摊销。

对于内部研究开发形成的无形资产，一般情况下，初始确认时按照会计准则规定确定的成本与其计税基础应当是相同的。对于享受税收优惠无形资产的研究开发支出，在形成无形资产时，按照会计准则规定确定无形资产的成本为研究开发过程中符合资本化条件后至达到预定用途前发生的支出，而税法规定按照上述无形资产成本的200%（以一般企业为例）摊销，其计税基础应在会计入账价值的基础上加计100%（以一般企业为例），因而产生账面价值与计税基础在初始确认时的差异。

另外，会计准则中规定有例外条款，即如果该无形资产的确认（初始确认）不是产生于企业合并交易，同时在确认（初始确认）时既不影响会计利润也不影响应纳税所得额，按照所得税会计准则的规定，不确认该暂时性差异的所得税影响。在这种情况下，无形资产在初始确认时，对于会计与税法规定之间存在的暂时性差异不予确认；在持续持有过程中，在初始未予确认暂时性差异的所得税影响范围内的摊销额等的差异也不予确认。

提示　除烟草制造业、住宿和餐饮业、批发和零售业、房地产业、租赁和商务服务业、娱乐业、财政部和国家税务总局规定的其他行业以外，其他行业企业均可享受研发费用加计扣除的具体政策。

图解税收

研发费用加计扣除优惠再加力！

【任务实例4-19】甲公司自2023年1月1日起自行研究开发一项新专利技术。甲公司各年实现的利润总额均为5 000万元。税法规定，企业开展研发活动中实际发生的研发费用，未形成无形资产计入当期损益的，在按规定据实扣除的基础上，自2023年1月1日起，再按照实际发生额的100%在税前加计扣除；形成无形资产的，自2023年1月1日起，按照无形资产成本的200%在税前摊销。2023年度研发支出为750万元，其中，费用化支出为250万元，资本化支出为500万元。至2023年12月31日尚未达到预定可使用状态。2024年发生资本化支出700万元，2024年7月1日该项专利技术获得成功并取得专利权。甲公司预计该项专利权的使用年限为10年，采用直线法进行摊销，均与税法规定相同。假设无其他纳税调整项目，且每年企业所得税税率均为25%。

【任务要求】对甲公司上述企业所得税相关业务进行账务处理。

【任务实施】

（1）2023年12月31日所得税会计处理如下：

2023年12月31日研发支出账面价值=500万元

2023年12月31日研发支出计税基础=500×200%=1 000（万元）

2023年12月31日可抵扣暂时性差异=1 000−500=500（万元）

自行研发的无形资产确认时（根据资本化部分确认无形资产），既不影响应纳税所得额也不影响会计利润，因此不确认该暂时性差异的所得税影响，即不确认相关的递延所得税资产，因此，递延所得税费用为0，但应调减应纳税所得额250万元（250×100%）（根据费用化部分调减应纳税所得额）。

2023年度应交所得税（当期所得税费用）=应纳税所得额×当期适用税率

=（5 000−250×100%）×25%

=（5 000−250）×25%=1 187.5（万元）

借：所得税费用——当期所得税费用　　11 875 000

　贷：应交税费——应交所得税　　11 875 000

（2）2024年12月31日所得税会计处理如下：

2024年12月31日无形资产账面价值=（500+700）−（500+700）÷10÷12×6=1 200−60=1 140（万元）

2024年12月31日无形资产计税基础=（500+700）×200%−（500+700）×200%÷10÷12×6

=1 140×200%=2 280（万元）

2024年12月31日累计可抵扣暂时性差异=2 280−1 140=1 140（万元）

自行研发的无形资产确认时（根据资本化部分确认无形资产），既不影响应纳税所得额也不影响会计利润，因此不确认相关的递延所得税资产，即递延所得税费用为0，但应调减应纳税所得额60万元［（500+700）×200%÷10÷12×6−（500+700）÷10÷12×6］（根据费用化部分调减应纳税所得额）。

2024年度应交所得税（当期所得税费用）=［5 000+（500+700）÷10÷12×6−（500+700）×200%÷10÷12×6］×25%

=（5 000−60）×25%=1 235（万元）

借：所得税费用——当期所得税费用　　12 350 000
　贷：应交税费——应交所得税　　12 350 000

(2) 无形资产后续计量的企业所得税会计核算。

无形资产在后续计量时，会计与税收的差异主要产生于对无形资产摊销年限或方法的确定、是否需要摊销以及无形资产减值准备的计提。

❶无形资产摊销年限或方法的不同会产生差异。

企业会计准则规定，源自合同性权利或其他法定权利取得的无形资产，其使用寿命通常不应超过合同性权利或其他法定权利的期限。但如果企业使用资产的预期期限短于合同性权利或其他法定权利规定的期限的，则应当按照企业预期使用的期限来确定其使用寿命。如果合同性权利或其他法定权利能够在到期时因续约等延续，则仅当有证据表明企业续约不需要付出重大成本时，续约期才能够包括在使用寿命的估计中。没有明确的合同或法律规定无形资产的使用寿命的，企业应当综合各方面因素判断。无形资产摊销方法包括直线法、产量法等。企业选择的无形资产摊销方法，应当能够反映与该项无形资产有关的经济利益的预期实现方式，并一致地运用于不同会计期间；无法可靠确定其预期实现方式的，应当采用直线法进行摊销。税法规定，无形资产按照直线法计算的摊销费用，准予扣除。无形资产的摊销年限不得低于10年。作为投资或者受让的无形资产，有关法律规定或者合同约定了使用年限的，可以按照规定或者约定的使用年限分期摊销。当税法规定的摊销年限、摊销方法与会计确定的使用寿命及摊销方法不一致时，会造成该类无形资产账面价值与计税基础的差异，需要确认相关的递延所得税影响。

❷无形资产是否需要摊销会产生差异。

企业会计准则规定，应根据无形资产使用寿命情况，区分为使用寿命有限的无形资产和使用寿命不确定的无形资产。对于使用寿命不确定的无形资产，不要求摊销，在会计期末应进行减值测试。税法规定，企业取得无形资产的成本（外购商誉除外），应在一定期限内摊销，有关摊销额允许税前扣除。对于使用寿命不确定的无形资产，会计处理时不予摊销，但计税时按照税法规定确定的摊销额允许税前扣除，这会造成该类无形资产账面价值与计税基础的差异，需要确认相关的递延所得税影响。

❸计提无形资产减值准备会产生差异。

在对无形资产计提减值准备的情况下，因所计提的减值准备不允许税前扣除，也会造成其账面价值与计税基础的差异，需要确认相关的递延所得税影响。这和前文中计提固定资产减值准备产生差异在原理上是一样的。

【任务实例4-20】甲公司本年1月1日取得某项无形资产，成本为800 000元。公司根据各方面情况判断，无法合理预计其带来未来经济利益的期限，将其作为使用寿命不确定的无形资产。本年12月31日，对该项无形资产进行减值测试表明其未发生减值。甲公司在计税时，对该项无形资产按照10年的期限摊销，有关摊销额允许税前扣除。假设无其他纳税调整项目，且每年企业所得税税率均为25%。本年度甲公司的利润总额为600 000元。

【任务要求】对甲公司上述企业所得税相关业务进行账务处理。

【任务实施】

(1) 确定本年12月31日资产的账面价值。

会计上将该无形资产作为使用寿命不确定的无形资产，在未发生减值的情况下，本年

12月31日其账面价值为取得成本800 000元。

（2）确定本年12月31日资产的计税基础。

该无形资产在本年12月31日的计税基础=800 000-800 000÷10=800 000-80 000=720 000（元）

（3）确认本年度递延所得税（递延所得税费用）。

本年12月31日该无形资产的账面价值800 000元大于计税基础720 000元的差额80 000元（800 000-720 000），将于未来期间增加企业的应纳税所得额，为应纳税暂时性差异，应确认相关的递延所得税负债20 000元（80 000×25%）。

$$\text{本年度递延所得税费用}=\left(\text{递延所得税负债的期末余额}-\text{递延所得税负债的期初余额}\right)-\left(\text{递延所得税资产的期末余额}-\text{递延所得税资产的期初余额}\right)$$

=（20 000-0）-（0-0）=20 000（元）

（4）确认本年度当期所得税（当期所得税费用）。

本年度当期所得税费用=应纳税所得额×当期适用税率=（600 000-80 000）×25%=130 000（元）

（5）确认本年度利润表中的所得税费用。

本年度所得税费用=当期所得税费用+递延所得税费用=130 000+20 000=150 000（元）

借：所得税费用——当期所得税费用	130 000	
——递延所得税费用	20 000	
贷：应交税费——应交所得税		130 000
递延所得税负债		20 000

3.存货的企业所得税会计核算

企业会计准则规定，资产负债表日，存货应当按照成本与可变现净值孰低计量。当存货成本低于可变现净值时，存货按成本计量，当存货成本高于可变现净值时，存货按可变现净值计量，同时按照成本高于可变现净值的差额计提存货跌价准备，计入当期损益。而税法规定，存货计提的跌价准备不计入应纳税所得额，这会造成该类资产账面价值与计税基础的差异，需要确认相关的递延所得税影响。

【任务实例4-21】甲公司为增值税一般纳税人。2021年12月31日，甲公司A商品的账面成本为200万元，但由于A商品的市场价格下跌，预计可变现净值为160万元。2021年的利润总额为200万元。2022年12月31日，A商品的市场价格有所上升，使得A商品的预计可变现净值变为184万元。2022年的利润总额为200万元。2023年3月10日，将A商品售出，取得销售收入200万元（不含增值税），款项已存入银行。2023年的利润总额为200万元。甲公司有确凿证据表明未来期间有足够的应纳税所得额用来抵扣可抵扣暂时性差异。假设无其他纳税调整项目，且每年企业所得税税率均为25%。

【任务要求】对甲公司上述企业所得税相关业务进行账务处理。

【任务实施】

（1）2021年12月31日，由于可变现净值小于账面价值，应计提存货跌价准备40万元（200-160）。

借：资产减值损失——存货减值损失	400 000	
贷：存货跌价准备		400 000

2021年12月31日A商品的账面价值为160万元，计税基础为200万元。

2021年12月31日，A商品的账面价值160万元小于计税基础200万元的差额40万元（200-160），为可抵扣暂时性差异，符合确认条件时，应确认相关的递延所得税资产10万元（40×25%）。

$$2021年度递延所得税费用=\left(递延所得税负债的期末余额-递延所得税负债的期初余额\right)-\left(递延所得税资产的期末余额-递延所得税资产的期初余额\right)$$

$$=（0-0）-（10-0）=-10（万元）（负数代表收益）$$

2021年度当期所得税费用=应纳税所得额×当期适用税率=（200+40）×25%=60（万元）

2021年度所得税费用=当期所得税费用+递延所得税费用=60+（-10）=50（万元）

借：所得税费用——当期所得税费用	600 000	
递延所得税资产	100 000	
贷：应交税费——应交所得税		600 000
所得税费用——递延所得税费用		100 000

（2）2022年12月31日，由于A商品的市场价格上升，A商品的可变现净值有所恢复，累计应计提的存货跌价准备为16万元（200-184），由于已经计提的存货跌价准备为40万元，因此当期应冲减已计提的存货跌价准备24万元（40-16）。

借：存货跌价准备	240 000	
贷：资产减值损失——存货减值损失		240 000

2022年12月31日A商品的账面价值为184万元，计税基础为200万元。

2022年12月31日，A商品的账面价值184万元小于计税基础200万元的差额为16万元（200-184），为累计应确认的可抵扣暂时性差异。2022年期末递延所得税资产余额=16×25%=4（万元），由于2022年期初递延所得税资产余额为10万元，因此2022年期末应转回递延所得税资产（递延所得税资产减少额）=10-4=6（万元）。

$$2022年度递延所得税费用=\left(递延所得税负债的期末余额-递延所得税负债的期初余额\right)-\left(递延所得税资产的期末余额-递延所得税资产的期初余额\right)$$

$$=（0-0）-（4-10）=6（万元）$$

2022年度当期所得税费用=应纳税所得额×当期适用税率=（200-24）×25%=44（万元）

2022年度所得税费用=当期所得税费用+递延所得税费用=44+6=50（万元）

借：所得税费用——当期所得税费用	440 000	
——递延所得税费用	60 000	
贷：应交税费——应交所得税		440 000
递延所得税资产		60 000

（3）2023年3月10日，商品售出。

借：银行存款	2 260 000	
贷：主营业务收入		2 000 000
应交税费——应交增值税（销项税额）		260 000
借：主营业务成本	1 840 000	
存货跌价准备	160 000	
贷：库存商品		2 000 000

2023年12月31日，甲商品的账面价值与计税基础均为0，两者之间不存在暂时性差异，前期已经确认的与该存货相关的递延所得税资产应予全额转回。2023年期末递延所得税资产余额应为0，由于2023年期初递延所得税资产余额为4万元，因此2023年期末应

转回的递延所得税资产（递延所得税资产减少额）为4万元（4-0）。

2023年度递延所得税费用 =（递延所得税负债的期末余额 − 递延所得税负债的期初余额）−（递延所得税资产的期末余额 − 递延所得税资产的期初余额）

=（0-0）-（0-4）=4（万元）

2023年度当期所得税费用=应纳税所得额×当期适用税率=（200-16）×25%=46（万元）

2023年度所得税费用=当期所得税费用+递延所得税费用=46+4=50（万元）

借：所得税费用——当期所得税费用	460 000	
——递延所得税费用	40 000	
贷：应交税费——应交所得税		460 000
递延所得税资产		40 000

（二）与负债相关的企业所得税会计核算

1.预计负债的企业所得税会计核算

或有事项准则规定，与或有事项相关的义务同时满足下列条件的，应当确认为预计负债：❶该义务是企业承担的现时义务；❷履行该义务很可能导致经济利益流出企业；❸该义务的金额能够可靠地计量。预计负债应当按照履行相关现时义务所需支出的最佳估计数进行初始计量。所需支出存在一个连续范围，且该范围内各种结果发生的可能性相同的，最佳估计数应当按照该范围内的中间值确定。税法规定，有关的支出应于实际发生时税前扣除，因该类事项产生的预计负债在期末的计税基础为其账面价值与未来期间可税前扣除的金额之间的差额，在这种情况下，计税基础为零。一般情况下，上述预计负债会形成可抵扣暂时性差异，符合确认条件时，应确认相关的递延所得税资产；在某些特殊情况下，因有些事项确认的预计负债，如果税法规定其支出无论是否实际发生均不允许税前扣除，即未来期间按照税法规定可予抵扣的金额为零，则其账面价值与计税基础相同，这种情况下不产生暂时性差异。

【任务实例4-22】甲公司是一家上市公司，为增值税一般纳税人，企业所得税税率为25%，2022年的财务会计报告于2023年4月30日经批准对外报出（资产负债表日后事项涵盖期间为2023年1月1日至2023年4月30日）。2022年度企业所得税汇算清缴于2023年3月25日完成。甲公司按净利润的10%提取法定盈余公积，提取法定盈余公积之后，不再作其他分配。甲公司2022年12月31日涉及一项未决诉讼，甲公司估计败诉的可能性为80%，如果败诉很可能向乙公司赔偿100万元。该案件的起因系甲公司与乙公司签订一项买卖合同，约定甲公司在2022年10月供应给乙公司一批物资。由于甲公司未能按照合同发货，致使乙公司发生重大经济损失，乙公司通过法律程序要求甲公司赔偿经济损失180万元，该诉讼案件在2022年12月31日尚未判决。甲公司2022年度会计利润为10 000万元。税法规定，上述预计负债产生的损失仅允许在实际支出时予以税前扣除。2023年3月6日，经法院一审判决，甲公司需要偿付乙公司经济损失130万元，甲公司与乙公司均不再上诉，赔款已经支付。

【任务要求】

（1）对甲公司上述企业所得税相关业务进行账务处理。

（2）对乙公司上述企业所得税相关业务进行账务处理。

【任务实施】甲公司的账务处理如下：

（1）2022年12月31日甲公司确认预计负债时：

借：营业外支出	1 000 000	

贷：预计负债　1 000 000

（2）2022年12月31日甲公司确认所得税费用时：

借：所得税费用——当期所得税费用　25 250 000
　　递延所得税资产（1 000 000×25%）　250 000
　贷：应交税费——应交所得税［（100 000 000+1 000 000）×25%］　25 250 000
　　　所得税费用——递延所得税费用　250 000

（3）2023年3月6日，经法院一审判决，甲公司需要偿付乙公司经济损失130万元，甲公司与乙公司不再上诉，赔款已经支付。甲公司对2022年资产负债表日后事项进行处理时：

❶记录应当支付的赔偿款时：

借：以前年度损益调整——调整营业外支出　300 000
　　预计负债　1 000 000
　贷：其他应付款　1 300 000

❷支付赔偿款时（注意：该业务为2023年的业务）：

借：其他应付款　1 300 000
　贷：银行存款　1 300 000

注意：这里只是通过“其他应付款”科目进行过渡，不能直接在第❶笔分录中贷记“银行存款”科目。企业会计准则规定，对于调整事项，不能调整报告年度资产负债表中的“货币资金”项目以及现金流量表（正表）。

❸此诉讼案件结案发生在报告年度企业所得税汇算清缴之前，应调整报告年度的企业所得税。

借：应交税费——应交所得税（1 300 000×25%）　325 000
　贷：以前年度损益调整——调整所得税费用　325 000

❹转回预计负债产生的递延所得税资产时：

借：以前年度损益调整——调整所得税费用　250 000
　贷：递延所得税资产（1 000 000×25%）　250 000

❺将“以前年度损益调整”科目余额转入利润分配时：

借：利润分配——未分配利润［（300 000×75%）或（300 000−75 000）］　225 000
　　以前年度损益调整——调整所得税费用（325 000−250 000）　75 000
　贷：以前年度损益调整——调整营业外支出　300 000

❻因净利润变动调整盈余公积时：

借：盈余公积　22 500
　贷：利润分配——未分配利润（225 000×10%）　22 500

（4）调整报告年度2022年会计报表相关项目的数字（财务报表略）。

❶资产负债表项目的调整：

调减递延所得税资产25万元，调减应交税费32.5万元，调增其他应付款130万元，调减预计负债100万元；调减盈余公积2.25万元；调减未分配利润20.25万元（22.5−2.25）。

❷利润表项目的调整：

调增营业外支出30万元，调减所得税费用7.5万元（32.5−25）。

❸所有者权益变动表项目的调整：

调减净利润22.5万元；调减提取盈余公积项目中盈余公积一栏2.25万元，调减未分配利润一栏20.25万元。

（5）调整2023年2月资产负债表相关项目的年初数（略）。

乙公司的账务处理如下：

（1）2022年年末乙公司不编制会计分录，但是需要披露。

（2）2023年3月6日，经法院一审判决，甲公司需要偿付乙公司经济损失130万元，甲公司与乙公司均不再上诉，赔款已经支付。乙公司对2022年资产负债表日后事项进行处理时：

❶记录应当收到的赔偿款：

借：其他应收款　1 300 000

　贷：以前年度损益调整——调整营业外收入　1 300 000

❷收到赔偿款（注意：该业务为2023年的业务）：

借：银行存款　1 300 000

　贷：其他应收款　1 300 000

注意：这里只是通过“其他应收款”科目进行过渡，不能直接在第❶笔分录中借记“银行存款”科目。企业会计准则规定，对于调整事项，不能调整报告年度资产负债表中的“货币资金”项目以及现金流量表（正表）。

❸此诉讼案件结案发生在报告年度企业所得税汇算清缴之前，应调整报告年度的企业所得税。

借：以前年度损益调整——调整所得税费用　325 000

　贷：应交税费——应交所得税（1 300 000×25%）　325 000

❹将“以前年度损益调整”科目余额转入利润分配时：

借：以前年度损益调整——调整营业外收入　1 300 000

　贷：利润分配——未分配利润（1 300 000−325 000）　975 000

　　　以前年度损益调整——调整所得税费用　325 000

❺因净利润变动调整盈余公积时：

借：利润分配——未分配利润　97 500

　贷：盈余公积（975 000×10%）　97 500

2.应付职工薪酬的企业所得税会计核算

企业会计准则规定，企业为获得职工提供的服务给予的各种形式的报酬以及其他相关支出均应作为企业的成本、费用，在未支付之前确认为负债。税法规定，企业发生的合理的工资、薪金支出准予据实扣除；企业发生的职工福利费支出，不超过工资、薪金总额14%的部分准予扣除；企业拨缴的工会经费，不超过工资、薪金总额2%的部分准予扣除；除国务院财政、税务主管部门另有规定外，企业发生的职工教育经费支出，不超过工资、薪金总额8%的部分准予扣除，超过部分准予在以后纳税年度结转扣除。对于不合理的工资、薪金支出部分不予扣除，属于永久性差异，不确认递延所得税；对于职工福利费支出，超支部分不予扣除，属于永久性差异，不确认递延所得税；对于工会经费，超支部分不予扣除，属于永久性差异，不确认递延所得税；对于职工教育经费，超支部分本年度不予扣除，准予在以后纳税年度结转扣除，这会造成应付职工薪酬账面价值与计税基础的差异，需要确认相关的递延所得税资产。

【任务实例 4-23】甲公司 2022 年度应付职工薪酬为 335 万元，其中：工资、薪金 250 万元（为合理的工资、薪金），职工福利费 50 万元，工会经费 6.25 万元，职工教育经费 28.75 万元。甲公司 2023 年度应付职工薪酬为 320 万元，其中：工资、薪金 250 万元（为合理的工资、薪金），职工福利费 62.5 万元，工会经费 6.25 万元，职工教育经费 1.25 万元。甲公司 2022 年度和 2023 年度税前会计利润均为 1 250 万元，假设无其他纳税调整项目，且每年企业所得税税率均为 25%。

【任务要求】对甲公司上述企业所得税相关业务进行账务处理。

【任务实施】

（1）计算 2022 年度利润表中的所得税费用。

❶确定 2022 年 12 月 31 日负债的账面价值。

借：生产成本等科目	3 350 000	
贷：应付职工薪酬——工资		2 500 000
——职工福利费		500 000
——工会经费		62 500
——职工教育经费		287 500

2022 年 12 月 31 日应付职工薪酬的账面价值为 3 350 000 元。

❷确定 2022 年 12 月 31 日负债的计税基础。

职工福利费超支额=500 000−2 500 000×14%=150 000（元），本年度不能扣除，以后纳税年度也不能扣除，属于永久性差异。

工会经费超支额=62 500−2 500 000×2%=12 500（元），本年度不能扣除，以后纳税年度也不能扣除，属于永久性差异。

职工教育经费超支额=287 500−2 500 000×8%=87 500（元），本年度不能扣除，但准予在以后纳税年度结转扣除，形成暂时性差异。

因此，2022 年 12 月 31 日应付职工薪酬的计税基础=账面价值−未来期间按照税法规定可予税前扣除的金额=3 350 000−（287 500−2 500 000×8%）=3 350 000−87 500=3 262 500（元）。

❸确认 2022 年度递延所得税（递延所得税费用）。

2022 年 12 月 31 日应付职工薪酬的账面价值 3 350 000 元大于其计税基础 3 262 500 元的差额 87 500 元，将于未来期间减少企业的应纳税所得额，为可抵扣暂时性差异，符合确认条件时，应确认相关的递延所得税资产 21 875 元（87 500×25%）。

$$\begin{array}{c}2022\text{年度递延}\\\text{所得税费用}\end{array}=\left(\begin{array}{c}\text{递延所得税}\\\text{负债的期末余额}\end{array}-\begin{array}{c}\text{递延所得税}\\\text{负债的期初余额}\end{array}\right)-\left(\begin{array}{c}\text{递延所得税}\\\text{资产的期末余额}\end{array}-\begin{array}{c}\text{递延所得税}\\\text{资产的期初余额}\end{array}\right)$$

=（0−0）−（21 875−0）=−21 875（元）（负数代表收益）

❹确认 2022 年度当期所得税（当期所得税费用）。

2022 年度当期所得税费用=应纳税所得额×当期适用税率

=［12 500 000+（500 000−2 500 000×14%）+（62 500−2 500 000×2%）+（287 500−2 500 000×8%）］×25%=3 187 500（元）

❺确认 2022 年度利润表中的所得税费用。

2022 年度所得税费用=当期所得税费用+递延所得税费用=3 187 500+（−21 875）=3 165 625（元）

借：所得税费用——当期所得税费用 3 187 500
　　递延所得税资产 21 875
　贷：应交税费——应交所得税 3 187 500
　　　所得税费用——递延所得税费用 21 875

（2）计算2023年度利润表中的所得税费用。

❶确定2023年12月31日负债的账面价值。

借：生产成本等科目 3 200 000
　贷：应付职工薪酬——工资 2 500 000
　　　　　　　　——职工福利费 625 000
　　　　　　　　——工会经费 62 500
　　　　　　　　——职工教育经费 12 500

2023年12月31日应付职工薪酬的账面价值为3 200 000元。

❷确定2023年12月31日负债的计税基础。

职工福利费超支额=625 000−2 500 000×14%=275 000（元），本年度不能扣除，以后纳税年度也不能扣除，属于永久性差异。

工会经费超支额=62 500−2 500 000×2%=12 500（元），本年度不能扣除，以后纳税年度也不能扣除，属于永久性差异。

职工教育经费扣除限额=2 500 000×8%=200 000（元），本年度实际发生额为12 500元，上年度结转扣除额为87 500元，由于12 500+87 500=100 000（元）＜200 000元，因此本年度实际发生额12 500元和上年度结转扣除额87 500元，均可于本年度扣除。

因此，2023年12月31日应付职工薪酬的计税基础=账面价值−未来期间按照税法规定可予税前扣除的金额=3 200 000−0=3 200 000（元）。

❸确认2023年度递延所得税（递延所得税费用）。

2023年12月31日应付职工薪酬的账面价值3 200 000元等于其计税基础3 200 000元，两者之间不存在暂时性差异，前期已经确认的与应付职工薪酬相关的递延所得税资产应予全额转回。2023年期末递延所得税资产余额应为0，由于2023年期初递延所得税资产余额为21 875元，因此2023年期末应转回递延所得税资产（递延所得税资产减少额）=21 875−0=21 875（元）。

$$\text{2023年度递延所得税费用}=\left(\text{递延所得税负债的期末余额}-\text{递延所得税负债的期初余额}\right)-\left(\text{递延所得税资产的期末余额}-\text{递延所得税资产的期初余额}\right)$$

$$=(0-0)-(0-21\ 875)=21\ 875\text{（元）}$$

❹确认2023年度当期所得税（当期所得税费用）。

$$\text{2023年度当期所得税费用}=\text{应纳税所得额}\times\text{当期适用税率}$$
$$=[12\ 500\ 000+(625\ 000-2\ 500\ 000\times14\%)+(62\ 500-2\ 500\ 000\times2\%)-87\ 500]\times25\%$$
$$=3\ 175\ 000\text{（元）}$$

❺确认2023年度利润表中的所得税费用。

2023年度所得税费用=当期所得税费用+递延所得税费用=3 175 000+21 875=3 196 875（元）

借：所得税费用——当期所得税费用 3 175 000
　　　　　　　——递延所得税费用 21 875
　贷：应交税费——应交所得税 3 175 000

贷：递延所得税资产 21 875

3.应缴纳的税收滞纳金和罚款等的企业所得税会计核算

企业应缴纳的税收滞纳金和罚款等，在尚未支付之前按照会计准则的规定确认为费用，同时作为负债反映。税法规定，税收滞纳金、行政性的罚金、罚款和被没收财物的损失，不能税前扣除，企业应缴纳的税收滞纳金和罚款等的计税基础为账面价值减去未来期间按照税法规定可予税前扣除的金额（零）之间的差额，即计税基础等于账面价值，不产生暂时性差异。

【任务实例4-24】甲公司本年12月接到下列处罚书面通知书：（1）因违反当地有关环保法规的规定，接到环保部门的处罚通知，要求其支付罚款20万元，至本年12月31日该项罚款尚未支付。（2）因违反税收法规的规定，接到税务部门的处罚通知，要求其支付罚款10万元。至本年12月31日，该项罚款尚未支付。甲公司本年度税前会计利润为120万元，假设无其他纳税调整项目，企业所得税税率为25%。税法规定，企业因违反国家有关法律法规支付的罚款和滞纳金，计算应纳税所得额时不允许税前扣除。

【任务要求】对甲公司上述企业所得税相关业务进行账务处理。

【任务实施】

借：营业外支出——环保罚款 200 000
　　　　　　——税收滞纳金 100 000
　贷：其他应付款——环保部门 200 000
　　　　　　　——税务部门 100 000

本年12月31日其他应付款的账面价值=200 000+100 000=300 000（元）

本年12月31日其他应付款的计税基础=300 000−0=300 000（元）

本年12月31日其他应付款的账面价值300 000元等于其计税基础300 000元，不形成暂时性差异。

本年度当期所得税费用=应纳税所得额×当期适用税率=（1 200 000+300 000）×25%=375 000（元）

借：所得税费用——当期所得税费用 375 000
　贷：应交税费——应交所得税 375 000

任务引例解析

相同点：发生暂时性差异和非暂时性差异（永久性差异）时，均需要进行企业所得税纳税调整。

不同点：发生暂时性差异确认递延所得税（其中，应纳税暂时性差异应当确认递延所得税；可抵扣暂时性差异在符合确认条件时，应当确认递延所得税）；发生非暂时性差异（永久性差异）不确认递延所得税。

（三）特殊项目产生暂时性差异的企业所得税会计核算

1.未作为资产、负债确认的项目产生暂时性差异的企业所得税会计核算

某些交易或事项发生以后，因为不符合资产、负债确认条件而未体现为资产负债表中的资产或负债，但按照税法规定能够确定其计税基础的，其账面价值零与计税基础之间的差异也构成暂时性差异。例如，企业发生的符合条件的广告费和业务宣传费支出，除另有规定外，不超过当年销售（营业）收入15%的部分，准予扣除；超过部分准予在以后纳税

年度结转扣除。该类费用在发生时按照会计准则的规定即计入当期损益，不形成资产负债表中的资产，但按照税法规定可以确定其计税基础的，两者之间的差异也形成暂时性差异。

【任务实例4-25】甲公司2022年发生广告费和业务宣传费支出共1 020万元，款项已经通过银行存款支付，发生时已作为销售费用计入当期损益。税法规定，该类支出不超过当年销售收入15%的部分允许当期税前扣除，超过部分允许向以后年度结转税前扣除。甲公司2023年发生600万元广告费和业务宣传费支出，发生时已作为销售费用计入当期损益。甲公司2022年和2023年实现的销售收入均为6 000万元。甲公司2022年度和2023年度税前会计利润均为600万元。甲公司有确凿证据表明未来期间有足够的应纳税所得额用来抵扣可抵扣暂时性差异。假设无其他纳税调整项目，且每年企业所得税税率均为25%。

【任务要求】对甲公司上述企业所得税相关业务进行账务处理。

【任务实施】

（1）计算2022年度利润表中的所得税费用。

❶确定2022年12月31日资产的账面价值。

广告费和业务宣传费在发生时按照企业会计准则规定即计入当期损益，不形成资产负债表中的资产。

2022年12月31日资产的账面价值=0

❷确定2022年12月31日资产的计税基础。

2022年广告费和业务宣传费扣除限额=60 000 000×15%=9 000 000（元）

2022年广告费和业务宣传费实际发生额=10 200 000元

2022年广告费和业务宣传费超支额=10 200 000−9 000 000=1 200 000（元），广告费和业务宣传费超支额1 200 000元本年度需要进行纳税调增，但准予在以后纳税年度结转扣除。

2022年12月31日资产的计税基础=10 200 000−60 000 000×15%=1 200 000（元）

❸确认2022年度递延所得税（递延所得税费用）。

2022年12月31日资产的账面价值0小于计税基础1 200 000元的差额1 200 000元，为可抵扣暂时性差异，符合确认条件时，应确认相关的递延所得税资产300 000元（1 200 000×25%）。

$$\text{2022年度递延所得税费用}=\left(\begin{matrix}\text{递延所得税}\\\text{负债的期末余额}\end{matrix}-\begin{matrix}\text{递延所得税}\\\text{负债的期初余额}\end{matrix}\right)-\left(\begin{matrix}\text{递延所得税}\\\text{资产的期末余额}\end{matrix}-\begin{matrix}\text{递延所得税}\\\text{资产的期初余额}\end{matrix}\right)$$

=（0−0）−（300 000−0）=−300 000（元）（负数代表收益）

❹确认2022年度当期所得税（当期所得税费用）。

2022年度当期所得税费用=应纳税所得额×当期适用税率=（6 000 000+1 200 000）×25%=1 800 000（元）

❺确认2022年度利润表中的所得税费用。

2022年度所得税费用=当期所得税费用+递延所得税费用=1 800 000+（−300 000）=1 500 000（元）

借：所得税费用——当期所得税费用	1 800 000	
递延所得税资产	300 000	
贷：应交税费——应交所得税		1 800 000
所得税费用——递延所得税费用		300 000

（2）计算2023年度利润表中的所得税费用。

❶确定2023年12月31日资产的账面价值。

广告费和业务宣传费在发生时按照企业会计准则的规定即计入当期损益，不形成资产负债表中的资产。

2023年12月31日资产的账面价值=0

❷确定2023年12月31日资产的计税基础。

2023年广告费和业务宣传费扣除限额=60 000 000×15%=9 000 000（元）

2023年广告费和业务宣传费实际发生额=6 000 000元

2022年准予结转以后年度扣除的广告费和业务宣传费=1 200 000元

由于6 000 000+1 200 000=7 200 000（元）＜9 000 000元，因此2023年广告费和业务宣传费实际发生额6 000 000元和2022年准予结转以后年度扣除的广告费和业务宣传费1 200 000元，在2023年均可以全部扣除，2023年度应进行纳税调减1 200 000元。

2023年12月31日资产的计税基础=0

❸确认2023年度递延所得税（递延所得税费用）。

2023年12月31日，甲公司资产的账面价值与计税基础均为0，两者之间不存在暂时性差异，前期已经确认的与该资产相关的递延所得税资产应予全额转回。2023年期末递延所得税资产余额应为0，由于2023年期初递延所得税资产余额为300 000元，因此2023年期末应转回递延所得税资产（递延所得税资产减少额）=300 000−0=300 000（元）。

$$\text{2023年度递延所得税费用}=\left(\text{递延所得税负债的期末余额}-\text{递延所得税负债的期初余额}\right)-\left(\text{递延所得税资产的期末余额}-\text{递延所得税资产的期初余额}\right)$$

=（0−0）−（0−300 000）=300 000（元）

❹确认2023年度当期所得税（当期所得税费用）。

2023年度当期所得税费用=应纳税所得额×当期适用税率=（6 000 000−1 200 000）×25%=1 200 000（元）

❺确认2023年度利润表中的所得税费用。

2023年度所得税费用=当期所得税费用+递延所得税费用=1 200 000+300 000=1 500 000（元）

借：所得税费用——当期所得税费用	1 200 000	
——递延所得税费用	300 000	
贷：应交税费——应交所得税		1 200 000
递延所得税资产		300 000

2.可抵扣亏损及税款抵减产生暂时性差异的企业所得税会计核算

税法规定，企业某一纳税年度发生的亏损可以用下一年度的所得弥补，下一年度的所得不足以弥补的，可以逐年延续弥补，但最长不得超过5年。企业会计准则规定，企业预计在未来期间能够产生足够的应纳税所得额来抵扣亏损时，应确认相应的递延所得税资产，即将亏损视为可抵扣暂时性差异。对因亏损弥补而产生的暂时性差异要在以后亏损抵扣期内持续反映，进行相关计算并作相应的会计核算。

【任务实例4-26】甲公司执行企业会计准则，企业所得税税率为25%，能够持续经营。如果发生亏损，预计未来连续5年内能够产生足够的应纳税所得额来弥补亏损。假定在相关业务中不存在永久性差异，此前也没有产生过暂时性差异。2020年度发生亏损48万元，没有产生其他暂时性差异；2021年度预计实现利润总额30万元，本年没有产生除2020年度结转亏损之外的其他暂时性差异；2022年度预计实现利润总额3.6万元，计提12万元的坏账准备，除此以外本年没有产生除2020年度结转亏损之外的其他暂时性差异；2023年度预计实现利润总额60万元，转回2022年已计提的坏账准备12万元，除此以外本年没有产生除2020年度结转亏损之外的其他暂时性差异。

【任务要求】对甲公司上述企业所得税相关业务进行账务处理。

【任务实施】

（1）2020年，按照所得税会计准则的规定，年末对因发生亏损所确认的递延所得税资产按照预期弥补该亏损期间适用的企业所得税税率进行计量。预计未来期间公司能够产生足够的应纳税所得额可以抵扣亏损，应确认相关的递延所得税资产=48×25%=12（万元）。

$$\text{2020年度递延所得税费用}=\left(\text{递延所得税负债的期末余额}-\text{递延所得税负债的期初余额}\right)-\left(\text{递延所得税资产的期末余额}-\text{递延所得税资产的期初余额}\right)$$

=（0−0）−（12−0）=−12（万元）（负数代表收益）

由于2020年度发生亏损48万元，因此2020年度当期所得税费用为0。

2020年度所得税费用=当期所得税费用+递延所得税费用=0+（−12）=−12（万元）

借：递延所得税资产——2020年亏损　120 000

　贷：所得税费用——递延所得税费用　120 000

（2）2021年，本年度的应纳税所得额为本年度的会计利润总额30万元，全部用于弥补上年度结转的亏损30万元后，尚有18万元（48−30）的亏损待以后年度继续弥补。预计未来期间公司能够产生足够的应纳税所得额可以抵扣亏损，应确认相关的递延所得税资产。2021年期末递延所得税资产余额=18×25%=4.5（万元），由于2021年期初递延所得税资产余额为12万元，因此2021年期末应转回递延所得税资产（递延所得税资产减少额）=12−4.5（或=30×25%）=7.5（万元）。

$$\text{2021年度递延所得税费用}=\left(\text{递延所得税负债的期末余额}-\text{递延所得税负债的期初余额}\right)-\left(\text{递延所得税资产的期末余额}-\text{递延所得税资产的期初余额}\right)$$

=（0−0）−（4.5−12）=7.5（万元）

由于2021年度仍有18万元亏损待弥补，因此2021年度当期所得税费用为0。

2021年度所得税费用=当期所得税费用+递延所得税费用=0+7.5=7.5（万元）

借：所得税费用——递延所得税费用　75 000

　贷：递延所得税资产——2020年亏损　75 000

（3）2022年，按税法规定，企业计提的资产减值损失不得在税前扣除。2022年度应纳税所得额=会计利润总额+计提的资产减值损失=3.6+12=15.6（万元），全部用于弥补2020年度结转的未弥补完的亏损15.6万元后，尚有2.4万元（18−15.6）的亏损待以后年度继续弥补。预计未来期间公司能够产生足够的应纳税所得额可以抵扣亏损，应确认相关的递延所得税资产。2022年期末与亏损相关的递延所得税资产余额=2.4×25%=0.6（万元），由于2022年期初与亏损相关的递延所得税资产余额为4.5万元，因此2022年期末应转回与亏损相关的递延所得税资产（递延所得税资产减少额）=4.5−0.6（或=15.6×25%）=3.9（万元）。

同时，因坏账准备而产生的差异为可抵扣暂时性差异，符合确认条件时，应确认与坏账准备相关的递延所得税资产=12×25%=3（万元）。

$$\text{2022年度递延所得税费用}=\left(\text{递延所得税负债的期末余额}-\text{递延所得税负债的期初余额}\right)-\left(\text{递延所得税资产的期末余额}-\text{递延所得税资产的期初余额}\right)$$

=（0−0）−［（3+0.6）−（0+4.5）］=（0−0）−［（3−0）+（0.6−4.5）］=−3+3.9=0.9（万元）

由于2022年度仍有2.4万元亏损待弥补，因此2022年度当期所得税费用为0。

2022年度所得税费用=当期所得税费用+递延所得税费用=0+（-3+3.9）=0.9（万元）

借：所得税费用——递延所得税费用　9 000
　　递延所得税资产——2022年坏账准备　30 000
　贷：递延所得税资产——2020年亏损　39 000

（4）2023年，本年度弥补2020年度结转亏损后的应纳税所得额=2020年亏损+2021年应纳税所得额+2022年应纳税所得额+2023年应纳税所得额=-48+30+15.6+（60-12）=45.6（万元）。由于2023年度亏损全部弥补完毕，2023年期末与亏损相关的递延所得税资产余额=0，由于2023年期初与亏损相关的递延所得税资产余额为0.6万元，因此2023年期末应转回与亏损相关的递延所得税资产（递延所得税资产减少额）=0.6-0=0.6（万元）。

同时，由于2023年全部转回坏账准备，因此2023年与坏账准备相关的期末递延所得税资产余额=0，由于2023年期初与坏账准备相关的递延所得税资产余额为3万元，因此应转回与坏账准备相关的递延所得税资产（递延所得税资产减少额）=3-0=3（万元）。

$$\text{2023年度递延所得税费用}=\left(\text{递延所得税负债的期末余额}-\text{递延所得税负债的期初余额}\right)-\left(\text{递延所得税资产的期末余额}-\text{递延所得税资产的期初余额}\right)$$

$$=(0-0)-[(0+0)-(0.6+3)]=(0-0)-[(0-0.6)+(0-3)]=0.6+3=3.6\text{（万元）}$$

由于2023年年度应纳税所得额=45.6万元，因此2023年度当期所得税费用=45.6×25%=11.4（万元）。

2023年度所得税费用=当期所得税费用+递延所得税费用=11.4+（0.6+3）=11.4+3.6=15（万元）

借：所得税费用——当期所得税费用　114 000
　　　　　　　——递延所得税费用　36 000
　贷：应交税费——应交所得税　114 000
　　　递延所得税资产——2020年亏损　6 000
　　　　　　　　　　——2022年坏账准备　30 000

（四）特定业务与特殊业务企业所得税的会计核算

1.处置资产业务的企业所得税会计核算

根据《中华人民共和国企业所得税法实施条例》等税收法律法规规定，企业发生非货币性资产交换，以及将货物、财产、劳务用于捐赠、偿债、赞助、集资、广告、样品、职工福利或者利润分配等用途的，应当视同销售货物、转让财产或者提供劳务，但国务院财政、税务主管部门另有规定的除外。

企业发生下列情形的处置资产，除将资产转移至境外以外，由于资产所有权属在形式和实质上均不发生改变，可作为内部处置资产，不视同销售确认收入，相关资产的计税基础延续计算：❶将资产用于生产、制造、加工另一产品。❷改变资产形状、结构或性能。❸改变资产用途（如自建商品房转为自用或经营）。❹将资产在总机构及其分支机构之间转移。❺上述两种或两种以上情形的混合。❻其他不改变资产所有权属的用途。

企业将资产移送他人的下列情形，因资产所有权属已发生改变而不属于内部处置资产，应按规定视同销售确定收入（除另有规定外，应按照被移送资产的公允价值确定销售收入）：❶用于市场推广或销售。❷用于交际应酬。❸用于职工奖励或福利。❹用于股息分配。❺用于对外捐赠。❻其他改变资产所有权属的用途。

点睛　"对于企业所得税来说，视同销售确认计算企业所得税的收入"简称为"企业所得税视同销售确认收入”或“企业所得税视同销售”。“对于增值税来说，视同销售确认计算增值税的收入”简称为“增值税视同销售确认收入”或“增值税视同销售”。

答疑　企业处置资产，对于企业所得税来说，是否视同销售确认计算企业所得税的收入？

答：根据《国家税务总局关于企业处置资产所得税处理问题的通知》（国税函〔2008〕828号）的规定，对于企业发生的资产所有权属在形式和实质上均不发生改变的处置资产（资产转移至境外的除外），可作为内部处置资产，不视同销售确认收入；对于企业发生的资产所有权属已发生改变的，即将资产移送他人，应按规定视同销售确认收入。

总结　视同销售业务下会计、增值税和企业所得税的处理比较表见表4-5。

表4-5　　视同销售业务下会计、增值税和企业所得税的处理比较表

项目		会计是否确认收入	增值税是否视同销售	企业所得税是否视同销售
将货物交付其他单位或者个人代销		√	√	√
销售代销货物（针对代销行为本身）	收取手续费	×	√	×
	视同买断	√	√	√
设有两个以上机构并实行统一核算的纳税人，将货物从一个机构移送至其他机构用于销售	相关机构未设在同一县（市）	×	√	×
	相关机构设在同一县（市）	×	×	×
将货物用于在建工程等内部处置	自产、委托加工	×	×	×
	购进	×	×（进项税额可以抵扣）	×
将货物用于集体福利（食堂、浴室）	自产、委托加工	√（另有一种观点认为×）	√	√
	购进	×	×（进项税额不能抵扣）	√
将货物用于个人消费（给个人）	自产、委托加工	√	√	√
	购进	×	×（进项税额不能抵扣）	√
将货物用于投资（自产、委托加工、购进）		根据不同情况√或×	√	√
将货物用于分配（自产、委托加工、购进）		√	√	√
将货物用于无偿赠送（自产、委托加工、购进）		×	√	√
将货物用于交际应酬	自产、委托加工	×	√	√
	购进	×	×	√
将货物用于市场推广、广告样品	自产、委托加工	×	√	√
	购进	×	√	√

提示　（1）企业所得税将福利定义为职工福利，应理解为包括集体福利和个人消费两部分。将自产、委托加工或者购进的货物用于集体福利（食堂、浴室），企业所得税是否视同销售确认收入，国家税务总局对此回复说，企业所得税方面的确认收入，不区分集体和个人。但有人认为将自产、委托加工或者购进的货物用于集体福利属于内部处置资产，资产所有权未发生转移，因此企业所得税不视同销售（则企业所得税不确认收入）。本书建议，企业在具体操作时应咨询当地税务机关，根据税法的规定结合当地税务机关的答复来进行操作。

（2）将自产、委托加工的货物用于个人消费，会计上应当确认收入。但将自产、委托加工的货物用于集体福利，在会计上是否确认收入，有两种观点：

第一种观点认为：将自产、委托加工的货物用于集体福利，会计上应当确认收入，经科版初级会计资格考试教材便持这一观点。

第二种观点认为：将自产、委托加工的货物用于集体福利，至少不符合收入准则中收入确认条件中的“企业因向客户转让商品而有权取得的对价很可能收回”这一条，因此会计上不确认收入。

本教材采用第一种观点。

（3）企业所得税确认收入，会计上不确认收入，则需进行纳税调整；企业所得税确认收入，会计上也确认收入，则不需进行纳税调整。

链接　《关于修订印发〈企业会计准则第14号——收入〉的通知》（财会〔2017〕22号）（以下简称新收入准则）有以下的规定：

企业应当在履行了合同中的履约义务，即在客户取得相关商品控制权时确认收入。取得相关商品控制权，是指能够主导该商品的使用并从中获得几乎全部的经济利益。

当企业与客户之间的合同同时满足下列条件时，企业应当在客户取得相关商品控制权时确认收入：❶合同各方已批准该合同并承诺将履行各自义务；❷该合同明确了合同各方与所转让商品或提供劳务（以下简称“转让商品”）相关的权利和义务；❸该合同有明确的与所转让商品相关的支付条款；❹该合同具有商业实质，即履行该合同将改变企业未来现金流量的风险、时间分布或金额；❺企业因向客户转让商品而有权取得的对价很可能收回。

对于上述修订后的《企业会计准则第14号——收入》，在境内外同时上市的企业以及在境外上市并采用国际财务报告准则或企业会计准则编制财务报表的企业，自2018年1月1日起施行；其他境内上市企业，自2020年1月1日起施行；执行企业会计准则的非上市企业，自2021年1月1日起施行。同时，允许企业提前执行。执行本准则的企业，不再执行财政部于2006年2月15日印发的《财政部关于印发〈企业会计准则第1号——存货〉等38项具体准则的通知》（财会〔2006〕3号）中的《企业会计准则第14号——收入》和《企业会计准则第15号——建造合同》，以及财政部于2006年10月30日印发的《财政部关于印发〈企业会计准则——应用指南〉的通知》（财会〔2006〕18号）中的《〈企业会计准则第14号——收入〉应用指南》。

重难点视频

将资产用于在建工程的企业所得税会计核算

对于作为内部处置资产，企业所得税不视同销售，不影响当期应纳税所得额及应纳企业所得税。而对于不属于内部处置资产的情况（对外处置资产的情况），企业所得税视同销售，这便影响当期应纳税所得额及应纳企业所得税。

（1）将资产（含货物、财产、劳务等，本部分相关讲解主要以货物为例，下同）用于在建工程的企业所得税会计核算。

将自产、委托加工的货物用于在建工程，在2016年5月1日起全面营改增后，增值税不视同销售；将购进的货物用于在建工程，在2016年5月1日起全面“营改增”后，购进货物的进项税额可以抵扣，即对于已经抵扣的进项税额不需要作进项税额转出处理。

将自产、委托加工或者购进的货物用于在建工程，由于资产所有权属在形式和实质上均不发生改变，因此属于内部处置资产，企业所得税不视同销售，这样不影响当期应纳税所得额及应纳企业所得税。

将自产、委托加工或者购进的货物用于在建工程，根据《企业会计准则第14号——收入》（2017年修订）不符合会计收入确认的条件，会计上不确认收入。

会计与企业所得税处理一致，不需进行纳税调整。

【任务实例4-27】甲公司本年12月领用本公司自产产品20件用于建造厂房，该产品每件成本为1 000元，市场价格（不含税）每件售价为2 200元，增值税税率为13%。本年度的利润总额为800 000元，假设没有其他纳税调整项目。

【任务要求】对甲公司上述企业所得税相关业务进行账务处理。

【任务实施】

借：在建工程　20 000
　贷：库存商品（1 000×20）　20 000
借：所得税费用——当期所得税费用　200 000
　贷：应交税费——应交所得税（800 000×25%）　200 000

会计与企业所得税的处理一致，不需要进行纳税调整。

（2）将资产用于职工福利的企业所得税会计核算。

职工福利包括集体福利和个人消费两部分。

❶将自产、委托加工的货物用于集体福利或者个人消费，增值税视同销售确认收入；将购进的货物用于集体福利或者个人消费，购进货物的进项税额不能抵扣，对于已经抵扣的进项税额需要作进项税额转出处理。

❷将自产、委托加工或者购进的货物用于集体福利，国家税务总局对此回复认为不属于内部处置资产，企业所得税视同销售确认收入。将自产、委托加工或者购进的货物用于个人消费，不属于内部处置资产，企业所得税视同销售确认收入。

❸将自产、委托加工的货物用于集体福利或者个人消费，根据收入准则符合会计收入确认的条件，会计上确认收入。将购进的货物用于集体福利或者个人消费，根据收入准则不符合会计收入确认的条件，会计上不确认收入。

❹将自产、委托加工的货物用于集体福利或者个人消费，会计与企业所得税处理一致，不需进行纳税调整。将购进的货物用于集体福利或者个人消费，企业所得税应按购进的货物的公允价值确定销售收入（实际上视同销售收入=视同销售成本=被移送资产的公允价值即购入价格），会计上不确认收入，会计与企业所得税处理不一致，需进行纳税调整。

【任务实例4-28】甲公司本年12月领用本公司自产产品20件发放给生产工人作为职工福利（个人消费），该产品每件成本为1 000元，市场价格（不含税）每件售价为2200元，增值税税率为13%。年终假设未考虑该笔业务之前的利润总额为800 000元，假设没有其他纳税调整项目。

【任务要求】对甲公司上述企业所得税相关业务进行账务处理。

【任务实施】

借：生产成本　49 720
　贷：应付职工薪酬——非货币性福利［20×2 200+（1+13%）］　49 720
借：应付职工薪酬——非货币性福利　49 720
　贷：主营业务收入（20×2 200）　44 000
　　　应交税费——应交增值税（销项税额）（20×2 200×13%）　5 720
借：主营业务成本　20 000
　贷：库存商品（20×1 000）　20 000

本年度应纳税所得额=800 000+（44 000−20 000）=824 000（元）

应纳企业所得税=824 000×25%=206 000（元）

借：所得税费用——当期所得税费用　206 000
　贷：应交税费——应交所得税　206 000

将自产、委托加工的货物用于个人消费，会计与企业所得税的处理一致，不需进行纳税调整。也就是说，由于甲公司在进行账务处理时已经确认了会计收入，因此税法上无须在纳税申报表中填写视同销售收入和视同销售成本的信息。

【任务实例4-29】甲公司本年12月将购入的产品50件发放给生产工人作为职工福利（个人消费），该产品每件不含增值税买价为2 000元，取得增值税专用发票，增值税税率为13%，款项以银行存款支付。年终假设未考虑该笔业务之前的利润总额为120 000元，假设没有其他纳税调整项目。

【任务要求】对甲公司上述企业所得税相关业务进行账务处理。

【任务实施】

（1）购入产品时：

借：库存商品（50×2 000）　　100 000
　　应交税费——待认证进项税额（50×2 000×13%）　　13 000
　贷：银行存款　　113 000

（2）取得的增值税专用发票符合抵扣规定时：

借：应交税费——应交增值税（进项税额）　　13 000
　贷：应交税费——待认证进项税额　　13 000

（3）决定发放福利时：

借：生产成本　　113 000
　贷：应付职工薪酬——非货币性福利　　113 000

（4）实际发放福利时：

借：应付职工薪酬——非货币性福利　　113 000
　贷：库存商品　　100 000
　　应交税费——应交增值税（进项税额转出）　　13 000

本年度应纳税所得额=120 000+（100 000−100 000）=120 000（元）

应纳企业所得税=120 000×25%=30 000（元）

借：所得税费用——当期所得税费用　　30 000
　贷：应交税费——应交所得税　　30 000

将购进的货物用于个人消费，企业所得税应按购进的货物的公允价值确定销售收入（实际上视同销售收入=视同销售成本=被移送资产的公允价值即购入价格），会计上不确认收入，会计与企业所得税处理不一致，需进行纳税调整。甲公司在年终企业所得税汇算清缴时，应按照购入价格100 000元确认视同销售收入，同时按照购入价格100 000元确认视同销售成本。

（3）将资产用于对外捐赠（无偿赠送）的企业所得税会计核算。

将自产、委托加工或者购进的货物用于对外捐赠，增值税视同销售确认收入。

将自产、委托加工或者购进的货物用于对外捐赠，因资产所有权属已发生改变而不属于内部处置资产，企业所得税视同销售确认收入。

将自产、委托加工或者购进的货物用于对外捐赠，由于不符合收入准则中会计收入确认条件中的“企业因向客户转让商品而有权取得的对价很可能收回”这一条，因此会计上不确认收入。

点睛　对外捐赠虽然发生了所有权的转移，但企业并未获得经济利益，企业资产、所有者权益都没有增加。对外捐赠不是企业的经营活动，更不是实质上的销售行为，因此不符合收入确认的条件，不能作为收入处理，只能按成本进行结转。

会计与企业所得税的处理不一致，需要进行纳税调整。

另外，纳税人发生的公益性捐赠支出，在年度利润总额12%以内的部分，准予在计算应纳税所得额时扣除；超过年度利润总额12%的部分，准予结转以后3年内在计算应纳税所得额时扣除。纳税人将自产、委托加工或者购进的原材料、固定资产、无形资产和有价证券等用于捐赠，应分解为按公允价值视同对外销售和捐赠两项业务进行所得税处理，即税法规定纳税人对外捐赠资产应视同销售计算缴纳流转税及企业所得税。

纳税人捐赠资产是其非日常活动产生的经济利益的流出，在会计处理上该支出不分公益性与非公益性捐赠，一律在"营业外支出"科目核算，即不论税法如何界定，会计处理都作为企业的支出在当年会计利润中扣除。

会计处理上按捐赠全额及相关税费记入"营业外支出"科目，而税法规定了符合条件的捐赠税前扣除的比例限制等因素的影响，因此，对于公益性捐赠，若公益性捐赠支出额超支，准予结转以后3年内在计算应纳税所得额时扣除，则形成了可抵扣暂时性差异，符合确认条件时，应确认相关的递延所得税资产；而对于非公益性捐赠（直接捐赠），由于税前不能扣除，因此形成了永久性差异，应当按直接捐赠额直接调增捐赠当年的应纳税所得额。

链接　全国人民代表大会常务委员会关于修改《中华人民共和国企业所得税法》的决定

（2017年2月24日第十二届全国人民代表大会常务委员会第二十六次会议通过）

第十二届全国人民代表大会常务委员会第二十六次会议决定对《中华人民共和国企业所得税法》作如下修改：

将第九条修改为："企业发生的公益性捐赠支出，在年度利润总额12%以内的部分，准予在计算应纳税所得额时扣除；超过年度利润总额12%的部分，准予结转以后三年内在计算应纳税所得额时扣除。"

本决定自公布之日起施行。

《中华人民共和国企业所得税法》根据本决定作相应修改，重新公布。

【任务实例4-30】甲公司本年将成本30 000元、售价40 000元的自产A产品直接向贫困灾区捐赠；将成本80 000元、售价90000元的自产B产品通过民政部门向地震灾区捐赠。甲公司本年会计利润总额为600 000元，企业所得税税率为25%，销售自产的A产品和B产品的增值税税率均为13%，无其他纳税调整事项。

【任务要求】对甲公司上述企业所得税相关业务进行账务处理。

【任务实施】

（1）对外捐赠自产的A产品时：

借：营业外支出	35 200	
贷：库存商品——A产品		30 000
应交税费——应交增值税（销项税额）（40 000×13%）		5 200

因对外捐赠企业所得税视同销售确认收入，而会计上不确认收入产生的差异需要进行的纳税调增额=40 000−30 000=10 000（元）。

税法允许税前扣除的非公益性捐赠金额=0

非公益性捐赠纳税调增额=35 200元

（2）对外捐赠自产的B产品时：

借：营业外支出	91 700	
贷：库存商品——B产品		80 000
应交税费——应交增值税（销项税额）（90 000×13%）		11 700

因对外捐赠企业所得税视同销售确认收入，而会计上不确认收入产生的差异需要进行的纳税调增额=90 000−80 000=10 000（元）。

税法允许税前扣除的公益性捐赠金额=600 000×12%=72 000（元）

公益性捐赠纳税调增额=91 700−72 000=19 700（元）

（3）确认所得税费用时：

对于19 700元的公益性捐赠超支额，形成了可抵扣暂时性差异，符合确认条件时，即有确凿证据表明以后3年内有足够的应纳税所得额用来抵扣可抵扣暂时性差异，则应确认相关的递延所得税资产=19 700×25%=4 925（元）。

$$\text{本年度递延所得税费用}=\left(\text{递延所得税负债的期末余额}-\text{递延所得税负债的期初余额}\right)-\left(\text{递延所得税资产的期末余额}-\text{递延所得税资产的期初余额}\right)$$

=（0−0）−（4 925−0）=−4 925（元）（负数代表收益）

本年度当期所得税费用=应纳税所得额×当期适用税率

=（600 000+10 000+35 200+10 000+19 700）×25%=168 725（元）

本年度所得税费用=当期所得税费用+递延所得税费用=168 725+（−4 925）=163 800（元）

借：所得税费用——当期所得税费用	168 725	
递延所得税资产	4 925	
贷：应交税费——应交所得税		168 725
所得税费用——递延所得税费用		4 925

（4）将资产用于对外投资的企业所得税会计核算。

将自产、委托加工或者购进的货物用于对外投资，增值税视同销售确认收入。

将自产、委托加工或者购进的货物用于对外投资，因资产所有权属已发生改变而不属于内部处置资产，企业所得税视同销售确认收入。企业以非货币性资产对外投资时，将其分解为按公允价值销售有关非货币性资产和投资两项业务进行处理，并按规定计算资产转让所得或者损失。

按照《财政部　国家税务总局关于非货币性资产投资企业所得税政策问题的通知》（财税〔2014〕116号）的规定，居民企业以非货币性资产对外投资确认的非货币性资产转让所得，可在不超过5年期限内，分期均匀计入相应年度的应纳税所得额，按规定计算缴纳企业所得税。企业以非货币性资产对外投资而取得被投资企业的股权，应以非货币性资产的原计税成本为计税基础，加上每年确认的非货币性资产转让所得，逐年进行调整。被投资企业取得非货币性资产的计税基础，应按非货币性资产的公允价值确定。

大多数非货币性资产交换适用《企业会计准则第7号——非货币性资产交换》，但下列各项适用其他相关会计准则：

❶ 企业以存货换取客户的非货币性资产的，适用《企业会计准则第14号——收入（2017年修订）》。

❷ 非货币性资产交换中涉及企业合并的，适用《企业会计准则第20号——企业合并》、《企业会计准则第2号——长期股权投资》和《企业会计准则第33号——合并财务报表》。

❸ 非货币性资产交换中涉及由《企业会计准则第22号——金融工具确认和计量》规范的金融资产的，金融资产的确认、终止确认和计量适用《企业会计准则第22号——金融工具确认和计量》和《企业会计准则第23号——金融资产转移》。

❹ 非货币性资产交换中涉及由《企业会计准则第21号——租赁》规范的使用权资产或应收融资租赁款等的，相关资产的确认、终止确认和计量适用《企业会计准则第21号——租赁》。

❺ 非货币性资产交换的一方直接或间接对另一方持股且以股东身份进行交易的，或者非货币性资产交换的双方均受同一方或相同的多方最终控制，且该非货币性资产交换的交易实质是交换的一方向另一方进行了权益性分配或交换的一方接受了另一方权益性投入的，适用权益性交易的有关会计处理规定。

如果以非货币性资产对外投资适用《企业会计准则第7号——非货币性资产交换》，则按照规定区分公允价值计量模式和账面价值计量模式进行会计处理。

《企业会计准则第7号——非货币性资产交换》规定，非货币性资产交换同时满足下列条件的，应当以公允价值为基础计量：❶该项交换具有商业实质；❷换入资产或换出资产的公允价值能够可靠地计量。不满足上述条件的非货币性资产交换，应当以账面价值为基础计量。

如果非货币资产交换具有商业实质且换入资产或换出资产的公允价值能够可靠地计量，对于换入资产，应当以换出资产的公允价值和应支付的相关税费作为换入资产的成本进行初始计量；对于换出资产，应当在终止确认时，将换出资产的公允价值与其账面价值之间的差额计入当期损益。有确凿证据表明换入资产的公允价值更加可靠的，对于换入资产，应当以换入资产的公允价值和应支付的相关税费作为换入资产的初始计量金额；对于换出资产，应当在终止确认时，将换入资产的公允价值与换出资产账面价值之间的差额计入当期损益。

若属于"居民企业以非货币性资产对外投资确认的非货币性资产转让所得"且选择执行《财政部　国家税务总局关于非货币性资产投资企业所得税政策问题的通知》（财税〔2014〕116号）中"居民企业以非货币性资产对外投资确认的非货币性资产转让所得，可在不超过5年期限内，分期均匀计入相应年度的应纳税所得额，按规定计算缴纳企业所得税"的规定的，则需要进行纳税调整。除此以外，会计准则与企业所得税的处理一致。

如果非货币资产交换不具有商业实质或者换入资产和换出资产的公允价值不能够可靠地计量，对于换入资产，企业应当以换出资产的账面价值和应支付的相关税费作为换入资产的初始计量金额；对于换出资产，终止确认时不确认损益。由于税法上需要确认损益，因此会计准则与企业所得税的处理产生了差异，需进行纳税调整。另外，若属于"居民企业以非货币性资产对外投资确认的非货币性资产转让所得"且选择执行《财政部　国家税务总局关于非货币性资产投资企业所得税政策问题的通知》（财税〔2014〕116号）中"居民企业以非货币性资产对外投资确认的非货币性资产转让所得，可在不超过5年期限内，分期均匀计入相应年度的应纳税所得额，按规定计算缴纳企业所得税"的规定的，也需要进行纳税调整。

【任务实例4-31】甲公司本年以本公司生产用设备对外投资，设备的账面原价为150 000元，假设在交换日的累计折旧为45 000元，公允价值为90 000元。甲公司本年会计利润总额为200 000元，企业所得税税率为25%，销售设备的增值税税率为13%，无其他纳税调整事项。甲公司各项"非货币性资产投资"事项均选择不执行《财政部　国家税务总局关于非货币性资产投资企业所得税政策问题的通知》（财税〔2014〕116号）中"居民企业以非货币性资产对外投资确认的非货币性资产转让所得，可在不超过5年期限内，分期均匀计入相应年度的应纳税所得额，按规定计算缴纳企业所得税"的规定。

【任务要求】对甲公司上述企业所得税相关业务进行账务处理。

【任务实施】

(1) 如果非货币资产交换具有商业实质且换入资产或者换出资产的公允价值能够可靠地计量，则会计处理为：

借：固定资产清理	105 000	
累计折旧	45 000	
贷：固定资产——设备		150 000
借：长期股权投资	90 000	
资产处置损益（105 000+11 700−90 000）	26 700	
贷：固定资产清理		105 000
应交税费——应交增值税（销项税额）（90 000×13%）		11 700

这种情形的会计处理与企业所得税的处理一致，不需要进行纳税调整。

(2) 如果非货币资产交换不具有商业实质或者换入资产和换出资产的公允价值不能够可靠地计量，则会计处理为：

借：固定资产清理	105 000	
累计折旧	45 000	
贷：固定资产——设备		150 000
借：长期股权投资（105 000+11 700）	116 700	
贷：固定资产清理		105 000
应交税费——应交增值税（销项税额）（90 000×13%）		11 700

以非货币性资产对外投资时企业所得税视同销售确认收入，而会计上如果非货币资产交换不具有商业实质或者换入资产和换出资产的公允价值不能够可靠地计量，在会计上不确认损益。这种情形的会计处理与企业所得税的处理产生差异，需要进行纳税调整。

一方面应当确认资产处置损益（损失）26 700元；另一方面，本年年底，甲公司长期股权投资的账面价值为116 700元，计税基础为90 000元。长期股权投资的账面价值116 700元大于其计税基础90 000元的差额26 700元，将于未来期间增加企业的应纳税所得额，为应纳税暂时性差异，应确认相关的递延所得税负债6 675元（26 700×25%）。

$$\text{本年度递延所得税费用}=\left(\text{递延所得税负债的期末余额}-\text{递延所得税负债的期初余额}\right)-\left(\text{递延所得税资产的期末余额}-\text{递延所得税资产的期初余额}\right)$$

$$=(6\,675-0)-(0-0)=6\,675\text{（元）}$$

本年度当期所得税费用=应纳税所得额×当期适用税率=（200 000−26 700）×25%=43 325（元）

本年度所得税费用=当期所得税费用+递延所得税费用=43 325+6 675=50 000（元）

借：所得税费用——当期所得税费用	43 325	
——递延所得税费用	6 675	
贷：应交税费——应交所得税		43 325
递延所得税负债		6 675

(5) 将资产用于利润分配的企业所得税会计核算。

将自产、委托加工或者购进的货物用于利润分配，增值税视同销售确认收入。

将自产、委托加工或者购进的货物用于利润分配，因资产所有权属已发生改变而不属于内部处置资产，企业所得税视同销售确认收入。

将自产、委托加工或者购进的货物用于利润分配，根据收入准则符合会计收入确认的条件，会计上确认收入。

因此，将货物用于利润分配，会计与企业所得税的处理一致，不需要进行纳税调整。

【任务实例4-32】甲公司为增值税一般纳税人，本年12月将生产的一批A产品作为股利分配给股东。A产品的市场售价为200 000元，实际成本为160 000元。企业所得税税率为25%，A产品的增值税税率为13%，无其他纳税调整事项。

【任务要求】对甲公司上述企业所得税相关业务进行账务处理。

【任务实施】

（1）用A产品分配股利时：

借：应付股利 226 000

  贷：主营业务收入 200 000

    应交税费——应交增值税（销项税额） 26 000

（2）结转A产品成本时：

借：主营业务成本 160 000

  贷：库存商品——A产品 160 000

会计处理与企业所得税的处理一致，不需要进行纳税调整。

2.债务重组的企业所得税会计核算

企业所得税相关税法规定，以低于债务计税成本的现金、非现金资产以及债务转换为资本的方式偿还债务的，债务人应当将重组债务的计税成本与支付的现金金额或者非现金资产的公允价值（包括与转让非现金资产相关的税费）或者债权人因放弃债权而享有的股权的公允价值的差额，确认为债务重组所得，计入当期应纳税所得额；债权人应当将重组债权的计税成本与收到的现金金额或者非现金资产的公允价值或者享有的股权的公允价值之间的差额，确认为当期的债务重组损失，冲减应纳税所得额。

企业会计准则规定，债务重组采用以资产清偿债务或者将债务转为权益工具方式进行的，债权人应当在受让的相关资产符合其定义和确认条件时予以确认。放弃债权的公允价值与账面价值之间的差额，一般都记入“投资收益”科目。

通常情况下，企业会计准则中的“重组债务的账面价值”“重组债权的账面余额”与企业所得税相关税法中的“重组债务的计税成本”“重组债权的计税成本”的金额是相同的，但有时也会出现不一致，比如债权人对重组债权计提了坏账准备，这时重组债权的账面余额与计税成本就不相同，需要进行纳税调整。

【任务实例4-33】2022年12月10日，甲公司因购货而欠乙公司200 000元款项。由于甲公司现金流量严重不足，因此未能及时清偿欠款。2023年7月18日，经协商，乙公司同意减免债务本金100 000元，甲公司立即支付余款。假定乙公司2022年年底对该项应收账款已计提坏账准备40 000元，且2022年乙公司的利润总额为100 000元，无其他纳税调整项目。2023年12月31日，乙公司有确凿证据表明未来期间有足够的应税所得额用来抵扣可抵扣暂时性差异，且2023年乙公司的利润总额为200 000元。假设乙公司2022年和2023年均无其他纳税调整项目。

【任务要求】对乙公司上述企业所得税相关业务进行账务处理。

【任务实施】

（1）2022年年底，乙公司应收账款的账面价值为160 000元（200 000−40 000），计税基础为200 000元。

应收账款的账面价值160 000元小于其计税基础200 000元的差额40 000元，将于未来期间减少企业的应纳税所得额，为可抵扣暂时性差异，符合确认条件时，应确认相关的递延所得税资产=40 000×25%=10 000（元）。

$$\text{2022年度递延所得税费用}=\left(\text{递延所得税负债的期末余额}-\text{递延所得税负债的期初余额}\right)-\left(\text{递延所得税资产的期末余额}-\text{递延所得税资产的期初余额}\right)$$

=（0−0）−（10 000−0）=−10 000（元）（负数代表收益）

税法认为企业计提的坏账准备不允许税前扣除，因此应调增应纳税所得额40 000元。

2022年度当期所得税费用=应纳税所得额×当期适用税率=（100 000+40 000）×25%=35 000（元）

2022年度所得税费用=当期所得税费用+递延所得税费用=35 000+（−10 000）=25 000（元）

借：所得税费用——当期所得税费用	35 000	
递延所得税资产	10 000	
贷：应交税费——应交所得税		35 000
所得税费用——递延所得税费用		10 000

（2）2023年7月18日，乙公司收到甲公司还款时：

借：银行存款	100 000	
坏账准备	40 000	
投资收益	60 000	
贷：应收账款——甲公司		200 000

（3）2023年12月31日应收账款的账面价值与计税基础均为0，两者之间不存在暂时性差异，前期已经确认的与该应收账款相关的递延所得税资产应予全额转回。2023年期末递延所得税资产余额应为0，由于2023年期初递延所得税资产余额为10 000元，因此2023年期末应转回的递延所得税资产（递延所得税资产减少额）为10 000元（10 000−0）。

$$\text{2023年度递延所得税费用}=\left(\text{递延所得税负债的期末余额}-\text{递延所得税负债的期初余额}\right)-\left(\text{递延所得税资产的期末余额}-\text{递延所得税资产的期初余额}\right)$$

=（0−0）−（0−10 000）=10 000（元）

2023年年底，根据税法规定，对于已经提取坏账准备的应收账款，由于2022年度纳税申报时已调增应纳税所得额，因此处置应收账款而冲销的坏账准备应允许企业作相反的纳税调整。因此，2023年度应调减应纳税所得额40 000元。2023年度当期所得税费用=（200 000−40 000）×25%=40 000（元）。

2023年度所得税费用=当期所得税费用+递延所得税费用=40 000+10 000=50 000（元）

借：所得税费用——当期所得税费用	40 000	
——递延所得税费用	10 000	
贷：应交税费——应交所得税		40 000
递延所得税资产		10 000

（五）预提企业所得税代扣代缴的会计核算

非居民企业在中国境内未设立机构、场所的，或者虽设立机构、场所但取得的所得与其所设机构、场所没有实际联系的，其来源于中国境内的所得应缴纳的企业所得税，实行源泉扣缴，以支付人为扣缴义务人。税款由扣缴义务人在每次支付或者到期应支付时，从支付或者到期应支付的款项中扣缴。对非居民企业在中国境内取得工程作业和劳务所得应缴纳的企业所得税，税务机关可以指定工程价款或者劳务费的支付人为扣缴义务人。扣缴义务人每次代扣的税款，应当自代扣之日起7日内缴入国库，并向所在地的税务机关报送扣缴企业所得税报告表。

代扣企业所得税时，扣缴义务人应借记“其他应付款”等科目，贷记“应交税费——代扣代交所得税”科目；实际缴纳代扣的企业所得税时，扣缴义务人应借记“应交税费——代扣代交所得税”科目，贷记“银行存款”科目。

【任务实例4-34】美国的甲公司在中国境内未设立机构场所，但当年取得来源于中国境内的所得200 000元。

【任务要求】对甲公司上述企业所得税相关业务进行账务处理。

【任务实施】

（1）代扣企业所得税时：

借：应付账款（或者其他应付款）	200 000	
贷：应交税费——代扣代交所得税（200 000×10%）		20 000
银行存款		180 000

（2）实际代缴企业所得税时：

借：应交税费——代扣代交所得税	20 000	
贷：银行存款		20 000

（六）减免企业所得税的会计核算

1.直接减免企业所得税的会计核算

纳税人对法定直接减免的企业所得税，国家未指定特定用途的，可以不进行账务处理。但严谨起见，应当先借记“所得税费用——当期所得税费用”等科目，贷记“应交税费——应交所得税”科目；然后借记“应交税费——应交所得税”科目，贷记“所得税费用——当期所得税费用”等科目。

纳税人对法定直接减免的企业所得税，国家指定特定用途的，应当先借记“所得税费用——当期所得税费用”等科目，贷记“应交税费——应交所得税”科目，再借记“应交税费——应交所得税”科目，贷记“实收资本”等科目。

2.先征后返、先征后退和即征即退企业所得税的会计核算

纳税人对实行先征后返、先征后退和即征即退企业所得税的减免方式，应当先按正常计税要求计算缴纳企业所得税，并进行相应的会计核算。本月缴纳以前期间应缴未缴的企业所得税，则借记“应交税费——应交所得税”科目，贷记“银行存款”科目；在收到退税款时，借记“银行存款”科目，贷记“其他收益”科目（最后一步会计处理也可分为两步：在确认先征后返、先征后退或即征即退企业所得税时，借记“其他应收款”科目，贷记“其他收益”科目；日后收到退税款时，借记“银行存款”科目，贷记“其他应收款”科目）。

“先征后返、先征后退和即征即退企业所得税的会计核算”与项目二中“先征后返、先征后退和即征即退增值税的会计核算”类似，这里不再赘述。

（七）预缴企业所得税和汇算清缴企业所得税的会计核算

企业所得税一般是按月或按季预缴，应当自月份或者季度终了之日起15日内，向税务机关报送企业所得税预缴纳税申报表，预缴税款；自年度终了之日起5个月内，向税务机关报送年度企业所得税纳税申报表，并汇算清缴，结清应缴税款或应退税款。

1.预缴企业所得税的会计核算

企业计提应预缴的企业所得税时，应借记“所得税费用——当期所得税费用”科目，贷记“应交税费——应交所得税”科目，实际缴纳应预缴的企业所得税时，应借记“应交税费——应交所得税”科目，贷记“银行存款”科目。

点睛 “中华人民共和国企业所得税月（季）度预缴纳税申报表（A类）”（见表4-6）中计算预缴企业所得税的基数：

“中华人民共和国企业所得税月（季）度预缴纳税申报表（A类）”中计算预缴企业所得税的基数有两种填报方式可供选择：（1）预缴方式为“按照实际利润额预缴”的纳税人，根据“中华人民共和国企业所得税月（季）度预缴纳税申报表（A类）”相关行次计算结果填报，即“中华人民共和国企业所得税月（季）度预缴纳税申报表（A类）”的第10行填报实际利润额（第10行＝第3+4-5-6-7-8-9行）；（2）预缴方式为“按照上一纳税年度应纳税所得额平均额预缴”的纳税人，“中华人民共和国企业所得税月（季）度预缴纳税申报表（A类）”的第10行按照上一纳税年度应纳税所得额平均额计算的本年累计金额填报。

其中，对于预缴方式为“按照实际利润额预缴”的纳税人，“中华人民共和国企业所得税月（季）度预缴纳税申报表（A类）”的第10行实际利润额=利润总额+特定业务计算的应纳税所得额-不征税收入-资产加速折旧、摊销（扣除）调减额-免税收入、减计收入、加计扣除-所得减免-弥补以前年度亏损。由此可见，对于预缴方式为“按照实际利润额预缴”的纳税人，预缴企业所得税时不但可以从利润总额中扣除不征税收入，资产加速折旧、摊销（扣除），免税收入、减计收入、加计扣除，所得减免，而且还可以弥补以前年度亏损，这在一定程度上可以减少企业流动资金的压力。

【任务实例4-35】甲公司的企业所得税税率为25%，企业所得税按季预缴。本年第一季度甲公司实现的会计利润总额为40万元，取得国债利息收入2万元，以前年度未弥补亏损为6万元。甲公司“长期借款”账户记载，年初向建设银行借款20万元，年利率为6%；年初向乙公司借款4万元，年利率10%，上述款项全部用于生产经营；另外甲公司还计提资产减值准备2万元。甲公司本年第二季度实际利润额的累计金额为56万元，第三季度实际利润额的累计金额为-4万元，第四季度实际利润额的累计金额为44万元。假设无其他纳税调整事项。

【任务要求】对甲公司上述企业所得税相关业务进行账务处理。

【任务实施】

（1）计算并缴纳本年第一季度应预缴的企业所得税。

预缴企业所得税的基数为实际利润额。

实际利润额＝利润总额＋特定业务计算的应纳税所得额－不征税收入－资产加速折旧、摊销（扣除）调减额－免税收入、减计收入、加计扣除－所得减免－弥补以前年度亏损

=40+0-0-0-2-0-6=32（万元）

本年第一季度应预缴企业所得税=32×25%=8（万元）

对于其他永久性差异［长期借款利息超支=4×（10%-6%）=0.16（万元）］和暂时性差异（资产减值准备2万元），预缴时不做纳税调整。

本年3月末（本年第一季度末）计提本年第一季度应预缴的企业所得税时：

借：所得税费用——当期所得税费用　80 000
　贷：应交税费——应交所得税　80 000

本年4月初缴纳应预缴的企业所得税时：

借：应交税费——应交所得税　80 000
　贷：银行存款　80 000

（2）计算并缴纳本年第二季度应预缴的企业所得税。

本年第二季度末计提本年第二季度应预缴的企业所得税时：

借：所得税费用　60 000
　贷：应交税费——应交所得税［（560 000-320 000）×25%］　60 000

本年7月初缴纳本年第二季度应预缴的企业所得税时：

借：应交税费——应交所得税　60 000
　贷：银行存款　60 000

（3）计算并缴纳本年第三季度应预缴的企业所得税。

本年第三季度实际利润额的累计金额为亏损，暂不预缴企业所得税，也不做会计处理。

（4）计算并缴纳本年第四季度应预缴的企业所得税。

本年第四季度实际利润额的累计金额为44万元，由于第四季度实际利润额的累计金额44万元小于以前季度（第二季度）实际利润额的累计金额56万元，因此本年第四季度暂不预缴企业所得税，也不做会计处理。

补充

（1）根据《企业会计准则第18号——所得税》的规定，对于暂时性差异产生的对递延所得税的影响，应该按照“及时性”原则，在产生时立即确认，而非在季末或者年末确认。【任务实例4-35】中计提资产减值准备形成的暂时性差异，应该在计提资产减值准备的同时编制以下会计分录：

借：递延所得税资产（20 000×25%）　5 000
　贷：所得税费用——递延所得税费用　5 000

（2）在【任务实例4-35】中，假设经税务机关审核，甲公司汇算清缴后全年应纳税所得额为48万元，则应纳企业所得税为12万元（48×25%），而企业已经预缴企业所得税14万元，按照相关规定，主管税务机关应及时办理退税，或者抵缴下一年度应缴纳的税款。

2. 汇算清缴企业所得税的会计核算

企业汇算清缴企业所得税时，若全年应纳企业所得税大于全年已预缴的企业所得税，则其差额为应补缴的企业所得税，企业应借记“以前年度损益调整”科目，贷记“应交税费——应交所得税”科目；实际缴纳应补缴的企业所得税时，应借记“应交税费——应交所得税”科目，贷记“银行存款”科目。最后企业应当将“以前年度损益调整”科目余额转入“利润分配”科目，借记“利润分配——未分配利润”科目，贷记“以前年度损益调整——所得税费用”科目；同时还需相应地调整盈余公积，借记“盈余公积”科目，贷记“利润分配——未分配利润”科目。

企业汇算清缴企业所得税时，若全年应纳企业所得税小于全年已预缴的企业所得税，则其差额为多缴的企业所得税，企业应借记“应交税费——应交所得税”科目，贷记“以前年度损益调整”科目；若经税务机关审核批准退还多缴的企业所得税，则企业应借记“银行存款”科目，贷记“应交税费——应交所得税”科目；若多缴的企业所得税不办理退税，则可以挂账用以抵缴未来应预缴的企业所得税。最后企业应当将“以前年度损益调整”科目余额转入“利润分配”科目，借记“以前年度损益调整——所得税费用”科目，贷记“利润分配——未分配利润”科目；同时还需相应地调整盈余公积，借记“利润分配——未分配利润”科目，贷记“盈余公积”科目。

点睛　企业所得税汇算清缴账务处理的三种方法。

方法一：调增或调减的企业所得税在年终结账前自行调整。

如果汇算清缴发生在年报报出之前，可以采用该方法。在这种情况下，因汇算清缴发生纳税调整而调增或调减企业所得税，应视同报告年度当年发生的会计事项处理：调整报告年度的所得税费用和应缴纳的企业所得税，并根据结转所得税费用的会计分录登记报告年度总账和明细账，然后按照调整后的总账和明细账的余额或发生额，编制报告年度的会计报表。

这种做法的优点在于符合权责发生制原则，能够保证本期的收入和成本费用（包括所得税费用）均在本期账簿中反映，使得账簿和报表保持一致，增强本期账簿信息的相关性、可靠性，并且省去了下一年度调账的烦琐工作，使得账务处理更清楚。实务中有许多中小企业采用这种方法来核算企业所得税汇算清缴事项。但是，这种方法有一定的局限性：它只适用于规模较小、业务简单，或者应纳税所得额调整事项较少的企业，并且需要会计人员具有丰富的经验和较高的专业素质，能够驾驭本企业的会计工作。

方法二：调增或调减的企业所得税在下一年度直接转入“利润分配——未分配利润”账户。

对于企业所得税汇算清缴，某些中小型企业由于其会计报表无须对外公开，使用面非常窄，仅供经营管理和报税使用，因此根据重要性原则，采用简化的会计处理方法。这些中小型企业，尽管在结账前未完成企业所得税调整，但其也没有通过“以前年度损益调整”账户核算，而是直接冲减“利润分配——未分配利润”账户。

这种简化处理方法的理论依据是重要性原则，期末补缴的企业所得税不会对决策产生重大影响，“应交税费——应交所得税”账户仍能够反映所缴企业所得税的金额，并且能够保持年终账表一致。在实务中，对于这种简化处理方法，在税务检查和报表审计过程中一般也不要求作为差错调整，因此，许多小企业采用该方法处理企业所得税汇算清缴事项。

方法三：调增或调减的企业所得税作为资产负债表日后调整事项处理。

随着会计制度、会计准则的不断完善，会计原则与税收法规在企业所得税方面的区别越来越大，产生的差异也越来越多，年终企业所得税汇算清缴的工作量随之加大。对于规模大、业务繁多的企业，或者与税务机关发生纳税争议的企业，无法在12月报表报出之前完成企业所得税汇算清缴，从而导致本年度最终应缴纳的企业所得税与预缴企业所得税不一致。在本年度已结账新年度建账后，无法将其差额计入本年度，只有在下年度账簿中反映。为了将其与下年度的所得税费用进行区分，需通过“以前年度损益调整”账户来反映。这种处理方法的理论基础是将纳税调整作为资产负债表日后调整事项来处理。纳税调整属于资产负债表日已经存在、而在资产负债表日后得以证实的事项，即在资产负债表日反映的所得税费用及应缴纳的企业所得税数据已不再可靠，应依据新的证据对其进行调整。

这种处理方法以所得税和资产负债表日后事项等会计准则和相关会计制度作为依据，基本符合相关规定。但是，它也有其不足之处：由于只调整报告年度的报表而不调整报告年度的凭证与账簿，导致账表不一致，违背了会计核算程序即根据账簿和凭证编制报表的原理，从而无法进行账表核对。

本书采用的是第三种方法。

【任务实例4-36】甲公司的企业所得税税率为25%，企业所得税按季预缴。2022年第一季度甲公司实现的会计利润总额为40万元，取得国债利息收入2万元，以前年度未弥补亏损6万元。甲公司“长期借款”账户记载，年初向建设银行借款20万元，年利率为6%；年初向乙公司借款12万元，年利率为10%，上述款项全部用于生产经营；另外甲公司还计提资产减值准备2万元。2022年第二季度实际利润额的累计金额为56万元，第三季度实际利润额的累计金额为72万元，第四季度实际利润额的累计金额为112万元。假设无其他纳税调整事项。甲公司于2023年3月10日进行企业所得税汇算清缴。

【任务要求】对甲公司上述企业所得税相关业务进行账务处理。

【任务实施】

（1）《企业会计准则第18号——所得税》规定，对于暂时性差异产生的对递延所得税的影响，应该按照“及时性”原则，在产生时立即确认，而非在季末或者年末确认。计提资产减值准备形成的暂时性差异，应该在计提资产减值准备的同时编制以下会计分录：

借：递延所得税资产（20 000×25%）　　5 000
　贷：所得税费用——递延所得税费用　　5 000

（2）计算并缴纳2022年第一季度应预缴的企业所得税。

预缴企业所得税的基数为实际利润额。

实际利润额=利润总额+特定业务计算的应纳税所得额-不征税收入-资产加速折旧、摊销（扣除）调减额-免税收入、减计收入、加计扣除-所得减免-弥补以前年度亏损

=400 000+0-0-0-20 000-0-60 000=320 000（元）

2022年第一季度应预缴企业所得税=320 000×25%=80 000（元）

对于其他永久性差异［长期借款利息超支=120 000×（10%-6%）=4 800（元）］和暂时性差异（资产减值准备20 000元），预缴时不做纳税调整。

2022年3月末（2022年第一季度末）计提2022年第一季度应预缴的企业所得税时：

借：所得税费用——当期所得税费用　　80 000
　贷：应交税费——应交所得税　　80 000

2022年4月初缴纳应预缴的企业所得税时：

借：应交税费——应交所得税　　80 000
　贷：银行存款　　80 000

（3）计算并缴纳2022年第二季度应预缴的企业所得税。

2022年6月末（2022年第二季度末）计提2022年第二季度应预缴的企业所得税时：

借：所得税费用　　60 000
　贷：应交税费——应交所得税［（560 000-320 000）×25%］　　60 000

2022年7月初缴纳2022年第二季度应预缴的企业所得税时：

借：应交税费——应交所得税　　60 000
　贷：银行存款　　60 000

（4）计算并缴纳2022年第三季度应预缴的企业所得税。

2022年9月末（2022年第三季度末）计提2022年第三季度应预缴的企业所得税时：

借：所得税费用　40 000
　贷：应交税费——应交所得税［（720 000-560 000）×25%］　40 000

2022年10月初缴纳2022年第三季度应预缴的企业所得税时：

借：应交税费——应交所得税　40 000
　贷：银行存款　40 000

（5）计算并缴纳2022年第四季度应预缴的企业所得税。

2022年12月末（2022年第四季度末）计提2022年第四季度应预缴的企业所得税时：

借：所得税费用　100 000
　贷：应交税费——应交所得税［（1 120 000-720 000）×25%］　100 000

2023年1月初缴纳2022年第四季度应预缴的企业所得税时：

借：应交税费——应交所得税　100 000
　贷：银行存款　100 000

（6）2022年3月10日进行所得税汇算清缴时：

2022年度应纳税所得额=会计利润总额±纳税调整项目金额

=1 120 000+120 000×（10%-6%）+20 000 =1 144 800（元）

2022年度实际应纳所得税额=1 144 800×25%=286 200（元）

汇算清缴时应补缴企业所得税=286 200-（80 000+60 000+40 000+100 000）=6 200（元）

❶计提应补缴的企业所得税时：

借：以前年度损益调整——所得税费用　6 200
　贷：应交税费——应交所得税　6 200

❷补缴企业所得税时：

借：应交税费——应交所得税　6 200
　贷：银行存款　6 200

❸将“以前年度损益调整”科目余额转入利润分配时：

借：利润分配——未分配利润　6 200
　贷：以前年度损益调整——所得税费用　6 200

❹因净利润变动调整盈余公积时：

借：盈余公积（6 200×10%）　620
　贷：利润分配——未分配利润　620

任务三　企业所得税的纳税申报

任务引例

甲公司实际发生的成本、费用未能及时取得有效凭证，能否在企业所得税税前扣除？

一、企业所得税的预缴纳税申报实务

实行查账征收企业所得税的居民纳税人在月（季）度预缴企业所得税时，应填报“中华人民共和国企业所得税月（季）度预缴纳税申报表（A类）”（见表4-6）以及附表（略）；实行核定征收管理办法缴纳企业所得税的纳税人在月（季）度申报缴纳企业所得税时，应填报“中华人民共和国企业所得税月（季）度和年度纳税申报表（B类）”（略）。

表4-6　中华人民共和国企业所得税月（季）度预缴纳税申报表（A类）

税款所属期间：2023年10月1日至2023年12月31日

纳税人识别号（统一社会信用代码）：91370722004056710T

纳税人名称：**山东宏远有限公司**　　金额单位：人民币元（列至角分）

优惠及附报事项有关信息									
项目	一季度		二季度		三季度		四季度		季度平均值
	季初	季末	季初	季末	季初	季末	季初	季末	
从业人数	**略**	**略**	**略**	**略**	**略**	**略**	**略**	**略**	**略**
资产总额（万元）	**略**	**略**	**略**	**略**	**略**	**略**	**略**	**略**	**略**
国家限制或禁止行业	□是　☑否				小型微利企业				□是　☑否
	附报事项名称								金额或选项
事项1	（填写特定事项名称）								略
事项2	（填写特定事项名称）								略

行次	预缴税款计算	本年累计
1	营业收入	20 000 000.00
2	营业成本	7 000 000.00
3	利润总额	2 302 000.00
4	加：特定业务计算的应纳税所得额	
5	减：不征税收入	
6	减：资产加速折旧、摊销（扣除）调减额（填写A201020）	
7	减：免税收入、减计收入、加计扣除（7.1+7.2+…）	300 000.00
7.1	符合条件的居民企业之间的股息、红利等权益性投资收益免征企业所得税	300 000.00
8	减：所得减免（8.1+8.2+…）	
8.1	（填写优惠事项名称）	
8.2	（填写优惠事项名称）	
9	减：弥补以前年度亏损	
10	实际利润额（3+4-5-6-7-8-9）\按照上一纳税年度应纳税所得额平均额确定的应纳税所得额	2 002 000.00
11	税率（25%）	25%
12	应纳所得税额（10×11）	500 500.00
13	减：减免所得税额（13.1+13.2+…）	
13.1	（填写优惠事项名称）	
13.2	（填写优惠事项名称）	
14	减：本年实际已缴纳所得税额	281 625.00
15	减：特定业务预缴（征）所得税额	
16	本期应补（退）所得税额（12-13-14-15）\税务机关确定的本期应纳所得税额	218 875.00

汇总纳税企业总分机构税款计算			
17	总机构	总机构本期分摊应补（退）所得税额（18+19+20）	
18		其中：总机构分摊应补（退）所得税额（16×总机构分摊比例__%）	
19		财政集中分配应补（退）所得税额（16×财政集中分配比例__%）	
20		总机构具有主体生产经营职能的部门分摊所得税额（16×全部分支机构分摊比例__%×总机构具有主体生产经营职能部门分摊比例__%）	
21	分支机构	分支机构本期分摊比例	
22		分支机构本期分摊应补（退）所得税额	

实际缴纳企业所得税计算			
23	减：民族自治地区企业所得税地方分享部分：□免征　□减征：减征幅度____%	本年累计应减免金额［（12-13-15）×40%×减征幅度］	
24	实际应补（退）所得税额		

谨声明：本纳税申报表是根据国家税收法律法规及相关规定填报的，是真实的、可靠的、完整的。

纳税人（签章）：**山东宏远有限公司**　　2024年01月12日

经办人：**略** 经办人身份证：**略** 代理机构签章： 代理机构统一社会信用代码：	受理人： 受理税务机关（章）： 受理日期：　年　月　日

二、企业所得税的年度汇算清缴纳税申报实务

任务引例解析

根据《国家税务总局关于企业所得税若干问题的公告》（国家税务总局公告2011年第34号）的规定，企业当年度实际发生的相关成本、费用，由于各种原因未能及时取得该成本、费用的有效凭证，企业在预缴季度所得税时，可暂按账面发生金额进行核算；但在汇算清缴时，应补充提供该成本、费用的有效凭证。

举例来说，甲公司2023年度发生的成本、费用，只要在2024年汇算清缴结束前（即2024年5月31日前）取得了该成本、费用的有效凭证（例如发票），就可以在2023年度企业所得税税前扣除。

实行查账征收企业所得税的居民纳税人在年度企业所得税汇算清缴时，应填报企业所得税年度纳税申报表附表（见表4-7至表4-11，部分略）及“中华人民共和国企业所得税年度纳税申报表（A类）”（见表4-12）。

A105000

表4-7 纳税调整项目明细表

行次	项目	账载金额	税收金额	调增金额	调减金额
		1	2	3	4
1	一、收入类调整项目（2+3+4+5+6+7+8+10+11）	*	*		
2	（一）视同销售收入（填写A105010）	*			*
3	（二）未按权责发生制原则确认的收入（填写A105020）				
4	（三）投资收益（填写A105030）				
5	（四）按权益法核算长期股权投资对初始投资成本调整确认收益	*	*	*	
6	（五）交易性金融资产初始投资调整	*	*		*
7	（六）公允价值变动净损益		*		
8	（七）不征税收入	*	*		
9	其中：专项用途财政性资金（填写A105040）	*	*		
10	（八）销售折扣、折让和退回				
11	（九）其他				
12	二、扣除类调整项目（13+14+15+16+17+18+19+20+21+22+23+24+26+27+28+29+30）	*	*	1 666 000.00	
13	（一）视同销售成本（填写A105010）	*		*	
14	（二）职工薪酬（填写A105050）	2 326 000.00	2 284 000.00	42 000.00	
15	（三）业务招待费支出	160 000.00	96 000.00	64 000.00	*
16	（四）广告费和业务宣传费支出（填写A105060）	*	*	1 200 000.00	
17	（五）捐赠支出（填写A105070）	16 000.00	16 000.00		
18	（六）利息支出	420 000.00	420 000.00		
19	（七）罚金、罚款和被没收财物的损失		*		*
20	（八）税收滞纳金、加收利息	360 000.00	*	360 000.00	*
21	（九）赞助支出		*		*
22	（十）与未实现融资收益相关在当期确认的财务费用				
23	（十一）佣金和手续费支出				
24	（十二）不征税收入用于支出所形成的费用	*	*		*
25	其中：专项用途财政性资金用于支出所形成的费用（填写A105040）	*	*		*
26	（十三）跨期扣除项目				
27	（十四）与取得收入无关的支出		*		*
28	（十五）境外所得分摊的共同支出	*	*		*

续表

行次	项目	账载金额	税收金额	调增金额	调减金额
		1	2	3	4
29	（十六）党组织工作经费				
30	（十七）其他				
31	三、资产类调整项目（32+33+34+35）	*	*		
32	（一）资产折旧、摊销（填写A105080）				
33	（二）资产减值准备金		*		
34	（三）资产损失（填写A105090）				
35	（四）其他				
36	四、特殊事项调整项目（37+38+39+40+41+42+43）	*	*		
37	（一）企业重组及递延纳税事项（填写A105100）				
38	（二）政策性搬迁（填写A105110）	*	*		
39	（三）特殊行业准备金（填写A105120）（39.1+39.2+39.4+39.5+39.6+39.7）				
39.1	1.保险公司保险保障基金				
39.2	2.保险公司准备金				
39.3	其中：已发生未报案未决赔款准备金				
39.4	3.证券行业准备金				
39.5	4.期货行业准备金				
39.6	5.中小企业融资（信用）担保机构准备金				
39.7	6.金融企业、小额贷款公司准备金（填写A105120）	*	*		
40	（四）房地产开发企业特定业务计算的纳税调整额（填写A105010）	*			
41	（五）有限合伙企业法人合伙人应分得的应纳税所得额				
42	（六）发行永续债利息支出				
43	（七）其他	*	*		
44	五、特别纳税调整应税所得	*	*		
45	六、其他	*	*		
46	合计（1+12+31+36+44+45）	*	*	1 666 000.00	

A105050

表4-8　**职工薪酬支出及纳税调整明细表**　单位：元（列至角分）

行次	项　目	账载金额	实际发生额	税收规定扣除率	以前年度累计结转扣除额	税收金额	纳税调整金额	累计结转以后年度扣除额
		1	2	3	4	5	6（1−5）	7（1+4−5）
1	一、工资薪金支出	1 200 000.00	1 200 000.00	*	*	1 200 000.00		*
2	其中：股权激励			*	*			*
3	二、职工福利费支出	200 000.00	200 000.00	0.14	*	168 000.00	32 000.00	*
4	三、职工教育经费支出	106 000.00	106 000.00	*		96 000.00	10 000.00	10 000.00
5	其中：按税收规定比例扣除的职工教育经费	106 000.00	106 000.00	0.08		96 000.00	10 000.00	10 000.00
6	按税收规定全额扣除的职工培训费用			1.00	*			*
7	四、工会经费支出	20 000.00	20 000.00	0.02	*	20 000.00		*
8	五、各类基本社会保障性缴款	500 000.00	500 000.00	*	*	500 000.00		*
9	六、住房公积金	300 000.00	300 000.00	*	*	300 000.00		*
10	七、补充养老保险				*			*
11	八、补充医疗保险				*			*
12	九、其他			*	*			*
13	合计（1+3+4+7+8+9+10+11+12）	2 326 000.00	2 326 000.00	*		2 284 000.00	42 000.00	10 000.00

A105060

表4-9　**广告费和业务宣传费等跨年度纳税调整明细表**　单位：元（列至角分）

行次	项目	广告费和业务宣传费	保险企业手续费及佣金支出
		1	2
1	一、本年支出	4 200 000.00	
2	减：不允许扣除的支出		
3	二、本年符合条件的支出（1-2）	4 200 000.00	
4	三、本年计算扣除限额的基数	20 000 000.00	
5	乘：税收规定扣除率	0.15	
6	四、本企业计算的扣除限额（4×5）	3 000 000.00	
7	五、本年结转以后年度扣除额 （3>6，本行=3-6；3≤6，本行=0）	1 200 000.00	
8	加：以前年度累计结转扣除额		
9	减：本年扣除的以前年度结转额 ［3>6，本行=0；3≤6，本行=8与（6-3）孰小值］		
10	六、按照分摊协议归集至其他关联方的金额 （10≤3与6孰小值）		*
11	按照分摊协议从其他关联方归集至本企业的金额		*
12	七、本年支出纳税调整金额 （3>6，本行=2+3-6+10-11；3≤6，本行=2+10-11-9）	1 200 000.00	
13	八、累计结转以后年度扣除额（7+8-9）	1 200 000.00	

A105070

表4-10　**捐赠支出及纳税调整明细表**　单位：元（列至角分）

行次	项目	账载金额	以前年度结转可扣除的捐赠额	按税收规定计算的扣除限额	税收金额	纳税调增金额	纳税调减金额	可结转以后年度扣除的捐赠额
		1	2	3	4	5	6	7
1	一、非公益性捐赠		*	*	*		*	*
2	二、限额扣除的公益性捐赠（3+4+5+6）	16 000.00		276 240.00	16 000.00			
3	前三年度（2020年）	*		*	*	*		*
4	前二年度（2021年）	*		*	*	*		*
5	前一年度（2022年）	*		*	*	*		
6	本年（2023年）	16 000.00	*	276 240.00	16 000.00		*	
7	三、全额扣除的公益性捐赠		*	*		*	*	*
8	1.		*	*		*	*	*
9	2.		*	*		*	*	*
10	3.		*	*		*	*	*
11	合计（1+2+7）	16 000.00	*	276 240.00	16 000.00			
附列资料	2015年度至本年发生的公益性扶贫捐赠合计金额	16 000.00	*	*	16 000.00	*	*	*

A107010

表4-11　**免税、减计收入及加计扣除优惠明细表**　金额单位：元（列至角分）

行次	项　目	金　额
1	一、免税收入（2+3+9+…+16）	300 000.00
2	（一）国债利息收入免征企业所得税	
3	（二）符合条件的居民企业之间的股息、红利等权益性投资收益免征企业所得税（4+5+6+7+8）	300 000.00
4	1.一般股息红利等权益性投资收益免征企业所得税（填写A107011）	300 000.00
5	2.内地居民企业通过沪港通投资且连续持有H股满12个月取得的股息红利所得免征企业所得税（填写A107011）	
6	3.内地居民企业通过深港通投资且连续持有H股满12个月取得的股息红利所得免征企业所得税（填写A107011）	
7	4.居民企业持有创新企业CDR取得的股息红利所得免征企业所得税（填写A107011）	
8	5.符合条件的永续债利息收入免征企业所得税（填写A107011）	
9	（三）符合条件的非营利组织的收入免征企业所得税	
10	（四）中国清洁发展机制基金取得的收入免征企业所得税	
11	（五）投资者从证券投资基金分配中取得的收入免征企业所得税	
12	（六）取得的地方政府债券利息收入免征企业所得税	
13	（七）中国保险保障基金有限责任公司取得的保险保障基金等收入免征企业所得税	
14	（八）中国奥委会取得北京冬奥组委支付的收入免征企业所得税	
15	（九）中国残奥委会取得北京冬奥组委分期支付的收入免征企业所得税	
16	（十）其他（16.1+16.2）	
16.1	1.取得的基础研究资金收入免征企业所得税	
16.2	2.其他	
17	二、减计收入（18+19+23+24）	
18	（一）综合利用资源生产产品取得的收入在计算应纳税所得额时减计收入	
19	（二）金融、保险等机构取得的涉农利息、保费减计收入（20+21+22）	
20	1.金融机构取得的涉农贷款利息收入在计算应纳税所得额时减计收入	
21	2.保险机构取得的涉农保费收入在计算应纳税所得额时减计收入	
22	3.小额贷款公司取得的农户小额贷款利息收入在计算应纳税所得额时减计收入	
23	（三）取得铁路债券利息收入减半征收企业所得税	
24	（四）其他（24.1+24.2）	
24.1	1.取得的社区家庭服务收入在计算应纳税所得额时减计收入	
24.2	2.其他	
25	三、加计扣除（26+27+28+29+30）	400 000.00
26	（一）开发新技术、新产品、新工艺发生的研究开发费用加计扣除（填写A107012）	400 000.00
27	（二）科技型中小企业开发新技术、新产品、新工艺发生的研究开发费用加计扣除（填写A107012）	
28	（三）企业为获得创新性、创意性、突破性的产品进行创意设计活动而发生的相关费用加计扣除（加计扣除比例及计算方法：）	
28.1	其中：第四季度相关费用加计扣除	
28.2	前三季度相关费用加计扣除	
29	（四）安置残疾人员所支付的工资加计扣除	
30	（五）其他（30.1+30.2+30.3）	
30.1	1.企业投入基础研究支出加计扣除	
30.2	2.高新技术企业设备器具加计扣除	
30.3	3.其他	
31	合计（1+17+25）	700 000.00

A100000

表4-12　中华人民共和国企业所得税年度纳税申报表（A类）

税款所属期间：2023年01月01日至2023年12月31日

纳税人名称：山东宏远有限公司（公章）

纳税人识别号：91370722004056710T　　金额单位：元（列至角分）

行次	类别	项目	金额
1	利润总额计算	一、营业收入（填写A101010\101020\103000）	20 000 000.00
2		减：营业成本（填写A102010\102020\103000）	7 000 000.00
3		减：税金及附加	600 000.00
4		减：销售费用（填写A104000）	6 000 000.00
5		减：管理费用（填写A104000）	5 000 000.00
6		减：财务费用（填写A104000）	420 000.00
7		减：资产减值损失	
8		加：公允价值变动收益	
9		加：投资收益	922 000.00
10		二、营业利润（1-2-3-4-5-6-7+8+9）①	2 678 000.00
11		加：营业外收入（填写A101010\101020\103000）	
12		减：营业外支出（填写A102010\102020\103000）	376 000.00
13		三、利润总额（10+11-12）	2 302 000.00
14	应纳税所得额计算	减：境外所得（填写A108010）	622 000.00
15		加：纳税调整增加额（填写A105000）	1 666 000.00
16		减：纳税调整减少额（填写A105000）	
17		减：免税、减计收入及加计扣除（填写A107010）	700 000.00
18		加：境外应税所得抵减境内亏损（填写A108000）	
19		四、纳税调整后所得（13-14+15-16-17+18）	2 646 000.00
20		减：所得减免（填写A107020）	
21		减：弥补以前年度亏损（填写A106000）	
22		减：抵扣应纳税所得额（填写A107030）	
23		五、应纳税所得额（19-20-21-22）	2 646 000.00
24	应纳税额计算	税率（25%）	0.25
25		六、应纳所得税额（23×24）	661 500.00
26		减：减免所得税额（填写A107040）	
27		减：抵免所得税额（填写A107050）	
28		七、应纳税额（25-26-27）	661 500.00
29		加：境外所得应纳所得税额（填写A108000）	208 750.00
30		减：境外所得抵免所得税额（填写A108000）	190 000.00
31		八、实际应纳所得税额（28+29-30）	680 250.00
32		减：本年累计实际已缴纳的所得税额	500 500.00
33		九、本年应补（退）所得税额（31-32）	179 750.00
34		其中：总机构分摊本年应补（退）所得税额（填写A109000）	
35		财政集中分配本年应补（退）所得税额（填写A109000）	
36		总机构主体生产经营部门分摊本年应补（退）所得税额（填写A109000）	
37	实际应纳税额计算	减：民族自治地区企业所得税地方分享部分：（□免征　□减征：减征幅度　%）	
38		十、本年实际应补（退）所得税额（33-37）	179 750.00

① 第10行“营业利润”填报纳税人当期的营业利润，根据上述项目计算填报。已执行《财政部关于修订印发2019年度一般企业财务报表格式的通知》（财会〔2019〕6号）和《财政部关于修订印发2018年度金融企业财务报表格式的通知》（财会〔2018〕36号）的纳税人，根据“利润表”对应项目填列，不执行本行计算规则。“利润表”中的营业利润=2 000-700-600-500-42-（180-120）+80-2.4+30+32.2+30=267.8（万元）。另外，发生固定资产处置净损益（收益）80万元，不再计入营业外收入，而计入资产处置收益；发生无形资产处置净损益（损失）2.4万元，不再计入营业外支出，而计入资产处置损失。

项目引例4解析

(1) 计算山东宏远有限公司应补(退)缴的企业所得税。

❶逐笔分析经济业务,并计算出会计利润总额。

会计利润总额=2 000-700-600-500-42-(180-120)+80-2.4+30+32.2+30-37.6=230.2(万元)

❷计算境外税后所得额。

境外税后所得额=32.2+30=62.2(万元)

❸计算本期纳税调整额。

A.广告费和业务宣传费的扣除限额=2 000×15%=300(万元),由于420万元>300万元,因此,广告费和业务宣传费应调增所得额=420-300=120(万元)。

B.业务招待费的扣除限额=2 000×5‰=10(万元),业务招待费发生额的60%=16×60%=9.6(万元),由于10万元>9.6万元,因此,业务招待费应调增所得额=16-9.6=6.4(万元)。

C.公益性捐赠支出的扣除限额=230.2×12%=27.624(万元),由于1.6万元<27.624万元,因此,公益性捐赠支出无须进行纳税调整。

D.支付的税收滞纳金应调增所得额36万元。

E.工会经费的扣除限额=120×2%=2.4(万元),由于2万元<2.4万元,因此,工会经费支出无须进行纳税调整。

F.职工福利费的扣除限额=120×14%=16.8(万元),由于20万元>16.8万元,因此,职工福利费应调增所得额=20-16.8=3.2(万元)。

G.职工教育经费的扣除限额=120×8%=9.6(万元),由于10.6万元>9.6万元,因此,职工教育经费应调增所得额=10.6-9.6=1(万元)。

纳税调整增加额=120+6.4+36+3.2+1=166.6(万元)

纳税调整减少额合计=0

❹计算免税、减计收入及加计扣除。

技术研究开发费用调减所得额=40×100%=40(万元)

权益性投资收益调减所得额=30万元

免税、减计收入及加计扣除=30+40=70(万元)

❺计算本期应纳税所得额。

应纳税所得额=利润总额-境外所得+纳税调整增加额-纳税调整减少额-免税、减计收入及加计扣除
+境外应税所得抵减境内亏损-所得减免-弥补以前年度亏损-抵扣应纳税所得额
=230.2-62.2+166.6-0-70+0-0-0-0=264.6(万元)

❻计算本期实际应纳所得税额。

境内所得应纳所得税额=264.6×25%=66.15(万元)

境外所得换算为含税收入的所得:

A国:32.2÷(1-30%)=46(万元)

B国:30÷(1-20%)=37.5(万元)

境外所得应纳所得税额=(46+37.5)×25%=20.875(万元)

A国的抵扣限额=46×25%=11.5(万元)

B国的抵扣限额=37.5×25%=9.375(万元)

在A国实际缴纳企业所得税13.8万元，高于抵扣限额11.5万元，只能抵扣11.5万元，超过限额的2.3万元当年不得抵扣。

在B国实际缴纳企业所得税7.5万元，低于抵扣限额9.375万元，可全额抵扣。

境外所得抵免所得税额=11.5+7.5=19（万元）

境外所得应补缴的企业所得税额=20.875-19=1.875（万元）

实际应纳所得税税额=境内所得应纳企业所得税额-减免企业所得税额-抵免企业所得税额

+境外所得应纳企业所得税额-境外所得抵免企业所得税额

=66.15-0-0+20.875-19=66.15+1.875=68.025（万元）

❼计算山东宏远有限公司2023年度应补缴或退回的企业所得税。

山东宏远有限公司2023年度应补缴企业所得税 = 实际应纳企业所得税额 - 本年累计实际已缴纳的企业所得税额 =68.025-50.05=17.975（万元）

（2）对山东宏远有限公司2023年度的递延所得税费用进行账务处理。

❶企业发生的符合条件的广告费和业务宣传费支出，除国务院财政、税务主管部门另有规定外，不超过当年销售（营业）收入15%的部分，准予扣除；超过部分，准予结转以后纳税年度扣除。

广告费和业务宣传费的扣除限额=2 000×15%=300（万元），由于420万元＞300万元，因此，广告费和业务宣传费应调增所得额=420-300=120（万元），但准予结转以后纳税年度扣除。

产生可抵扣暂时性差异120万元，符合条件时，应确认递延所得税资产=120×25%=30（万元）。

借：递延所得税资产　300 000

　贷：所得税费用——递延所得税费用　300 000

❷除国务院财政、税务主管部门或者省级人民政府规定外，企业发生的职工教育经费支出，不超过工资薪金总额8%的部分准予扣除，超过部分准予结转以后纳税年度扣除。

职工教育经费的扣除限额=120×8%=9.6（万元），由于10.6万元＞9.6万元，因此，职工教育经费应调增所得额=10.6-9.6=1（万元），但准予结转以后纳税年度扣除。

产生可抵扣暂时性差异1万元，符合条件时，应确认递延所得税资产=1×25%=0.25（万元）。

借：递延所得税资产　2 500

　贷：所得税费用——递延所得税费用　2 500

❸企业取得的下列所得已在境外缴纳的所得税税额，可以从其当期应纳税额中抵免，抵免限额为该项所得依照《企业所得税法》规定计算的应纳税额；超过抵免限额的部分，可以在以后5个年度内，用每年度抵免限额抵免当年应抵税额后的余额进行抵补：居民企业来源于中国境外的应税所得；非居民企业在中国境内设立机构、场所，取得发生在中国境外但与该机构、场所有实际联系的应税所得。

在A国实际缴纳所得税13.8万元，高于抵扣限额11.5万元，只能抵扣11.5万元，超过限额的2.3万元当年不得抵扣，可以在以后5个年度内，用每年度抵免限额抵免当年应抵税额后的余额进行抵补。符合条件时，应确认递延所得税资产2.3万元。

借：递延所得税资产 23 000

贷：所得税费用——递延所得税费用 23 000

（3）对山东宏远有限公司2023年第四季度的预缴企业所得税进行账务处理。

❶2023年12月31日计提2023年第四季度应预缴的企业所得税时：

借：所得税费用——当期所得税费用 218 875

贷：应交税费——应交所得税 218 875

❷2024年1月12日缴纳2023年第四季度应预缴的企业所得税时：

借：应交税费——应交所得税 218 875

贷：银行存款 218 875

（4）对山东宏远有限公司2024年5月15日的企业所得税汇算清缴进行账务处理。

❶计提应补缴的企业所得税时：

借：以前年度损益调整——所得税费用 179 750

贷：应交税费——应交所得税 179 750

❷补缴企业所得税时：

借：应交税费——应交所得税 179 750

贷：银行存款 179 750

❸将“以前年度损益调整”科目余额转入利润分配时：

借：利润分配——未分配利润 179 750

贷：以前年度损益调整——所得税费用 179 750

❹因净利润变动调整盈余公积时：

借：盈余公积（179 750×10%） 17 975

贷：利润分配——未分配利润 17 975

（5）山东宏远有限公司2024年1月12日对2023年第四季度的预缴企业所得税进行纳税申报，填写2023年第四季度的“中华人民共和国企业所得税月（季）度预缴纳税申报表（A类）”及其附表。

填写“中华人民共和国企业所得税月（季）度预缴纳税申报表（A类）”（见表4-6），以及相关附表（略）。

（6）山东宏远有限公司2024年5月15日进行企业所得税年度纳税申报（企业所得税汇算清缴），填写2023年度的“中华人民共和国企业所得税年度纳税申报表（A类）”及其附表。

申报期内，填写“纳税调整项目明细表”（见表4-7）、“职工薪酬支出及纳税调整明细表”（见表4-8）、“广告费和业务宣传费等跨年度纳税调整明细表”（见表4-9）、“捐赠支出及纳税调整明细表”（见表4-10）、“免税、减计收入及加计扣除优惠明细表”（见表4-11）等附表，并自动生成主表“中华人民共和国企业所得税年度纳税申报表（A类）”（见表4-12）。

项目练习

1.甲公司本年1月1日取得某项无形资产，取得成本为800万元。根据各方面情况判断，甲公司无法合理预计其使用期限，将其作为使用寿命不确定的无形资产。本年12月31日，对该项无形资产进行测试表明其未发生减值。税法规定，对无形资产按照10年的期限摊销，摊销金额允许税前扣除。甲公司的企业所得税税率为25%，本年的税前会计利润为1 000万元。要求：对甲公司上述企业所得税相关业务进行账务处理。

2. 甲公司适用的企业所得税税率为25%，各年税前会计利润均为10 000万元。按照税法规定，与产品售后服务相关的费用在实际发生时允许税前扣除。上年年末“预计负债”科目余额为500万元（均因计提产品保修费用确认），上年年末“递延所得税资产”科目余额为125万元（均因计提产品保修费用确认）。甲公司本年实际支付保修费用400万元，在本年度利润表中又确认了900万元的销售费用，同时确认为预计负债。要求：对甲公司本年度上述企业所得税相关业务进行账务处理。

项目实训

甲公司适用的企业所得税税率为25%。甲公司各年的税前会计利润均为15 000万元。2022年6月30日以7 500万元（含增值税）购入一项已达到预定可使用状态的固定资产，取得增值税普通发票。甲公司在会计核算时估计其使用寿命为5年。税法规定，该固定资产应当按照10年计算确定可税前扣除的折旧额。会计与税法均按年限平均法计提折旧，假设预计净残值为0。要求：对甲公司上述2022年和2023年的企业所得税相关业务进行账务处理。

项目五

个人所得税的会计实务

职业能力目标

（1）能根据相关业务资料计算个人所得税。

（2）能设置个人所得税的会计科目，能根据相关业务资料对个人所得税进行会计核算。

（3）能根据相关业务资料填写个人所得税纳税申报表，并能进行个人所得税的纳税申报。

素养提升

动漫

美好时代

项目引例5——代扣代缴个人所得税的计算、会计核算和纳税申报

2024年2月15日，山东宏远有限责任公司（纳税人识别号为：91370722900987654M）对2024年1月发放的工资进行个人所得税全员全额扣缴申报，该公司有6名员工，三险一金的计提基数为个人的上年度月平均工资、薪金额（与本年度每月税前工资、薪金收入相等），养老保险、医疗保险、失业保险、住房公积金的计提比例分别为8%、2%、0.5%、8%，且该公司的所有员工的三险一金均未超过标准，均可税前扣除[1]。该公司的6名员工依法确定的其他扣除均为零，且这6名员工在上一完整纳税年度（2023年度）内全年工资、薪金收入均超过6万元。

其中：

（1）孙丽（法定代表人，身份证号：370702197802280000）每月税前工资、薪金收入75 000元，三险一金的计提基数为75 000元，个人负担的养老保险、医疗保险、失业保险、住房公积金分别为6 000元、1 500元、375元、6 000元，子女教育专项附加扣除额为1 000元，赡养老人专项附加扣除额为3 000元。

（2）刘玉（财务负责人，身份证号：370702197902130141）每月税前工资、薪金收入42 000元，三险一金的计提基数为42 000元，个人负担的养老保险、医疗保险、失业保险、住房公积金分别为3 360元、840元、210元、3 360元，赡养老人专项附加扣除额为3 000元。

---

① 该三险一金数据是理论数据，没有考虑实务中三险一金的缴费基数不能超过上年度本市职工平均工资的300%。

（3）王强（经理，身份证号：370702198002150325）每月税前工资、薪金收入36 000元，三险一金的计提基数为36 000元，个人负担的养老保险、医疗保险、失业保险、住房公积金分别为2 880元、720元、180元、2 880元，住房贷款利息专项附加扣除额为1 000元，赡养老人专项附加扣除额为3 000元。

（4）吴波（记账会计兼办税员，身份证号：370702198202190045）每月税前工资、薪金收入10 000元，三险一金的计提基数为10 000元，个人负担的养老保险、医疗保险、失业保险、住房公积金分别为800元、200元、50元、800元，子女教育专项附加扣除额为2 000元，住房贷款利息专项附加扣除额为1 000元。

（5）徐升（销售人员，身份证号：370702198502130458）每月税前工资、薪金收入8 000元，三险一金的计提基数为8 000元，个人负担的养老保险、医疗保险、失业保险、住房公积金分别为640元、160元、40元、640元，住房贷款利息专项附加扣除额为1 000元。

（6）赵平（采购人员，身份证号：370702198602130123）每月税前工资、薪金收入5 600元，三险一金的计提基数为5 600元，个人负担的养老保险、医疗保险、失业保险、住房公积金分别为448元、112元、28元、448元，住房贷款利息专项附加扣除额为1 000元。

【任务要求】

（1）计算山东宏远有限责任公司2024年1月代扣（预扣）的个人所得税税额。

（2）对山东宏远有限责任公司2024年1月代扣（预扣）个人所得税的业务以及2024年2月代缴个人所得税的业务进行账务处理。

（3）2024年2月15日山东宏远有限责任公司进行扣缴个人所得税申报，填写“个人所得税基础信息表（A表）（适用于扣缴义务人填报）”和“个人所得税扣缴申报表”。

【项目引例5解析】见本项目的任务三。

任务一　个人所得税的认知

任务引例

张某以一台机器设备投资入股，是否需要缴纳个人所得税？

一、个人所得税的概念

个人所得税是以个人取得的各项应税所得为征税对象所征收的一种税。

二、个人所得税的纳税人

个人所得税的纳税人，以住所和居住时间为标准分为居民个人和非居民个人。

点睛　个人所得税的纳税人包括中国公民、个体工商户、个人独资企业和合伙企业投资者、在中国有所得的外籍人员（包括无国籍人）和中国香港、中国澳门、中国台湾同胞。

（一）居民个人

在中国境内有住所，或者无住所而一个纳税年度内在中国境内居住累计满183天的个人，为居民个人。居民个人从中国境内和境外取得的所得，依照个人所得税法的规定缴纳个人所得税。

点睛　在中国境内有住所，是指因户籍、家庭、经济利益关系而在中国境内习惯性居住；从中国境内和境外取得的所得，分别是指来源于中国境内的所得和来源于中国境外的所得。

（二）非居民个人

在中国境内无住所又不居住，或者无住所而一个纳税年度内在中国境内居住累计不满183天的个人，为非居民个人。非居民个人从中国境内取得的所得，依照个人所得税法规定缴纳个人所得税。

点睛　上述纳税年度，自公历1月1日起至12月31日止。

提示　在中国境内无住所的个人，在中国境内居住累计满183天的年度连续不满6年的，经向主管税务机关备案，其来源于中国境外且由境外单位或者个人支付的所得，免予缴纳个人所得税；在中国境内居住累计满183天的任一年度中有一次离境超过30天的，其在中国境内居住累计满183天的年度的连续年限重新起算。

提示　在中国境内无住所的个人，在一个纳税年度内在中国境内居住累计不超过90天的，其来源于中国境内的所得，由境外雇主支付并且不由该雇主在中国境内的机构、场所负担的部分，免予缴纳个人所得税。

三、个人所得税的应税项目

个人所得税的征税范围包括个人取得的各项应税所得，《中华人民共和国个人所得税法》（简称《个人所得税法》）列举了如下9项个人应税所得：

（1）工资、薪金所得。工资、薪金所得指个人因任职或者受雇而取得的工资、薪金、奖金、年终加薪、劳动分红、津贴、补贴及与任职或受雇有关的其他所得。

（2）劳务报酬所得。劳务报酬所得是指个人从事劳务取得的所得，包括从事设计、装潢、安装、制图、化验、测试、医疗、法律、会计、咨询、讲学、翻译、审稿、书画、雕刻、影视、录音、录像、演出、表演、广告、展览、技术服务、介绍服务、经纪服务、代办服务以及其他劳务取得的所得。

上述各项所得一般属于个人独立从事自由职业取得的所得或属于独立个人劳动所得。

提示　个人兼职取得的收入，应按照“劳务报酬所得”（而非“工资、薪金所得”）项目缴纳个人所得税。

比较　劳务报酬所得与工资、薪金所得的区别：劳务报酬所得是个人独立从事某种技艺或独立提供某种劳务取得的所得，不存在雇佣与被雇佣的关系；而工资、薪金所得则是个人从事非独立劳动，从所在单位领取的报酬。区分劳务报酬所得和工资、薪金所得的关键，主要看是否存在雇佣与被雇佣的关系。

（3）稿酬所得。稿酬所得，是指个人因其作品以图书、报刊等形式出版、发表而取得的所得。

（4）特许权使用费所得。特许权使用费所得，是指个人提供专利权、商标权、著作权、非专利技术以及其他特许权的使用权取得的所得。提供著作权的使用权取得的所得，不包括稿酬所得。

（5）经营所得。经营所得，是指：

❶个体工商户从事生产、经营活动取得的所得，个人独资企业投资人、合伙企业的个人合伙人来源于境内注册的个人独资企业、合伙企业生产、经营的所得；

❷个人依法从事办学、医疗、咨询以及其他有偿服务活动取得的所得；

❸个人对企业、事业单位承包经营、承租经营以及转包、转租取得的所得；

❹个人从事其他生产、经营活动取得的所得。

（6）财产租赁所得。财产租赁所得，是指个人出租不动产、机器设备、车船以及其他财产取得的所得。

（7）财产转让所得。财产转让所得，是指个人转让有价证券、股权、合伙企业中的财产份额、不动产、机器设备、车船以及其他财产取得的所得。

任务引例解析

根据《财政部 国家税务总局关于个人非货币性资产投资有关个人所得税政策的通知》（财税〔2015〕41号）的规定，个人以非货币性资产投资，属于个人转让非货币性资产和投资同时发生；对个人转让非货币性资产的所得，应按照"财产转让所得"项目，依法计算缴纳个人所得税。

因此，张某以一台机器设备投资入股，属于个人转让机器设备和以机器设备进行投资同时发生；对个人转让机器设备的所得，应按照"财产转让所得"项目依法计算缴纳个人所得税。

（8）利息、股息、红利所得。利息、股息、红利所得，是指个人拥有债权、股权等而取得的利息、股息、红利所得。

提示 个人取得国债利息、国家发行的金融债券利息、教育储蓄存款利息均免征个人所得税。

（9）偶然所得。偶然所得，是指个人得奖、中奖、中彩及其他偶然性质的所得。

四、个人所得税的税率

1.预扣预缴个人所得税的预扣率

（1）居民个人工资、薪金所得预扣预缴个人所得税的预扣率。

居民个人工资、薪金所得预扣预缴个人所得税的预扣率表见表5-1。

表5-1　**居民个人工资、薪金所得预扣预缴个人所得税的预扣率表**

级数	累计预扣预缴应纳税所得额	预扣率（%）	速算扣除数（元）
1	不超过36 000元的部分	3	0
2	超过36 000元至144 000元的部分	10	2 520
3	超过144 000元至300 000元的部分	20	16 920
4	超过300 000元至420 000元的部分	25	31 920
5	超过420 000元至660 000元的部分	30	52 920
6	超过660 000元至960 000元的部分	35	85 920
7	超过960 000元的部分	45	181 920

（2）居民个人劳务报酬所得预扣预缴个人所得税的预扣率。

居民个人劳务报酬所得预扣预缴个人所得税的预扣率表见表5-2。

表5-2　**居民个人劳务报酬所得预扣预缴个人所得税的预扣率表**

级数	预扣预缴应纳税所得额	预扣率（%）	速算扣除数（元）
1	不超过20 000元的	20	0
2	超过20 000元至50 000元的部分	30	2 000
3	超过50 000元的部分	40	7 000

（3）居民个人稿酬所得、特许权使用费所得预扣预缴个人所得税的预扣率。

居民个人稿酬所得、特许权使用费所得适用20%的比例预扣率。

2.个人所得税的适用税率（非预扣预缴）

（1）居民个人综合所得个人所得税的适用税率（按年汇算清缴）。

就居民个人而言，工资、薪金所得，劳务报酬所得，稿酬所得，特许权使用费所得统称为综合所得。居民个人综合所得，适用3%~45%的超额累进税率。居民个人综合所得个人所得税的税率表（按年）见表5-3。

表5-3　居民个人综合所得个人所得税的税率表（按年）

级数	全年应纳税所得额	税率（%）	速算扣除数（元）
1	不超过36 000元的	3	0
2	超过36 000元至144 000元的部分	10	2 520
3	超过144 000元至300 000元的部分	20	16 920
4	超过300 000元至420 000元的部分	25	31 920
5	超过420 000元至660 000元的部分	30	52 920
6	超过660 000元至960 000元的部分	35	85 920
7	超过960 000元的部分	45	181 920

（注：表5-3所称的全年应纳税所得额是指依照个人所得税法第六条的规定，居民个人取得综合所得以每一纳税年度收入额减除费用60 000元以及专项扣除、专项附加扣除和依法确定的其他扣除后的余额）

（2）非居民个人工资、薪金所得，劳务报酬所得，稿酬所得，特许权使用费所得个人所得税的适用税率。

非居民个人工资、薪金所得，劳务报酬所得，稿酬所得，特许权使用费所得个人所得税的税率表（与“按月换算后的综合所得税率表”一样）见表5-4（依照表5-3按月换算后）。

表5-4　非居民个人工资、薪金所得，劳务报酬所得，稿酬所得，特许权使用费所得个人所得税的税率表

级数	应纳税所得额	税率（%）	速算扣除数（元）
1	不超过3 000元的	3	0
2	超过3 000元至12 000元的部分	10	210
3	超过12 000元至25 000元的部分	20	1 410
4	超过25 000元至35 000元的部分	25	2 660
5	超过35 000元至55 000元的部分	30	4 410
6	超过55 000元至80 000元的部分	35	7 160
7	超过80 000元的部分	45	15 160

（3）经营所得个人所得税的税率。

经营所得，适用5%～35%的超额累进税率。经营所得个人所得税的税率表见表5-5。

表5-5　经营所得个人所得税的税率表

级数	全年应纳税所得额	税率（%）	速算扣除数（元）
1	不超过30 000元的	5	0
2	超过30 000元至90 000元的部分	10	1 500
3	超过90 000元至300 000元的部分	20	10 500
4	超过300 000元至500 000元的部分	30	40 500
5	超过500 000元的部分	35	65 500

（4）财产租赁所得，财产转让所得，利息、股息、红利所得和偶然所得个人所得税的税率。

财产租赁所得，财产转让所得，利息、股息、红利所得和偶然所得，适用比例税率，税率为20%。

提示 为了配合国家住房制度改革，支持住房租赁市场的健康发展，从2008年3月1日起，对个人出租住房取得的所得暂减按10%的税率征收个人所得税。

五、个人所得税的计算

（一）居民个人综合所得个人所得税的计算

1.居民个人综合所得应纳税额的预扣预缴方法

自2019年1月1日起，扣缴义务人向居民个人支付工资、薪金所得，劳务报酬所得，稿酬所得，特许权使用费所得时，按以下方法预扣预缴个人所得税，并向主管税务机关报送“个人所得税扣缴申报表”；年度预扣预缴税额与年度应纳税额不一致的，由居民个人于次年3月1日至6月30日向主管税务机关办理综合所得年度汇算清缴，税款多退少补：

（1）扣缴义务人向居民个人支付工资、薪金所得时，应当按照累计预扣法计算预扣税款，并按月办理全员全额扣缴申报。

具体计算公式如下：

$$\text{本期应预扣预缴税额}=\left(\begin{matrix}\text{累计预扣预缴}\\\text{应纳税所得额}\end{matrix}\times\text{预扣率}-\begin{matrix}\text{速算}\\\text{扣除数}\end{matrix}\right)-\text{累计减免税额}-\begin{matrix}\text{累计已预扣}\\\text{预缴税额}\end{matrix}$$

$$\text{累计预扣预缴税额}=\text{累计收入}-\begin{matrix}\text{累计免税}\\\text{收入}\end{matrix}-\begin{matrix}\text{累计减除}\\\text{费用}\end{matrix}-\begin{matrix}\text{累计专项}\\\text{扣除}\end{matrix}-\begin{matrix}\text{累计专项}\\\text{附加扣除}\end{matrix}-\begin{matrix}\text{累计依法确定的}\\\text{其他扣除}\end{matrix}$$

其中：累计减除费用，按照5 000元/月乘以纳税人当年截至本月在本单位的任职受雇月份数计算。

专项扣除包括居民个人按照国家规定的范围和标准缴纳的基本养老保险、基本医疗保险、失业保险等社会保险费和住房公积金等；专项附加扣除包括子女教育、继续教育、大病医疗、住房贷款利息或者住房租金、赡养老人、3岁以下婴幼儿照护等支出，具体范围、标准和实施步骤由国务院确定，并报全国人民代表大会常务委员会备案。

提示 自2020年7月1日起，对一个纳税年度内首次取得工资、薪金所得的居民个人，扣缴义务人在预扣预缴个人所得税时，可按照5 000元/月乘以纳税人当年截至本月月份数计算累计减除费用。首次取得工资、薪金所得的居民个人，是指自纳税年度首月起至新入职时，未取得工资、薪金所得或者未按照累计预扣法预扣预缴过连续性劳务报酬所得个人所得税的居民个人。自2021年1月1日起，对上一完整纳税年度内每月均在同一单位预扣预缴工资、薪金所得个人所得税且全年工资、薪金收入不超过6万元的居民个人，扣缴义务人在预扣预缴本年度工资、薪金所得个人所得税时，累计减除费用自1月份起直接按照全年6万元计算扣除。即在纳税人累计收入不超过6万元的月份，暂不预扣预缴个人所得税；在其累计收入超过6万元的当月及年内后续月份，再预扣预缴个人所得税。扣缴义务人应当按规定办理全员全额扣缴申报，并在“个人所得税扣缴申报表”相应纳税人的备注栏注明“上年各月均有申报且全年收入不超过6万元”字样。对按照累计预扣法预扣预缴劳务报酬所得个人所得税的居民个人，扣缴义务人比照上述规定执行。

上述公式中，计算居民个人工资、薪金所得预扣预缴税额的预扣率、速算扣除数，按表5-1执行。

提示 享受子女教育、继续教育、住房贷款利息或者住房租金、赡养老人、3岁以下婴幼儿照护专项附加扣除的纳税人，自符合条件开始，可以向支付工资、薪金所得的扣缴义务人提供上述专项附加扣除有关信息，由扣缴义务人在预扣预缴税款时，按其在本单位本年可享受的累计扣除额办理扣除；也可以在次年3月1日至6月30日内，向汇缴地主管税务机关办理汇算清缴申报时扣除。享受大病医疗专项附加扣除的纳税人，由其在次年3月1日至6月30日内，自行向汇缴地主管税务机关办理汇算清缴申报时扣除。

点睛 《个人所得税专项附加扣除暂行办法》的主要内容：

（一）子女教育

自2023年1月1日起，纳税人的子女接受全日制学历教育的相关支出（子女教育专项附加扣除标准），由每个子女每月1 000元提高到2 000元。

学历教育包括义务教育（小学、初中教育）、高中阶段教育（普通高中、中等职业、技工教育）、高等教育（大学专科、大学本科、硕士研究生、博士研究生教育）。

年满3岁至小学入学前处于学前教育阶段的子女，按上述规定执行。

父母可以选择由其中一方按扣除标准的100%扣除，也可以选择由双方分别按扣除标准的50%扣除，具体扣除方式在一个纳税年度内不能变更。

纳税人需要留存备查资料包括：子女在境外接受教育的，应当留存境外学校录取通知书、留学签证等境外教育佐证资料。

计算时间认定：学前教育阶段，为子女年满3周岁当月至小学入学前一月。学历教育，为子女接受全日制学历教育入学的当月至全日制学历教育结束的当月。学历教育的期间，包含因病或其他非主观原因休学但学籍继续保留的休学期间，以及施教机构按规定组织实施的寒暑假等假期。

（二）继续教育

纳税人在中国境内接受学历（学位）继续教育的支出，在学历（学位）教育期间按照每月400元定额扣除。同一学历（学位）继续教育的扣除期限不能超过48个月。纳税人接受技能人员职业资格继续教育、专业技术人员职业资格继续教育的支出，在取得相关证书的当年，按照3 600元定额扣除。

个人接受本科及以下学历（学位）继续教育，符合《个人所得税专项附加扣除暂行办法》规定扣除条件的，可以选择由其父母扣除，也可以选择由本人扣除。

纳税人需要留存备查资料包括：纳税人接受技能人员职业资格继续教育、专业技术人员职业资格继续教育的，应当留存职业资格相关证书等资料。

计算时间认定：学历（学位）继续教育，为在中国境内接受学历（学位）继续教育入学的当月至学历（学位）继续教育结束的当月，同一学历（学位）继续教育的扣除期限最长不得超过48个月。学历（学位）继续教育的期间，包含因病或其他非主观原因休学但学籍继续保留的休学期间，以及施教机构按规定组织实施的寒暑假等假期。技能人员职业资格继续教育、专业技术人员职业资格继续教育，为取得相关证书的当年。

（三）大病医疗

在一个纳税年度内，纳税人发生的与基本医保相关的医药费用支出，扣除医保报销后个人负担（指医保目录范围内的自付部分）累计超过15 000元的部分，由纳税人在办理年度汇算清缴时，在80 000元限额内据实扣除。

纳税人发生的医药费用支出可以选择由本人或者其配偶扣除；未成年子女发生的医药费用支出可以选择由其父母一方扣除。

纳税人及其配偶、未成年子女发生的医药费用支出，按《个人所得税专项附加扣除暂行办法》第十一条的规定分别计算扣除额。

纳税人需要留存备查资料包括：大病患者医药服务收费及医保报销相关票据原件或复印件，或者医疗保障部门出具的纳税年度医药费用清单等资料。

计算时间认定：为医疗保障信息系统记录的医药费用实际支出的当年。

（四）住房贷款利息

纳税人本人或者配偶单独或者共同使用商业银行或者住房公积金个人住房贷款为本人或者其配偶购买中国境内住房，发生的首套住房贷款利息支出，在实际发生贷款利息的年度，按照每月1 000元的标准定额扣除，扣除期限最长不超过240个月。纳税人只能享受一次首套住房贷款的利息扣除。

首套住房贷款是指购买住房享受首套住房贷款利率的住房贷款。

经夫妻双方约定，可以选择由其中一方扣除，具体扣除方式在一个纳税年度内不能变更。

夫妻双方婚前分别购买住房发生的首套住房贷款，其贷款利息支出，婚后可以选择其中一套购买的住房，由购买方按扣除标准的100%扣除，也可以由夫妻双方对各自购买的住房分别按扣除标准的50%扣除，具体扣除方式在一个纳税年度内不能变更。

纳税人需要留存备查资料包括：住房贷款合同、贷款还款支出凭证等资料。

计算时间认定：为贷款合同约定开始还款的当月至贷款全部归还或贷款合同终止的当月，扣除期限最长不得超过240个月。

（五）住房租金

纳税人在主要工作城市没有自有住房而发生的住房租金支出，可以按照以下标准定额扣除：

（1）直辖市、省会（首府）城市、计划单列市以及国务院确定的其他城市，扣除标准为每月1 500元。

（2）除第（1）项所列城市以外，市辖区户籍人口超过100万人的城市，扣除标准为每月1 100元；市辖区户籍人口不超过100万人的城市，扣除标准为每月800元。

纳税人的配偶在纳税人的主要工作城市有自有住房的，视同纳税人在主要工作城市有自有住房。

市辖区户籍人口，以国家统计局公布的数据为准。

主要工作城市是指纳税人任职受雇的直辖市、计划单列市、副省级城市、地级市（地区、州、盟）全部行政区域范围；纳税人无任职受雇单位的，为受理其综合所得汇算清缴的税务机关所在城市。

夫妻双方主要工作城市相同的，只能由一方扣除住房租金支出。

住房租金支出由签订租赁住房合同的承租人扣除。

纳税人及其配偶在一个纳税年度内不能同时分别享受住房贷款利息和住房租金专项附加扣除。

纳税人需要留存备查资料包括：住房租赁合同或协议等资料。

计算时间认定：为租赁合同（协议）约定的房屋租赁期开始的当月至租赁期结束的当月。提前终止合同（协议）的，以实际租赁期限为准。

（六）赡养老人

纳税人赡养一位及以上被赡养人的赡养支出，统一按照以下标准定额扣除：

自2023年1月1日起，赡养老人专项附加扣除标准，由每月2 000元提高到3 000元，其中，独生子女每月扣除3 000元；非独生子女与兄弟姐妹分摊每月3 000元的扣除额度，每人不超过1 500元。需要分摊享受的，可以由赡养人均摊或者约定分摊，也可以由被赡养人指定分摊。约定或者指定分摊的须签订书面分摊协议，指定分摊优先于约定分摊。

被赡养人是指年满60岁的父母，以及子女均已去世的年满60岁的祖父母、外祖父母。

纳税人需要留存备查资料包括：约定或指定分摊的书面分摊协议等资料。

计算时间认定：为被赡养人年满60周岁的当月至赡养义务终止的年末。

（七）3岁以下婴幼儿照护

自2023年1月1日起，3岁以下婴幼儿照护专项附加扣除标准，由每个婴幼儿每月1 000元提高到2 000元。

父母可以选择由其中一方按扣除标准的100%扣除，也可以选择由双方分别按扣除标准的50%扣除，具体扣除方式在一个纳税年度内不能变更。

纳税人享受3岁以下婴幼儿照护专项附加扣除，应当填报配偶及子女的姓名、身份证件类型（如居民身份证、子女出生医学证明等）及号码以及本人与配偶之间扣除分配比例等信息。

纳税人需要留存备查资料包括：子女的出生医学证明等资料。

计算时间认定：为婴幼儿出生的当月至年满3周岁的前一个月。

【任务实例5-1】我国居民个人张某就职于我国的甲公司。本年每月税前工资、薪金收入为30 000元，每月减除费用5 000元。张某个人每月负担基本养老保险2 400元、基本医疗保险600元、失业保险150元、住房公积金2 400元，“三险一金”合计5 550元。张某本年每月专项附加扣除和其他依法确定的其他扣除金额合计均为2 000元。张某在上一完整纳税年度内全年工资、薪金收入超过6万元。居民个人工资、薪金所得预扣预缴个人所得税的预扣率表见表5-1。

【任务要求】计算张某本年每月工资、薪金所得应由甲公司预扣预缴的个人所得税。

【任务实施】张某1月工资、薪金所得应由甲公司预扣预缴的个人所得税＝（30 000−5 000−5 550−2 000）×3%

＝17 450×3%＝523.5（元）

张某2月工资、薪金所得应由甲公司预扣预缴的个人所得税＝（30 000×2−5 000×2−5 550×2−2 000×2）×3%−523.5

＝34 900×3%−523.5＝1 047−523.5＝523.5（元）

张某3月工资、薪金所得应由甲公司预扣预缴的个人所得税＝（30 000×3−5 000×3−5 550×3−2 000×3）×10%−2 520−523.5−523.5

＝52 350×10%−2 520−523.5−523.5＝1 668（元）

张某4月工资、薪金所得应由甲公司预扣预缴的个人所得税＝（30 000×4−5 000×4−5 550×4−2 000×4）×10%−2 520−523.5−523.5−1 668

＝69 800×10%−2 520−523.5−523.5−1 668＝1 745（元）

张某5月工资、薪金所得应由甲公司预扣预缴的个人所得税＝（30 000×5−5 000×5−5 550×5−2 000×5）×10%−2 520−523.5−523.5−1 668−1 745

＝87 250×10%−2 520−523.5−523.5−1 668−1 745＝1 745（元）

张某6月工资、薪金所得应由甲公司预扣预缴的个人所得税＝（30 000×6−5 000×6−5 550×6−2 000×6）×10%−2 520−523.5−523.5−1 668−1 745−1 745

＝104 700×10%−2 520−523.5−523.5−1 668−1 745−1 745＝1 745（元）

张某7月工资、薪金所得应由甲公司预扣预缴的个人所得税＝（30 000×7−5 000×7−5 550×7−2 000×7）×10%−2 520−523.5−523.5−1 668−1 745−1 745−1 745

＝122 150×10%−2 520−523.5−523.5−1 668−1 745−1 745−1 745

＝1 745（元）

张某8月工资、薪金所得应由甲公司预扣预缴的个人所得税＝（30 000×8−5 000×8−5 550×8−2 000×8）×10%−2 520−523.5−523.5−1 668−1 745−1 745−1 745−1 745

＝139 600×10%−2 520−523.5−523.5−1 668−1 745−1 745−1 745−1 745

＝1 745（元）

张某9月工资、薪金所得应由甲公司预扣预缴的个人所得税＝（30 000×9−5 000×9−5 550×9−2 000×9）×20%−16 920−523.5−523.5−1 668−1 745−1 745−1 745−1 745−1 745

=157 050×20% −16 920−523.5−523.5−1 668 −1 745−1 745−1 745−1 745 −1 745=3 050（元）

张某10月工资、薪金所得应由甲公司预扣预缴的个人所得税 =（30 000×10−5 000×10−5 550×10−2 000×10）×20% −16 920 −523.5−523.5−1 668 −1 745−1 745−1 745−1 745−1 745−3 050

=174 500×20%−16 920 −523.5−523.5−1 668 −1 745−1 745−1 745−1 745−1 745−3 050 =3 490（元）

张某11月工资、薪金所得应由甲公司预扣预缴的个人所得税 =（30 000×11−5 000×11−5 550×11−2 000×11）×20% −16 920−523.5−523.5−1 668−1 745−1 745−1 745−1 745−1 745 −3 050−3 490

=191 950×20% −16 920−523.5−523.5−1 668−1 745−1 745−1 745− 1 745 −1 745−3 050−3 490=3 490（元）

张某12月工资、薪金所得应由甲公司预扣预缴的个人所得税 =（30 000×12−5 000×12−5 550×12−2 000×12）×20% −16 920−523.5−523.5 −1 668 −1 745−1 745−1 745−1 745−1 745 −3 050−3 490−3 490

=209 400×20%−16 920−523.5−523.5 −1 668−1 745−1 745−1 745−1 745−1 745−3 050−3 490−3 490=3 490（元）

张某本年工资、薪金所得应由甲公司预扣预缴的个人所得税合计 =523.5+523.5+1 668+1 745+1 745 +1 745+1 745+1 745+3 050+3 490+3 490+3 490=24 960（元）

（2）扣缴义务人向居民个人支付劳务报酬所得、稿酬所得、特许权使用费所得，按次或者按月预扣预缴个人所得税。

具体预扣预缴方法如下：

劳务报酬所得、稿酬所得、特许权使用费所得以收入减除费用后的余额为收入额。其中，稿酬所得的收入额减按70%计算。

劳务报酬所得、稿酬所得、特许权使用费所得每次收入不超过4 000元的，减除费用按800元计算；每次收入4 000元以上的，减除费用按20%计算。

点睛 劳务报酬所得、稿酬所得、特许权使用费所得，属于一次性收入的，以取得该项收入为一次；属于同一项目连续性收入的，以一个月内取得的收入为一次。

劳务报酬所得、稿酬所得、特许权使用费所得，以每次收入额为预扣预缴应纳税所得额。劳务报酬所得适用20%~40%的超额累进预扣率（见表5-2），稿酬所得、特许权使用费所得适用20%的比例预扣率。

劳务报酬所得应预扣预缴税额=预扣预缴应纳税所得额×预扣率−速算扣除数

稿酬所得、特许权使用费所得应预扣预缴税额=预扣预缴应纳税所得额×20%

【任务实例5-2】接【任务实例5-1】，居民个人张某本年3月从兼职单位乙公司取得一次性劳务报酬收入共计40 000元，本年6月从丙出版社取得一次性稿酬收入共计12 000元，本年10月转让给丁公司专利权取得一次性特许权使用费收入共计3 000元。上述收入均为税前收入，且均来源于中国境内。假设不考虑增值税等因素。居民个人劳务报酬所得预扣预缴个人所得税的预扣率表见表5-2。

【任务要求】

（1）计算张某劳务报酬所得应由乙公司预扣预缴的个人所得税。

（2）计算张某稿酬所得应由丙出版社预扣预缴的个人所得税。

（3）计算张某特许权使用费所得应由丁公司预扣预缴的个人所得税。

【任务实施】

（1）$\frac{\text{张某劳务报酬所得应由乙公司}}{\text{预扣预缴的个人所得税}}$=40 000×（1−20%）×30%−2 000=7 600（元）

（2）张某稿酬所得应由丙出版社预扣预缴的个人所得税=12 000×（1−20%）×70%×20%=1 344（元）

（3）张某特许权使用费所得应由丁公司预扣预缴的个人所得税=（3 000−800）×20%=440（元）

2.居民个人综合所得应纳税额的汇算清缴方法

自2019年1月1日起，居民个人的综合所得（工资、薪金所得，劳务报酬所得，稿酬所得，特许权使用费所得），以每一纳税年度的收入额减除费用60 000元以及专项扣除、专项附加扣除和依法确定的其他扣除后的余额，为应纳税所得额。各项所得的计算，以人民币为单位。所得为人民币以外的货币的，按照人民币汇率中间价折合成人民币缴纳税款。

居民个人的综合所得适用七级超额累进税率，其应纳税额的计算公式为：

应纳税额=年应纳税所得额×适用税率−速算扣除数

$$=\left(\text{每一纳税年度的收入额}-60\,000-\text{专项扣除、专项附加扣除和依法确定的其他扣除}\right)\times\text{适用税率}-\text{速算扣除数}$$

$$=\left[\text{工资、薪金收入额}+\text{劳务报酬收入}\times(1-20\%)+\text{稿酬收入}\times(1-20\%)\times70\%+\text{特许权使用费收入}\times(1-20\%)-60\,000-\text{专项扣除、专项附加扣除和依法确定的其他扣除}\right]\times\text{适用税率}-\text{速算扣除数}$$

提示　劳务报酬所得、稿酬所得、特许权使用费所得以收入减除20%的费用后的余额为收入额。稿酬所得的收入额减按70%计算。

专项扣除，包括居民个人按照国家规定的范围和标准缴纳的基本养老保险、基本医疗保险、失业保险等社会保险费和住房公积金等；专项附加扣除，包括子女教育、继续教育、大病医疗、住房贷款利息或者住房租金、赡养老人、3岁以下婴幼儿照护等支出，具体范围、标准和实施步骤由国务院确定，并报全国人民代表大会常务委员会备案。其他扣除，包括个人缴付符合国家规定的企业年金、职业年金，个人购买符合国家规定的商业健康保险、税收递延型商业养老保险的支出，以及国务院规定可以扣除的其他项目。

专项扣除、专项附加扣除和依法确定的其他扣除，以居民个人一个纳税年度的应纳税所得额为限额；一个纳税年度扣除不完的，不得结转以后年度扣除。

链接　居民个人取得综合所得，按年计算个人所得税；有扣缴义务人的，由扣缴义务人按月或者按次预扣预缴税款；需要办理汇算清缴的，应当在取得所得的次年3月1日至6月30日内办理汇算清缴。预扣预缴办法由国务院税务主管部门制定。

【任务实例5−3】接【任务实例5−1】和【任务实例5−2】资料，居民个人张某次年3月1日至6月30日内办理汇算清缴。居民个人综合所得个人所得税的税率表（按年）见表5−3。

【任务要求】计算张某次年3月1日至6月30日内汇算清缴应补缴（或申请退回）的个

人所得税。

【任务实施】本年张某综合所得的应纳税所得额=30 000×12+40 000×（1-20%）+12 000×（1-20%）×70%+3 000×（1-20%）-60 000-5 550×12-2 000×12

=250 520（元）

本年张某综合所得应纳的个人所得税=250 520×20%-16 920=33 184（元）

由于本年各相关单位已经预扣预缴了个人所得税共计34 344元（24 960+7 600+1 344+440），因此次年3月1日至6月30日内汇算清缴时，张某应申请退回个人所得税1 160元（34 344-33 184）。

（二）非居民个人工资、薪金所得，劳务报酬所得，稿酬所得，特许权使用费所得个人所得税的计算

自2019年1月1日起，扣缴义务人向非居民个人支付工资、薪金所得，劳务报酬所得，稿酬所得和特许权使用费所得时，应当按以下方法按月或者按次代扣代缴个人所得税：

非居民个人的工资、薪金所得，以每月收入额减除费用5 000元后的余额为应纳税所得额；劳务报酬所得、稿酬所得、特许权使用费所得，以每次收入额为应纳税所得额，适用按月换算后的非居民个人月度税率表（见表5-4）计算应纳税额。其中，劳务报酬所得、稿酬所得、特许权使用费所得以收入减除20%的费用后的余额为收入额。稿酬所得的收入额减按70%计算。

非居民个人工资、薪金所得，劳务报酬所得，稿酬所得，特许权使用费所得应纳税额=应纳税所得额×税率-速算扣除数

具体来说：

（1）非居民个人的工资、薪金所得适用七级超额累进税率，其应纳税额的计算公式为：

应纳税额=月应纳税所得额×适用税率-速算扣除数=（每月工资、薪金收入额-5 000）×适用税率-速算扣除数

（2）非居民个人的劳务报酬所得适用七级超额累进税率，其应纳税额的计算公式为：

应纳税额=应纳税所得额×适用税率-速算扣除数

=每次收入额×适用税率-速算扣除数

=劳务报酬收入×（1-20%）×适用税率-速算扣除数

（3）非居民个人的稿酬所得适用七级超额累进税率，其应纳税额的计算公式为：

应纳税额=应纳税所得额×适用税率-速算扣除数

=每次收入额×适用税率-速算扣除数

=稿酬收入×（1-20%）×70%×适用税率-速算扣除数

（4）非居民个人的特许权使用费所得适用七级超额累进税率，其应纳税额的计算公式为：

应纳税额=应纳税所得额×适用税率-速算扣除数

=每次收入额×适用税率-速算扣除数

=特许权使用费收入×（1-20%）×适用税率-速算扣除数

链接 非居民个人取得工资、薪金所得，劳务报酬所得，稿酬所得，特许权使用费所得，有扣缴义务人的，由扣缴义务人按月或者按次代扣代缴税款，不办理汇算清缴。

【任务实例5-4】本年1月，非居民个人彼得从任职单位取得税前工资、薪金收入22 000元。上述收入来源于中国境内，且不享受免税优惠政策。非居民个人工资、薪金所得，劳务报酬所得，稿酬所得，特许权使用费所得个人所得税的适用税率见表5-4。

【任务要求】计算彼得本年1月应缴纳的个人所得税。

【任务实施】彼得本年1月工资、薪金所得的应纳税所得额=22 000-5 000=17 000（元）

彼得本年1月工资、薪金所得应纳（任职单位应代扣代缴）个人所得税=17 000×20%-1 410=1 990（元）

【任务实例5-5】本年1月，非居民个人珍妮一次性取得税前劳务报酬收入50 000元。该收入均来源于中国境内，且不享受免税优惠政策。假设不考虑增值税等因素。非居民个人工资、薪金所得，劳务报酬所得，稿酬所得，特许权使用费所得个人所得税的适用税率见表5-4。

【任务要求】计算珍妮本年1月应缴纳的个人所得税。

【任务实施】珍妮本年1月劳务报酬所得的应纳税所得额=50 000×（1-20%）=40 000（元）

珍妮本年1月劳务报酬所得应纳(支付所得的单位应代扣代缴)个人所得税=40 000×30%-4 410=7 590（元）

（三）经营所得个人所得税的计算

自2019年1月1日起，经营所得，以每一纳税年度的收入总额减除成本、费用以及损失后的余额，为应纳税所得额。

经营所得个人所得税的计算公式为：

应纳税额=应纳税所得额×适用税率-速算扣除数

=（全年收入总额-成本、费用、损失）×适用税率-速算扣除数

取得经营所得的个人，没有综合所得的，计算其每一纳税年度的应纳税所得额时，应当减除费用6万元、专项扣除、专项附加扣除以及依法确定的其他扣除。专项附加扣除在办理汇算清缴时减除。

提示　自2023年1月1日起至2027年12月31日，对个体工商户年应纳税所得额不超过200万元的部分，减半征收个人所得税。个体工商户在享受现行其他个人所得税优惠政策的基础上，可叠加享受本条优惠政策。个体工商户不区分征收方式，均可享受。

链接　纳税人取得经营所得，按年计算个人所得税，由纳税人在月度或者季度终了后15日内向税务机关报送纳税申报表，并预缴税款；在取得所得的次年3月31日前办理汇算清缴。

（四）财产租赁所得个人所得税的计算

财产租赁所得以一个月内取得的收入为一次。财产租赁所得，每次收入不超过4 000元的，减除费用800元；4 000元以上的，减除20%的费用，其余额为应纳税所得额。财产租赁所得应纳税额的计算公式分别为：

（1）每次（月）收入不足4 000元的：

应纳税额=［每次（月）收入额-准予扣除项目-修缮费用（800元为限）-800］×20%

（2）每次（月）收入在4 000元以上的：

应纳税额=［每次（月）收入额-准予扣除项目-修缮费用（800元为限）］×（1-20%）×20%

提示　纳税人负担的该出租财产实际发生的修缮费用，以每次扣除800元为限，一次扣除不完的，准予在下一次继续扣除，直到扣完为止。

(五) 财产转让所得个人所得税的计算

财产转让所得以转让财产的收入额减除财产原值和合理费用后的余额，为应纳税所得额。财产转让所得应纳税额的计算公式为：

应纳税额=应纳税所得额×适用税率=（收入总额−财产原值−合理税费）×20%

对股票转让所得，暂不征收个人所得税。

点睛　对个人出售自有住房取得的所得按照“财产转让所得”项目征收个人所得税，但对个人转让自用5年以上并且是家庭唯一生活用房取得的所得，免征个人所得税。

【任务实例5-6】丁某于2023年2月将其2011年1月购入的原价为180万元（含增值税）的住宅，以320万元（免增值税）的价格卖给吴某和苏某。售房过程中丁某按规定支付交易费等相关税费20万元。

【任务要求】计算丁某应纳的个人所得税。

【任务实施】个人转让房屋的个人所得税应税收入不含增值税，其取得房屋时所支付价款中包含的增值税计入财产原值，计算转让所得时可扣除的税费不包括本次转让缴纳的增值税。免征增值税的，确定计税依据时，转让房地产取得的收入不扣减增值税税额。

应纳个人所得税=（320−180−20）×20%=24（万元）

(六) 利息、股息、红利所得和偶然所得个人所得税的计算

利息、股息、红利所得和偶然所得个人所得税按次征收。利息、股息、红利所得，以支付利息、股息、红利时取得的收入为一次；偶然所得，以每次取得该项收入为一次。利息、股息、红利所得和偶然所得的应纳税所得额即为每次收入额。利息、股息、红利所得和偶然所得应纳税额的计算公式为：

应纳税额=应纳税所得额×适用税率=每次收入额×20%

提示　利息、股息、红利所得，偶然所得和其他所得的应纳税所得额就是收入全额，不得扣除任何费用。

点睛　自2015年9月8日起，个人从公开发行和转让市场取得的上市公司股票，持股期限超过1年的，股息、红利所得暂免征收个人所得税。个人从公开发行和转让市场取得的上市公司股票，持股期限在1个月以内（含1个月）的，其股息、红利所得全额计入应纳税所得额；持股期限在1个月以上至1年（含1年）的，暂减按50%计入应纳税所得额；上述所得统一适用20%的税率计征个人所得税。注意该规定是从“上市公司”取得股息、红利。

提示　个人购买社会福利彩票、体育彩票中奖获取的所得，凡一次中奖收入不超过1万元的，暂免征收个人所得税；超过1万元的，全额按“偶然所得”项目征收个人所得税。

点睛　对个人将其所得通过中国境内的公益性社会组织、国家机关向教育、扶贫、济困等公益慈善事业的捐赠，捐赠额不超过应纳税所得额的30%的部分，可以从其应纳税所得额中扣除。

【任务实例5-7】张某为自由职业者，本年9月取得如下所得：从A上市公司取得股息所得18 000元（持股2年），从B非上市公司取得股息所得6 000元，兑现本年8月10日到期的1年期银行储蓄存款利息所得1 200元。

【任务要求】计算张某应纳的个人所得税。

【任务实施】自2015年9月8日起，个人从公开发行和转让市场取得的上市公司股票，持股期限超过1年的，股息、红利所得暂免征收个人所得税。自2008年10月9日起，对储

蓄利息所得暂免征收个人所得税。

张某应纳个人所得税=6 000×20%=1 200（元）

六、个人所得税的征收管理

（一）个人所得税的代扣代缴

1.个人所得税的扣缴义务人

我国实行个人所得税代扣代缴和个人自行申报纳税相结合的征收管理制度。个人所得税采取代扣代缴办法，有利于控制税源，保证税收收入，简化征纳手续，加强个人所得税管理。个人所得税以支付所得的单位或者个人为扣缴义务人。纳税人有中国公民身份号码的，以中国公民身份号码为纳税人识别号；纳税人没有中国公民身份号码的，由税务机关赋予其纳税人识别号。扣缴义务人扣缴税款时，纳税人应当向扣缴义务人提供纳税人识别号，扣缴义务人应当按照国家规定办理全员全额扣缴申报，并向纳税人提供其个人所得和已扣缴税款等信息。扣缴义务人向个人支付应税款项时，应当依照个人所得税法规定预扣或者代扣税款，按时缴库，并专项记载备查。支付，包括现金支付、汇拨支付、转账支付和以有价证券、实物以及其他形式的支付。扣缴义务人对纳税人的应扣未扣税款应由纳税人予以补缴。

税务机关对扣缴义务人按照所扣缴的个人所得税税款，付给2%的手续费。

2.个人所得税代扣代缴的范围

居民个人向扣缴义务人提供专项附加扣除信息的，扣缴义务人按月预扣预缴税款时应当按照规定予以扣除，不得拒绝。

非居民个人取得工资、薪金所得，劳务报酬所得，稿酬所得和特许权使用费所得，有扣缴义务人的，由扣缴义务人按月或者按次代扣代缴税款，不办理汇算清缴。

纳税人取得利息、股息、红利所得，财产租赁所得，财产转让所得和偶然所得，按月或者按次计算个人所得税，有扣缴义务人的，由扣缴义务人按月或者按次代扣代缴税款。

提示　作为单位的扣缴义务人向个人支付应纳税所得时，不论纳税人是否属于本单位人员，均应代扣代缴其应纳的个人所得税税款。

3.个人所得税的代扣代缴期限

扣缴义务人每月或者每次预扣、代扣的税款，应当在次月15日内缴入国库，并向税务机关报送扣缴个人所得税申报表。

4.个人所得税代扣代缴的纳税申报

扣缴义务人代扣代缴个人所得税时，应填报“个人所得税基础信息表（A表）（适用于扣缴义务人填报）”、“个人所得税基础信息表（B表）（适用于自然人申报）”和“个人所得税扣缴申报表”。

（二）个人所得税的自行申报

1.个人所得税自行申报的范围

有下列情形之一的，纳税人应当依法办理纳税申报：

（1）取得综合所得需要办理汇算清缴；

（2）取得应税所得没有扣缴义务人；

（3）取得应税所得，扣缴义务人未扣缴税款；

（4）取得境外所得；

（5）因移居境外注销中国户籍；

（6）非居民个人在中国境内从两处以上取得工资、薪金所得；

（7）国务院规定的其他情形。

点睛 取得综合所得需要办理汇算清缴的情形包括：

（1）从两处以上取得综合所得，且综合所得年收入额减除专项扣除的余额超过6万元；

（2）取得劳务报酬所得、稿酬所得、特许权使用费所得中一项或者多项所得，且综合所得年收入额减除专项扣除的余额超过6万元；

（3）纳税年度内预缴税额低于应纳税额；

（4）纳税人申请退税。

提示 2019年1月1日至2023年12月31日居民个人取得的综合所得，年度综合所得收入不超过12万元且需要汇算清缴补税的，或者年度汇算清缴补税金额不超过400元的，居民个人可免于办理个人所得税综合所得汇算清缴。居民个人取得综合所得时存在扣缴义务人未依法预扣预缴税款的情形除外。

点睛 自2022年1月1日起，对于持有股权、股票、合伙企业财产份额等权益性投资的个人独资企业、合伙企业，一律适用查账征收方式计征个人所得税。

2.个人所得税自行申报的期限

居民个人取得综合所得，按年计算个人所得税；有扣缴义务人的，由扣缴义务人按月或者按次预扣预缴税款；需要办理汇算清缴的，应当在取得所得的次年3月1日至6月30日内办理汇算清缴。预扣预缴办法由国务院税务主管部门制定。

纳税人取得经营所得，按年计算个人所得税，由纳税人在月度或者季度终了后15日内向税务机关报送纳税申报表，并预缴税款；在取得所得的次年3月31日前办理汇算清缴。

提示 自2022年7月14日起，按月申报预缴经营所得个人所得税的市场主体办理歇业后，可自下一季度起调整为按季预缴申报。被税务机关认定为非正常户的市场主体，在解除非正常状态之前，歇业期间不适用上述简化纳税申报方式。

纳税人取得应税所得没有扣缴义务人的，应当在取得所得的次月15日内向税务机关报送纳税申报表，并缴纳税款。

提示 纳税人取得应税所得，扣缴义务人未扣缴税款的，纳税人应当在取得所得的次年6月30日前，缴纳税款；税务机关通知限期缴纳的，纳税人应当按照期限缴纳税款。

居民个人从中国境外取得所得的，应当在取得所得的次年3月1日至6月30日内申报纳税。

非居民个人在中国境内从两处以上取得工资、薪金所得的，应当在取得所得的次月15日内申报纳税。

纳税人因移居境外注销中国户籍的，应当在注销中国户籍前办理税款清算。

纳税人办理汇算清缴退税或者扣缴义务人为纳税人办理汇算清缴退税的，税务机关审核后，按照国库管理的有关规定办理退税。

任务二 个人所得税的会计核算

任务引例

居民个人向支付劳务报酬所得的扣缴义务人提供专项附加扣除信息的，扣缴义务人按次预扣预缴税款时应当按照规定予以扣除，不得拒绝吗？

一、个人所得税会计科目的设置

个人所得税有代扣代缴和自行申报两种缴纳方式，根据缴纳方式的不同，会计科目的设置也有所不同。

个人所得税的扣缴义务人应在“应交税费”科目下设置“代扣代交个人所得税”明细科目，其贷方发生额反映扣缴义务人代扣或预扣的个人所得税，借方发生额反映扣缴义务人实际缴纳代扣或预扣的个人所得税，期末余额在贷方，反映扣缴义务人尚未缴纳代扣或预扣的个人所得税。个人所得税的扣缴义务人也可以不在“应交税费”科目下设置“代扣代交个人所得税”明细科目，而是通过设置“应交个人所得税”明细科目来代替。

个体工商户、个人独资企业投资者、合伙企业自然人合伙人等取得经营所得的个人属于取得应税所得没有扣缴义务人的纳税人，需要自行申报缴纳个人所得税，因此，个体工商户、个人独资企业、合伙企业等应在“应交税费”科目下设置“应交个人所得税”明细科目，其贷方发生额反映个体工商户、个人独资企业投资者、合伙企业自然人合伙人等应缴纳的个人所得税额，借方发生额反映个体工商户、个人独资企业投资者、合伙企业自然人合伙人等实际缴纳的个人所得税，期末余额在贷方，反映个体工商户、个人独资企业投资者、合伙企业自然人合伙人等尚未缴纳的个人所得税。

二、代扣代缴个人所得税的会计核算

（一）工资、薪金所得个人所得税的会计核算

居民个人取得综合所得，按年计算个人所得税；有扣缴义务人的，由扣缴义务人按月或者按次预扣预缴税款；需要办理汇算清缴的，应当在取得所得的次年3月1日至6月30日内办理汇算清缴。非居民个人取得工资、薪金所得，有扣缴义务人的，由扣缴义务人按月或者按次代扣代缴税款，不办理汇算清缴。

企业作为个人所得税的扣缴义务人，应按规定扣缴该企业职工应缴纳的个人所得税额。企业为职工代扣代缴或预扣预缴个人所得税有两种情况：第一，职工自己承担个人所得税，企业只负有代扣代缴或预扣预缴个人所得税的义务；第二，企业既承担个人所得税税款，又负有代扣代缴或预扣预缴个人所得税的义务。但是不管哪一种，对个人所得税的会计核算都是相同的（但第二种情况，对于企业来说是存在税收风险的，主要体现在：企业承担的个人所得税税款不能在企业所得税税前扣除）。企业在向职工支付工资、薪金并按规定代扣或预扣职工的个人所得税，以及代扣三险一金时，借记“应付职工薪酬”科目，贷记“银行存款”“应交税费——代扣代交个人所得税”“其他应付款——代扣代交三险一金”等科目；实际缴纳代扣或预扣的个人所得税时，借记“应交税费——代扣代交个人所得税”“其他应付款——代扣代交三险一金”科目，贷记“银行存款”等科目。

任务引例解析

根据《个人所得税法》的规定，居民个人向扣缴义务人提供专项附加扣除信息的，扣缴义务人按月预扣预缴税款时应当按照规定予以扣除，不得拒绝。

根据《个人所得税专项附加扣除操作办法（试行）》的规定，纳税人未取得工资、薪金所得，仅取得劳务报酬所得、稿酬所得、特许权使用费所得需要享受专项附加扣除

的，应当在次年3月1日至6月30日内，自行向汇缴地主管税务机关报送“扣除信息表”，并在办理汇算清缴申报时扣除。

因此，居民个人向支付工资、薪金所得的扣缴义务人提供专项附加扣除信息的，扣缴义务人按月预扣预缴税款时应当按照规定予以扣除，不得拒绝；而居民个人向支付劳务报酬所得、稿酬所得、特许权使用费所得的扣缴义务人提供专项附加扣除信息的，扣缴义务人按次预扣预缴税款时无须予以扣除，应当拒绝。

【任务实例5-8】接【任务实例5-1】资料，居民个人工资、薪金所得预扣预缴个人所得税的预扣率表见表5-1。

【任务要求】

（1）计算甲公司本年1月应为张某预扣预缴的个人所得税。

（2）对甲公司上述业务进行账务处理。

【任务实施】

（1）本年1月应为张某预扣预缴的个人所得税 =（30 000−5 000−5 550−2 000）×3%

=17 450×3%=523.5（元）

（2）本年1月发放工资、薪金并预扣个人所得税时：

借：应付职工薪酬 30 000

　贷：银行存款（30 000−523.5−5 550） 23 926.5

　　应交税费——代扣代交个人所得税 523.5

　　其他应付款——代扣代交三险一金 5 550

本年2月初实际缴纳预扣的个人所得税时：

借：应交税费——代扣代交个人所得税 523.5

　贷：银行存款 523.5

本年2月申报期内实际缴纳应由个人承担的三险一金时：

借：其他应付款——代扣代交三险一金 5 550

　贷：银行存款 5 550

（二）劳务报酬所得、稿酬所得、特许权使用费所得个人所得税的会计核算

重难点视频

劳务报酬、稿酬、特许权使用费所得个人所得税的会计核算

居民个人取得综合所得，按年计算个人所得税；有扣缴义务人的，由扣缴义务人按月或者按次预扣预缴税款；需要办理汇算清缴的，应当在取得所得的次年3月1日至6月30日内办理汇算清缴。预扣预缴办法由国务院税务主管部门制定。非居民个人取得劳务报酬所得、稿酬所得和特许权使用费所得，有扣缴义务人的，由扣缴义务人按月或者按次代扣代缴税款，不办理汇算清缴。

企业支付给个人劳务报酬、稿酬、特许权使用费时，作为扣缴义务人应代扣代缴个人所得税。企业在支付上述费用并代扣个人所得税时，借记“生产成本”“管理费用”“销售费用”“无形资产”等科目，贷记“银行存款”“库存现金”“应交税费——代扣代交个人所得税”等科目；实际缴纳代扣的个人所得税时，借记“应交税费——代扣代交个人所得税”科目，贷记“银行存款”科目。

【任务实例5-9】甲公司本年10月支付外聘兼职法律顾问王某（居民个人）法律咨询

费，未扣除个人所得税之前的法律咨询费为32 000元，甲公司为王某预扣代缴了个人所得税。假设不考虑增值税等因素。居民个人劳务报酬所得预扣预缴个人所得税的预扣率表见表5-2。

【任务要求】

（1）计算甲公司本年10月应为王某预扣预缴的个人所得税。

（2）对甲公司上述业务进行账务处理。

【任务实施】

（1）王某本年10月劳务报酬所得的应纳税所得额=32 000×（1-20%）=25 600（元）

甲公司本年10月应为王某预扣预缴的个人所得税=25 600×30%-2 000=5 680（元）

（2）本年10月支付劳务报酬并预扣个人所得税时：

借：管理费用　　32 000

　贷：银行存款（32 000-5 680）　　26 320

　　　应交税费——代扣代交个人所得税　　5 680

本年11月申报期内实际缴纳预扣的个人所得税时：

借：应交税费——代扣代交个人所得税　　5 680

　贷：银行存款　　5 680

（三）利息、股息、红利所得，财产租赁所得和偶然所得等个人所得税的会计核算

纳税人（个人）取得利息、股息、红利所得，财产租赁所得和偶然所得，按月或者按次计算个人所得税，有扣缴义务人的，由扣缴义务人按月或者按次代扣代缴税款。

企业支付内部职工集资利息并代扣个人所得税时，借记“财务费用”科目，贷记“银行存款”“库存现金”“应交税费——代扣代交个人所得税”等科目；实际缴纳代扣的个人所得税时，借记“应交税费——代扣代交个人所得税”科目，贷记“银行存款”科目。

股份公司向个人支付的股利包括现金股利和股票股利。股份公司支付现金股利时，代扣代缴的个人所得税从应付现金股利中直接扣除。股份公司进行利润分配时，按应支付给个人的现金股利，借记“利润分配——应付股利”科目，贷记“应付股利”科目；实际支付现金股利并代扣个人所得税时，借记“应付股利”科目，贷记“银行存款”“库存现金”“应交税费——代扣代交个人所得税”等科目；实际缴纳代扣的个人所得税时，借记“应交税费——代扣代交个人所得税”科目，贷记“银行存款”科目。

公司派发股票股利或以盈余公积对个人股东转增股本，应代扣代缴个人所得税。公司按转增股本的金额，向个人收取现金以备代缴，或委托证券代理机构从个人股东账户代扣。当公司派发股票股利或以盈余公积对个人股东转增股本时，借记“利润分配——未分配利润”“盈余公积”科目，贷记“股本”或“实收资本”科目；计提需要代扣的个人所得税时，借记“其他应收款——个人所得税”科目，贷记“应交税费——代扣代交个人所得税”科目；收到个人股东缴来税款或证券代理机构扣缴税款时，借记“银行存款”“库存现金”科目，贷记“其他应收款——个人所得税”科目；实际缴纳代扣的个人所得税时，借记“应交税费——代扣代交个人所得税”科目，贷记“银行存款”科目。

企业支付给个人财产租赁所得、偶然所得时，作为扣缴义务人应代扣代缴个人所得税。企业在支付上述费用并代扣个人所得税时，借记“生产成本”“管理费用”“销售费

用”“营业外支出”等科目，贷记“银行存款”“库存现金”“应交税费——代扣代交个人所得税”等科目；实际缴纳代扣的个人所得税时，借记“应交税费——代扣代交个人所得税”科目，贷记“银行存款”科目。

【任务实例5-10】根据利润分配方案，股东李某本年3月从甲公司分得现金股利，未扣除个人所得税之前的现金股利金额为32 000元，甲公司为其代扣代缴了个人所得税。

【任务要求】

（1）计算甲公司本年3月应为李某代扣代缴的个人所得税。

（2）对甲公司上述业务进行账务处理。

【任务实施】

（1）李某本年3月利息、股息、红利所得的应纳税所得额=32 000元

甲公司本年3月应为李某代扣代缴的个人所得税=32 000×20%=6 400（元）

（2）通过利润分配方案时：

借：利润分配——应付股利 32 000

  贷：应付股利 32 000

本年3月实际发放现金股利并代扣个人所得税时：

借：应付股利 32 000

  贷：银行存款（32 000-6 400） 25 600

    应交税费——代扣代交个人所得税 6 400

本年4月申报期内实际缴纳代扣的个人所得税时：

借：应交税费——代扣代交个人所得税 6 400

  贷：银行存款 6 400

（四）财产转让所得个人所得税的会计核算

纳税人（个人）取得财产转让所得，按月或者按次计算个人所得税，有扣缴义务人的，由扣缴义务人按月或者按次代扣代缴税款。

企业向个人购买的财产属于购建企业固定资产项目的，代扣的个人所得税应作为企业购建固定资产的价值组成部分，借记“固定资产”科目，贷记“银行存款”“应交税费——代扣代交个人所得税”科目；企业向个人购买的财产属于无形资产项目的，代扣的个人所得税应作为企业取得无形资产的价值组成部分，借记“无形资产”科目，贷记“银行存款”“应交税费——代扣代交个人所得税”科目；企业向个人购买的财产属于原材料项目的，代扣的个人所得税应作为企业取得原材料的价值组成部分，借记“原材料”科目，贷记“银行存款”“应交税费——代扣代交个人所得税”科目。实际缴纳代扣的个人所得税时，借记“应交税费——代扣代交个人所得税”科目，贷记“银行存款”科目。

【任务实例5-11】王某本年11月将2年前购买的房屋转让给甲公司，原价为500 000元，购入时缴纳相关税费10 000元，王某转让房屋的售价为800 000元，转让房屋的相关税费为50 000元。

【任务要求】

（1）计算甲公司本年11月应为王某代扣代缴的个人所得税。

（2）对甲公司上述业务进行账务处理。

【任务实施】

（1）王某本年11月财产转让所得的应纳税所得额=800 000-（500 000+10 000）-50 000=240 000（元）

甲公司本年11月应为王某代扣代缴的个人所得税=240 000 ×20%=48 000（元）

（2）本年11月支付购买房屋的款项并代扣个人所得税时：

借：固定资产　800 000

　贷：银行存款　752 000

　　应交税费——代扣代交个人所得税　48 000

本年12月申报期内实际缴纳代扣的个人所得税时：

借：应交税费——代扣代交个人所得税　48 000

　贷：银行存款　48 000

三、自行申报个人所得税的会计核算

纳税人取得经营所得，按年计算个人所得税，由纳税人在月度或者季度终了后15日内向税务机关报送纳税申报表，并预缴税款；在取得所得的次年3月31日前办理汇算清缴。

纳税人计提预缴的个人所得税时，借记“所得税费用”科目，贷记“应交税费——应交个人所得税”科目；实际预缴个人所得税时，借记“应交税费——应交个人所得税”科目，贷记“银行存款”“库存现金”等科目。年度终了，计算出全年实际应缴纳的个人所得税，若需要补缴个人所得税，则按照需要补缴的个人所得税金额，借记“所得税费用”或“以前年度损益调整”科目，贷记“应交税费——应交个人所得税”科目，实际补缴个人所得税时，借记“应交税费——应交个人所得税”科目，贷记“银行存款”“库存现金”等科目；若需要税务机关退回多缴的个人所得税，则按照需要退回的个人所得税金额，借记“应交税费——应交个人所得税”科目，贷记“所得税费用”或“以前年度损益调整”科目，实际收到税务机关退回的个人所得税时，借记“银行存款”“库存现金”等科目，贷记“应交税费——应交个人所得税”科目。

【任务实例5-12】个人独资企业甲的投资者2022年各季度的预缴个人所得税金额均为15 000元。个人独资企业甲的投资者汇算清缴时计算的2022年度个人所得税应为100 000元。个人独资企业乙的投资者2022年各季度的预缴个人所得税金额均为15 000元。个人独资企业乙的投资者汇算清缴时计算的2022年度个人所得税应为40 000元。

【任务要求】

（1）对个人独资企业甲上述业务进行账务处理。

（2）对个人独资企业乙上述业务进行账务处理。

【任务实施】

（1）个人独资企业甲2022年每季度末计提预缴的个人所得税时：

借：所得税费用　15 000

　贷：应交税费——应交个人所得税　15 000

个人独资企业甲2022年每季度的次月申报期内预缴个人所得税时：

借：应交税费——应交个人所得税　15 000

　贷：银行存款　15 000

由于个人独资企业甲的投资者2022年全年已经预缴个人所得税60 000元（15 000×4），2023年3月31日前汇算清缴时，需要补缴个人所得税40 000元（100 000−60 000）。个人独资企业甲的账务处理如下：

2023年3月31日前计提应补缴的个人所得税时：

借：所得税费用（或"以前年度损益调整"） 40 000

　贷：应交税费——应交个人所得税 40 000

2023年3月31日前补缴个人所得税时：

借：应交税费——应交个人所得税 40 000

　贷：银行存款 40 000

（2）个人独资企业乙2022年每季度末计提预缴的个人所得税时：

借：所得税费用 15 000

　贷：应交税费——应交个人所得税 15 000

个人独资企业乙2022年每季度的次月申报期内预缴个人所得税时：

借：应交税费——应交个人所得税 15 000

　贷：银行存款 15 000

由于个人独资企业乙的投资者2022年全年已经预缴个人所得税60 000元（15 000×4），2023年3月31日前汇算清缴时，需要向税务机关申请退回多缴的个人所得税20 000元（60 000−40 000）。个人独资企业乙的账务处理如下：

2023年3月31日前计提应由税务机关退回的个人所得税时：

借：应交税费——应交个人所得税 20 000

　贷：所得税费用（或"以前年度损益调整"） 20 000

申请退税之后的某日收到由税务机关退回的个人所得税时：

借：银行存款 20 000

　贷：应交税费——应交个人所得税 20 000

任务三　个人所得税的纳税申报

任务引例

实务中，企业在网上申报本企业员工的个人所得税时，需要税务会计人员填写本企业每一位员工的个人所得税税额吗？

一、个人所得税代扣代缴的纳税申报

扣缴义务人代扣代缴个人所得税时，应填报"个人所得税基础信息表（A表）（适用于扣缴义务人填报）"（略）、"个人所得税基础信息表（B表）（适用于自然人申报）"（略）、"个人所得税扣缴申报表"（见表5-6）。

表 5-6

个人所得税扣缴申报表

税款所属期：**2024 年 01 月 01 日至 2024 年 01 月 31 日**

扣缴义务人名称：**山东宏远有限责任公司**

扣缴义务人纳税人识别号（统一社会信用代码）：**91370722900987654M**

金额单位：人民币元

序号	姓名	身份证件类型	身份证件号码	纳税人识别号	是否为非居民个人	所得项目	本月（次）情况：收入额计算：收入	收入额计算：费用	收入额计算：免税收入	减除费用	专项扣除：基本养老保险费	专项扣除：基本医疗保险费	专项扣除：失业保险费	专项扣除：住房公积金	其他扣除：年金	其他扣除：商业健康保险	其他扣除：税延养老保险	其他扣除：财产原值	其他扣除：允许扣除的税费	其他扣除：其他	累计情况（工资、薪金）：累计收入额	累计减除费用	累计专项扣除	累计专项附加扣除：子女教育	累计专项附加扣除：继续教育	累计专项附加扣除：住房贷款利息	累计专项附加扣除：住房租金	累计专项附加扣除：赡养老人	累计专项附加扣除：3岁以下婴幼儿照护	累计其他扣除	减按计税比例	准予扣除的捐赠额	税款计算：应纳税所得额	税率/预扣率	速算扣除数	应纳税额	减免税额	已扣缴税额	应补/退税额	备注
1	2	3	4	5	6	7	8	9	10	11	12	13	14	15	16	17	18	19	20	21	22	23	24	25	26	27	28	29	30	31	32	33	34	35	36	37	38	39	40	41
1	孙丽	居民身份证	370702197802280000	370702197802280000	否	工资、薪金所得	75 000			5 000	6 000	1 500	375	6 000							75 000	5 000	13 875	1 000				3 000					52 125	10%	2 520	2 692.5			2 692.5	
2	刘玉	居民身份证	370702197902130141	370702197902130141	否	工资、薪金所得	42 000			5 000	3 360	840	210	3 360							42 000	5 000	7 770					3 000					26 230	3%		786.9			786.9	
3	王强	居民身份证	370702198002150325	370702198002150325	否	工资、薪金所得	36 000			5 000	2 880	720	180	2 880							36 000	5 000	6 660			1 000		3 000					20 340	3%		610.2			610.2	
4	吴波	居民身份证	370702198202190045	370702198202190045	否	工资、薪金所得	10 000			5 000	800	200	50	800							10 000	5 000	1 850	2 000		1 000							150	3%		4.5			4.5	
5	徐升	居民身份证	370702198502130458	370702198502130458	否	工资、薪金所得	8 000			5 000	640	160	40	640							8 000	5 000	1 480			1 000							520			15.6			15.6	
6	赵平	居民身份证	370702198602130123	370702198602130123	否	工资、薪金所得	5 600			5 000	448	112	28	448							5 600	5 000	1 036			1 000							0			0			0	
合计							176 600			30 000	14 128	3 532	883	14 128							176 600	30 000	32 671	3 000		4 000		9 000					99 365			4 109.7			4 109.7	

谨声明：本表是根据国家税收法律法规及相关规定填报的，是真实的、可靠的、完整的。

扣缴义务人（签章）：**山东宏远有限责任公司**　2024 年 02 月 15 日

经办人签字：**略**

经办人身份证件号码：**略**

代理机构签章：

代理机构统一社会信用代码：

受理人：

受理税务机关（章）：

受理日期：　年　月　日

项目引例5解析

(1) 计算山东宏远有限责任公司2024年1月代扣（预扣）的个人所得税。

居民个人的综合所得，以每一纳税年度的收入额减除费用60 000元以及专项扣除、专项附加扣除和依法确定的其他扣除后的余额，为应纳税所得额。

居民个人取得综合所得，按年计算个人所得税；有扣缴义务人的，由扣缴义务人按月或者按次预扣预缴税款；需要办理汇算清缴的，应当在取得所得的次年3月1日至6月30日内办理汇算清缴。预扣预缴办法由国务院税务主管部门制定。

❶计算孙丽应纳个人所得税［由山东宏远有限责任公司代扣（预扣）个人所得税］。

孙丽2024年1月工资、薪金所得的应纳税所得额=75 000−5 000−（6 000+1 500+375+6 000）−（1 000+3 000）

=75 000−5 000−13 875−4 000=52 125（元）

孙丽2024年1月工资、薪金所得应纳的个人所得税[由山东宏远有限责任公司代扣(预扣)个人所得税]=52 125×10%−2 520=2 692.5（元）

❷计算刘玉应纳个人所得税［由山东宏远有限责任公司代扣（预扣）个人所得税］。

刘玉2024年1月工资、薪金所得应纳税所得额=42 000−5 000−（3 360+840+210+3 360）−3 000

=42 000−5 000−7 770−3 000=26 230（元）

刘玉2024年1月工资、薪金所得应纳的个人所得税[由山东宏远有限责任公司代扣(预扣)个人所得税]=26 230×3%=786.9（元）

❸计算王强应纳个人所得税［由山东宏远有限责任公司代扣（预扣）个人所得税］。

王强2024年1月工资、薪金所得的应纳税所得额=36 000−5 000−（2 880+720+180+2 880）−（1 000+3 000）

=36 000−5 000−6 660−4 000=20 340（元）

王强2024年1月工资、薪金所得的应纳个人所得税[由山东宏远有限责任公司代扣(预扣)个人所得税]=20 340×3%=610.2（元）

❹计算吴波应纳个人所得税［由山东宏远有限责任公司代扣（预扣）个人所得税］。

吴波2024年1月工资、薪金所得的应纳税所得额=10 000−5 000−（800+200+50+800）−（2 000+1 000）

=10 000−5 000−1 850−3 000=150（元）

吴波2024年1月工资、薪金所得应纳的个人所得税[由山东宏远有限责任公司代扣(预扣)个人所得税]=150×3%=4.5（元）

❺计算徐升应纳个人所得税［由山东宏远有限责任公司代扣（预扣）个人所得税］。

徐升2024年1月工资、薪金所得的应纳税所得额=8 000−5 000−（640+160+40+640）−1 000

=8 000−5 000−1 480−1 000=520（元）

徐升2024年1月工资、薪金所得应纳的个人所得税[由山东宏远有限责任公司代扣(预扣)个人所得税]=520×3%=15.6（元）

❻计算赵平应纳个人所得税［由山东宏远有限责任公司代扣（预扣）个人所得税］。

赵平2024年1月工资、薪金所得的应纳税所得额=5 600−5 000−（448+112+28+448）−1 000

=5 600−5 000−1 036−1 000=−1 436（元）

因此，赵平2024年1月不需要缴纳个人所得税［不需要由山东宏远有限责任公司代扣（预扣）个人所得税］。

2024年1月山东宏远有限责任公司代扣(预扣)的个人所得税合计 =2 692.5+786.9+610.2+4.5+15.6 =4 109.7（元）

2024年1月山东宏远有限责任公司代扣的三险一金合计 =13 875+7 770+6 660+1 850+1 480+1 036 =32 671（元）

（2）对山东宏远有限责任公司2024年1月代扣（预扣）个人所得税的业务以及2024年2月代缴个人所得税的业务进行账务处理。

1月发放工资的同时代扣（预扣）个人所得税及代扣应由个人承担的三险一金时：

借：应付职工薪酬（75 000+42 000+36 000+10 000+8 000+5 600）　176 600

　贷：应交税费——代扣代交个人所得税　4 109.7

　　其他应付款——代扣代交三险一金　32 671

　　银行存款（176 600−4 109.7−32 671）　139 819.3

2月10日代缴个人所得税税款时：

借：应交税费——代扣代交个人所得税　4 109.7

　贷：银行存款　4 109.7

2月代缴应由个人承担的三险一金时：

借：其他应付款——代扣代交三险一金　32 671

　贷：银行存款　32 671

（3）山东宏远有限责任公司2024年2月15日对2024年1月的个人所得税进行纳税申报，填写“个人所得税基础信息表（A表）（适用于扣缴义务人填报）”和“个人所得税扣缴申报表”。

第一步：填写“个人所得税基础信息表（A表）（适用于扣缴义务人填报）”（略）。

第二步：填写“个人所得税扣缴申报表”（见表5-6）。

任务引例解析

在实务中，个人所得税网上申报系统中给出的“个人所得税扣缴申报表”中已经编辑好了相应的个人所得税计算公式，仅需税务会计人员录入本企业每一位员工的“收入额”和“专项扣除”等信息，“个人所得税扣缴申报表”会自动计算出本企业每一位员工的个人所得税以及本企业所有员工的个人所得税合计数。

二、个人所得税自行申报的纳税申报

税收动漫

手把手教你办汇算：手机个人所得税APP申请退税

纳税人自行申报个人所得税时，根据不同的情况应分别填报“个人所得税年度自行纳税申报表（A表）（仅取得境内综合所得年度汇算适用）”（见表5-7）、“个人所得税经营所得纳税申报表”（略）等申报表。

表5-7　**个人所得税年度自行纳税申报表（A表）**

（仅取得境内综合所得年度汇算适用）

税款所属期：2023年01月01日至2023年12月31日

纳税人姓名：**李小刚**

纳税人识别号：280××××××××××××××　　　　金额单位：人民币元（列至角分）

基本情况					
手机号码	1315555××××	电子邮箱	123×××@163.com	邮政编码	210000
联系地址	江苏 省（区、市） 南京 市 ×× 区（县） ×× 街道（乡、镇）				
纳税地点（单选）					
1.有任职受雇单位的，需选本项并填写"任职受雇单位信息"：			☑任职受雇单位所在地		
任职受雇单位信息	名称	江苏兴扬运咨询有限公司			
	纳税人识别号	91370722004021309P			
2.没有任职受雇单位的，可以从本栏次选择一地：			□户籍所在地　□经常居住地		
户籍所在地/经常居住地		__省（区、市）__市__区（县）__街道（乡、镇）			
申报类型（单选）					
☑首次申报			□更正申报		

综合所得个人所得税计算		
项　目	行次	金额
一、收入合计（第1行=第2行+第3行+第4行+第5行）	1	192 000.00
（一）工资、薪金	2	132 000.00
（二）劳务报酬	3	30 000.00
（三）稿酬	4	20 000.00
（四）特许权使用费	5	10 000.00
二、费用合计［第6行=（第3行+第4行+第5行）×20%］	6	12 000.00
三、免税收入合计（第7行=第8行+第9行）	7	4 800.00
（一）稿酬所得免税部分［第8行=第4行×（1-20%）×30%］	8	4 800.00
（二）其他免税收入（附报"个人所得税减免税事项报告表"）	9	
四、减除费用	10	60 000.00
五、专项扣除合计（第11行=第12行+第13行+第14行+第15行）	11	24 420.00
（一）基本养老保险费	12	10 560.00
（二）基本医疗保险费	13	2 640.00
（三）失业保险费	14	660.00
（四）住房公积金	15	10 560.00
六、专项附加扣除合计（附报"个人所得税专项附加扣除信息表"）（第16行=第17行+第18行+第19行+第20行+第21行+第22行+第23行）	16	36 000.00
（一）子女教育	17	24 000.00
（二）继续教育	18	
（三）大病医疗	19	
（四）住房贷款利息	20	12 000.00
（五）住房租金	21	
（六）赡养老人	22	
（七）3岁以下婴幼儿照护	23	
七、其他扣除合计（第24行=第25行+第26行+第27行+第28行+第29行+第30行）	24	
（一）年金	25	
（二）商业健康保险（附报"商业健康保险税前扣除情况明细表"）	26	
（三）税延养老保险（附报"个人税收递延型商业养老保险税前扣除情况明细表"）	27	
（四）允许扣除的税费	28	

续表

项　目	行次	金额
（五）个人养老金	29	
（六）其他	30	
八、准予扣除的捐赠额（附报“个人所得税公益慈善事业捐赠扣除明细表”）	31	
九、应纳税所得额 （第32行=第1行-第6行-第7行-第10行-第11行-第16行-第24行-第31行）	32	54 780.00
十、税率（%）	33	10%
十一、速算扣除数	34	2 520.00
十二、应纳税额（第35行=第32行×第33行-第34行）	35	2 958.00
全年一次性奖金个人所得税计算 （无住所居民个人预判为非居民个人取得的数月奖金，选择按全年一次性奖金计税的填写本部分）		
一、全年一次性奖金收入	36	
二、准予扣除的捐赠额（附报“个人所得税公益慈善事业捐赠扣除明细表”）	37	
三、税率（%）	38	
四、速算扣除数	39	
五、应纳税额［第40行=（第36行-第37行）×第38行-第39行］	40	
税额调整		
一、综合所得收入调整额（需在“备注”栏说明调整具体原因、计算方式等）	41	
二、应纳税额调整额	42	
应补/退个人所得税计算		
一、应纳税额合计（第43行=第35行+第40行+第42行）	43	2 958.00
二、减免税额（附报“个人所得税减免税事项报告表”）	44	
三、已缴税额	45	5 225.00
四、应补/退税额（第46行=第43行-第44行-第45行）	46	-2 267.00

无住所个人附报信息			
纳税年度内在中国境内居住天数		已在中国境内居住年数	
退税申请 （应补/退税额小于0的填写本部分）			
☑申请退税（需填写“开户银行名称”“开户银行省份”“银行账号”）			□放弃退税
开户银行名称	**中国工商银行**	开户银行省份	**江苏**
银行账号	**6222023803013297×××**		
备注			
谨声明：本表是根据国家税收法律法规及相关规定填报的，本人对填报内容（附带资料）的真实性、可靠性、完整性负责。 纳税人签字：**李小刚**　　**2024**年**03**月**10**日			
经办人签字：**李小刚** 经办人身份证件类型：**居民身份证** 经办人身份证件号码：**280×××××××××××××××** 代理机构签章： 代理机构统一社会信用代码：		受理人： 受理税务机关（章）： 受理日期：　　年　月　日	

国家税务总局监制

【任务实例5-13】居民个人李小刚为中国境内江苏兴扬运咨询有限公司员工，其身份证上载明的“公民身份号码”为：280×××××××××××××××，手机号码为1315555××××，电子邮箱为123×××@163.com，邮政编码为210000，联系地址为江苏省南京市××区××街道，任职受雇单位纳税人识别号为91370722004021309P，张明银行账号为6222023803013297×××，开户银行名称为中国工商银行，开户银行省份为江苏。2023年李小刚取得的收入情况如下：

（1）每月取得中国境内甲公司支付的税前工资、薪金收入11 000元。三险一金的计提基数为11 000元，每月个人负担的养老保险、医疗保险、失业保险、住房公积金分别为：880元、220元、55元、880元，每月子女教育专项附加扣除额为2 000元，每月住房贷款利息专项附加扣除额为1 000元。

（2）为中国境内乙公司提供咨询全年取得税前劳务报酬收入共计30 000元。

（3）出版小说一部，全年取得中国境内丙出版社支付的税前稿酬收入共计20 000元。

（4）全年取得中国境内丁公司支付的税前特许权使用费收入共计10 000元。

甲公司、乙公司、丙出版社、丁公司已经为李小刚预缴（代扣代缴）了个人所得税，共计5 225元。

【任务要求】

（1）计算李小刚2023年度综合所得的应纳税所得额。

（2）计算李小刚2023年度综合所得的应纳个人所得税。

（3）计算李小刚2023年度综合所得汇算清缴时应补缴或者申请退回的个人所得税。

（4）李强2024年3月10日对2023年度综合所得的个人所得税进行汇算清缴，填写“个人所得税年度自行纳税申报表（A表）（仅取得境内综合所得年度汇算适用）”。

【任务实施】

（1）2023年度综合所得的应纳税所得额=11 000×12+30 000×（1−20%）+20 000×（1−20%）×70%+10 000×（1−20%）−60 000−880×12−220×12−55×12−880×12−2 000×12−1 000×12
=54 780（元）

（2）2023年度综合所得应纳个人所得税=54 780×10%−2 520=2 958（元）

（3）2023年度综合所得应申请退回个人所得税=5 225−2 958=2 267（元）

（4）填写“个人所得税年度自行纳税申报表（A表）（仅取得境内综合所得年度汇算适用）”（见表5-7）。

项目练习

1. 中国居民个人张某本年1月在我国境内甲公司做兼职培训，未扣除个人所得税的劳务报酬为10 000元。假设不考虑增值税等因素。要求：（1）计算张某本年1月应由甲公司预扣预缴的个人所得税。（2）对甲公司上述业务进行账务处理。

2. 中国居民个人李某本年1月转让给我国境内的甲公司一项专利使用权，未扣除个人所得税的转让收入为30 000元。假设不考虑增值税等因素。要求：（1）计算李某本年1月应由甲公司预扣预缴的个人所得税。（2）对甲公司上述业务进行账务处理。

项目实训

中国居民个人张某为我国境内甲公司员工，本年1月含税工资、薪金为20 000元。甲公司每月代扣由张某个人负担的养老保险1 600元、医疗保险400元、失业保险100元、住房公积金1 600元。张某本年1月专项附加扣除中只有子女教育专项附加扣除2 000元，依法确定的其他扣除均为0。甲公司本年2月初缴纳本年1月为张某预扣的个人所得税和代扣的应由张某个人负担的三险一金。要求：（1）计算张某本年1月应由甲公司预扣预缴的个人所得税。（2）对甲公司上述业务进行账务处理。

项目六

其他税种的会计实务（上）

职业能力目标

（1）能根据相关业务资料计算城市维护建设税、教育费附加和地方教育附加、资源税、土地增值税、城镇土地使用税、房产税、耕地占用税。

（2）能设置城市维护建设税、教育费附加和地方教育附加、资源税、土地增值税、城镇土地使用税、房产税、耕地占用税的会计科目，能根据相关业务资料对城市维护建设税、教育费附加和地方教育附加、资源税、土地增值税、城镇土地使用税、房产税、耕地占用税进行会计核算。

（3）能根据相关业务资料填写增值税及附加税费申报表、财产和行为税纳税申报表以及相关申报表，并能进行城市维护建设税、教育费附加和地方教育附加、资源税、土地增值税、城镇土地使用税、房产税、耕地占用税的税费申报或纳税申报。

素养提升

动漫

税务助力冬奥会，大好河山欢迎您！

项目引例6——城市维护建设税、教育费附加和地方教育附加的计算、会计核算和税费申报

接“项目二　增值税的会计实务”的“项目引例2.1——一般纳税人增值税的计算、会计核算和纳税申报”资料。

【任务要求】

（1）计算大连顺达贸易有限公司2023年6月的应纳城市维护建设税、教育费附加及地方教育附加。

（2）对大连顺达贸易有限公司2023年6月计提城市维护建设税、教育费附加和地方教育附加的业务以及2023年7月缴纳城市维护建设税、教育费附加和地方教育附加的业务进行账务处理。

（3）大连顺达贸易有限公司2023年7月10日对2023年6月的城市维护建设税、教育费附加和地方教育附加进行税费申报，填写“增值税及附加税费申报表（一般纳税人适用）附列资料（五）（附加税费情况表）”以及“增值税及附加税费申报表（一般纳税人适用）”的第39至41栏次。

【项目引例6解析】见本项目的任务一。

任务一　城市维护建设税①、教育费附加和地方教育附加的会计实务

任务引例

甲公司为增值税一般纳税人，本年1月出口产品，税务机关退还了500万元的增值税，请问甲公司是否可以要求税务机关同时退还城市维护建设税、教育费附加和地方教育附加？

一、城市维护建设税、教育费附加和地方教育附加的认知①

（一）城市维护建设税、教育费附加和地方教育附加的概念

城市维护建设税（简称城建税）是以纳税人依法实际缴纳的增值税、消费税税额（简称两税税额）为计税依据所征收的一种税。我国征收城市维护建设税的主要目的是筹集城镇设施建设和维护资金。

教育费附加、地方教育附加是以纳税人依法实际缴纳的增值税、消费税税额为计征依据所征收的附加费。

（二）城市维护建设税的纳税人和扣缴义务人、教育费附加和地方教育附加的缴纳人和扣缴义务人

城市维护建设税的纳税人、教育费附加和地方教育附加的缴纳人，是负有缴纳增值税、消费税义务的单位和个人。

提示　“单位”包括国有企业、集体企业、私营企业、股份制企业、其他企业和行政单位、事业单位、军事单位、社会团体、其他单位；个人包括个体工商户以及其他个人。

代扣代缴、代收代缴增值税、消费税的单位和个人，同时也是城市维护建设税、教育费附加和地方教育附加的代扣代缴、代收代缴义务人。

对进口货物或者境外单位和个人向境内销售劳务、服务、无形资产缴纳的增值税、消费税税额，不征收城市维护建设税、教育费附加和地方教育附加。

（三）城市维护建设税的征税范围、教育费附加和地方教育附加的征费范围

凡是在市区、县城、镇，以及市区、县城、镇以外的其他地区，只要是缴纳增值税、消费税的单位和个人，均属于城市维护建设税的征税范围、教育费附加和地方教育附加的征费范围。

对进口货物或者境外单位和个人向境内销售劳务、服务、无形资产缴纳的增值税、消费税税额，不征收城市维护建设税、教育费附加和地方教育附加。

（四）城市维护建设税的税率、教育费附加和地方教育附加的征收率

1.城市维护建设税的税率

城市维护建设税按纳税人所在地的不同，设置了三档比例税率。城市维护建设税税率表见表6-1。

表6-1　　城市维护建设税税率表

纳税人所在地	税率
市区	7%
县城和镇	5%
市区、县城和镇以外的其他地区	1%

① 本任务中的“城市维护建设税”部分主要根据2021年9月1日起施行的《中华人民共和国城市维护建设税法》编写。

对下列两种情况，可按缴纳增值税、消费税所在地的规定税率就地缴纳城市维护建设税：

❶由受托方代扣代缴、代收代缴增值税、消费税的单位和个人，其代扣代缴、代收代缴的城市维护建设税按受托方所在地适用税率执行。

❷流动经营等无固定纳税地点的单位和个人，在经营地缴纳增值税、消费税的，其城市维护建设税的缴纳按经营地适用税率执行。

2.教育费附加和地方教育附加的征收率

教育费附加的征收率为3%，地方教育附加的征收率为2%。

（五）城市维护建设税、教育费附加和地方教育附加的计征依据

城市维护建设税、教育费附加和地方教育附加的计征依据，是纳税人依法实际缴纳的增值税、消费税税额。

依法实际缴纳的增值税、消费税税额，是指纳税人依照增值税、消费税相关法律法规和税收政策规定计算的应当缴纳的增值税、消费税税额（不含因进口货物或境外单位和个人向境内销售劳务、服务、无形资产缴纳的增值税、消费税税额），加上增值税免抵税额，扣除直接减免的增值税、消费税税额和期末留抵退税退还的增值税税额后的金额。

直接减免的增值税、消费税税额，是指依照增值税、消费税相关法律法规和税收政策规定，直接减征或免征的增值税、消费税税额，不包括实行先征后返、先征后退、即征即退办法退还的增值税、消费税税额。

提示　纳税人违反增值税、消费税有关税法而加收的滞纳金和罚款，是税务机关对纳税人违法行为的经济制裁，不作为城市维护建设税的计税依据，但纳税人在被查补增值税、消费税和被处以罚款时，应同时对其偷（逃）漏的城市维护建设税进行补税、征收滞纳金和罚款。

提示　城市维护建设税、教育费附加和地方教育附加按减免后实际缴纳的增值税、消费税税额计征，即随增值税、消费税的减免而减免（出口货物、劳务或者跨境销售服务、无形资产增值税免抵税额除外）。

提示　对由于减免增值税、消费税而发生退税的，可同时退还已征收的城市维护建设税、教育费附加和地方教育附加。但对出口货物、劳务和跨境销售服务、无形资产退还增值税、消费税的，不退还已缴纳的城市维护建设税、教育费附加和地方教育附加。

链接　对进口货物或者境外单位和个人向境内销售劳务、服务、无形资产缴纳的增值税、消费税税额，不征收城市维护建设税、教育费附加和地方教育附加。

提示　因纳税人多缴发生的增值税、消费税退税，同时退还已缴纳的城市维护建设税、教育费附加和地方教育附加。增值税、消费税实行先征后返、先征后退、即征即退的，除另有规定外，不予退还随增值税、消费税附征的城市维护建设税、教育费附加和地方教育附加。

总结　城市维护建设税、教育费附加和地方教育附加出口不退，进口不征，免抵要征。

任务引例解析

根据《财政部关于城市维护建设税几个具体业务问题的补充规定》（财税字〔1985〕第143号）的规定，对出口产品退还消费税、增值税的，不退还已纳的城市维护建设税。

根据《财政部关于征收教育费附加几个具体问题的通知》（财税字〔1986〕第120号）的规定，对出口产品退还消费税、增值税的，不退还已征的教育费附加。

甲公司出口产品，收到税务机关退还的500万元增值税，不可以要求税务机关同时退

还城市维护建设税、教育费附加和地方教育附加[1]。

（六）应纳城市维护建设税、教育费附加和地方教育附加的计算

应纳城市维护建设税=依法实际缴纳的增值税、消费税税额×适用税率（7%或者5%或者1%）

应纳教育费附加=依法实际缴纳的增值税、消费税税额×征收率（3%）

应纳地方教育附加=依法实际缴纳的增值税、消费税税额×征收率（2%）

提示　自2023年1月1日至2027年12月31日，对增值税小规模纳税人、小型微利企业和个体工商户减半征收资源税（不含水资源税）、城市维护建设税、房产税、城镇土地使用税、印花税（不含证券交易印花税）、耕地占用税和教育费附加、地方教育附加。增值税小规模纳税人、小型微利企业和个体工商户已依法享受资源税、城市维护建设税、房产税、城镇土地使用税、印花税、耕地占用税、教育费附加、地方教育附加等其他优惠政策的，可叠加享受上述规定的优惠政策。

【任务实例6-1】甲公司是一家从事自营出口的生产企业，为增值税一般纳税人。本年1月"免抵退税申报汇总表"中的当期免抵退税额为120万元，应退税额为40万元，免抵税额为80万元。

【任务要求】计算甲公司上述业务应纳的城市维护建设税、教育费附加和地方教育附加。

【任务实施】

（1）免抵的增值税应纳城市维护建设税=80×7%=5.6（万元）

（2）免抵的增值税应纳教育费附加=80×3%=2.4（万元）

（3）免抵的增值税应纳地方教育附加=80×2%=1.6（万元）

（七）城市维护建设税、教育费附加和地方教育附加的征收管理

1.城市维护建设税的纳税义务发生时间、教育费附加和地方教育附加的缴纳义务发生时间

城市维护建设税的纳税义务发生时间、教育费附加和地方教育附加的缴纳义务发生时间，与增值税、消费税的纳税义务发生时间一致，分别与增值税、消费税同时缴纳。

点睛　同时缴纳是指在缴纳增值税、消费税时，应当在增值税、消费税同一缴纳地点、同一缴纳期限内，一并缴纳对应的城市维护建设税、教育费附加和地方教育附加。采用委托代征、代扣代缴、代收代缴、预缴、补缴等方式缴纳增值税、消费税的，应当同时缴纳城市维护建设税、教育费附加和地方教育附加。代扣代缴，不含因境外单位和个人向境内销售劳务、服务、无形资产代扣代缴增值税情形。

2.城市维护建设税的纳税期限、教育费附加和地方教育附加的缴纳期限

城市维护建设税、教育费附加和地方教育附加的纳税（费）期限与增值税、消费税的纳税期限一致。增值税、消费税的纳税期限分别为1日、3日、5日、10日、15日、1个月或者1个季度；纳税人的具体纳税期限，由税务机关根据纳税人应纳税额的大小分别核定；不能按照固定期限纳税的，可以按次纳税。

提示　扣缴义务人解缴税费的期限，依照上述规定执行。

3.城市维护建设税的纳税地点、教育费附加和地方教育附加的缴纳地点

纳税人实际缴纳增值税、消费税的地点，就是该纳税人缴纳城市维护建设税、教育费附

---

[1] 虽然财政部或者国家税务总局对于出口产品退还消费税、增值税的，是否退还已征的地方教育附加未予以明确，但根据税法原理以及各个地方财政税务机关出台的相关文件，可以推断：对于出口产品退还消费税、增值税的，不退还已征的地方教育附加。例如，《北京市地方税务局　北京市国家税务局关于城市维护建设税、教育费附加、地方教育附加委托代征有关事项的公告》（2014年第11号）规定，对由于减免增值税、消费税而发生退税的，税务机关应当同时退还已征的"一税两费"（指城市维护建设税、教育费附加和地方教育附加，下同），但对出口产品退还增值税、消费税和对增值税、消费税实行先征后返、先征后退、即征即退办法的，除另有规定外，税务机关不退（返）还已征的"一税两费"。

加和地方教育附加的地点。有特殊情况的，按下列原则和办法确定纳税地点或者缴纳地点：

（1）代扣代缴、代收代缴增值税、消费税的单位和个人，同时也是城市维护建设税、教育费附加和地方教育附加的代扣代缴、代收代缴义务人，其纳税地点或者缴纳地点为代扣代收地。

（2）对流动经营等无固定纳税地点的单位和个人，应随同增值税、消费税在经营地缴纳城市维护建设税、教育费附加和地方教育附加。

二、城市维护建设税、教育费附加和地方教育附加的会计核算

企业计提城市维护建设税时，应借记“税金及附加”“固定资产清理”等科目，贷记“应交税费——应交城市维护建设税”科目；实际缴纳城市维护建设税时，应借记“应交税费——应交城市维护建设税”科目，贷记“银行存款”科目。“应交税费——应交城市维护建设税”科目期末贷方余额反映企业应缴而未缴的城市维护建设税。

企业计提教育费附加时，应借记“税金及附加”“固定资产清理”等科目，贷记“应交税费——应交教育费附加”科目；实际缴纳教育费附加时，应借记“应交税费——应交教育费附加”科目，贷记“银行存款”科目。“应交税费——应交教育费附加”科目期末贷方余额反映企业应缴而未缴的教育费附加。

企业计提地方教育附加时，应借记“税金及附加”“固定资产清理”等科目，贷记“应交税费——应交地方教育附加”科目；实际缴纳地方教育附加时，应借记“应交税费——应交地方教育附加”科目，贷记“银行存款”科目。“应交税费——应交地方教育附加”科目期末贷方余额反映企业应缴而未缴的地方教育附加。

【任务实例6-2】接【任务实例6-1】资料。

【任务要求】对甲公司上述业务进行账务处理。

【任务实施】

（1）确认应收出口退税款时：

借：应收出口退税款——增值税	400 000	
应交税费——应交增值税（出口抵减内销产品应纳税额）	800 000	
贷：应交税费——应交增值税（出口退税）		1 200 000

（2）实际收到退税款时：

借：银行存款	400 000	
贷：应收出口退税款——增值税		400 000

（3）计提城市维护建设税、教育费附加和地方教育附加时：

借：税金及附加	96 000	
贷：应交税费——应交城市维护建设税		56 000
——应交教育费附加		24 000
——应交地方教育附加		16 000

（4）缴纳城市维护建设税、教育费附加和地方教育附加时：

借：应交税费——应交城市维护建设税	56 000	
——应交教育费附加	24 000	
——应交地方教育附加	16 000	
贷：银行存款		96 000

三、城市维护建设税、教育费附加和地方教育附加的申报实务

纳税人对城市维护建设税、教育费附加和地方教育附加进行申报时，应根据不同的情形分别填报“增值税及附加税费预缴表附列资料（附加税费情况表）”（略），以及“增值税及附加税费预缴表”（略）；“增值税及附加税费申报表（一般纳税人适用）附列资料（五）（附加税费情况表）”（见表2-7），以及“增值税及附加税费申报表（一般纳税人适用）”（见表2-8）；“增值税及附加税费申报表（小规模纳税人适用）附列资料（二）（附加税费情况表）”（见表2-9），以及“增值税及附加税费申报表（小规模纳税人适用）”（见表2-11）；“消费税附加税费计算表”（见表3-3），以及“消费税及附加税费申报表”（见表3-4）。

项目引例6解析

（1）计算大连顺达贸易有限公司2023年6月的应纳城市维护建设税、教育费附加和地方教育附加。

应纳城市维护建设税=333 600×7%=23 352（元）

应纳教育费附加=333 600×3%=10 008（元）

应纳地方教育附加=333 600×2%=6 672（元）

（2）对大连顺达贸易有限公司2023年6月计提城市维护建设税、教育费附加和地方教育附加的业务以及2023年7月缴纳城市维护建设税、教育费附加和地方教育附加的业务进行账务处理。

2023年6月30日计提城市维护建设税、教育费附加和地方教育附加时：

借：税金及附加（23 352+10 008+6 672）	40 032	
贷：应交税费——应交城市维护建设税		23 352
——应交教育费附加		10 008
——应交地方教育附加		6 672

2023年7月10日缴纳2023年6月应纳城市维护建设税、教育费附加和地方教育附加时：

借：应交税费——应交城市维护建设税	23 352	
——应交教育费附加	10 008	
——应交地方教育附加	6 672	
贷：银行存款		40 032

（3）大连顺达贸易有限公司2023年7月10日对2023年6月的城市维护建设税、教育费附加和地方教育附加进行税费申报，填写“增值税及附加税费申报表（一般纳税人适用）附列资料（五）（附加税费情况表）”（见表2-7）以及“增值税及附加税费申报表（一般纳税人适用）”（见表2-8）的第39至41栏次。

【任务实例6-3】接“项目二　增值税的会计实务”的“项目引例2.2——小规模纳税人增值税的计算、会计核算和纳税申报”资料，当地规定，小规模纳税人“六税两费”按50%幅度减征。

【任务要求】

（1）计算大连宏达贸易有限公司2023年1月的应纳城市维护建设税、教育费附加和地方教育附加。

（2）对大连宏达贸易有限公司2023年1月计提城市维护建设税、教育费附加和地方教育附加的业务以及2023年2月缴纳城市维护建设税、教育费附加和地方教育附加的业务进

行账务处理。

（3）大连宏达贸易有限公司2023年2月10日对2023年1月的城市维护建设税、教育费附加和地方教育附加进行税费申报，填写“增值税及附加税费申报表（小规模纳税人适用）附列资料（二）（附加税费情况表）”以及“增值税及附加税费申报表（小规模纳税人适用）”的第23至25栏次。

【任务实施】

（1）计算大连宏达贸易有限公司2023年1月的应纳城市维护建设税、教育费附加和地方教育附加。

应纳城市维护建设税=5 000×7%=350（元）

应纳教育费附加=5 000×3%=150（元）

应纳地方教育附加=5 000×2%=100（元）

作为增值税小规模纳税人城市维护建设税减征额=350×50%=175（元）

作为增值税小规模纳税人教育费附加减征额=150×50%=75（元）

作为增值税小规模纳税人地方教育附加减征额=100×50%=50（元）

本期应补（退）城市维护建设税=350-175=175（元）

本期应补（退）教育费附加=150-75=75（元）

本期应补（退）地方教育附加=100-50=50（元）

（2）对大连宏达贸易有限公司2023年1月计提城市维护建设税、教育费附加和地方教育附加的业务以及2023年2月缴纳城市维护建设税、教育费附加和地方教育附加的业务进行账务处理。

2023年1月31日计提城市维护建设税、教育费附加和地方教育附加时：

第一种观点：按照财政部会计司就相关问题的答复，不需要单独对于减征的“六税两费”进行会计处理。

借：税金及附加	300	
贷：应交税费——应交城市维护建设税		175
——应交教育费附加		75
——应交地方教育附加		50

第二种观点：单独对于减征的“六税两费”进行会计处理。

借：税金及附加	600	
贷：应交税费——应交城市维护建设税		350
——应交教育费附加		150
——应交地方教育附加		100
借：应交税费——应交城市维护建设税	175	
——应交教育费附加	75	
——应交地方教育附加	50	
贷：其他收益		300

以上两种观点对计算企业所得税的应纳税所得额的影响是一致的。本书采用第一种观点。

2023年2月10日缴纳2023年1月应纳城市维护建设税、教育费附加和地方教育附加时：

借：应交税费——应交城市维护建设税	175	
——应交教育费附加	75	
——应交地方教育附加	50	

贷：银行存款 300

(3) 大连宏达贸易有限公司2023年2月10日对2023年1月的城市维护建设税、教育费附加和地方教育附加进行税费申报，填写“增值税及附加税费申报表（小规模纳税人适用）附列资料（二）（附加税费情况表）”（见表2-9）以及“增值税及附加税费申报表（小规模纳税人适用）”（见表2-11）的第23至25栏次。

【任务实例6-4】接“项目三 消费税的会计实务”的“项目引例3——消费税的计算、会计核算和纳税申报”。

【任务要求】

(1) 计算大连白云卷烟有限公司2023年6月与消费税相关的应纳城市维护建设税、教育费附加和地方教育附加。

(2) 对大连白云卷烟有限公司2023年6月计提与消费税相关的城市维护建设税、教育费附加和地方教育附加的业务以及2023年7月缴纳与消费税相关的城市维护建设税、教育费附加和地方教育附加的业务进行账务处理。

(3) 大连白云卷烟有限公司2023年7月9日对2023年6月与消费税相关的城市维护建设税、教育费附加和地方教育附加进行税费申报，填写“消费税附加税费计算表”以及“消费税及附加税费申报表”的第15至17栏次。

【任务实施】

(1) 计算大连白云卷烟有限公司2023年6月与消费税相关的应纳城市维护建设税、教育费附加和地方教育附加。

与消费税相关的应纳城市维护建设税=1 395 600×7%=97 692（元）

与消费税相关的应纳教育费附加=1 395 600×3%=41 868（元）

与消费税相关的应纳地方教育附加=1 395 600×2%=27 912（元）

(2) 对大连白云卷烟有限公司2023年6月计提与消费税相关的城市维护建设税、教育费附加和地方教育附加的业务以及2023年7月缴纳与消费税相关的城市维护建设税、教育费附加和地方教育附加的业务进行账务处理。

2023年6月30日，计提与消费税相关的城市维护建设税、教育费附加和地方教育附加时：

借：税金及附加（97 692+41 868+27 912） 167 472
　贷：应交税费——应交城市维护建设税 97 692
　　　　　　——应交教育费附加 41 868
　　　　　　——应交地方教育附加 27 912

2023年7月9日，缴纳2023年6月与消费税相关的应纳城市维护建设税、教育费附加和地方教育附加时：

借：应交税费——应交城市维护建设税 97 692
　　　　　——应交教育费附加 41 868
　　　　　——应交地方教育附加 27 912
　贷：银行存款 167 472

(3) 大连白云卷烟有限公司2023年7月9日对2023年6月与消费税相关的城市维护建设税、教育费附加和地方教育附加进行税费申报，填写“消费税附加税费计算表”（见表3-3）以及“消费税及附加税费申报表”（见表3-4）的第15至17栏次。

任务二　资源税的会计实务

任务引例

甲公司开采资源税应税产品自用，是否应当缴纳资源税？

一、资源税的认知

（一）资源税的概念

资源税是对在中华人民共和国领域和中华人民共和国管辖的其他海域开发应税资源的单位和个人征收的一种税。

（二）资源税的纳税人

资源税的纳税人是指在中华人民共和国领域和中华人民共和国管辖的其他海域开发应税资源的单位和个人。

提示　资源税对应税资源的生产者或开采者征收，并且于其销售或自用时一次性征收，批发、零售等环节不征收资源税。资源税为价内税。

（三）资源税的征税范围

应税资源的具体范围，由《中华人民共和国资源税法》（简称《资源税法》）所附“资源税税目税率表”确定。

我国目前资源税的征税范围仅涉及矿产品和盐两大类，具体包括：

（1）能源矿产，包括：原油；天然气、页岩气、天然气水合物；煤；煤成（层）气；铀、钍；油页岩、油砂、天然沥青、石煤；地热。

（2）金属矿产，包括：黑色金属和有色金属。

（3）非金属矿产，包括：矿物类、岩石类和宝玉石类。

（4）水气矿产，包括：二氧化碳气、硫化氢气、氦气、氡气；矿泉水。

（5）盐，包括：钠盐、钾盐、镁盐、锂盐；天然卤水；海盐。

纳税人开采或者生产应税产品自用的，应当依照《资源税法》的规定缴纳资源税；但是，自用于连续生产应税产品的，不缴纳资源税。

纳税人自用应税产品应当缴纳资源税的情形，包括纳税人以应税产品用于非货币性资产交换、捐赠、偿债、赞助、集资、投资、广告、样品、职工福利、利润分配或者连续生产非应税产品等。

任务引例解析

根据《资源税法》的规定，纳税人开采或者生产应税产品自用的，应当依照本法的规定缴纳资源税；但是，自用于连续生产应税产品的，不缴纳资源税。

因此，甲公司开采应税产品，若自用于连续生产应税产品的，不缴纳资源税；若自用于其他方面的，需要缴纳资源税。

点睛　开采企业直接出口应税资源产品，按离岸价格征收资源税。

提示　进口应税资源产品不缴纳资源税。此规则同城市维护建设税的规定。

提示　自2016年7月1日起在河北省开展水资源税改革试点，采取水资源费改税方式，将地表水和地下水纳入征税范围，实行从量定额计征。自2017年12月1日起在北

《水资源税改革试点实施办法》

京、天津、山西、内蒙古、山东、河南、四川、陕西、宁夏9个省（自治区、直辖市）扩大水资源税改革试点。2024年10月15日，财政部、国家税务总局、水利部联合公布《水资源税改革试点实施办法》，宣布自2024年12月1日起全面实施水资源税改革试点。

（四）资源税的税目和税率

资源税的税目和税率依照“资源税税目税率表”（见表6-2）执行。

“资源税税目税率表”中规定实行幅度税率的，其具体适用税率由省、自治区、直辖市人民政府统筹考虑该应税资源的品位、开采条件以及对生态环境的影响等情况，在“资源税税目税率表”规定的税率幅度内提出，报同级人民代表大会常务委员会决定，并报全国人民代表大会常务委员会和国务院备案。“资源税税目税率表”中规定征税对象为原矿或者选矿的，应当分别确定具体适用税率。

纳税人开采或者生产不同税目应税产品的，应当分别核算不同税目应税产品的销售额或者销售数量；未分别核算或者不能准确提供不同税目应税产品的销售额或者销售数量的，从高适用税率。纳税人开采或者生产同一税目下适用不同税率应税产品的，应当分别核算不同税率应税产品的销售额或者销售数量；未分别核算或者不能准确提供不同税率应税产品的销售额或者销售数量的，从高适用税率。

纳税人以自采原矿（经过采矿过程采出后未进行选矿或者加工的矿石）直接销售，或者自用于应当缴纳资源税情形的，按照原矿计征资源税。

纳税人以自采原矿洗选加工为选矿产品（通过破碎、切割、洗选、筛分、磨矿、分级、提纯、脱水、干燥等过程形成的产品，包括富集的精矿和研磨成粉、粒级成型、切割成型的原矿加工品）销售，或者将选矿产品自用于应当缴纳资源税情形的，按照选矿产品计征资源税，在原矿移送环节不缴纳资源税。对于无法区分原生岩石矿种的粒级成型砂石颗粒，按照“砂石”税目征收资源税。

（五）资源税的计税依据

资源税按照“资源税税目税率表”实行从价计征或者从量计征。

“资源税税目税率表”中规定可以选择实行从价计征或者从量计征的，具体计征方式由省、自治区、直辖市人民政府提出，报同级人民代表大会常务委员会决定，并报全国人民代表大会常务委员会和国务院备案。

应税产品为矿产品的，包括原矿和选矿产品。

1.资源税从价计征的计税依据

资源税从价计征的计税依据为资源税应税产品的销售额。

（1）资源税应税产品（以下简称应税产品）的销售额，按照纳税人销售应税产品向购买方收取的全部价款确定，不包括增值税税款。

计入销售额中的相关运杂费用，凡取得增值税发票或者其他合法有效凭据的，准予从销售额中扣除。相关运杂费用是指应税产品从坑口或者洗选（加工）地到车站、码头或者购买方指定地点的运输费用、建设基金以及随运销产生的装卸、仓储、港杂费用。

（2）纳税人申报的应税产品销售额明显偏低且无正当理由的，或者有自用应税产品行为而无销售额的，主管税务机关可以按下列方法和顺序确定其应税产品销售额：

表6-2　**资源税税目税率表**

税目			征税对象	税率
能源矿产	原油		原矿	6%
	天然气、页岩气、天然气水合物		原矿	6%
	煤		原矿或者选矿	2%～10%
	煤成（层）气		原矿	1%～2%
	铀、钍		原矿	4%
	油页岩、油砂、天然沥青、石煤		原矿或者选矿	1%～4%
	地热		原矿	1%～20%或者每立方米1～30元
金属矿产	黑色金属	铁、锰、铬、钒、钛	原矿或者选矿	1%～9%
	有色金属	铜、铅、锌、锡、镍、锑、镁、钴、铋、汞	原矿或者选矿	2%～10%
		铝土矿	原矿或者选矿	2%～9%
		钨	选矿	6.5%
		钼	选矿	8%
		金、银	原矿或者选矿	2%～6%
		铂、钯、钌、锇、铱、铑	原矿或者选矿	5%～10%
		轻稀土	选矿	7%～12%
		中重稀土	选矿	20%
		铍、锂、锆、锶、铷、铯、铌、钽、锗、镓、铟、铊、铪、铼、镉、硒、碲	原矿或者选矿	2%～10%
非金属矿产	矿物类	高岭土	原矿或者选矿	1%～6%
		石灰岩	原矿或者选矿	1%～6%或者每吨（或者每立方米）1～10元
		磷	原矿或者选矿	3%～8%
		石墨	原矿或者选矿	3%～12%
		萤石、硫铁矿、自然硫	原矿或者选矿	1%～8%
		天然石英砂、脉石英、粉石英、水晶、工业用金刚石、冰洲石、蓝晶石、硅线石（矽线石）、长石、滑石、刚玉、菱镁矿、颜料矿物、天然碱、芒硝、钠硝石、明矾石、砷、硼、碘、溴、膨润土、硅藻土、陶瓷土、耐火粘土、铁矾土、凹凸棒石粘土、海泡石粘土、伊利石粘土、累托石粘土	原矿或者选矿	1%～12%
		叶蜡石、硅灰石、透辉石、珍珠岩、云母、沸石、重晶石、毒重石、方解石、蛭石、透闪石、工业用电气石、白垩、石棉、蓝石棉、红柱石、石榴子石、石膏	原矿或者选矿	2%～12%
		其他粘土（铸型用粘土、砖瓦用粘土、陶粒用粘土、水泥配料用粘土、水泥配料用红土、水泥配料用黄土、水泥配料用泥岩、保温材料用粘土）	原矿或者选矿	1%～5%或者每吨（或者每立方米）0.1～5元
	岩石类	大理岩、花岗岩、白云岩、石英岩、砂岩、辉绿岩、安山岩、闪长岩、板岩、玄武岩、片麻岩、角闪岩、页岩、浮石、凝灰岩、黑曜岩、霞石正长岩、蛇纹岩、麦饭石、泥灰岩、含钾岩石、含钾砂页岩、天然油石、橄榄岩、松脂岩、粗面岩、辉长岩、辉石岩、正长岩、火山灰、火山渣、泥炭	原矿或者选矿	1%～10%
		砂石	原矿或者选矿	1%～5%或者每吨（或者每立方米）0.1～5元
	宝玉石类	宝石、玉石、宝石级金刚石、玛瑙、黄玉、碧玺	原矿或者选矿	4%～20%
水气矿产	二氧化碳气、硫化氢气、氦气、氡气		原矿	2%～5%
	矿泉水		原矿	1%～20%或者每立方米1～30元
盐	钠盐、钾盐、镁盐、锂盐		选矿	3%～15%
	天然卤水		原矿	3%～15%或者每吨（或者每立方米）1～10元
	海盐		原矿或者选矿	2%～5%

❶按纳税人最近时期同类产品的平均销售价格确定。

❷按其他纳税人最近时期同类产品的平均销售价格确定。

❸按后续加工非应税产品销售价格，减去后续加工环节的成本利润后确定。

❹按应税产品组成计税价格确定。组成计税价格的计算公式为：

组成计税价格=成本×（1+成本利润率）÷（1-资源税税率）

上述公式中的成本利润率由省、自治区、直辖市税务机关确定。

❺按其他合理方法确定。

（3）外购应税产品购进金额、购进数量的扣减。

纳税人用已纳资源税的应税产品进一步加工应税产品销售的，不再缴纳资源税。纳税人外购应税产品与自采应税产品混合销售或者混合加工为应税产品销售的，在计算应税产品销售额或者销售数量时，准予扣减外购应税产品的购进金额或者购进数量；当期不足扣减的，可结转下期扣减。纳税人应当准确核算外购应税产品的购进金额或者购进数量，未准确核算的，一并计算缴纳资源税。

提示　纳税人核算并扣减当期外购应税产品购进金额、购进数量，应当依据外购应税产品的增值税发票、海关进口增值税专用缴款书或者其他合法有效凭据。

纳税人以外购原矿与自采原矿混合为原矿销售，或者以外购选矿产品与自产选矿产品混合为选矿产品销售的，在计算应税产品销售额或者销售数量时，直接扣减外购原矿或者外购选矿产品的购进金额或者购进数量。

纳税人以外购原矿与自采原矿混合洗选加工为选矿产品销售的，在计算应税产品销售额或者销售数量时，按照下列方法进行扣减：

$$\text{准予扣减的外购应税产品购进金额(数量)}=\text{外购原矿购进金额（数量）}\times\left(\text{本地区原矿适用税率}\div\text{本地区选矿产品适用税率}\right)$$

不能按照上述方法计算扣减的，按照主管税务机关确定的其他合理方法进行扣减。

2.资源税从量计征的计税依据

资源税从量计征的计税依据为应税产品的销售数量。应税产品的销售数量，包括纳税人开采或者生产应税产品的实际销售数量和自用于应当缴纳资源税情形的应税产品数量。

（六）资源税应纳税额的计算

实行从价计征的，应纳税额按照应税产品的销售额乘以具体适用税率（比例税率）计算。实行从量计征的，应纳税额按照应税产品的销售数量乘以具体适用税率（定额税率）计算。。计算公式如下：

（1）实行从价定率计征办法的应税产品，资源税应纳税额按销售额和比例税率计算：

应纳税额=应税产品的销售额×资源税比例税率

（2）实行从量定额计征办法的应税产品，资源税应纳税额按销售数量和定额税率计算：

应纳税额=应税产品的销售数量×资源税定额税率

【任务实例6-5】山东和祥铁矿有限公司为增值税一般纳税人，其纳税人识别号为913707098642211 22Y，法定代表人为李明，注册地址和生产经营地址均为山东省济南市开发区和祥路777号，开户银行为中国工商银行济南和祥路支行，账号为3301022009011512365，电话号码为0531-777777××，其资源税纳税期限为1个月。山东和祥铁矿有限公司2023年9月生产铁矿原矿12 000吨。当月对外销售铁矿原矿10 000吨，双方买卖合同（2023年9月20日签订）上记载每吨不含增值税售价为500元，合计不含增值税售价为5 000 000元。已售出的铁矿原矿的成本为3 500 000元。该批铁矿原矿已经发出，款项已存入银行。该批铁矿原矿的资源税税率为2%。山东和祥铁矿有限公司2023年10月10日对2023年9月的资源税进行纳税申报。

【任务要求】计算山东和祥铁矿有限公司2023年9月上述业务的增值税销项税额和应纳资源税。

【任务实施】增值税销项税额=10 000×500×13%=5 000 000×13%=650 000（元）

应纳资源税=10 000×500×2%=5 000 000×2%=100 000（元）

（七）资源税的征收管理

资源税由税务机关依照《资源税法》和《税收征收管理法》的规定征收管理。海上开采的原油和天然气资源税由海洋石油税务管理机构征收管理。税务机关与自然资源等相关部门应当建立工作配合机制，加强资源税征收管理。

1.资源税的纳税义务发生时间

纳税人销售应税产品，纳税义务发生时间为收讫销售款项或者取得索取销售款项凭据的当日；自用应税产品的，纳税义务发生时间为移送应税产品的当日。

税收讲堂

资源税政策和征管服务措施解读

2.资源税的纳税期限

资源税按月或者按季申报缴纳；不能按固定期限计算缴纳的，可以按次申报缴纳。

纳税人按月或者按季申报缴纳的，应当自月度或者季度终了之日起15日内，向税务机关办理纳税申报并缴纳税款；按次申报缴纳的，应当自纳税义务发生之日起15日内，向税务机关办理纳税申报并缴纳税款。

3.资源税的纳税地点

纳税人应当在矿产品的开采地或者海盐的生产地缴纳资源税。

二、资源税的会计核算

1.直接销售应税产品资源税的会计核算

企业直接销售应税产品，在计提资源税时，借记“税金及附加”科目，贷记“应交税费——应交资源税”科目；实际缴纳资源税时，借记“应交税费——应交资源税”科目，贷记“银行存款”科目。

【任务实例6-6】接【任务实例6-5】资料。

【任务要求】对山东和祥铁矿有限公司上述业务进行账务处理。

【任务实施】

（1）确认收入及结转成本时：

借：银行存款（5 000 000+650 000）　　5 650 000

贷：主营业务收入 5 000 000

应交税费——应交增值税（销项税额） 650 000

借：主营业务成本 3 500 000

贷：库存商品 3 500 000

（2）2023年9月计提资源税时：

借：税金及附加 100 000

贷：应交税费——应交资源税 100 000

（3）2023年10月10日缴纳资源税时：

借：应交税费——应交资源税 100 000

贷：银行存款 100 000

2.自产自用应税产品应纳资源税的会计核算

纳税人开采或者生产应税产品自用的，应当依照《资源税法》的规定缴纳资源税；但是，自用于连续生产应税产品的，不缴纳资源税。纳税人自用应税产品应当缴纳资源税的情形，包括纳税人以应税产品用于非货币性资产交换、捐赠、偿债、赞助、集资、投资、广告、样品、职工福利、利润分配或者连续生产非应税产品等。企业自产自用应税产品按规定计提资源税时，借记“生产成本”“制造费用”“应付职工薪酬”“税金及附加”等科目，贷记“应交税费——应交资源税”科目；实际缴纳资源税时，借记“应交税费——应交资源税”科目，贷记“银行存款”科目。

【任务实例6-6】甲煤炭开采企业本年7月将开采的成本为3 000万元的原煤自用于连续生产洗选煤5万吨，在生产洗选煤的过程中又发生了工资支出500万元、制造费用500万元。甲煤炭开采企业于本年8月将上述洗选煤的一半用于销售（甲煤炭开采企业最近时期只有这一笔销售业务），开具的增值税专用发票注明金额2 500万元、增值税额325万元，款项以银行存款收讫；另一半用于生产工人的职工福利，未开具发票。当地原煤的资源税税率为6%，洗选煤的资源税税率为5%。

【任务要求】对甲煤炭开采企业上述业务进行账务处理。

【任务实施】

（1）移送原煤用于生产洗选煤时：

纳税人以自采原矿（本例为原煤）洗选加工为选矿产品（本例为洗选煤）销售，在原矿（本例为原煤）移送环节不缴纳资源税。

借：生产成本 30 000 000

贷：原材料 30 000 000

（2）在生产洗选煤的过程中发生了工资支出500万元、制造费用500万元时：

借：生产成本（5 000 000+5 000 000） 10 000 000

贷：应付职工薪酬——工资 5 000 000

制造费用 5 000 000

（3）生产的洗选煤完工入库时：

借：库存商品 40 000 000

贷：生产成本（30 000 000+10 000 000） 40 000 000

（4）销售洗选煤并计提资源税时：

纳税人以自采原矿（本例为原煤）洗选加工为选矿产品（本例为洗选煤）销售，或者将选矿产品（本例为洗选煤）自用于应当缴纳资源税情形（本例为职工福利）的，按照选矿产品（本例为洗选煤）计征资源税。

甲煤炭开采企业以自采原矿(本例为原煤)洗选加工为选矿产品(本例为洗选煤)销售应纳资源税 = 洗选煤销售额 × 洗选煤适用税率 =2 500×5%=125（万元）

借：银行存款（25 000 000+3 250 000）	28 250 000	
贷：主营业务收入		25 000 000
应交税费——应交增值税（销项税额）		3 250 000
借：主营业务成本（40 000 000÷2）	20 000 000	
贷：库存商品		20 000 000
借：税金及附加	1 250 000	
贷：应交税费——应交资源税		1 250 000

（5）决定将洗选煤用于生产工人的职工福利时：

借：生产成本	28 250 000	
贷：应付职工薪酬——非货币性福利		28 250 000①

（6）将洗选煤实际用于生产工人的职工福利并计提资源税时：

纳税人有自用应税产品行为而无销售额的，主管税务机关优先按纳税人最近时期同类产品的平均销售价格确定其应税产品销售额。

甲煤炭开采企业将选矿产品(本例为洗选煤)自用于应当缴纳资源税情形(本例为职工福利)应纳资源税 = 洗选煤销售额 × 洗选煤适用税率 =2 500×5%=125（万元）

借：应付职工薪酬——非货币性福利（25 000 000+3 250 000）	28 250 000	
贷：主营业务收入		25 000 000
应交税费——应交增值税（销项税额）		3 250 000
借：主营业务成本	20 000 000	
贷：库存商品		20 000 000
借：税金及附加	1 250 000	
贷：应交税费——应交资源税		1 250 000

（7）缴纳资源税时：

借：应交税费——应交资源税（1 250 000+1 250 000）	2 500 000	
贷：银行存款		2 500 000

三、资源税的纳税申报实务

纳税人对资源税进行纳税申报时，应填报“资源税税源明细表”（见表6-3）、“财产和行为税减免税明细申报附表”（略）和“财产和行为税纳税申报表”（见表6-4）。

① 该数据用到本例（6）中的第一个会计分录的借方“应付职工薪酬——非货币性福利”的数据。

表 6-3

资源税税源明细表

税款所属期限：自 2023 年 09 月 01 日至 2023 年 09 月 30 日

纳税人识别号（统一社会信用代码）：91370709864221122Y

纳税人名称：山东和祥铁矿有限公司　　　　金额单位：人民币元（列至角分）

申报计算明细										
序号	税目	子目	计量单位	销售数量	准予扣减的外购应税产品购进数量	计税销售数量	销售额	准予扣除的运杂费	准予扣减的外购应税产品购进金额	计税销售额
	1	2	3	4	5	6=4−5	7	8	9	10=7−8−9
1	铁矿	原矿	吨	10 000.00			5 000 000.00	0.00	0.00	5 000 000.00
2										
合计							5 000 000.00	0.00	0.00	5 000 000.00

减免税计算明细									
序号	税目	子目	减免性质代码和项目名称	计量单位	减免税销售数量	减免税销售额	适用税率	减征比例	本期减免税额
	1	2	3	4	5	6	7	8	9①=5×7×8 9②=6×7×8
1									
2									
合计									

表 6-4

财产和行为税纳税申报表

纳税人识别号（统一社会信用代码）：**91370709864221122Y**

纳税人名称：**山东和祥铁矿有限公司**

金额单位：人民币元（列至角分）

序号	税种	税目	税款所属期起	税款所属期止	计税依据	税率	应纳税额	减免税额	已缴税额	应补（退）税额
1	资源税	铁矿	2023年09月01日	2023年09月30日	5 000 000.00	2%	100 000.00	0.00	0.00	100 000.00
2	土地增值税		2023年09月30日	2023年09月30日	35 454 285.72	30%	10 636 285.72	0.00	0.00	10 636 285.72
3	城镇土地使用税		2023年07月01日	2023年09月30日	16 000.00	9.00	36 000.00	0.00	0.00	36 000.00
4	房产税		2023年07月01日	2023年09月30日	63 000 000.00	1.2%	189 000.00	0.00	0.00	189 000.00
5	耕地占用税		2023年10月08日	2023年10月08日	16 000.00	40.00	640 000.00	0.00	0.00	640 000.00
6	车船税	乘用车	2023年09月01日	2023年12月31日	1	660.00	220.00	0.00	0.00	220.00
7	契税		2023年10月10日	2023年10月10日	20 000 000.00	3%	600 000.00	0.00	0.00	600 000.00
8	环境保护税	大气污染物	2023年07月01日	2023年09月30日	1 050.00	1.20	1 260.00	0.00	0.00	1 260.00
9	印花税	买卖合同	2023年07月01日	2023年09月30日	5 200 000.00	0.3‰	1 560.00	0.00	0.00	1 560.00
10	印花税	土地使用权、房屋等建筑物和构筑物所有权转让书据	2023年07月01日	2023年09月30日	120 000 000.00	0.5‰	60 000.00	0.00	0.00	60 000.00
11	合计	—	—	—	—	—	12 264 325.72	0.00	0.00	12 264 325.72

声明：此表是根据国家税收法律法规及相关规定填写的，本人（单位）对填报内容（及附带资料）的真实性、可靠性、完整性负责。

纳税人（签章）：**山东和祥铁矿有限公司**

2023年10月10日

经办人：**略** 经办人身份证号：**略** 代理机构签章： 代理机构统一社会信用代码：	受理人： 受理税务机关（章）： 受理日期：　　年　月　日

点睛 “财产和行为税纳税申报表”适用于申报城镇土地使用税、房产税、契税、耕地占用税、土地增值税、印花税、车船税、烟叶税、环境保护税、资源税。本表根据各税种税源明细表自动生成，申报前需填写税源明细表。本表包含一张附表“财产和行为税减免税明细申报附表”。

【任务实例6-8】接【任务实例6-5】和【任务实例6-6】资料。

【任务要求】山东和祥铁矿有限公司2023年10月10日对2023年9月的资源税进行纳税申报，填写“资源税税源明细表”和“财产和行为税纳税申报表”。

【任务实施】填写“资源税税源明细表”（见表6-3）和“财产和行为税纳税申报表”（见表6-4）。

任务三 土地增值税的会计实务

任务引例

甲公司为一家房地产开发企业，销售地下车位使用权，与业主签订合同约定使用年限为20年，使用费一次性收取，请问该业务是否应当缴纳土地增值税？

一、土地增值税的认知

（一）土地增值税的概念

土地增值税是对转让国有土地使用权、地上建筑物及其附着物并取得收入的单位和个人，就其转让房地产所取得的增值额征收的一种税。

（二）土地增值税的纳税人

土地增值税的纳税人为转让国有土地使用权、地上建筑物及其附着物（以下简称“转让房地产”）并取得收入的单位和个人。

提示 “单位”包括各类企业单位、事业单位、国家机关和社会团体及其他组织；“个人”包括个体经营者（个体工商户）。

链接 契税的纳税人，是指在我国境内“承受”土地、房屋权属转移的单位和个人。

（三）土地增值税的征税范围

1.土地增值税征税范围的一般规定

（1）土地增值税只对转让国有土地使用权及其地上建筑物和附着物的行为征税，对出让国有土地使用权的行为不征税。

所谓国有土地使用权，是指土地使用人根据国家法律、合同等规定，对国家所有的土地享有的使用权利。土地增值税只对企业、单位和个人转让国有土地使用权的行为征税。对属于集体所有的土地，按现行法律规定须先由国家征用后才能转让。

国有土地使用权出让，是指国家以土地所有者的身份将土地使用权在一定年限内让与土地使用者，并由土地使用者向国家支付土地出让金的行为。由于土地使用权的出让方是国家，出让收入在性质上属于政府凭借所有权在土地一级市场上收取的租金，所以，政府出让土地的行为及取得的收入也不在土地增值税的征税之列。

链接 国有土地使用权“出让”、国有土地使用权“转让”时，承受人均应缴纳“契税”。

（2）土地增值税既对转让国有土地使用权的行为征税，也对转让地上建筑物及其他附着物产权的行为征税。

税法规定，纳税人转让地上建筑物和其他附着物的产权，取得的增值性收入，也应计算缴纳土地增值税。换言之，纳入土地增值税征税范围的增值额，是纳税人转让房地产所取得的全部增值额，而非仅仅是土地使用权转让的收入。

（3）土地增值税只对有偿转让的房地产征税，对以继承、赠与等方式无偿转让的房地产，不予征税。

不征土地增值税的房地产赠与行为包括以下两种情况：

❶房产所有人、土地使用权所有人将房屋产权、土地使用权赠与直系亲属或承担直接赡养义务人的行为。

❷房产所有人、土地使用权所有人通过中国境内非营利的社会团体、国家机关将房屋产权、土地使用权赠与教育、民政和其他社会福利、公益事业的行为。

2.土地增值税征税范围的特殊规定

（1）企业改制重组。

2027年12月31日前，执行以下企业改制重组有关土地增值税政策：

❶企业按照《中华人民共和国公司法》有关规定整体改制，包括非公司制企业改制为有限责任公司或股份有限公司，有限责任公司变更为股份有限公司，股份有限公司变更为有限责任公司，对改制前的企业将国有土地使用权、地上的建筑物及其附着物（简称房地产）转移、变更到改制后的企业，暂不征土地增值税。

提示　整体改制是指不改变原企业的投资主体，并承继原企业权利、义务的行为。

❷按照法律规定或者合同约定，两个或两个以上企业合并为一个企业，且原企业投资主体存续的，对原企业将房地产转移、变更到合并后的企业，暂不征土地增值税。

❸按照法律规定或者合同约定，企业分设为两个或两个以上与原企业投资主体相同的企业，对原企业将房地产转移、变更到分立后的企业，暂不征土地增值税。

❹单位、个人在改制重组时以房地产作价入股进行投资，对其将房地产转移、变更到被投资的企业，暂不征土地增值税。

❺上述改制重组有关土地增值税政策不适用于房地产转移任意一方为房地产开发企业的情形。

❻改制重组后再转让房地产，需要申报缴纳土地增值税。

（2）房地产开发企业将开发的房地产转变用途。

房地产开发企业将开发的部分房地产转为企业自用或用于出租等商业用途时，如果产权未发生转移，不征收土地增值税。

（3）房地产的交换。

房地产交换，是指一方以房地产与另一方的房地产进行交换的行为。由于这种行为既发生了房产产权、土地使用权的转移，交换双方又取得了实物形态的收入，属于土地增值税的征税范围。但对个人之间互换自有居住用房地产的，经当地税务机关核实，可以免征土地增值税。

链接　契税相关规定：土地使用权互换、房屋互换，互换价格相等的，互换双方计税依据为零；互换价格不相等的，以其差额为计税依据，由支付差额的一方缴纳契税。

（4）合作建房。

对于一方出地，另一方出资金，双方合作建房，建成后按比例分房自用的，暂免征收土地增值税；建成后转让的，应征收土地增值税。

（5）房地产的出租。

房地产出租不属于土地增值税的征税范围。

（6）房地产的抵押。

对于房地产的抵押，在抵押期间不征收土地增值税；如果抵押期满以房地产抵债，发生房地产权属转移的，应列入土地增值税的征税范围。

链接 土地、房屋权属的抵押，不属于契税的征税范围。以土地、房屋权属偿还债务，视同发生权属转移，承受人应当缴纳契税。

（7）房地产的代建行为。

房地产的代建行为不属于土地增值税的征税范围。

（8）房地产的重新评估。

房地产进行重新评估而产生的评估增值，不属于土地增值税的征税范围。

（9）土地使用者处置土地使用权。

土地使用者转让、抵押或置换土地，无论其是否取得了该土地的使用权属证书，无论其在转让、抵押或置换土地过程中是否与对方当事人办理了土地使用权属证书变更登记手续，只要土地使用者享有占有、使用、收益或处分该土地的权利，且有合同等证据表明其实质转让、抵押或置换了土地并取得了相应的经济利益，土地使用者及对方当事人就应依照税法规定缴纳土地增值税和契税等。

总结 土地增值税和契税的征收情形都要求有“产权权属变动”。土地增值税还强调取得收入，而契税不要求必须取得“收入”。

（四）土地增值税的税率

土地增值税实行四级超率累进税率。土地增值税税率表见表6-5。

表6-5 **土地增值税税率表**

级数	增值额与扣除项目金额的比率	税率（%）	速算扣除系数（%）
1	不超过50%的部分	30	0
2	超过50%～100%的部分	40	5
3	超过100%～200%的部分	50	15
4	超过200%的部分	60	35

（五）土地增值税的计税依据

土地增值税的计税依据是纳税人转让房地产所取得的增值额。转让房地产的增值额，是纳税人转让房地产的收入减除税法规定的扣除项目金额后的余额。土地增值额的大小，取决于转让房地产的收入额和扣除项目金额两个因素。

1.应税收入的确定

纳税人转让房地产取得的应税收入，应包括转让房地产的全部价款及有关的经济收益。从收入的形式来看，包括货币收入、实物收入和其他收入。

任务引例解析

根据《土地增值税暂行条例》及《土地增值税暂行条例实施细则》的规定，土地增值税是对以出售或者其他方式有偿转让国有土地使用权、地上的建筑物及其附着物的行为所征收的税。

以出售或者其他方式有偿转让国有土地使用权、地上的建筑物及其附着物，应当以办理相应产权为标志，产权未发生转移就不构成出售或转让，转让地下车位使用权相当于只发生出租地下车位的行为，因此，甲公司不缴纳土地增值税，而且地下车位的成本在计算土地增值税时不得作为房地产开发成本扣除。

另外，根据《关于建筑服务等营改增试点政策的通知》（财税〔2017〕58号）的规定，《营业税改征增值税试点实施办法》（财税〔2016〕36号）第四十五条第（二）项修改为“纳税人提供租赁服务采取预收款方式的，其纳税义务发生时间为收到预收款的当天”。

因此，甲公司一次性收取（预收）了使用费，需要以收取的“使用费全额”（不含增值税）为计税依据，按照“不动产租赁服务”（属于“租赁服务”）以9%的税率一次性计算缴纳增值税。

提示 营业税改征增值税后，土地增值税纳税人转让房地产取得的收入为不含增值税收入。免征增值税的，确定计税依据时，转让房地产取得的收入不扣减增值税税额。

2.扣除项目及其金额

准予纳税人从房地产转让收入额中减除的扣除项目具体包括以下内容：

（1）取得土地使用权所支付的金额（适用新建房转让和存量房地产转让）。

取得土地使用权所支付的金额包括两方面的内容：

❶纳税人为取得土地使用权所支付的地价款。

❷纳税人在取得土地使用权时按国家统一规定缴纳的有关费用。

提示 按国家统一规定缴纳的有关费用（取得土地使用权时），是指纳税人在取得土地使用权过程中为办理有关手续，按国家统一规定缴纳的有关登记、过户手续费。房地产开发企业为取得土地使用权所支付的契税，应视同“按国家统一规定缴纳的有关费用”，记入“取得土地使用权所支付的金额”中扣除。

（2）房地产开发成本（适用新建房转让）。

房地产开发成本，是指纳税人开发房地产项目实际发生的成本，包括土地的征用及拆迁补偿费、前期工程费、建筑安装工程费、基础设施费、公共配套设施费、开发间接费用等。

（3）房地产开发费用（适用新建房转让）。

房地产开发费用，是指与房地产开发项目有关的销售费用、管理费用和财务费用。根据现行财务会计制度的规定，这三项费用作为期间费用，按照实际发生额直接计入当期损益。但在计算土地增值税时，房地产开发费用并不是按照纳税人实际发生额进行扣除，应分别按以下两种情况扣除：

❶财务费用中的利息支出，凡能够按转让房地产项目计算分摊并提供金融机构证明的，允许据实扣除，但最高不能超过按商业银行同类同期贷款利率计算的金额。其他房地产开发费用，在按规定（即取得土地使用权所支付的金额和房地产开发成本，下同）计算的金额之和的5%以内计算扣除。计算公式为：

$$\text{最多允许扣除的房地产开发费用}=\text{利息}\left(\begin{matrix}\text{最高不能超过按商业银行同类}\\\text{同期贷款利率计算的金额}\end{matrix}\right)+\left(\begin{matrix}\text{取得土地使用权}\\\text{所支付的金额}\end{matrix}+\begin{matrix}\text{房地产}\\\text{开发成本}\end{matrix}\right)\times 5\%$$

❷财务费用中的利息支出，凡不能按转让房地产项目计算分摊利息支出或不能提供金融机构证明的（也包含全部使用自有资金的无借款的情况），房地产开发费用在按规定计算的金额之和的10%以内计算扣除。计算扣除的具体比例，由各省、自治区、直辖市人

民政府规定。计算公式为：

最多允许扣除的房地产开发费用=（取得土地使用权所支付的金额+房地产开发成本）×10%

提示　财政部、国家税务总局对扣除项目金额中利息支出的计算问题做了两点专门规定：一是利息的上浮幅度按国家的有关规定执行，超过上浮幅度的部分不允许扣除；二是对于超过贷款期限的利息部分和加罚的利息不允许扣除。

❸房地产开发企业既向金融机构借款，又有其他借款的，其房地产开发费用计算扣除时不能同时适用上述❶、❷项所述的两种办法。

❹土地增值税清算时，已经计入房地产开发成本的利息支出，应调整至财务费用中计算扣除。

（4）与转让房地产有关的税金（适用新建房转让和存量房地产转让）。

与转让房地产有关的税金，是指在转让房地产时缴纳的城市维护建设税、印花税。因转让房地产缴纳的教育费附加，也可视同税金予以扣除。

提示　自2016年5月1日"销售不动产"营改增之后，转让不动产不再缴纳营业税，而是缴纳增值税，但增值税属于价外税，不作为税金单独扣除。

全面营改增后，根据《财政部关于印发〈增值税会计处理规定〉的通知》（财会〔2016〕22号），印花税通过"税金及附加"核算，不再通过"管理费用"核算。根据《财政部 国家税务总局关于土地增值税一些具体问题规定的通知》（财税字〔1995〕48号）的规定，房地产开发企业在转让房地产时缴纳的印花税已列入管理费用，故不允许单独再扣除。非房地产开发企业转让房地产时缴纳的印花税允许在此扣除。

点睛　从法理上来看，地方教育附加是可以视同"与转让房地产有关的税金"作为土地增值税的扣除项目（"土地增值税的扣除项目"是"计算土地增值税增值额的扣除项目"的简称）的，但国家层面没有明确的文件规定，各地具体执行也不一样。纳税人应当事先咨询当地税务机关，然后进行具体的操作。

（5）财政部确定的其他扣除项目（适用新建房转让）。

对从事房地产开发的纳税人可按规定计算的金额之和，加计20%的扣除。此条优惠只适用于从事房地产开发的纳税人，除此之外的其他纳税人不适用。

（6）旧房及建筑物的扣除金额（适用存量房地产转让）。

❶按评估价格扣除。旧房及建筑物的评估价格是指在转让已使用的房屋及建筑物时，由政府批准设立的房地产评估机构评定的重置成本价乘以成新度折扣率后的价格。评估价格须经当地税务机关确认。

点睛　"重置成本价"是指对旧房及建筑物，按转让时的建材价格及人工费用计算建造同样面积、同样层次、同样结构、同样建设标准的新房及建筑物所需花费的成本费用。"成新度折扣率"是指按旧房的新旧程度作一定比例的折扣。

因此，转让旧房应按房屋及建筑物的评估价格、取得土地使用权所支付的地价款和按国家统一规定缴纳的有关费用，以及在转让环节缴纳的税金作为扣除项目金额计征土地增值税。对取得土地使用权时未支付地价款或不能提供已支付的地价款凭据的，在计征土地增值税时不允许扣除。

❷按购房发票金额计算扣除。纳税人转让旧房及建筑物，凡不能取得评估价格，但能提供购房发票的，经当地税务部门确认，《土地增值税暂行条例》第六条第（一）、（三）项规定的扣除项目的金额（即取得土地使用权所支付的金额；新建房及配套设施的成本、费用，或者旧房及建筑物的评估价格），可按发票所载金额并从购买年度起至转让年度止

每年加计5%计算。对于纳税人购房时缴纳的契税，凡能够提供契税完税凭证的，准予作为“与转让房地产有关的税金”予以扣除，但不作为加计5%的基数。

（六）土地增值税应纳税额的计算

1.应纳税额的计算公式

土地增值税的计算公式为：

应纳税额=每级距的增值额×适用税率

或　=增值额×适用税率−扣除项目金额×速算扣除系数

2.应纳税额的计算步骤

根据上述计算公式，土地增值税应纳税额的计算可分为以下四步：

（1）计算增值额。计算公式为：

增值额=房地产转让收入−扣除项目金额

（2）计算增值率。计算公式为：

增值率=增值额÷扣除项目金额×100%

（3）确定适用税率和速算扣除系数。按照计算出的增值率，从土地增值税税率表中确定适用税率和速算扣除系数。

（4）计算应纳税额。计算公式为：

应纳税额=增值额×适用税率−扣除项目金额×速算扣除系数

【任务实例6-9】甲房地产开发有限公司为增值税一般纳税人，地处市区，本年5月整体转让一栋普通住宅，转让取得的含税收入为15 000万元，款项已存入银行；在扣除项目中，土地出让金为3 000万元（款项以银行存款支付），假设房地产开发成本只有建筑安装工程费，包括购买的建筑材料3 000万元（含增值税，取得增值税专用发票，税率13%，款项以银行存款支付），支付给建筑公司的建设工程款1 000万元（含增值税，取得增值税专用发票，税率9%，款项以银行存款支付），房地产开发费用中的利息支出为1 200万元（不能按转让房地产项目计算分摊利息支出，也不能提供金融机构证明），房地产开发费用的计算扣除比例为10%。甲房地产开发有限公司取得的增值税专用发票均于取得的当月符合抵扣规定。当地税务机关认为，因转让房地产缴纳的教育费附加、地方教育附加均可视同“与转让房地产有关的税金”，作为土地增值税的扣除项目。

【任务要求】计算甲房地产开发有限公司应纳的土地增值税。

【任务实施】

（1）$\text{销售房地产应纳增值税}=\left(\text{全部价款和价外费用}-\text{当期允许扣除的土地价款}\right)\div（1+9\%）\times 9\%-\text{进项税额}$

=（150 000 000−30 000 000）÷（1+9%）×9%−30 000 000÷（1+13%）×13%−10 000 000÷（1+9%）×9%=5 631 241.37（元）

营业税改征增值税后，土地增值税纳税人转让房地产取得的收入为不含增值税收入。

土地增值税纳税人转让房地产的收入(不含增值税收入)=150000000−（150000000−30000000）÷（1+9%）×9%=140091743.12（元）

（2）取得土地使用权所支付的金额（土地价款）=30 000 000元

房地产开发成本=30 000 000÷（1+13%）+10 000 000÷（1+9%）

=26 548 672.57+9 174 311.93=35 722 984.5（元）

房地产开发费用=（土地价款+房地产开发成本）×10%

=（30 000 000+35 722 984.5）×10%=6 572 298.45（元）

与转让房地产有关的税金=城市维护建设税+教育费附加+地方教育附加

=5 631 241.37×7%+5 631 241.37×3%+5 631 241.37×2%

=394 186.90+168 937.24+112 624.83=675 748.97（元）

加计扣除=（土地价款+房地产开发成本）×20%

=（30 000 000+35 722 984.5）×20%=13 144 596.9（元）

转让房地产的扣除项目金额合计=30 000 000+35 722 984.5+6 572 298.45+675 748.97+13 144 596.9

=86 115 628.82（元）

（3）转让房地产的增值额=140 091 743.12−86 115 628.82=53 976 114.3（元）

（4）增值额与扣除项目金额的比率（增值率）=53 976 114.3÷86 115 628.82×100%=62.68%

适用税率为40%，速算扣除系数为5%。

应纳土地增值税=53 976 114.30×40%−86 115 628.82×5%=17 284 664.28（元）

【任务实例6-10】接【任务实例6-5】资料，山东和祥铁矿有限公司2023年9月底转让其自建的位于县城的一栋办公楼，取得含增值税销售收入12 000万元（作为产权转移书据的商品房销售合同中价税未分别列明），款项已存入银行。山东和祥铁矿有限公司与购买方于2023年9月30日签订商品房销售合同。2012年建造该办公楼时，取得土地使用权所支付的金额为3 000万元，发生建造成本4 000万元。款项均以银行存款支付。该办公楼转让时已经计提折旧3 200万元。转让时经政府批准的房地产评估机构评估后，确定该办公楼的重置成本价为8 000万元，成新度折扣率为60%。土地使用权、房屋等建筑物和构筑物所有权转让书据印花税税率为0.5‰，山东和祥铁矿有限公司支付给房地产评估机构的评估费用为20万元（含增值税，取得增值税普通发票），款项以银行存款支付。山东和祥铁矿有限公司选择简易计税方法缴纳增值税。当地税务机关认为，因转让房地产缴纳的教育费附加、地方教育附加均可视同“与转让房地产有关的税金”，作为土地增值税的扣除项目。

【任务要求】计算山东和祥铁矿有限公司2023年9月上述业务的应纳增值税和应纳土地增值税。

【任务实施】

（1）计算应纳增值税。

一般纳税人转让其2016年4月30日前自建的不动产，可以选择适用简易计税方法计税，以取得的全部价款和价外费用为销售额，按照5%的征收率计算应纳税额。纳税人应按照上述计税方法向不动产所在地主管税务机关预缴税款，向机构所在地主管税务机关申报纳税。

应预缴增值税=120 000 000÷（1+5%）×5%=5 714 285.71（元）

应纳增值税=应预缴增值税=5 714 285.71元

（2）计算应纳土地增值税。

“营改增”后，土地增值税纳税人转让房地产取得的收入为不含增值税收入。

转让房地产的收入（不含增值税收入）=120 000 000÷（1+5%）=114 285 714.29（元）

取得土地使用权所支付的金额=30 000 000元

办公楼的评估价格=80 000 000×60%=48 000 000（元）

支付的评估费用=200 000元

应纳城市维护建设税=5 714 285.71×5%=285 714.29（元）

应纳教育费附加=5 714 285.71×3%=171 428.57（元）

应纳地方教育附加=5 714 285.71×2%=114 285.71（元）

应税产权转移书据印花税的计税依据，为产权转移书据所列的金额，不包括列明的增值税税款。

计算土地增值税时可扣除的印花税=120 000 000×0.5‰=60 000（元）

与转让房地产有关的税金=285 714.29+171 428.57+114 285.71+60 000=631 428.57（元）

计算土地增值税时允许扣除项目金额的合计数=30 000 000+48 000 000+200 000+631 428.57
=78 831 428.57（元）

转让办公楼的增值额=114 285 714.29−78 831 428.57=35 454 285.72（元）

增值率（增值额与扣除项目金额之比）=35 454 285.72÷78 831 428.57×100%=44.97%

适用税率为30%，速算扣除系数为0。

应纳土地增值税=35 454 285.72×30%=10 636 285.72（元）

（七）土地增值税的征收管理

1.土地增值税的纳税期限

纳税人应当自转让房地产合同签订之日起7日内向房地产所在地主管税务机关办理纳税申报，并在税务机关核定的期限内缴纳土地增值税。

根据《土地增值税暂行条例实施细则》的规定，对纳税人在项目全部竣工结算前转让房地产取得的收入可以预征土地增值税。具体办法由各省、自治区、直辖市税务局根据当地情况制定。因此，对纳税人预售房地产所取得的收入，当地税务机关规定预征土地增值税的，纳税人应当到主管税务机关办理纳税申报，并按规定比例预缴，待办理决算后，多退少补；当地税务机关规定不预征土地增值税的，也应在取得收入时先到税务机关登记或备案。

对实行预征办法的地区，自2024年12月1日起，将土地增值税预征率下限降低0.5个百分点。调整后，除保障性住房外，东部地区省份预征率下限为1.5%，中部和东北地区省份预征率下限为1%，西部地区省份预征率下限为0.5%（地区的划分按照国务院有关文件的规定执行）。

2.土地增值税的清算

（1）土地增值税的清算单位。

土地增值税以国家有关部门审批的房地产开发项目为单位进行清算，对于分期开发的项目，以分期项目为单位清算。

开发项目中同时包含普通住宅和非普通住宅的，应分别计算增值额。

（2）土地增值税的清算条件。

符合下列情形之一的，纳税人应进行土地增值税的清算：

❶房地产开发项目全部竣工、完成销售的。

❷整体转让未竣工决算房地产开发项目的。

❸直接转让土地使用权的。

符合下列情形之一的，主管税务机关可要求纳税人进行土地增值税清算：

❶已竣工验收的房地产开发项目，已转让的房地产建筑面积占整个项目可售建筑面积的比例在85%以上，或该比例虽未超过85%，但剩余的可售建筑面积已经出租或自用的。

❷取得销售（预售）许可证满3年仍未销售完毕的。

❸纳税人申请注销税务登记但未办理土地增值税清算手续的。

❹省级税务机关规定的其他情况。

总结 应当进行清算的情形是纳税人的开发项目已经完全转让。

3.土地增值税的纳税地点

土地增值税的纳税人应向房地产所在地主管税务机关办理纳税申报。

提示 “房地产所在地”是指房地产的坐落地。纳税人转让的房地产坐落在两个或两个以上地区的，应按房地产所在地分别申报纳税。

二、土地增值税的会计核算

1.房地产开发企业土地增值税的会计核算

房地产开发企业销售房地产，计提土地增值税时，借记“税金及附加”科目，贷记“应交税费——应交土地增值税”科目；实际缴纳土地增值税时，借记“应交税费——应交土地增值税”科目，贷记“银行存款”科目。

房地产开发企业采取预售方式销售房地产的，对在项目全部竣工结算前转让房地产取得的收入，税务机关可以预征土地增值税，房地产开发企业按税法规定预缴的土地增值税，借记“应交税费——应交土地增值税”科目，贷记“银行存款”科目；待项目办理完土地增值税清算时，借记“税金及附加”科目，贷记“应交税费——应交土地增值税”科目；若收到退回多缴的土地增值税，借记“银行存款”科目，贷记“应交税费——应交土地增值税”科目；若补缴土地增值税，则编制相反的会计分录。

【任务实例6-11】接【任务实例6-9】资料。

【任务要求】对甲房地产开发有限公司上述业务进行账务处理。

【任务实施】

（1）支付土地出让金时：

借：开发成本——土地出让金　　30 000 000

　贷：银行存款　　30 000 000

（2）购买建筑材料时：

借：开发成本——建筑安装费［30 000 000÷（1+13%）］　　26 548 672.57

　　应交税费——应交增值税（进项税额）［30 000 000÷（1+13%）×13%］

　　3 451 327.43

　贷：银行存款　　30 000 000

（3）支付建设工程款时：

借：开发成本——建筑安装费［10 000 000÷（1+9%）］　　9 174 311.93

　　应交税费——应交增值税（进项税额）［10 000 000÷（1+9%）×9%］

　　825 688.07

　贷：银行存款　　10 000 000

（4）转让住宅时：

借：银行存款　　150 000 000

　贷：主营业务收入［150 000 000÷（1+9%）］　　137 614 678.90

　　　应交税费——应交增值税（销项税额）［150 000 000÷（1+9%）×9%］　　12 385 321.10

（5）抵减销项税额时：

借：应交税费——应交增值税（销项税额抵减）［30 000 000÷（1+9%）×9%］

　　2 477 064.22

贷：主营业务成本		2 477 064.22

（6）结转成本时：

借：开发产品	65 722 984.5	
贷：开发成本——土地出让金		30 000 000
——建筑安装费（26 548 672.57+9 174 311.93）		35 722 984.5
借：主营业务成本	65 722 984.5	
贷：开发产品		65 722 984.5

（7）计提城市维护建设税、教育费附加和地方教育附加时：

借：税金及附加	675 748.97	
贷：应交税费——应交城市维护建设税（5 631 241.37×7%）		394 186.90
——应交教育费附加（5 631 241.37×3%）		168 937.24
——应交地方教育附加（5 631 241.37×2%）		112 624.83

（8）缴纳城市维护建设税、教育费附加和地方教育附加时：

借：应交税费——应交城市维护建设税	394 186.90	
——应交教育费附加	168 937.24	
——应交地方教育附加	112 624.83	
贷：银行存款		675 748.97

（9）计提土地增值税时：

借：税金及附加	17 284 664.28	
贷：应交税费——应交土地增值税		1 7284 664.28

（10）缴纳土地增值税时：

借：应交税费——应交土地增值税	17 284 664.28	
贷：银行存款		17 284 664.28

2.非房地产开发企业土地增值税的会计核算

非房地产开发企业对于地上建筑物及其附着物连同国有土地使用权一并转让的业务通过“固定资产清理”等科目核算，按转让时应缴纳的土地增值税税额，借记“固定资产清理”科目，贷记“应交税费——应交土地增值税”科目。实际缴纳土地增值税时，借记“应交税费——应交土地增值税”科目，贷记“银行存款”科目。

【任务实例6-12】接【任务实例6-10】资料。

【任务要求】对山东和祥铁矿有限公司上述业务进行账务处理。

【任务实施】

（1）固定资产转入清理时：

借：固定资产清理	38 000 000	
累计折旧	32 000 000	
贷：固定资产（30 000 000+40 000 000）		70 000 000

（2）取得收入并计提增值税时：

借：银行存款	120 000 000	

贷：固定资产清理 114 285 714.29

应交税费——简易计税［120 000 000÷（1+5%）×5%］ 5 714 285.71

（3）向不动产所在地主管税务机关预缴税款时：

借：应交税费——简易计税 5 714 285.71

贷：银行存款 5 714 285.71

2023年10月申报期内向机构所在地主管税务机关申报纳税时，由于向不动产所在地主管税务机关预缴税款（5 714 285.71元）和向机构所在地主管税务机关申报纳税额（5 714 285.71元）相等，即不需要补缴增值税，因此只需要进行纳税申报，不需要进行账务处理。

（4）支付评估费用时：

借：固定资产清理 200 000

贷：银行存款 200 000

（5）计提城市维护建设税、教育费附加和地方教育附加时：

借：固定资产清理 571 428.57

贷：应交税费——应交城市维护建设税 285 714.29

——应交教育费附加 171 428.57

——应交地方教育附加 114 285.71

（6）实际缴纳城市维护建设税、教育费附加和地方教育附加时：

借：应交税费——应交城市维护建设税 285 714.29

——应交教育费附加 171 428.57

——应交地方教育附加 114 285.71

贷：银行存款 571 428.57

（7）缴纳印花税时：

借：固定资产清理 60 000

贷：银行存款 60 000

（8）计提土地增值税时：

借：固定资产清理 10 636 285.72

贷：应交税费——应交土地增值税 10 636 285.72

（9）缴纳土地增值税时：

借：应交税费——应交土地增值税 10 636 285.72

贷：银行存款 10 636 285.72

（10）结转净收益时：

借：固定资产清理（114 285 714.29−38 000 000−200 000−571 428.57−60 000−10 636 285.72）

64 818 000

贷：资产处置损益 64 818 000

三、土地增值税的纳税申报实务

纳税人对土地增值税进行纳税申报时，应填报“土地增值税税源明细表”（见表6-6）、“财产和行为税减免税明细申报附表”（略）和“财产和行为税纳税申报表”（见表6-4）。

【任务实例6-13】接【任务实例6-10】和【任务实例6-12】资料。

【任务要求】山东和祥铁矿有限公司2023年10月10日对土地增值税进行纳税申报，填写“土地增值税税源明细表”和“财产和行为税纳税申报表”。

【任务实施】填写“土地增值税税源明细表”（见表6-6）和“财产和行为税纳税申报表”（见表6-4）。

表6-6　　　　**土地增值税税源明细表（节选）**[①]

税款所属期限：自2023年09月30日至2023年09月30日

纳税人识别号（统一社会信用代码）：91370709864221122Y

纳税人名称：山东和祥铁矿有限公司　　　　金额单位：人民币元（列至角分）;面积单位：平方米

土地增值税申报计算及减免信息							
申报类型：							
1.从事房地产开发的纳税人预缴适用 □							
2.从事房地产开发的纳税人清算适用 □							
3.从事房地产开发的纳税人按核定征收方式清算适用 □							
4.纳税人整体转让在建工程适用 □							
5.从事房地产开发的纳税人清算后尾盘销售适用 □							
6.转让旧房及建筑物的纳税人适用 ☑							
7.转让旧房及建筑物的纳税人核定征收适用 □							
项目名称		略		项目编码		略	
项目地址		略					
项目总可售面积		略		自用和出租面积		略	
已售面积	略	其中：普通住宅已售面积	略	其中：非普通住宅已售面积	略	其中：其他类型房地产已售面积	略
清算时已售面积		略		清算后剩余可售面积		略	

申报类型	项目	序号	金额
6.转让旧房及建筑物的纳税人适用	一、转让房地产收入总额	1=2+3+4	114 285 714.29
	1.货币收入	2	114 285 714.29
	2.实物收入	3	
	3.其他收入	4	
	二、扣除项目金额合计	（一）5=6+7+10+15 （二）5=11+12+14+15	78 831 428.57
	（一）提供评估价格		
	1.取得土地使用权所支付的金额	6	30 000 000.00
	2.旧房及建筑物的评估价格	7=8×9	48 000 000.00
	其中：旧房及建筑物的重置成本价	8	80 000 000.00
	成新度折扣率	9	60%
	3.评估费用	10	200 000.00
	（二）提供购房发票		
	1.购房发票金额	11	
	2.发票加计扣除金额	12=11×5%×13	
	其中：房产实际持有年数	13	
	3.购房契税	14	
7.转让旧房及建筑物的纳税人核定征收适用	4.与转让房地产有关的税金等	15=16+17+18+19	631 428.57
	其中：营业税	16	
	城市维护建设税	17	285 714.29
	印花税	18	60 000.00
	教育费附加	19	285 714.28
	三、增值额	20=1−5	35 454 285.72
	四、增值额与扣除项目金额之比（%）	21=20÷5	44.97%
	五、适用税率（核定征收率）（%）	22	30%
	六、速算扣除系数（%）	23	0.00
	七、减免税额	24=26+28+30	
	其中：减免税（1） 减免性质代码和项目名称（1）	25	
	减免税额（1）	26	
	减免税（2） 减免性质代码和项目名称（2）	27	
	减免税额（2）	28	
	减免税（3） 减免性质代码和项目名称（3）	29	
	减免税额（3）	30	

① 土地增值税税源明细表原表的内容较多，涉及不同情形土地增值税的缴纳，为了研究需要，此处为节选后的土地增值税税源明细表。土地增值税税源明细表原表可以通过国家税务总局以下网址下载：http://www.chinatax.gov.cn/chinatax/n810341/n810825/c101434/c5163487/content.html，也可以扫描右侧二维码进行下载。

任务四　城镇土地使用税的会计实务

任务引例

甲公司向村委会租用村集体用地，请问是否由甲公司缴纳城镇土地使用税？

一、城镇土地使用税的认知

（一）城镇土地使用税的概念

城镇土地使用税是国家在城市、县城、建制镇和工矿区范围内，对使用土地的单位和个人，以其实际占用的土地面积为计税依据，按照规定的税额计算征收的一种税。

（二）城镇土地使用税的纳税人

城镇土地使用税的纳税人，是指在税法规定的征税范围内使用土地的单位和个人。

提示　“单位”，包括国有企业、集体企业、私营企业、股份制企业、外商投资企业、外国企业以及其他企业和事业单位、社会团体、国家机关、军队以及其他单位；“个人”，包括个体工商户以及其他个人。

城镇土地使用税的纳税人，根据用地者的不同情况分别确定为：

（1）拥有土地使用权的单位和个人，为纳税人。

（2）拥有土地使用权的单位和个人不在土地所在地的，土地的代管人或实际使用人为纳税人。

（3）土地使用权未确定或权属纠纷未解决的，土地的实际使用人为纳税人。

（4）土地使用权共有的，共有各方均为纳税人，以共有各方实际使用土地的面积占总面积的比例，分别计算城镇土地使用税，由共有各方分别缴纳。

总结　受益人纳税原则：谁使用，谁受益，谁纳税。

提示　一般情况下，用于租赁的房屋，由“出租方”缴纳城镇土地使用税。但在城镇土地使用税征税范围内，承租集体所有建设用地的，由直接从集体经济组织承租土地的单位和个人，缴纳城镇土地使用税。

任务引例解析

根据《财政部　国家税务总局关于集体土地城镇土地使用税有关政策的通知》（财税〔2006〕56号）的规定，自2006年5月1日起，在城镇土地使用税征税范围内实际使用应税集体所有建设用地，但未办理土地使用权流转手续的，由实际使用集体土地的单位和个人按规定缴纳城镇土地使用税。

因此，对于甲公司租用的、未办理土地使用权流转手续的村集体用地，应由甲公司缴纳城镇土地使用税。

（三）城镇土地使用税的征税范围

凡在城市、县城、建制镇、工矿区范围内的土地，不论是属于国家所有的，还是属于集体所有的，都属于城镇土地使用税的征税范围。

自2009年1月1日起，公园、名胜古迹内的索道公司的经营用地，应按规定缴纳城镇土地使用税。

（四）城镇土地使用税的税率

城镇土地使用税采用定额税率，即采用有幅度的差别税额，按大、中、小城市和县城、建制镇、工矿区分别规定每平方米城镇土地使用税年应纳税额。城镇土地使用税税率表见表6-7。

表6-7　城镇土地使用税税率表

级别	人口	每平方米税额（元）
大城市	50万人以上	1.5～30
中等城市	20万～50万人	1.2～24
小城市	20万人以下	0.9～18
县城、建制镇、工矿区		0.6～12

（五）城镇土地使用税的计税依据

城镇土地使用税以纳税人实际占用的土地面积为计税依据，土地面积计量标准为每平方米，即税务机关根据纳税人实际占用的土地面积，按照规定的税率计算应纳税额，向纳税人征收城镇土地使用税。

（六）城镇土地使用税应纳税额的计算

城镇土地使用税是以纳税人实际占用的土地面积为计税依据，按照规定的适用税额计算征收。其应纳税额计算公式为：

年应纳税额=实际占用应税土地面积（平方米）×适用税额

【任务实例6-14】接【任务实例6-5】资料，山东和祥铁矿有限公司2023年第三季度生产经营用地的土地面积为16 000平方米，土地名称为A土地。山东和祥铁矿有限公司为土地使用权人。土地性质为国有土地。土地取得方式为转让。土地用途为工业用途。土地坐落地址为山东省济南市开发区东关街道青年路100号。土地所属主管税务机关为山东省济南市开发区税务局。土地取得时间为2018年7月。该土地为一级土地，城镇土地使用税的单位税额为每平方米9元。按照当地规定，城镇土地使用税按年计算、每季度缴纳一次。山东和祥铁矿有限公司2023年10月10日对2023年第三季度的城镇土地使用税进行纳税申报。

【任务要求】计算山东和祥铁矿有限公司2023年第三季度的应纳城镇土地使用税。

【任务实施】2023年第三季度应纳城镇土地使用税=16 000×9÷4=36 000（元）

（七）城镇土地使用税的征收管理

1.城镇土地使用税的纳税义务发生时间

（1）纳税人购置新建商品房，自房屋交付使用之次月起，缴纳城镇土地使用税。

（2）纳税人购置存量房，自办理房屋权属转移、变更登记手续，房地产权属登记机关签发房屋权属证书之次月起，缴纳城镇土地使用税。

（3）纳税人出租、出借房产（由房产所有人缴纳），自交付出租、出借房产之次月起，缴纳城镇土地使用税。

（4）以出让或转让方式有偿取得土地使用权的，应由受让方从合同约定交付土地时间的次月起缴纳城镇土地使用税；合同未约定交付时间的，由受让方从合同签订的次月起缴纳城镇土地使用税。

（5）纳税人新征用的耕地，自批准征用之日起满1年时开始缴纳城镇土地使用税。

（6）纳税人新征用的非耕地，自批准征用次月起缴纳城镇土地使用税。

提示　自2009年1月1日起，纳税人因土地的权利发生变化而依法终止城镇土地使用税纳税义务的，其应纳税款的计算应截止到土地权利发生变化的当月末。

2.城镇土地使用税的纳税期限

城镇土地使用税按年计算、分期缴纳，具体纳税期限由省、自治区、直辖市人民政府确定。以山东省为例，《国家税务总局山东省税务局关于财产和行为税有关政策问题的公告》（国家税务总局山东省税务局公告2019年第3号）规定，城镇土地使用税按季或半年缴纳的，申报纳税期限为季度或半年终了后15日内。

3.城镇土地使用税的纳税地点

城镇土地使用税在土地所在地缴纳。

纳税人使用的土地不属于同一省、自治区、直辖市管辖的，由纳税人分别向土地所在地税务机关缴纳城镇土地使用税；在同一省、自治区、直辖市管辖范围内，纳税人跨地区使用的土地，其纳税地点由各省、自治区、直辖市税务局确定。

二、城镇土地使用税的会计核算

企业计提城镇土地使用税时，借记“税金及附加”科目，贷记“应交税费——应交城镇土地使用税”科目；实际缴纳城镇土地使用税时，借记“应交税费——应交城镇土地使用税”科目，贷记“银行存款”科目。

【任务实例6-15】接【任务实例6-14】资料。

【任务要求】对山东和祥铁矿有限公司2023年第三季度计提城镇土地使用税的业务以及2023年10月缴纳城镇土地使用税的业务进行账务处理。

【任务实施】

（1）2023年7月、8月、9月每月月底计提2023年第三季度各月的城镇土地使用税时，各月分别做如下分录：

借：税金及附加	12 000	
贷：应交税费——应交城镇土地使用税（36 000÷3）		12 000

（2）2023年10月10日，实际缴纳2023年第三季度的城镇土地使用税时：

借：应交税费——应交城镇土地使用税	36 000	
贷：银行存款		36 000

三、城镇土地使用税的纳税申报实务

纳税人对城镇土地使用税进行纳税申报时，应填报“城镇土地使用税　房产税税源明细表”（见表6-8）、“财产和行为税减免税明细申报附表”（略）和“财产和行为税纳税申报表”（见表6-4）。

【任务实例6-16】接【任务实例6-14】和【任务实例6-15】资料。

【任务要求】山东和祥铁矿有限公司2023年10月10日对2023年第三季度的城镇土地使用税进行纳税申报，填写“城镇土地使用税　房产税税源明细表”中的“一、城镇土地使用税税源明细”和“财产和行为税纳税申报表”。

【任务实施】填写“城镇土地使用税　房产税税源明细表”（见表6-8）中的“一、城镇土地使用税税源明细”和“财产和行为税纳税申报表”（见表6-4）。

表 6-8

城镇土地使用税　房产税税源明细表

纳税人识别号（统一社会信用代码）：**91370709864221122Y**

纳税人名称：**山东和祥铁矿有限公司**　　　　金额单位：人民币元（列至角分）；面积单位：平方米

<table>
<tr><td colspan="12">一、城镇土地使用税税源明细[①]</td></tr>
<tr><td colspan="2">*纳税人类型</td><td colspan="3">土地使用权人☑　集体土地使用人□
无偿使用人□　代管人□　实际使用人□（必选）</td><td colspan="2">土地使用权人纳税人识别号（统一社会信用代码）</td><td colspan="2">91370709864221122Y</td><td>土地使用权人名称</td><td colspan="2">山东和祥铁矿有限公司</td></tr>
<tr><td colspan="2">*土地编号</td><td colspan="3">系统自动赋予编号</td><td colspan="2">土地名称</td><td colspan="2">A土地</td><td>不动产权证号</td><td colspan="2">略</td></tr>
<tr><td colspan="2">不动产单元代码</td><td colspan="3">略</td><td colspan="2">宗地号</td><td colspan="2">略</td><td>*土地性质</td><td colspan="2">国有☑
集体□（必选）</td></tr>
<tr><td colspan="2">*土地取得方式</td><td colspan="3">划拨□　出让□
转让☑　租赁□
其他□（必选）</td><td colspan="2">*土地用途</td><td colspan="5">工业☑　商业□　居住□　综合□　房地产开发企业的开发用地□
其他□（必选）</td></tr>
<tr><td colspan="2">*土地坐落地址（详细地址）</td><td colspan="10">山东省（自治区、直辖市）济南市（区）开发县（区）东关乡镇（街道）青年路100号（必填）</td></tr>
<tr><td colspan="2">*土地所属主管税务所（科、分局）</td><td colspan="10">系统自动带出</td></tr>
<tr><td colspan="2">*土地取得时间</td><td>2018年07月</td><td>变更类型</td><td colspan="6">纳税义务终止（权属转移□　其他□）
信息项变更（土地面积变更□　土地等级变更□　减免税变更□　其他□）</td><td>变更时间</td><td>年　月</td></tr>
<tr><td colspan="2">*占用土地面积</td><td>16 000.00</td><td>地价</td><td colspan="2">略</td><td>*土地等级</td><td colspan="3">一级</td><td>*税额标准</td><td>系统自动带出</td></tr>
<tr><td rowspan="5">减免税部分</td><td rowspan="2">序号</td><td colspan="5" rowspan="2">减免性质代码和项目名称</td><td colspan="3">减免起止时间</td><td rowspan="2">减免税土地面积</td><td rowspan="2">月减免税金额</td></tr>
<tr><td>减免起始月份</td><td colspan="2">减免终止月份</td></tr>
<tr><td>1</td><td colspan="5"></td><td>年　月</td><td colspan="2">年　月</td><td></td><td></td></tr>
<tr><td>2</td><td colspan="5"></td><td></td><td colspan="2"></td><td></td><td></td></tr>
<tr><td>3</td><td colspan="5"></td><td></td><td colspan="2"></td><td></td><td></td></tr>
</table>

① 首次进行纳税申报的纳税人，需要填写全部土地的相关信息，此后办理纳税申报时，纳税人的土地及相关信息未发生变化的，可仅对已填报的信息进行确认;发生变化的，仅就变化的内容进行填写。

续表

二、房产税税源明细①							
（一）从价计征房产税明细							
*纳税人类型	产权所有人☑ 经营管理人☐ 承典人☐ 房屋代管人☐ 房屋使用人☐ 融资租赁承租人☐（必选）		所有权人纳税人识别号（统一社会信用代码）	91370709864221122Y		所有权人名称	山东和祥铁矿有限公司
*房产编号	**系统赋予编号**		房产名称	**A房产**			
不动产权证号	**略**		不动产单元代码	**略**			
*房屋坐落地址（详细地址）	山东省（自治区、直辖市）**济南市**（区）**开发县**（区）**东关**乡镇（街道）**青年路100号**（必填）						
*房产所属主管税务所（科、分局）	**系统自动带出**						
房屋所在土地编号	**系统自动带出**		*房产用途	工业☑ 商业及办公☐ 住房☐ 其他☐（必选）			
*房产取得时间	2018年07月	变更类型	纳税义务终止（权属转移☐ 其他☐） 信息项变更（房产原值变更☐ 出租房产原值变更☐ 减免税变更☐ 申报租金收入变更☐ 其他☐）			变更时间	年 月
*建筑面积	**略**		其中：出租房产面积	0.00			
*房产原值	90 000 000.00		其中：出租房产原值	0.00		计税比例	70%
减免税部分	序号	减免性质代码和项目名称		减免起止时间		减免税房产原值	月减免税金额
				减免起始月份	减免终止月份		
	1			年 月	年 月		
	2						
	3						
（二）从租计征房产税明细							
*房产编号			房产名称				
*房产所属主管税务所（科、分局）							
承租方纳税人识别号（统一社会信用代码）			承租方名称				
*出租面积			*申报租金收入				
*申报租金所属租赁期起			*申报租金所属租赁期止				
减免税部分	序号	减免性质代码和项目名称		减免起止时间		减免税租金收入	月减免税金额
				减免起始月份	减免终止月份		
	1			年 月	年 月		
	2						
	3						

① 首次进行纳税申报的纳税人，需要填写全部房产的相关信息，此后办理纳税申报时，纳税人的房产及相关信息未发生变化的，可仅对已填报的信息进行确认;发生变化的，仅就变化的内容进行填写。

任务五　房产税的会计实务

任务引例

甲居民小区内有一处人防设施，产权属于全体业主，由物业公司代为经营管理，房产税应由业主还是物业公司缴纳？

一、房产税的认知

（一）房产税的概念

房产税，是以房产为征税对象，按照房产的计税余值或租金收入向房产所有人或经营管理人等征收的一种税。

（二）房产税的纳税人

房产税的纳税人，是指在我国城市、县城、建制镇和工矿区内拥有房屋产权的单位和个人。其具体包括产权所有人、承典人、房产代管人或者使用人。

提示　“单位”包括国有企业、集体企业、私营企业、股份制企业、外商投资企业、外国企业以及其他企业和事业单位、社会团体、国家机关、军队以及其他单位；上文所述“个人”，包括个体工商户以及其他个人。

❶产权属于国家所有的，其经营管理的单位为纳税人；产权属于集体和个人所有的，集体单位和个人为纳税人。

❷产权出典的，承典人为纳税人。

产权出典是指产权所有人为了某种需要，将自己的房屋在一定的期限内典当给他人使用，以押金形式换取一定数额的现金（或者实物），并立有某种合同（契约）的行为。在此，房屋所有人称为房屋的“出典人”，支付现金（或者实物）的人称为房屋的“承典人”。

链接　房产出租的，房产产权所有人（出租人）为纳税人。

❸产权所有人、承典人均不在房产所在地的，房产代管人或者使用人为纳税人。

❹产权未确定以及租典（租赁、出典）纠纷未解决的，房产代管人或者使用人为纳税人。

❺无租使用其他单位房产的应税单位和个人，依照房产余值代缴纳房产税。

任务引例解析

根据《财政部 国家税务总局关于房产税 城镇土地使用税有关政策通知》（财税〔2006〕186号）的规定，对居民住宅区内业主共有的经营性房产，由实际经营（包括自营和出租）的代管人或使用人缴纳房产税。其中自营的，依照房产原值减除10%～30%后的余值计征，没有房产原值或不能将业主共有房产与其他房产的原值准确划分开的，由房产所在地税务机关参照同类房产核定房产原值；出租的，依照租金收入计征。

因此，由物业公司代为管理经营的人防设施应由物业公司缴纳房产税。

（三）房产税的征税范围

房产税的征税对象是房产，即有屋面和围护结构（有墙或两边有柱），能够遮风避雨，可供人们在其中生产、学习、工作、娱乐、居住或储藏物资的场所。房产税的征税范围是城市、县城、建制镇和工矿区的房屋，不包括农村的房屋。

提示　独立于房屋之外的建筑物，如围墙、烟囱、水塔、菜窖、室外游泳池等不属于房产税的征税范围。

提示　房地产开发企业建造的商品房，在出售前，不征收房产税，但对出售前房地产开发企业已使用或出租、出借的商品房应按规定征收房产税。

（四）房产税的税率

我国现行房产税采用比例税率。从价计征和从租计征实行不同标准的比例税率。

（1）从价计征的，税率为1.2%。

（2）从租计征的，税率为12%。对个人出租住房，不区分用途，按4%的税率征收房产税；对企事业单位、社会团体以及其他组织按市场价格向个人出租用于居住的住房，减按4%的税率征收房产税。

（五）房产税的计税依据

房产税以房产的计税余值或房产的租金收入为计税依据。按房产的计税余值征税的，称为从价计征；按房产的租金收入征税的，称为从租计征。

1.从价计征房产税的计税依据

从价计征房产税的计税依据为房产的计税余值。房产的计税余值是指按照房产原值一次减除10%～30%后的余值。具体减除幅度由省、自治区、直辖市人民政府确定。

（1）房产原值，是指纳税人按照会计制度规定，在账簿“固定资产”科目中记载的房屋原价。

（2）房产原值应包括与房屋不可分割的各种附属设备或一般不单独计算价值的配套设施。主要有：暖气、卫生、通风、照明、煤气等设备；各种管线，如蒸汽、压缩空气、石油、给水排水等管道及电力、电信、电缆导线；电梯、升降机、过道、晒台等。属于房屋附属设备的排水、采暖、消防、中央空调、电气及智能化楼宇设备等，无论在会计核算中是否单独记账与核算，都应计入房产原值，计征房产税。

对更换房屋附属设备和配套设施的，在将其价值计入房产原值时，可扣减原来相应设备和设施的价值；对附属设备和配套设施中易损坏、需要经常更换的零配件，更新后不再计入房产原值。

（3）纳税人对原有房屋进行改建、扩建的，要相应增加房屋的原值。

2.从租计征房产税的计税依据

从租计征房产税的计税依据为房产的租金收入。房产税的租金收入不含增值税。

提示　免征增值税的，确定计税依据时，租金收入不扣减增值税税额。

房产的租金收入，是指房屋产权所有人出租房产使用权所取得的报酬，包括货币收入和实物收入。对以劳务或其他形式为报酬抵付房租收入的，应根据当地同类房产的租金水平，确定一个标准租金额从租计征。

点睛　对出租房产，约定有免收租金期限的，在免收租金期间由产权所有人按照房产原值缴纳房产税。

3.对于投资联营的房产的计税规定

（1）对以房产投资联营、投资者参与投资利润分红、共担风险的，按房产余值作为计税依据计缴房产税。

（2）对以房产投资收取固定收入、不承担经营风险的，实际上是以联营名义取得房屋租金，应以出租方取得的租金收入为计税依据计缴房产税。

（六）房产税应纳税额的计算

（1）从价计征的房产税应纳税额的计算。从价计征是按房产的原值减除一定比例后的余值计征，其计算公式为：

从价计征的房产税应纳税额=应税房产原值×（1−扣除比例）×1.2%

公式中，扣除比例幅度为10%～30%，具体扣除比例幅度由省、自治区、直辖市人民政府规定。

（2）从租计征的房产税应纳税额的计算。从租计征是按房产的租金收入计征，其计算公式为：

从租计征的房产税应纳税额=租金收入×12%（或4%）

【任务实例6-17】接【任务实例6-5】资料，山东和祥铁矿有限公司2023年度拥有一栋房产，房产名称为A房产，房产原值为90 000 000元，全部自用。山东和祥铁矿有限公司为房产的产权所有人，房屋坐落地址为山东省济南市开发区东关街道青年路100号，房产用途为工业用途，房产取得时间为2018年7月。当地规定房产税计算余值的扣除比例为30%。按照当地规定，房产税按年计算、每季度缴纳一次。山东和祥铁矿有限公司2023年10月10日对2023年第三季度的房产税进行纳税申报工作。

【任务要求】计算山东和祥铁矿有限公司2023年第三季度的应纳房产税。

【任务实施】2023年第三季度应纳房产税=90 000 000×（1−30%）×1.2%÷4

=63 000 000×1.2%÷4=189 000（元）

【任务实例6-18】甲公司为增值税一般纳税人，本年度共计拥有土地65 000平方米。本年上半年公司房产原值为4 000万元，自本年7月1日起甲公司将原值200万元、占地面积400平方米的一栋仓库出租给某商场存放货物（本年6月30日交付该仓库给商场），租期1年，每月租金收入2万元。本年9月10日对委托施工单位建设的生产车间办理验收手续，由“在建工程”科目转入“固定资产”科目500万元。当地规定房产税计算余值的扣除比例为30%，房产税按季度进行纳税申报。

【任务要求】计算甲公司本年的应纳房产税。

【任务实施】本年从价计征应纳房产税=（4 000−200）×（1−30%）×1.2%+200×（1−30%）×1.2%÷12×6+500×（1−30%）×1.2%÷12×3

=33.81（万元）

本年从租计征应纳房产税=2×6×12%=1.44（万元）

本年应纳房产税合计=33.81+1.44=35.25（万元）

（七）房产税的征收管理

1.房产税的纳税义务发生时间

（1）纳税人将原有房产用于生产经营，从生产经营之月起，缴纳房产税。

（2）纳税人自行新建房屋用于生产经营，从建成之次月起，缴纳房产税。

（3）纳税人委托施工企业建设的房屋，从办理验收手续之次月起，缴纳房产税。

（4）纳税人购置新建商品房，自房屋交付使用之次月起，缴纳房产税。

（5）纳税人购置存量房，自办理房屋权属转移、变更登记手续，房地产权属登记机关签发房屋权属证书之次月起，缴纳房产税。

（6）纳税人出租、出借房产，自交付出租、出借房产之次月起，缴纳房产税。

（7）房地产开发企业自用、出租、出借本企业建造的商品房，自房屋使用或交付之次月起，缴纳房产税。

（8）自2009年1月1日起，纳税人因房产的实物或权利状态发生变化而依法终止房产税的纳税义务的，其应纳税款的计算应截止到房产的实物或权利发生变化的当月末。

2.房产税的纳税期限

房产税实行按年计算、分期缴纳的征收办法。具体纳税期限由省、自治区、直辖市人民政府规定。以山东省为例，《国家税务总局山东省税务局关于财产和行为税有关政策问题的公告》（国家税务总局山东省税务局公告2019年第3号）规定，房产税按月、季或半年缴纳的，申报纳税期限为月份、季度或半年终了后15日内。

3.房产税的纳税地点

房产税在房产所在地缴纳。房产不在同一地方的纳税人，应按房产的坐落地点分别向房产所在地的税务机关申报纳税。

二、房产税的会计核算

企业经营自用的房屋，按从价计征计算应缴纳的房产税税额，借记“税金及附加”科目，贷记“应交税费——应交房产税”科目；实际缴纳房产税时，借记“应交税费——应交房产税”科目，贷记“银行存款”科目。企业出租的房屋，按从租计征计算应缴纳的房产税税额，借记“税金及附加”科目，贷记“应交税费——应交房产税”科目；实际缴纳房产税时，借记“应交税费——应交房产税”科目，贷记“银行存款”科目。

点睛 全面试行营业税改征增值税后，“营业税金及附加”科目调整为“税金及附加”科目，该科目核算企业经营活动发生的消费税、城市维护建设税、资源税、教育费附加、地方教育附加、房产税、城镇土地使用税、车船税、印花税等相关税费；利润表中的“营业税金及附加”项目调整为“税金及附加”项目。“22号文件”发布前，四小税（房产税、城镇土地使用税、车船税、印花税）记入“管理费用”科目，“22号文件”将其统一记入“税金及附加”科目，这与《小企业会计准则》的规定一致了。

【任务实例6-19】接【任务实例6-17】资料。

【任务要求】对山东和祥铁矿有限公司2023年第三季度计提房产税的业务以及2023年10月缴纳房产税的业务进行账务处理。

【任务实施】

（1）2023年7月、8月、9月每月月底计提2023年第三季度各月的房产税时，各月分别做如下会计分录：

借：税金及附加	63 000	
贷：应交税费——应交房产税（189 000÷3）		63 000

（2）2023年10月10日，实际缴纳2023年第三季度的房产税时：

借：应交税费——应交房产税	189 000	
贷：银行存款		189 000

三、房产税的纳税申报实务

纳税人对房产税进行纳税申报时，应填报“城镇土地使用税 房产税税源明细表”（见表6-8）、“财产和行为税减免税明细申报附表”（略）和“财产和行为税纳税申报表”（见表6-4）。

【任务实例6-20】接【任务实例6-17】和【任务实例6-19】资料。

【任务要求】山东和祥铁矿有限公司2023年10月10日对2023年第三季度的房产税进行纳税申报，填写“城镇土地使用税 房产税税源明细表”中的“二、房产税税源明细”和“财产和行为税纳税申报表”。

【任务实施】填写“城镇土地使用税 房产税税源明细表”（见表6-8）中的“二、房产税税源明细”和“财产和行为税纳税申报表”（见表6-4）。

任务六　耕地占用税的会计实务

任务引例

甲公司新占用了耕地，已经缴纳了耕地占用税，是否还需要缴纳城镇土地使用税？

一、耕地占用税的认知

（一）耕地占用税的概念

耕地占用税是对占用耕地建设建筑物、构筑物或者从事其他非农业建设的单位和个人，就其实际占用的耕地面积征收的一种税。

（二）耕地占用税的纳税人

在我国境内占用耕地建设建筑物、构筑物或者从事非农业建设的单位或者个人为耕地占用税的纳税人。

提示　“单位”，包括国有企业、集体企业、私营企业、股份制企业、外商投资企业、外国企业以及其他企业和事业单位、社会团体、国家机关、部队以及其他单位；“个人”，包括个体工商户以及其他个人。

（三）耕地占用税的征税范围

耕地占用税的征税范围包括纳税人为建设建筑物、构筑物或从事其他非农业建设而占用的耕地。

链接　耕地，是指用于种植农作物的土地。

占用园地、林地、草地、农田水利用地、养殖水面、渔业水域滩涂以及其他农用地建设建筑物、构筑物或者从事非农业建设的，依照税法规定缴纳耕地占用税。但占用上述农用地建设直接为农业生产服务的生产设施的，不缴纳耕地占用税。

占用耕地建设农田水利设施的，不缴纳耕地占用税。纳税人因建设项目施工或者地质勘查临时占用耕地，应当依照税法规定缴纳耕地占用税。纳税人在批准临时占用耕地期满之日起1年内依法复垦，恢复种植条件的，全额退还已经缴纳的耕地占用税。

任务引例解析

根据《城镇土地使用税暂行条例》的规定，新征收的土地，依照下列规定缴纳城镇土地使用税：(1) 征收的耕地，自批准征收之日起满1年时开始缴纳城镇土地使用税；(2) 征收的非耕地，自批准征收次月起缴纳城镇土地使用税。

因此，甲公司对于新占用的耕地，自批准征收之日起满1年时开始缴纳城镇土地使用税。

(四) 耕地占用税的税率

耕地占用税实行地区幅度差别定额税率，以县、自治县、不设区的市、市辖区为单位，按人均占有耕地面积分设4档定额。耕地占用税税率表见表6-9。

表6-9 **耕地占用税税率表**

级数	县、自治县、不设区的市、市辖区人均耕地面积	每平方米税额（元）
1	1亩以下（含1亩）	10～50
2	1～2亩（含2亩）	8～40
3	2～3亩（含3亩）	6～30
4	3亩以上	5～25

各地区耕地占用税的适用税额，由省、自治区、直辖市人民政府根据人均耕地面积和经济发展等情况，在规定的税额幅度内提出，报同级人民代表大会常务委员会决定，并报全国人民代表大会常务委员会和国务院备案。

(五) 耕地占用税的计税依据

耕地占用税以纳税人实际占用的耕地面积为计税依据，按照适用税额标准计算应纳税额，一次性缴纳。

(六) 耕地占用税应纳税额的计算

耕地占用税应纳税额为纳税人实际占用的耕地面积（平方米）乘以适用税额。

耕地占用税应纳税额的计算公式为：

应纳税额=实际占用的耕地面积（平方米）×适用税率（适用单位税额）

【任务实例6-21】接【任务实例6-5】资料，山东和祥铁矿有限公司2023年10月8日新占用16 000平方米耕地（位于青岛市市北区学院路18号）用于工业建设，所占耕地适用的定额税率为40元/平方米。2023年10月10日申报缴纳耕地占用税。

【任务要求】计算山东和祥铁矿有限公司上述业务的应纳耕地占用税。

【任务实施】应纳耕地占用税=16 000×40=640 000（元）

(七) 耕地占用税的征收管理

1.耕地占用税的纳税义务发生时间

耕地占用税由税务机关负责征收。耕地占用税的纳税义务发生时间为纳税人收到自然资源主管部门办理占用耕地手续的书面通知的当日。

2.耕地占用税的纳税期限

耕地占用税对占用耕地实行一次性征收。纳税人应当自纳税义务发生之日起30日内申报缴纳耕地占用税。自然资源主管部门凭耕地占用税完税凭证或者免税凭证和其他有关文件发放建设用地批准书。

3.耕地占用税的纳税地点

纳税人占用耕地或其他农用地，应当在耕地或其他农用地所在地申报纳税。

二、耕地占用税的会计核算

企业可以不通过“应交税费——应交耕地占用税”科目核算耕地占用税，实际缴纳耕地占用税时，直接借记“在建工程”等科目，贷记“银行存款”科目。

企业也可以通过“应交税费——应交耕地占用税”科目核算耕地占用税，企业按应计提的耕地占用税税额，借记“在建工程”等科目，贷记“应交税费——应交耕地占用税”等科目；实际缴纳耕地占用税时，借记“应交税费——应交耕地占用税”科目，贷记“银行存款”科目。

提示　企业凡是不需要预先计提或者可以不预先计提的应纳税款，或者与税务机关不存在纳税债务关系的税款（即企业在发生纳税义务的当期直接计算缴纳的税款），可以不通过“应交税费”科目核算。此类税种包括：印花税、车辆购置税、耕地占用税、契税等。但这仅仅是从简化工作量的角度进行考虑的，结果会导致“应交税费”及其明细账户不能反映企业缴纳的所有税种及其金额，最多只能反映除印花税、车辆购置税、耕地占用税、契税以外的税种及金额，这样不便于分析企业的整体税负。因此，本书建议企业在实务操作中，包括印花税、车辆购置税、耕地占用税、契税在内的所有税种，均通过“应交税费”科目核算。

【任务实例6-22】接【任务实例6-21】资料。

【任务要求】对山东和祥铁矿有限公司的耕地占用税业务进行账务处理。

【任务实施】

（1）计提耕地占用税时：

借：在建工程	640 000	
贷：应交税费——应交耕地占用税		640 000

（2）缴纳耕地占用税时：

借：应交税费——应交耕地占用税	640 000	
贷：银行存款		640 000

或者将上述会计分录合并为：

借：在建工程	640 000	
贷：银行存款		640 000

三、耕地占用税的纳税申报实务

纳税人对耕地占用税进行纳税申报时，应填报“耕地占用税税源明细表”（见表6-10）、“财产和行为税减免税明细申报附表”（略）和“财产和行为税纳税申报表”（见表6-4）。

【任务实例6-23】接【任务实例6-21】和【任务实例6-22】。

【任务要求】山东和祥铁矿有限公司2023年10月10日对2023年10月8日新占用耕地的耕地占用税进行纳税申报，填写“耕地占用税税源明细表”和“财产和行为税纳税申报表”。

【任务实施】填写“耕地占用税税源明细表”（见表6-10）和“财产和行为税纳税申报表”（见表6-4）。

表6-10

耕地占用税税源明细表

纳税人识别号（统一社会信用代码）：**91370709864221122Y**

纳税人名称：**山东和祥铁矿有限公司**　　面积单位：平方米；金额单位：人民币元（列至角分）

<table>
<tr><td rowspan="4">占地方式</td><td rowspan="3">1.经批准按批次转用□
2.经批准单独选址转用☑
3.经批准临时占用□</td><td>项目（批次）名称</td><td colspan="2">略</td><td>批准占地文号</td><td colspan="2">略</td></tr>
<tr><td>批准占地部门</td><td colspan="2">略</td><td>经批准占地面积</td><td colspan="2">16 000.00</td></tr>
<tr><td>收到书面通知日期（或收到经批准改变原占地用途日期）</td><td colspan="2">2023年10月08日</td><td>批准时间</td><td colspan="2">2023年10月08日</td></tr>
<tr><td>4.未批先占□</td><td>认定的实际占地日期（或认定的未经批准改变原占地用途日期）</td><td colspan="3">年　月　日</td><td>认定的实际占地面积</td><td></td></tr>
<tr><td>损毁耕地</td><td colspan="2">挖损☑　采矿塌陷□　压占□　污染□</td><td colspan="2">认定的损毁耕地日期</td><td>2023年10月08日</td><td>认定的损毁耕地面积</td><td>16 000.00</td></tr>
<tr><td>税源编号</td><td>占地位置</td><td>占地用途</td><td>征收品目</td><td>适用税额</td><td>计税面积</td><td>减免性质代码和项目名称</td><td>减免税面积</td></tr>
<tr><td>系统自动生成</td><td>青岛市市北区学院路18号</td><td>工业建设</td><td>耕地——基本农田</td><td>40.00</td><td>16 000.00</td><td></td><td></td></tr>
<tr><td></td><td></td><td></td><td></td><td></td><td></td><td></td><td></td></tr>
<tr><td></td><td></td><td></td><td></td><td></td><td></td><td></td><td></td></tr>
</table>

项目练习

1. 甲油田为增值税一般纳税人，本年5月生产原油100 000吨，当月对外销售70 000吨，每吨售价为5 000元（不含增值税），货款已收到。原油的资源税税率为6%。要求：(1) 计算甲油田本年5月的增值税销项税额和应纳的资源税。(2) 对甲油田上述业务进行账务处理。

2. 甲公司为增值税一般纳税人，本年1月新占用1 000平方米耕地用于建设厂房，适用的耕地占用税税率为20元/平方米。要求：(1) 计算甲公司本年1月应纳的耕地占用税。(2) 对甲公司上述业务进行账务处理。

3. 甲公司为增值税一般纳税人，本年占用土地24 000平方米，其中企业自办的幼儿园占用土地2 400平方米。当地政府核定的城镇土地使用税税额为每平方米2元，城镇土地使用税按季缴纳。要求：(1) 计算甲公司本年第一季度应纳的城镇土地使用税。(2) 对甲公司本年第一季度的城镇土地使用税业务进行账务处理。

项目实训

甲公司为增值税一般纳税人，本年拥有房屋原值1 000万元（含本公司幼儿园使用的房产原值100万元），将其中原值300万元的房屋出租，年租金为24万元（不含增值税），其他自用。当地政府规定按房地产原值一次性减除30%后的余值纳税，房产税按季缴纳。要求：(1) 计算甲公司本年第一季度应纳的房产税。(2) 对甲公司本年第一季度的房产税业务进行账务处理。

项目七 其他税种的会计实务（下）

职业能力目标

（1）能根据相关业务资料计算关税、车辆购置税、车船税、契税、环境保护税、印花税、烟叶税。

（2）能设置关税、车辆购置税、车船税、契税、环境保护税、印花税、烟叶税的会计科目，能根据相关业务资料对关税、车辆购置税、车船税、契税、环境保护税、印花税、烟叶税进行会计核算。

（3）能根据相关业务资料填写财产和行为税纳税申报表以及相关申报表，并能进行车辆购置税、车船税、契税、环境保护税、印花税、烟叶税的纳税申报。

素养提升

长图

四项12条措施便利特殊人员纳税缴费！
一张图带你看看具体内容有哪些

项目引例7——关税的计算、会计核算

山东光明贸易有限公司本年5月12日接到海关通知，从美国进口的甲类高档化妆品30箱已到港，每箱单价5 000美元，开户银行也已收到购货方发票，并根据已开出的银行承兑汇票付清货款，价款与开出的银行承兑汇票全额相同，以美元结算，汇率为1∶6.8。高档化妆品适用的消费税税率为15%、关税税率为20%。

【任务要求】

（1）计算山东光明贸易有限公司进口货物应纳的关税、消费税和增值税。

（2）对山东光明贸易有限公司的进口业务进行账务处理。

【项目引例7解析】见本项目的任务一。

任务一　关税[1]的会计实务

任务引例

海关本年12月发现甲公司5年前存在走私行为，请问海关可以追征关税税款和滞纳金吗？

一、关税的认知

（一）关税的概念

关税是海关依法对进出境货物、物品征收的一种税（就我国而言，关税是我国海关依法对进出口货物、进境物品征收的一种税）。

所谓“境”指关境，又称“海关境域”或“关税领域”，是国家海关法全面实施的领域。在通常情况下，一国关境与国境是一致的，包括国家全部的领土、领海、领空，但是也有不一致的情况。

答疑　甲认为关境即为国境，乙认为关境有时大于国境，丙认为国境有时大于关境。你认为他们的说法正确吗？

答：根据《中华人民共和国香港特别行政区基本法》和《中华人民共和国澳门特别行政区基本法》，香港和澳门保持自由港地位，为我国单独的关税地区，即单独关境区。单独关境区是不完全适用该国海关法律、法规或实施单独海关管理制度的区域。因此我国的关境小于国境。而欧盟的国家都是位于同一关境内，但是位于不同国境，因此其关境大于国境。所以，乙和丙的说法都是正确的。

（二）关税的纳税人和扣缴义务人

1.关税的纳税人

进口货物的收货人、出口货物的发货人、进境物品的携带人或者收件人，是关税的纳税人。

2.关税的扣缴义务人

从事跨境电子商务零售进口的电子商务平台经营者、物流企业和报关企业，以及法律、行政法规规定负有代扣代缴、代收代缴关税税款义务的单位和个人，是关税的扣缴义务人。

（三）关税的征税对象

关税的征税对象是进口的货物、出口的货物、进境的物品。货物是指贸易性商品；物品是指入境旅客随身携带的行李物品、个人邮递物品、各种运输工具上的服务人员携带进口的自用物品和馈赠物品以及其他方式进境的个人物品。

个人合理自用的进境物品，按照简易征收办法征收关税。超过个人合理自用数量的进境物品，按照进口货物征收关税。个人合理自用的进境物品，在规定数额以内的免征关税。进境物品关税简易征收办法和免征关税数额由国务院规定，报全国人民代表大会常务委员会备案。

提示　按征税对象进行分类，我国目前把对进出口货物征收的关税分为进口关税和出口关税两类。

（四）进出口税则和关税税目

1.进出口税则

进出口税则，又称关税税则，是一国政府根据国家包括关税政策在内的经济政策，通过一定的立法程序，制定、公布并实施的进出口货物和物品应税的以关税税目税率表为主

---

①　本教材中关税内容，主要根据自2024年12月1日起施行的《中华人民共和国关税法》编写。2024年11月30日之前，仍然适用《中华人民共和国进出口关税条例》。

体的文件。《中华人民共和国进出口税则》（简称《税则》）是《中华人民共和国关税法》（简称《关税法》）的附件。《税则》包括规则与说明、进口税则、出口税则三个部分。国务院关税税则委员会负责定期编纂、发布《税则》，解释《税则》的税目、税率。

2.关税税目

进口关税税目以世界海关组织《商品名称及编码协调制度》（简称《协调制度》）为基础，由税则号列（简称税号）和目录条文等组成。

出口关税税目与进口税则关税税目相同。

提示 《中华人民共和国关税法》所附《中华人民共和国进出口税则》中的关税税目数共计8 957个。

（五）关税的税率

1.关税税率的类别

进口关税设置最惠国税率、协定税率、特惠税率、普通税率。出口关税设置出口税率。对实行关税配额管理的进出口货物，设置关税配额税率。对进出口货物在一定期限内可以实行暂定税率。

2.关税税率的运用

（1）进出口货物、进境物品，应当适用纳税人、扣缴义务人完成申报之日实施的税率。

（2）进口货物到达前，经海关核准先行申报的，应当适用装载该货物的运输工具申报进境之日实施的税率。

（3）有下列情形之一的，应当适用纳税人、扣缴义务人办理纳税手续之日实施的税率：

❶保税货物不复运出境，转为内销；

❷减免税货物经批准转让、移作他用或者进行其他处置；

❸暂时进境货物不复运出境或者暂时出境货物不复运进境；

❹租赁进口货物留购或者分期缴纳税款。

（4）补征或者退还关税税款，应当按照上述第（1）至（3）条的规定确定适用的税率。

（5）因纳税人、扣缴义务人违反规定需要追征税款的，应当适用违反规定行为发生之日实施的税率；行为发生之日不能确定的，适用海关发现该行为之日实施的税率。

（六）关税的计税依据

关税实行从价计征、从量计征、复合计征的方式征收。实行从价计征的，计税依据为应税进（出）口货物的计税价格。实行从量计征的，计税依据为应税进（出）口货物的计税数量。实行复合计征的，计税依据分别为应税进（出）口货物的计税价格和应税进（出）口货物的计税数量。我国对进（出）口货物征收关税，主要采取从价计征的方式。因此，这里主要阐述应税进（出）口货物的计税价格。

1.进口货物计税价格的确定

进口货物的计税价格以成交价格以及该货物运抵中华人民共和国境内输入地点起卸前的运输及其相关费用、保险费为基础确定。

点睛 进口货物的计税价格又称进口货物的关税完税价格。

（1）进口货物直接计价法。

在正常情况下，对进口货物计税价格的确定一般采用进口货物直接计价法。

进口货物计税价格＝进口货物成交价格＋该货物运抵中华人民共和国境内输入地点起卸前的运输及其相关费用、保险费

进口货物的成交价格，是指卖方向中华人民共和国境内销售该货物时买方为进口该货物向卖方实付、应付的，并按照《关税法》第二十五条、第二十六条规定调整后的价款总额，包括直接支付的价款和间接支付的价款。

进口货物的下列费用应当计入计税价格：❶由买方负担的购货佣金以外的佣金和经纪费；❷由买方负担的与该货物视为一体的容器的费用；❸由买方负担的包装材料费用和包装劳务费用；❹与该货物的生产和向中华人民共和国境内销售有关的，由买方以免费或者以低于成本的方式提供并可以按适当比例分摊的料件、工具、模具、消耗材料及类似货物的价款，以及在中华人民共和国境外开发、设计等相关服务的费用；❺作为该货物向中华人民共和国境内销售的条件，买方必须支付的、与该货物有关的特许权使用费；❻卖方直接或者间接从买方获得的该货物进口后转售、处置或者使用的收益。

点睛　“购货佣金”是指买方为购买进口货物向自己的采购代理人支付的劳务费用。“经纪费”是指买方为购买进口货物向代表买卖双方利益的经纪人支付的劳务费用。

进口时在货物的价款中列明的下列费用、税收，不计入该货物的计税价格：❶厂房、机械、设备等货物进口后进行建设、安装、装配、维修和技术服务的费用，但保修费用除外；❷进口货物运抵中华人民共和国境内输入地点起卸后的运输及其相关费用、保险费；❸进口关税及国内税收。

（2）进口货物海关估价法。

进口货物的成交价格不符合《关税法》第二十四条第三款规定条件，或者成交价格不能确定的，海关经了解有关情况，并与纳税人进行价格磋商后，依次以下列价格估定该货物的计税价格：❶与该货物同时或者大约同时向中华人民共和国境内销售的相同货物的成交价格。❷与该货物同时或者大约同时向中华人民共和国境内销售的类似货物的成交价格。❸与该货物进口的同时或者大约同时，将该进口货物、相同或者类似进口货物在中华人民共和国境内第一级销售环节销售给无特殊关系买方最大销售总量的单位价格，但应当扣除下列项目：a.同等级或者同种类货物在中华人民共和国境内第一级销售环节销售时通常的利润和一般费用以及通常支付的佣金，b.进口货物运抵中华人民共和国境内输入地点起卸后的运输及其相关费用、保险费，c.进口关税及国内税收。❹按照下列各项总和计算的价格：生产该货物所使用的料件成本和加工费用，向中华人民共和国境内销售同等级或者同种类货物通常的利润和一般费用，该货物运抵中华人民共和国境内输入地点起卸前的运输及其相关费用、保险费。❺以合理方法估定的价格。纳税人可以向海关提供有关资料，申请调整上述第❸项和第❹项的适用次序。

2.出口货物计税价格的确定

出口货物的计税价格以该货物的成交价格以及该货物运至中华人民共和国境内输出地点装载前的运输及其相关费用、保险费为基础确定。

点睛　出口货物的计税价格又称出口货物的关税完税价格。

出口货物计税价格的确定方法可以分为以下两种：一种是出口货物直接计价法，即出口货物成交价格加上该货物运至中华人民共和国境内输出地点装载前的运输及其相关费

用、保险费，计算确定出口货物的计税价格的方法；另一种是出口货物海关估价法，即在出口货物的成交价格不能确定的情况下，海关经了解有关情况，并与纳税人进行价格磋商后，估定出口货物的计税价格的方法。

（1）出口货物直接计价法。

在正常情况下，对出口货物计税价格的确定一般采用出口货物直接计价法。

$$出口货物计税价格=出口货物成交价格+该货物运至中华人民共和国境内输出地点装载前的运输及其相关费用、保险费$$

出口货物的成交价格，是指该货物出口时卖方为出口该货物应当向买方直接收取和间接收取的价款总额。出口关税不计入计税价格。

提示 出口关税不计入出口货物计税价格，也就是说出口关税的计税依据中不包括出口关税税款。因此出口关税属于价外税。

（2）出口货物海关估价法。

出口货物的成交价格不能确定的，海关经了解有关情况，并与纳税人进行价格磋商后，依次以下列价格估定该货物的计税价格：❶与该货物同时或者大约同时向同一国家或者地区出口的相同货物的成交价格；❷与该货物同时或者大约同时向同一国家或者地区出口的类似货物的成交价格；❸按照下列各项总和计算的价格：中华人民共和国境内生产相同或者类似货物的料件成本、加工费用，通常的利润和一般费用，境内发生的运输及其相关费用、保险费；❹以合理方法估定的价格。

（七）关税应纳税额的计算

关税应纳税额的计算公式如下：

（1）从价计征应纳税额：

应纳关税=应税进（出）口货物的计税价格 × 比例税率

=应税进（出）口货物的计税数量×单位计税价格×比例税率

（2）从量计征应纳税额：

应纳关税=应税进（出）口货物的计税数量×定额税率

（3）复合计征应纳税额：

应纳关税=应税进(出)口货物的计税价格×比例税率+应税进(出)口货物的计税数量×定税率额

=应税进(出)口货物的计税数量×单位计税价格×比例税率+应税进(出)口货物的计税数量×定额税率

【任务实例 7-1】甲企业为增值税一般纳税人，本年7月进口A型高档化妆品，其成交价格为165 000美元，货物运抵我国关境内输入地点起卸前的包装费为1 500美元，运费为3 000美元，保险费为500美元，款项均以银行存款支付。当日汇率为1美元=7元人民币。A型高档化妆品适用的进口关税税率为60%、进口增值税税率为13%、进口消费税税率为15%，材料按实际成本核算。甲企业从海关取得了海关进口增值税专用缴款书，该海关进口增值税专用缴款书本年7月已经申请稽核比对并且稽核比对结果为相符。

【任务要求】计算甲企业当月进口货物的应纳进口关税、进口环节增值税和进口环节消费税。

【任务实施】计税价格（关税完税价格）=165 000+1 500+3 000+500

=170 000（美元）=170 000×7=1 190 000（元）

应纳进口关税=1 190 000×60%=714 000（元）

A材料的组成计税价格=（1 190 000+714 000）÷（1−15%）=2 240 000（元）

应纳进口环节消费税=2 240 000×15%=336 000（元）

应纳进口环节增值税=2 240 000×13%=291 200（元）

（八）关税的征收管理

1.关税的申报和缴纳

（1）关税的申报。

进出口货物的纳税人、扣缴义务人可以按照规定选择海关办理申报纳税。纳税人、扣缴义务人应当按照规定的期限和要求如实向海关申报税额，并提供相关资料。必要时，海关可以要求纳税人、扣缴义务人补充申报。

（2）关税的缴纳。

进出口货物的纳税人、扣缴义务人应当自完成申报之日起15日内缴纳税款；符合海关规定条件并提供担保的，可以于次月第5个工作日结束前汇总缴纳税款。因不可抗力或者国家税收政策调整，不能按期缴纳的，经向海关申请并提供担保，可以延期缴纳，但最长不得超过6个月。纳税人、扣缴义务人未在上述规定的纳税期限内缴纳税款的，自规定的期限届满之日起，按日加收滞纳税款万分之五的滞纳金。

关税滞纳金的具体计算公式为：

关税滞纳金金额=滞纳关税税额×滞纳金征收比率×滞纳天数

2.关税的确认、追征和退还

（1）关税的确认。

自纳税人、扣缴义务人缴纳税款或者货物放行之日起3年内，海关有权对纳税人、扣缴义务人的应纳税额进行确认。

海关确认的应纳税额与纳税人、扣缴义务人申报的税额不一致的，海关应当向纳税人、扣缴义务人出具税额确认书。纳税人、扣缴义务人应当按照税额确认书载明的应纳税额，在海关规定的期限内补缴税款或者办理退税手续。

经海关确认应纳税额后需要补缴税款但未在规定的期限内补缴的，自规定的期限届满之日起，按日加收滞纳税款万分之五的滞纳金。

（2）关税的追征。

因纳税人、扣缴义务人违反规定造成少征或者漏征税款的，海关可以自缴纳税款或者货物放行之日起3年内追征税款，并自缴纳税款或者货物放行之日起，按日加收少征或者漏征税款万分之五的滞纳金。对走私行为，海关追征税款、滞纳金的，不受上述规定期限的限制，并有权核定应纳税额。

海关发现海关监管货物因纳税人、扣缴义务人违反规定造成少征或者漏征税款的，应当自纳税人、扣缴义务人应缴纳税款之日起3年内追征税款，并自应缴纳税款之日起按日加收少征或者漏征税款万分之五的滞纳金。

提示　海关可以对纳税人、扣缴义务人欠缴税款的情况予以公告。

任务引例解析

根据《关税法》的规定，因纳税人、扣缴义务人违反规定造成少征或者漏征税款的，海关可以自缴纳税款或者货物放行之日起3年内追征税款，并自缴纳税款或者货物放行之日起，按日加收少征或者漏征税款万分之五的滞纳金。对走私行为，海关追征税款、滞纳金的，不受上述规定期限的限制，并有权核定应纳税额。

因此，海关本年12月发现甲公司5年前存在走私行为，海关可以追征关税税款和滞纳金。

(3) 关税的退还。

海关发现多征税款的，应当及时通知纳税人办理退还手续。

纳税人发现多缴税款的，可以自缴纳税款之日起3年内，向海关书面申请退还多缴的税款。海关应当自受理申请之日起30日内查实并通知纳税人办理退还手续，纳税人应当自收到通知之日起3个月内办理退还手续。

有下列情形之一的，纳税人自缴纳税款之日起1年内，可以向海关申请退还关税：❶已征进口关税的货物，因品质、规格原因或者不可抗力，1年内原状复运出境；❷已征出口关税的货物，因品质、规格原因或者不可抗力，1年内原状复运进境，并已重新缴纳因出口而退还的国内环节有关税收；❸已征出口关税的货物，因故未装运出口，申报退关。

申请退还关税应当以书面形式提出，并提供原缴款凭证及相关资料。海关应当自受理申请之日起30日内查实并通知纳税人办理退还手续。纳税人应当自收到通知之日起3个月内办理退还手续。

按照其他有关法律、行政法规规定应当退还关税的，海关应当依法予以退还。按照规定退还关税的，应当加算银行同期活期存款利息。

二、关税的会计核算

(一) 关税会计科目的设置

为正确反映和核算自营进出口业务的关税，根据具体的进口业务和出口业务，纳税人可以在“应交税费”科目中设置“应交进口关税”和“应交出口关税”两个二级明细科目，其贷方分别登记应缴纳的进口和出口关税，借方登记分别已缴纳的进口和出口关税；期末贷方余额分别反映应缴未缴的进口和出口关税，期末借方余额分别反映多缴的进口和出口关税。纳税人也可以不设置“应交税费——应交进口关税”和“应交税费——应交出口关税”科目，在实际缴纳进口关税时，直接借记“在途物资”“原材料”等科目，贷记“银行存款”科目；在实际缴纳出口关税时，直接借记“税金及附加”等科目，贷记“银行存款”等科目。而对于自营进出口业务增值税和消费税，在项目二和项目三已经阐述，在此不再赘述。

另外，为了正确反映和核算代理进口业务的关税、进口环节增值税、进口环节消费税，应设置“应交税费——代收代交进口关税”、“应交税费——代收代交进口增值税（进项税额）”（代理“采用简易计税方法的一般纳税人或者小规模纳税人进口业务”的进口环节增值税则为“应交税费——代收代交进口增值税”）、“应交税费——代收代交进口消费税”科目；为了核算代理出口业务的关税、出口环节增值税、出口环节消费税，应设置“应交税费——代收代交出口关税”、“应交税费——代收代交出口增值税（销项税额）”（代理“采用简易计税方法的一般纳税人出口业务”的出口环节增值税则为“应交税费——代收代交出口增值税简易计税”，代理“采用简易计税方法的小规模纳税人出口业务”的出口环节增值税则为“应交税费——代收代交出口增值税”）、“应交税费——代收代交出口消费税”科目。

（二）进口关税的会计核算实务

1.自营进口业务关税的会计核算

企业自营进口业务的关税，通过“应交税费——应交进口关税”和“在途物资”等科目进行会计核算。企业按应缴纳的进口关税额，借记“在途物资”等科目，贷记“应交税费——应交进口关税”科目；实际缴纳进口关税时，借记“应交税费——应交进口关税”科目，贷记“银行存款”等科目。企业自营进口业务的关税，也可以不通过“应交税费——应交进口关税”科目，而是将其与进口货物的价款、国外运费、装卸费、保险费、国内费用一并直接计入进口货物的采购成本，借记“在途物资”等科目，贷记“银行存款”“应付账款”等科目。

【任务实例7-2】接【任务实例7-1】资料。

【任务要求】对甲公司上述业务进行账务处理。

【任务实施】

（1）支付货价时：

借：在途物资——A型高档化妆品　1 155 000

　贷：银行存款（165 000×7）　1 155 000

（2）支付包装费、运费、保险费时：

借：在途物资——A型高档化妆品　35 000

　贷：银行存款［（1 500+3 000+500）×7］　35 000

（3）确认应纳进口关税和进口环节消费税时：

借：在途物资——A型高档化妆品　（714 000+336 000）　1 050 000

　贷：应交税费——应交进口关税　714 000

　　　　　　——应交消费税　336 000

（4）缴纳进口关税、进口环节消费税、进口环节增值税时：

借：应交税费——应交进口关税　714 000

　　　　　——应交消费税　336 000

　　　　　——应交增值税（进项税额）　291 200

　贷：银行存款（714 000 +336 000 +291 200）　1 341 200

［上述第（3）和第（4）个分录可以合并为：

借：在途物资——A型高档化妆品（714 000+336 000）　1 050 000

　　　　　——应交增值税（进项税额）　291 200

　贷：银行存款（714 000 +336 000 +291 200）　1 341 200］

（5）货物验收入库时：

借：原材料（或库存商品）——A型高档化妆品　2 240 000

　贷：在途物资——A型高档化妆品　（1 155 000 +35 000+1 050 000）　2 240 000

2.代理进口业务关税的会计核算

代理进口业务是受托方（一般为进出口公司）接受委托方（一般为工业企业）的委托，代理货物进口并收取代理手续费的交易活动。

对于代理进口业务，受托方一般不垫付货款，而是以收取手续费形式为委托方提供代理服务，所以，因进口货物而缴纳的进口关税、进口环节增值税、进口环节消费税仍应由委托方负担，受托方只是代缴进口关税、进口环节增值税、进口环节消费税，日后要与委托方结算。

代理进口业务的受托方按计算应代收代缴的进口关税额、进口环节增值税额、进口环节消费税额，借记“合同负债”（或“应收账款”或“应付账款”）科目[①]，贷记“应交税费——代收代交进口关税”、“应交税费——代收代交进口增值税（进项税额）”（代理“采用简易计税方法的一般纳税人或者小规模纳税人进口业务”的进口环节增值税则为“应交税费——代收代交进口增值税”）、“应交税费——代收代交进口消费税”科目；实际缴纳进口关税、进口环节增值税、进口环节消费税时，借记“应交税费——代收代交进口关税”、“应交税费——代收代交进口增值税（进项税额）”（代理“采用简易计税方法的一般纳税人或者小规模纳税人进口业务”的进口环节增值税则为“应交税费——代收代交进口增值税”）、“应交税费——代收代交进口消费税”科目，贷记“银行存款”科目。

【任务实例 7-3】甲进出口公司和乙公司均为增值税一般纳税人。甲进出口公司本年 7 月接受乙公司的委托进口一批货物（非应税消费品），乙公司支付的预付款为 2 550 000 元人民币，乙公司已汇入甲进出口公司的银行存款账户。该进口货物的货价、货物运抵我国境内输入地点起卸前的运输及其相关费用、保险费合计为 240 000 美元。该进口货物适用的进口关税税率为 20%，进口增值税税率为 13%，当日的外汇牌价为 1 美元 =7.1 元人民币。甲进出口公司按关税完税价格的 2% 从乙公司收取代理手续费（含增值税），并向乙公司开具增值税专用发票。现该批商品已运达，向委托单位办理结算。从海关取得的海关进口增值税专用缴款书本年 7 月已经申请稽核比对并且稽核比对结果为相符。

【任务要求】

（1）计算甲进出口公司应代收代缴的进口关税、进口环节增值税；

（2）计算甲进出口公司的代理手续费及增值税销项税额；

（3）对甲进出口公司上述业务进行账务处理。

【任务实施】

（1）关税完税价格=240 000×7.1=1 704 000（元人民币）

应纳进口关税=1 704 000×20%=340 800（元人民币）

应纳进口环节增值税=1 704 000×（1+20%）×13%=265 824（元人民币）

（2）代理手续费=1 704 000×2%=34 080（元人民币）

甲进出口公司收取代理手续费应计提的增值税销项税额=34 080÷（1+6%）×6%=1 929.06（元人民币）

（3）收到委托方乙公司划来的进口货款时：

借：银行存款	2 550 000	
贷：合同负债——乙公司		2 550 000

收到进口单证向外方支付货款时：

借：合同负债——乙公司	1 704 000	
贷：银行存款		1 704 000

计提应代收代缴的进口关税和进口环节增值税时：

借：合同负债——乙公司	606 624	

① 这里使用“合同负债”或“应收账款”或“应付账款”科目都是可以的，根据不同的情形，实际上是预收或者应收款项，作为过渡账户进行核算。有观点认为可以使用“预收账款”科目，但根据《企业会计准则第 14 号——收入》（2017 年修订），与商品销售相关的预收款项只能通过“合同负债”科目核算，不能通过“预收账款”科目核算。

贷：应交税费——代收代交进口关税 340 800
——代收代交进口增值税（进项税额） 265 824

缴纳代收的进口关税和进口环节增值税时：

借：应交税费——代收代交进口关税 340 800
——代收代交进口增值税（进项税额） 265 824
贷：银行存款 606 624

确认代理进口业务的手续费和应计提的增值税销项税额时：

借：合同负债——乙公司 34 080
贷：其他业务收入（或主营业务收入）［34 080÷（1+6%）］ 32 150.94
应交税费——应交增值税（销项税额） 1 929.06

将委托方乙公司剩余的进口货款退回时：

借：合同负债——乙公司（2 550 000-1 704 000-606 624-34 080） 205 296
贷：银行存款 205 296

（三）出口关税的会计核算实务

1. 自营出口关税的会计核算

征收出口关税的货物项目很少，主要为少数资源性产品及易于竞相杀价、盲目出口、需要规范出口秩序的半制成品。企业自营出口业务的关税，通过“应交税费——应交出口关税”等科目进行会计核算。纳税人按应缴纳的出口关税额，借记“税金及附加”科目，贷记“应交税费——应交出口关税”科目；实际缴纳出口关税时，借记“应交税费——应交出口关税”科目，贷记“银行存款”等科目。企业自营出口业务的关税，也可以不通过“应交税费——应交出口关税”科目，而是直接借记“税金及附加” 科目，贷记“银行存款”科目。

【任务实例 7-4】甲合金厂为增值税一般纳税人，本年 7 月向英国出口一批稀缺物资（属于出口关税的征税范围），离岸价折合人民币为 2 800 000 元，该批稀缺物资出口关税税率为 40%，关税以支票支付。该批稀缺物资出口环节不需要缴纳增值税和消费税。

【任务要求】

（1）计算甲合金厂应纳的出口关税。

（2）对甲合金厂上述业务进行账务处理（只考虑涉及出口关税的账务处理）。

【任务实施】

（1）应纳出口关税=2 800 000÷（1+40%）×40%=800 000（元人民币）

（2）计提出口关税时：

借：税金及附加 800 000
贷：应交税费——应交出口关税 800 000

实际缴纳出口关税时：

借：应交税费——应交出口关税 800 000
贷：银行存款 800 000

上述两个分录可以合并为：

借：税金及附加 800 000
贷：银行存款 800 000

2. 代理出口业务关税的会计核算

代理出口业务是受托方（一般为进出口公司）接受委托方（一般为工业企业）的委托，代理货物出口并收取代理手续费的交易活动。

对于代理出口业务，受托方是以收取手续费形式为委托方提供代理服务，所以，因出口货物而缴纳的出口关税、出口环节增值税、出口环节消费税仍应由委托方负担，受托方只是代缴出口关税、出口环节增值税、出口环节消费税，日后要与委托方结算。

代理出口业务的受托方按计算应代收代缴的出口关税额、出口环节增值税额、出口环节消费税额，借记“应收账款”（或“合同负债”或“应付账款”）科目①，贷记“应交税费——代收代交出口关税”、“应交税费——代收代交出口增值税（销项税额）”（代理“采用简易计税方法的一般纳税人出口业务”的出口环节增值税则为“应交税费——代收代交出口增值税简易计税”，代理“采用简易计税方法的小规模纳税人出口业务”的出口环节增值税则为“应交税费——代收代交出口增值税”）、“应交税费——代收代交出口消费税”科目；实际缴纳出口关税、出口环节增值税、出口环节消费税时，借记“应交税费——代收代交出口关税”、“应交税费——代收代交出口增值税（销项税额）”（代理“采用简易计税方法的一般纳税人出口业务”的出口环节增值税则为“应交税费——代收代交出口增值税简易计税”，代理“采用简易计税方法的小规模纳税人出口业务”的出口环节增值税则为“应交税费——代收代交出口增值税”）、“应交税费——代收代交出口消费税”科目，贷记“银行存款”科目。

【任务实例 7-5】甲进出口公司为增值税一般纳税人，本年 7 月代理乙公司出口一批稀缺物资（属于出口关税的征税范围），离岸价折合人民币为 560 000 元，出口关税税率为 40%。甲进出口公司应从乙公司收取代理出口的手续费 21 200 元（含增值税）。该批稀缺物资出口环节不需要缴纳增值税和消费税。

【任务要求】

（1）计算甲进出口公司应代收代缴的出口关税。

（2）对甲进出口公司上述业务进行账务处理（只考虑涉及出口关税、代理出口业务的手续费及增值税销项税额的账务处理）。

【任务实施】

（1）计提应代收代缴的出口关税时：

应代收代缴的出口关税=560 000÷（1+40%）×40%=160 000（元人民币）

借：应收账款——乙公司	160 000	
贷：应交税费——代收代交出口关税		160 000

（2）缴纳代收的出口关税时：

借：应交税费——代收代交出口关税	160 000	
贷：银行存款		160 000

（3）确认代理出口业务的手续费和应计提的增值税销项税额时：

收取代理出口业务的手续费应计提的增值税销项税额=21 200÷（1+6%）×6%=20 000×6%=1 200（元）

① 这里使用“应收账款”或“合同负债”或“应付账款”科目都是可以的，根据不同的情形，实际上是应收或者预收款项，作为过渡账户进行核算。有观点认为可以使用“预收账款”科目，但根据《企业会计准则第14号——收入》（2017年修订），与商品销售相关的预收款项只能通过“合同负债”科目核算，不能通过“预收账款”科目核算。

借：应收账款——乙公司　21 200
　贷：其他业务收入（或主营业务收入）　20 000
　　应交税费——应交增值税（销项税额）　1 200

（4）收到乙公司支付的出口关税、代理出口业务的手续费及增值税销项税额时：

借：银行存款（160 000+21 200）　181 200
　贷：应收账款——乙公司　181 200

项目引例7解析

（1）计算山东光明贸易有限公司进口货物应纳的关税、消费税和增值税。

❶计算关税完税价格。

关税完税价格=5 000×30×6.8=1 020 000（元人民币）

❷计算应纳关税。

应纳关税=1 020 000×20%=204 000（元人民币）

❸计算应纳消费税。

应纳消费税=（1 020 000+204 000）÷（1−15%）×15%=216 000（元人民币）

❹计算应纳增值税。

应纳增值税=（1 020 000+204 000+216 000）×13%=187 200（元人民币）

（2）对山东光明贸易有限公司的进口业务进行账务处理。

❶支付进口高档化妆品货款时：

借：在途物资　1 020 000
　贷：银行存款　1 020 000

❷缴纳进口高档化妆品关税时：

借：在途物资　204 000
　贷：银行存款　204 000

❸缴纳进口高档化妆品消费税时：

借：在途物资　216 000
　贷：银行存款　216 000

❹缴纳进口高档化妆品增值税时：

借：应交税费——应交增值税（进项税额）　187 200
　贷：银行存款　187 200

❺进口高档化妆品验收入库时：

借：库存商品　1 440 000
　贷：在途物资　1 440 000

任务二　车辆购置税的会计实务

任务引例

甲公司购买一辆机动车，因质量问题退回厂家，车辆购置税是否可以退还，退税金额如何计算？

一、车辆购置税的认知

（一）车辆购置税的概念

车辆购置税，是对在中国境内购置规定车辆的单位和个人征收的一种税，就其性质而言，属于直接税的范畴。

（二）车辆购置税的纳税人

在我国境内购置汽车、有轨电车、汽车挂车、排气量超过150毫升的摩托车（以下统称应税车辆）的单位和个人，为车辆购置税的纳税人。

购置，是指购买、进口、自产、受赠、获奖或者以其他方式取得并自用应税车辆的行为。

点睛 纳税人进口自用应税车辆，是指纳税人直接从境外进口或者委托代理进口自用的应税车辆，不包括在境内购买的进口车辆。

提示 “单位”，包括国有企业、集体企业、私营企业、股份制企业、外商投资企业、外国企业以及其他企业、事业单位、社会团体、国家机关、部队以及其他单位；“个人”，包括个体工商户以及其他个人。

（三）车辆购置税的征税范围

车辆购置税的征税范围包括汽车、有轨电车、汽车挂车、排气量超过150毫升的摩托车。

点睛 地铁、轻轨等城市轨道交通车辆，装载机、平地机、挖掘机、推土机等轮式专用机械车，以及起重机（吊车）、叉车、电动摩托车，不属于应税车辆。

（四）车辆购置税的税率

车辆购置税采用10%的比例税率。

（五）车辆购置税的计税依据

车辆购置税的计税依据为应税车辆的计税价格。计税价格根据不同情况，按照下列规定确定：

（1）纳税人购买自用的应税车辆的计税价格，为纳税人实际支付给销售者的全部价款（含价外费用），不包括增值税税款。

购买自用应税车辆计征车辆购置税的计税依据，与销售方计算增值税的计税依据一致。

计税价格（不含增值税的销售价格）=含增值税的销售价格÷（1+增值税税率或征收率）

=（含增值税价款+价外费用）÷（1+增值税税率或征收率）

点睛 纳税人购买自用应税车辆实际支付给销售者的全部价款，依据纳税人购买应税车辆时相关凭证载明的价格确定，不包括增值税税款。

（2）纳税人进口自用应税车辆的计税价格，为关税完税价格加上关税和消费税，即组成计税价格。进口自用应税车辆计征车辆购置税的计税依据，与进口方计算增值税的计税依据一致。

❶如果进口自用车辆是属于消费税征税范围的小汽车、摩托车等应税车辆，则其组成计税价格为：

计税价格（组成计税价格）=关税完税价格+关税+消费税=（关税完税价格+关税）÷（1-消费税比例税率）

❷如果进口自用车辆是不属于消费税征税范围的大卡车、大客车等应税车辆，则其组成计税价格公式简化为：

计税价格（组成计税价格）=关税完税价格+关税

（3）纳税人自产自用应税车辆的计税价格，按照纳税人生产的同类应税车辆（即车辆配置序列号相同的车辆）的销售价格确定，不包括增值税税款。没有同类应税车辆销售价格的，按照组成计税价格确定。组成计税价格的计算公式如下：

组成计税价格=成本×（1+成本利润率）

属于应征消费税的应税车辆，其组成计税价格应加计消费税税额。上述公式中的成本利润率由各省、自治区、直辖市和计划单列市税务局确定。

（4）纳税人以受赠、获奖或者其他方式取得自用应税车辆的计税价格，按照购置应税车辆时相关凭证载明的价格确定，不包括增值税税款。

（5）免税、减税车辆因转让、改变用途等原因不再属于免税、减税范围的，纳税人应当在办理车辆转移登记或者变更登记前缴纳车辆购置税。计税价格以免税、减税车辆初次办理纳税申报时确定的计税价格为基准，每满1年扣减10%。

（六）车辆购置税应纳税额的计算

1.一般情况下自用应税车辆应纳税额或应退税额的计算

（1）购买自用应税车辆应纳税额的计算。

购买自用应税车辆应纳税额的计算公式如下：

应纳车辆购置税=含增值税的销售价格÷（1+增值税税率或征收率）×车辆购置税税率

=（含增值税价款+价外费用）÷（1+增值税税率或征收率）×车辆购置税税率

=不含增值税的销售价格×车辆购置税税率

（2）进口自用应税车辆应纳税额的计算。

纳税人进口自用应税车辆应纳税额的计算分为两种情况：

❶如果进口自用车辆是属于消费税征税范围的小汽车、摩托车等应税车辆，则其应纳税额的计算公式为：

应纳车辆购置税=（关税完税价格+关税+消费税）×车辆购置税税率

=（关税完税价格+关税）÷（1-消费税比例税率）×车辆购置税税率

❷如果进口自用车辆是不属于消费税征税范围的大卡车、大客车等应税车辆，则其应纳税额的计算公式为：

应纳车辆购置税=（关税完税价格+关税）×车辆购置税税率

（3）自产自用应税车辆应纳税额的计算。

❶纳税人自产自用应税车辆，若有同类应税车辆的销售价格，则其应纳税额的计算公式为：

应纳车辆购置税=同类应税车辆的销售价格×车辆购置税税率

❷纳税人自产自用应税车辆，若没有同类应税车辆的销售价格，则其应纳税额的计算分为两种情况：

a.如果自产自用车辆是属于消费税征税范围的小汽车、摩托车等应税车辆，则其应纳税额为：

应纳车辆购置税=组成计税价格×车辆购置税税率

=［成本×（1+成本利润率）+消费税］×车辆购置税税率

=成本×（1+成本利润率）÷（1-消费税比例税率）×车辆购置税税率

b.如果自产自用车辆是不属于消费税征税范围的大卡车、大客车等应税车辆，则其应纳税额为：

应纳车辆购置税=组成计税价格×车辆购置税税率=成本×（1+成本利润率）×车辆购置税税率

（4）以受赠、获奖或者其他方式取得自用应税车辆应纳税额的计算。

以受赠、获奖或者其他方式取得自用应税车辆应纳税额的计算公式如下：

应纳车辆购置税=购置应税车辆时相关凭证载明的价格×车辆购置税税率

提示 纳税人申报的应税车辆计税价格明显偏低又无正当理由的，由税务机关依照《税收征收管理法》的规定核定其应纳税额。

【任务实例7-6】接【任务实例6-5】资料，山东和祥铁矿有限公司2023年9月25日新购置一辆乘用车，支付给销售方价款226 000元（含增值税），并取得销售方开具的机动车销售统一发票，款项以银行存款支付。买卖合同（2023年9月25日签订）列明不含增值税价款200 000元，增值税税额26 000元。车辆购置税的税率为10%。该乘用车的车牌号码为鲁A123XX，车辆识别代号（车架号）为ABCD1232565001232，发动机气缸容量为2.5升，载客人数为4人。

【任务要求】计算山东和祥铁矿有限公司2023年9月的应纳车辆购置税。

【任务实施】应纳车辆购置税=226 000÷（1+13%）×10%=200 000×10%=20 000（元）

2.特殊情况下自用应税车辆应纳税额或应退税额的计算

（1）减税、免税条件消失车辆应纳税额的计算。免税、减税车辆由于转让、改变用途等原因不再属于免税、减税范围的，纳税人应当在办理车辆转移登记或者变更登记前缴纳车辆购置税。计税价格以免税、减税车辆初次办理纳税申报时确定的计税价格为基准，每满一年扣减10%，并据此计算缴纳车辆购置税。

已经办理免税、减税手续的车辆由于转让、改变用途等原因不再属于免税、减税范围的，纳税人、纳税义务发生时间、应纳税额按以下规定执行：

❶发生转让行为的，受让人为车辆购置税纳税人；未发生转让行为的，车辆所有人为车辆购置税纳税人。

❷纳税义务发生时间为车辆转让或者用途改变等情形发生之日。

❸应纳税额计算公式如下：

应纳车辆购置税=初次办理纳税申报时确定的计税价格×（1-使用年限×10%）×10%-已纳车辆购置税

应纳税额不得为负数。

使用年限的计算方法是，自纳税人初次办理纳税申报之日起至不再属于免税、减税范围的情形发生之日止。使用年限取整计算，不满一年的不计算在内。

（2）应税车辆退回时应退税额的计算。纳税人将已征车辆购置税的车辆退回车辆生产企业或者销售企业的，可以向主管税务机关申请退还车辆购置税。退税额以已缴税款为基准，自缴纳税款之日至申请退税之日，每满一年扣减10%。

已征车辆购置税的车辆退回车辆生产企业或销售企业，纳税人申请退还车辆购置税的，应退税额计算公式如下：

应退车辆购置税=已纳车辆购置税×（1-使用年限×10%）

应退税额不得为负数。

使用年限的计算方法是，自纳税人缴纳税款之日起至申请退税之日止。

（七）车辆购置税的征收管理

1.车辆购置税的纳税环节

车辆购置税由税务机关负责征收。车辆购置税实行一次性征收。购置已征车辆购置税的车辆，不再征收车辆购置税。但减税、免税条件消失的车辆，应按规定缴纳车辆购置税。征税环节选择在使用环节（即最终消费环节）。具体而言，纳税人应当在向公安机关交通管理部门办理车辆注册登记前，缴纳车辆购置税。公安机关交通管理部门办理车辆注册登记，应当根据税务机关提供的应税车辆完税或者免税电子信息对纳税人申请登记的车辆信息进行核对，核对无误后依法办理车辆注册登记。

任务引例解析

根据《中华人民共和国车辆购置税法》的规定，纳税人将已征车辆购置税的车辆退回车辆生产企业或者销售企业的，可以向主管税务机关申请退还车辆购置税。退税额以已缴税款为基准，自缴纳税款之日至申请退税之日，每满1年扣减10%。

因此，甲公司购买一辆机动车，因质量问题退回厂家，车辆购置税可以退还，退税金额以已缴税款为基准，自缴纳税款之日至申请退税之日，每满1年扣减10%。

2.车辆购置税的纳税义务发生时间

车辆购置税的纳税义务发生时间为纳税人购置应税车辆的当日。

3.车辆购置税的纳税期限

纳税人应当自纳税义务发生之日起60日内申报缴纳车辆购置税。

链接　耕地占用税，一次性缴纳。

4.车辆购置税的纳税地点

纳税人购置应税车辆，应当向车辆登记地的主管税务机关申报缴纳车辆购置税；购置不需要办理车辆登记的应税车辆的，应当向纳税人所在地的主管税务机关申报缴纳车辆购置税。

二、车辆购置税的会计核算

车辆购置税一般在发生当期直接缴纳，企业可以不通过“应交税费——应交车辆购置税”科目核算车辆购置税。企业实际缴纳车辆购置税时，直接借记“固定资产”等科目，贷记“银行存款”科目。

在特殊情况下，企业为了会计核算的需要，也可以通过“应交税费——应交车辆购置税”科目核算车辆购置税。企业购置应税车辆或者免税、减税车辆因转让、改变用途等原因不再属于免税、减税范围的，按应计提或者补缴的车辆购置税税额，借记“固定资产”等科目，贷记“应交税费——应交车辆购置税”科目；实际缴纳车辆购置税时，借记“应交税费——应交车辆购置税”科目，贷记“银行存款”科目。

【任务实例7-7】接【任务实例7-6】资料。

【任务要求】对山东和祥铁矿有限公司上述车辆购置税涉税业务进行账务处理。

【任务实施】

（1）计提车辆购置税时：

借：固定资产［226 000÷（1+13%）+20 000］	220 000	
应交税费——应交增值税（进项税额）［226 000÷（1+13%）×13%］	26 000	
贷：应交税费——应交车辆购置税		20 000
银行存款		226 000

（2）缴纳车辆购置税时：

借：应交税费——应交车辆购置税	20 000	
贷：银行存款		20 000

或者将上述会计分录合并为：

借：固定资产　　220 000

　　应交税费——应交增值税（进项税额）　　26 000

　贷：银行存款　　246 000

三、车辆购置税的纳税申报实务

纳税人对车辆购置税进行纳税申报时，应填报“车辆购置税纳税申报表”（见表7-1）。

表7-1　　**车辆购置税纳税申报表**

填表日期：2023年10月10日　　金额单位：元

纳税人名称	山东和祥铁矿有限公司		申报类型	☑征税 □免税 □减税	
证件名称	营业执照		证件号码	91370709864221122Y	
联系电话	0531-777777××		地　址	山东省济南市开发区和祥路777号	
合格证编号（货物进口证明书号）	略		车辆识别代号/车架号	ABCD1232565001232	
厂牌型号	略				
排量（cc）	2.5升		机动车销售统一发票代码	略	
机动车销售统一发票号码	略		不含税价	200 000.00	
海关进口关税专用缴款书（进出口货物征免税证明）号码				略	
关税完税价格		关　税		消费税	
其他有效凭证名称		其他有效凭证号码		其他有效凭证价格	
购置日期	2023年09月25日	申报计税价格	200 000.00	申报免（减）税条件或者代码	
是否办理车辆登记	否	车辆拟登记地点	济南		
纳税人声明： 本纳税申报表是根据国家税收法律法规及相关规定填报的，我确定它是真实的、可靠的、完整的。 纳税人（签名或盖章）：山东和祥铁矿有限公司					
委托声明： 现委托（姓名）________（证件号码）____________办理车辆购置税涉税事宜，提供的凭证、资料是真实、可靠、完整的。任何与本申报表有关的往来文件，都可交予此人。 委托人（签名或盖章）：　　被委托人（签名或盖章）：					
以下由税务机关填写					
免（减）税条件代码					
计税价格	税率	应纳税额	免（减）税额	实纳税额	滞纳金金额
200 000.00	10%	20 000.00		20 000.00	
受理人： 年　月　日		复核人（适用于免、减税申报）： 年　月　日		主管税务机关（章）	

【任务实例7-8】接【任务实例7-6】和【任务实例7-7】资料。

【任务要求】山东和祥铁矿有限公司2023年10月10日对2023年9月新购置乘用车的车辆购置税进行纳税申报，填写“车辆购置税纳税申报表”。

【任务实施】填写“车辆购置税纳税申报表”（见表7-1）。

任务三　车船税的会计实务

任务引例

甲公司因暴雨天气致使一辆车被淹报废，是否可以申请退还车船税？

一、车船税的认知

（一）车船税的概念

车船税是以车辆、船舶（简称车船）为征税对象，向车船的所有人或者管理人征收的一种税。

（二）车船税的纳税人和扣缴义务人

车船税的纳税人，是指在中华人民共和国境内属于税法规定的车辆、船舶的所有人或者管理人。

提示　外商投资企业、外国企业、华侨、外籍人员和港、澳、台同胞，也属于车船税的纳税人。

根据《中华人民共和国车船税法》（以下简称《车船税法》）的规定，从事机动车第三者责任强制保险业务的保险机构为机动车车船税的扣缴义务人（这里指的是代收代缴义务人），应当在收取保险费时依法代收车船税，并出具代收税款凭证。

提示　扣缴义务人的概念有狭义和广义之分。狭义的扣缴义务人特指代扣代缴义务人；广义的扣缴义务人包括代扣代缴义务人和代收代缴义务人。本书对扣缴义务人采用广义的概念。

点睛　2006年3月21日，国务院颁布《机动车交通事故责任强制保险条例》，“机动车第三者责任强制保险”从此被“机动车交通事故责任强制保险”（简称“交强险”）代替。因此，就目前的情形，准确的说法应为：从事机动车交通事故责任强制保险业务的保险机构为机动车车船税的扣缴义务人。

（三）车船税的征税范围

车船税的征税范围是指在中华人民共和国境内属于车船税法所规定的应税车辆和船舶。具体包括：

❶依法应当在车船登记管理部门登记的机动车辆和船舶；

❷依法不需要在车船登记管理部门登记的在单位内部场所行驶或者作业的机动车辆和船舶。

车船登记管理部门是指公安、交通运输、农业、渔业、军队、武装警察部队等依法具有车船登记管理职能的部门和船舶检验机构；单位是指依照中国法律、行政法规规定，在中国境内成立的行政机关、企业、事业单位、社会团体以及其他组织。

提示　境内单位和个人租入外国籍船舶的，不征收车船税。境内单位和个人将船舶出租到境外的，应依法征收车船税。经批准临时入境的外国车船和香港特别行政区、澳门特别行政区、台湾地区的车船，不征收车船税。

提示　纯电动乘用车和燃料电池乘用车不属于车船税征税范围，对其不征车船税。

（四）车船税的税目和税率

车船税的税目分为五大类，包括乘用车、商用车、其他车辆、摩托车和船舶。

乘用车为核定载客人数9人（含）以下的车辆；商用车包括客车和货车，其中，客车为核定载客人数9人以上的车辆（包括电车），货车包括半挂牵引车、挂车、客货两用汽车、三轮汽车和低速载货汽车等；其他车辆包括专用作业车和轮式专用机械车等（不包括拖拉机）；船舶包括机动船舶和游艇。

车船税采用定额税率，又称固定税额。根据《车船税法》的规定，对应税车船实行有幅度的定额税率，即对各类车船分别规定一个最低到最高限度的年税额。

车船税的税目和税率依照“车船税税目税额表”执行（见表7-2）。

表7-2　　**车船税税目税额表**

税目		计税单位	年基准税额	备注
乘用车［按发动机汽缸容量（排气量）分档］	1.0升（含）以下	每辆	60～360元	核定载客人数9人（含）以下
	1.0升以上至1.6升（含）		300～540元	
	1.6升以上至2.0升（含）		360～660元	
	2.0升以上至2.5升（含）		660～1 200元	
	2.5升以上至3.0升（含）		1 200～2 400元	
	3.0升以上至4.0升（含）		2 400～3 600元	
	4.0升以上		3 600～5 400元	
商用车	客车	每辆	480～1 440元	核定载客人数9人以上，包括电车
	货车	整备质量每吨	16～120元	货车包括半挂牵引车、三轮汽车和低速载货汽车等
挂车			按照货车税额的50%计算	
其他车辆	专用作业车		16～120元	不包括拖拉机
	轮式专用机械车		16～120元	
摩托车		每辆	36~180元	
机动船舶	净吨位不超过200吨	净吨位每吨	3元	拖船、非机动驳船分别按照机动船舶税额的50%计算；拖船按照发动机功率每1千瓦折合净吨位0.67吨计算征收车船税
	净吨位超过200吨但不超过2 000吨		4元	
	净吨位超过2 000吨但不超过10 000吨		5元	
	净吨位超过10 000吨		6元	
游艇	艇身长度不超过10米	艇身长度每米	600元	
	艇身长度超过10米但不超过18米		900元	
	艇身长度超过18米但不超过30米		1 300元	
	艇身长度超过30米		2 000元	
	辅助动力帆艇		600元	

（五）车船税的计税依据

车船税以车船的计税单位数量为计税依据。《车船税法》按车船的种类和性能，分别确定每辆、整备质量每吨、净吨位每吨和艇身长度每米为计税单位。其具体如下：

（1）乘用车、商用客车和摩托车，以辆数为计税依据。

（2）商用货车、专用作业车和轮式专用机械车，以整备质量吨位数为计税依据。

（3）机动船舶、非机动驳船、拖船，以净吨位数为计税依据。

（4）游艇以艇身长度为计税依据。

（六）车船税应纳税额的计算

（1）车船税各税目应纳税额的计算公式为：

应纳税额=计税单位×适用年基准税额

提示 拖船和非机动驳船的应纳税额=计税单位×适用年基准税额×50%

（2）购置的新车船，购置当年的应纳税额自纳税义务发生的当月起按月计算。计算公式为：

应纳税额=适用年基准税额÷12×应纳税月份数

【任务实例7-9】接【任务实例6-5】和【任务实例7-6】资料，山东和祥铁矿有限公司2023年9月25日新购置的一辆乘用车，车牌号码为鲁A123XX，车辆识别代号（车架号）为ABCD1232565001232，发动机气缸容量为2.5升，载客人数为4人。按照当地规定，从事机动车交通事故责任强制保险业务的保险机构为机动车车船税的扣缴义务人，应当在收取保险费时依法代收车船税，并出具代收税款凭证。但本例是特殊情况，即纳税人自行申报缴纳车船税。假设当地规定，对新购置的车船应当于车船购置的次月15日之前进行车船税纳税申报。车船税税率为：发动机气缸容量为2.0升以上至2.5升（含）、载客人数9人（含）以下的乘用车每辆为660元。山东和祥铁矿有限公司于2023年10月10日对2023年9月至12月的车船税进行纳税申报。

【任务要求】计算山东和祥铁矿有限公司2023年9月新购置的乘用车在2023年9月至12月的应纳车船税。

【任务实施】2023年9月至12月的应纳车船税=660÷12×4=220（元）

（七）车船税的征收管理

1.车船税的申报缴纳或者征收方式

（1）自行申报方式。

没有扣缴义务人的，纳税人应当向主管税务机关自行申报缴纳车船税。扣缴义务人已代收代缴车船税的，纳税人不再向车辆登记地的主管税务机关申报缴纳车船税。

（2）代收代缴方式。

从事机动车第三者责任强制保险业务（现为“从事机动车交通事故责任强制保险业务”）的保险机构为机动车车船税的扣缴义务人，在收取保险费时依法代收车船税。

（3）委托代征方式。

根据《国家税务总局　交通运输部关于发布〈船舶车船税委托代征管理办法〉的公告》（国家税务总局　交通运输部公告2013年第1号）的规定，自2013年2月1日起，税务机关可以委托交通运输部门海事管理机构代为征收船舶车船税税款。

2.车船税的纳税义务发生时间

车船税的纳税义务发生时间为取得车船所有权或者管理权的当月。取得车船所有权或者管理权的当月，应当以购买车船的发票或其他证明文件所载日期的当月为准。

3.车船税的纳税期限

车船税按年申报，分月计算，一次性缴纳。纳税年度为公历1月1日至12月31日。具体申报纳税期限由省、自治区、直辖市人民政府规定。

4.车船税的纳税地点

车船税由税务机关负责征收。车船税的纳税地点为车船的登记地或者车船税扣缴义务人所在地。其中，纳税人自行申报缴纳车船税的，纳税地点为车船登记地（或者说“车船登记地的主管税务机关所在地”）；扣缴义务人代收代缴车船税的，纳税地点为扣缴义务人所在地。

依法不需要办理登记的车船，其车船税的纳税地点为车船的所有人或者管理人所在地。

5.车船税征收管理的其他规定

（1）在一个纳税年度内，已完税的车船被盗抢、报废、灭失的，纳税人可以凭有关管理机关出具的证明和完税证明，向纳税所在地的主管税务机关申请退还自被盗抢、报废、灭失月份起至该纳税年度终了期间的税款。

已办理退税的被盗抢车船失而复得的，纳税人应当从公安机关出具相关证明的当月起计算缴纳车船税。

（2）已缴纳车船税的车船在同一纳税年度内办理转让过户的，不另纳税，也不退税。

（3）已经缴纳车船税的车船，因质量原因被退回生产企业或者经销商的，纳税人可以向纳税所在地的主管税务机关申请退还自退货月份起至该纳税年度终了期间的税款。退货月份以退货发票所载日期的当月为准。

（4）保险机构作为车船税的扣缴义务人，在代收车船税并开具增值税发票时，应在增值税发票备注栏中注明代收车船税税款信息，具体包括保险单号、税款所属期（详细至月）、代收车船税金额、滞纳金金额、金额合计等。该增值税发票可作为纳税人缴纳车船税及滞纳金的会计核算原始凭证。

任务引例解析

根据《中华人民共和国车船税法实施条例》的规定，在一个纳税年度内，已完税的车船被盗抢、报废、灭失的，纳税人可以凭有关管理机关出具的证明和完税证明，向纳税所在地的主管税务机关申请退还自被盗抢、报废、灭失月份起至该纳税年度终了期间的税款。

因此，甲公司因暴雨天气致使一辆车被淹报废，可以申请退还车船税。

二、车船税的会计核算

对于先计提后缴纳车船税的情况，企业计提车船税时，借记“税金及附加”科目，贷记“应交税费——应交车船税”科目；实际缴纳车船税时，借记“应交税费——应交车船税”科目，贷记“银行存款”科目。

对于先缴纳后分摊车船税的情况，企业缴纳车船税时，借记“预付账款”科目，贷记“应交税费——应交车船税”科目，同时借记“应交税费——应交车船税”科目，贷记“银行存款”科目；以后各期分摊车船税时，再借记“税金及附加”科目，贷记“预付账款”科目。

【任务实例7-10】接【任务实例7-9】资料。

【任务要求】对山东和祥铁矿有限公司上述车船税涉税业务进行账务处理。

【任务实施】

（1）2023年9月月末计提车船税时：

借：税金及附加	55	
贷：应交税费——应交车船税（220÷4）		55

（2）2023年10月10日缴纳2023年9—12月的车船税时：

借：预付账款　165
　　应交税费——应交车船税　55
　贷：银行存款　220

（3）2023年10—12月，每月月末分摊各月应当承担的车船税时：

借：税金及附加　55
　贷：预付账款（165÷3）　55

该公司也可以根据企业会计准则的重要性原则，不进行分摊，而是在直接缴纳车船税时（2023年10月10日）做如下两个会计分录（当然也可以在2023年9月月末做如下第一个会计分录，在2023年10月10日做如下第二个会计分录）：

借：税金及附加　220
　贷：应交税费——应交车船税　220
借：应交税费——应交车船税　220
　贷：银行存款　220

三、车船税的纳税申报实务

纳税人对车船税进行纳税申报时，应填报“车船税税源明细表”（见表7-3）、“财产和行为税减免税明细申报附表”（略）和“财产和行为税纳税申报表”（见表6-4）。

【任务实例7-11】接【任务实例7-9】和【任务实例7-10】资料。

【任务要求】山东和祥铁矿有限公司2023年10月10日对新购置乘用车在2023年9月至12月的车船税进行纳税申报，填写“车船税税源明细表”和“财产和行为税纳税申报表”。

【任务实施】填写“车船税税源明细表”（见表7-3）和“财产和行为税纳税申报表”（见表6-4）。

任务四　契税的会计实务①

任务引例

政府对甲公司减免了土地出让金，是否同时减免契税？

一、契税的认知

（一）契税的概念

契税是以在中华人民共和国境内转移土地、房屋权属的行为为征税对象，向承受权属的单位和个人征收的一种财产税。

（二）契税的纳税人

在中华人民共和国境内转移土地、房屋权属，承受的单位和个人为契税的纳税人。

契税由权属的承受人缴纳。这里所说的“承受”，是指以受让、购买、受赠、互换等方式取得土地、房屋权属的行为。

点睛　“土地、房屋权属”，是指土地使用权和房屋所有权；单位，是指企业单位、事业单位、国家机关、军事单位和社会团体以及其他组织；个人，是指个体经营者（个体工商户）和其他个人，包括中国公民和外籍人员。

① 本任务主要根据2021年9月1日起施行的《中华人民共和国契税法》编写。

表 7-3

车船税税源明细表

纳税人识别号（统一社会信用代码）：**91370709864221122Y**

纳税人名称：**山东和祥铁矿有限公司**

体积单位：升;质量单位：吨;功率单位：千瓦;长度单位：米

车辆税源明细

序号	车牌号码	*车辆识别代码（车架号）	*车辆类型	车辆品牌	车辆型号	*车辆发票日期或注册登记日期	排（气）量	核定载客	整备质量	*单位税额	减免性质代码和项目名称	纳税义务终止时间
1	**鲁A123XX**	**ABCD1232565001232**	**乘用车**	**略**	**略**	**2023年09月25日**	**2.5升**	**4人**		**660.00元**		
2												
3												

船舶税源明细

序号	船舶登记号	*船舶识别号	*船舶种类	*中文船名	初次登记号码	船籍港	发证日期	取得所有权日期	建成日期	净吨位	主机功率	艇身长度（总长）	*单位税额	减免性质代码和项目名称	纳税义务终止时间
1															
2															
3															

总结　转移土地、房屋权属行为的转让方和承受方的纳税情况一览表见表7-4。

表7-4　**转移土地、房屋权属行为的转让方和承受方的纳税情况一览表**

转让方	承受方
（1）增值税（销售不动产、转让土地使用权） （2）城市维护建设税、教育费附加和地方教育附加 （3）印花税（土地使用权、房屋等建筑物和构筑物所有权转让书据） （4）土地增值税 （5）企业所得税（或个人所得税）	（1）印花税（土地使用权、房屋等建筑物和构筑物所有权转让书据） （2）契税

（三）契税的征税范围

契税以在我国境内转移土地、房屋权属的行为为征税对象。土地、房屋权属未发生转移的，不征收契税。

契税的征税范围主要包括：

❶土地使用权出让。土地使用权出让是指土地使用者向国家交付土地使用权出让费用，国家将土地使用权在一定年限内让与土地使用者的行为。

任务引例解析

根据《国家税务总局关于免征土地出让金出让国有土地使用权征收契税的批复》（国税函〔2005〕436号）的规定，对承受国有土地使用权所应支付的土地出让金，要计征契税。不得因减免土地出让金，而减免契税。

因此，政府对甲公司减免了土地出让金，但不能同时减免契税。如果政府给甲公司减免了部分或者全部土地出让金，甲公司都应当以合同约定的未减免之前的土地出让金作为计税依据计算缴纳契税。

❷土地使用权转让。土地使用权转让是指土地使用者以出售、赠与、互换方式将土地使用权转移给其他单位和个人的行为。土地使用权转让不包括土地承包经营权和土地经营权的转移。

❸房屋买卖。房屋买卖是指房屋所有者将其房屋出售，由承受者交付货币、实物、无形资产或其他经济利益的行为。

❹房屋赠与。房屋赠与是指房屋所有者将其房屋无偿转让给受赠者的行为。

❺房屋互换。房屋互换是指房屋所有者之间相互交换房屋的行为。

点睛　以作价投资（入股）、偿还债务、划转、奖励等方式转移土地、房屋权属的，应当缴纳契税。

土地、房屋权属的典当、分拆（分割）、出租、抵押，不属于契税的征税范围。

（四）契税的税率

契税采用比例税率，并实行3%～5%的幅度税率。契税的具体适用税率，由省、自治区、直辖市人民政府在上述规定的税率幅度内提出，报同级人民代表大会常务委员会决定，并报全国人民代表大会常务委员会和国务院备案。

提示　个人购买90平方米及以下普通住房，且该住房属于家庭唯一住房的，契税税率暂统一为1%。

（五）契税的计税依据

按照土地、房屋权属转移的形式、定价方法的不同，契税的计税依据确定如下：

❶土地使用权出让、出售，房屋买卖，契税的计税依据为土地、房屋权属转移合同确定的成交价格，包括应交付的货币以及实物、其他经济利益对应的价款。

❷土地使用权赠与、房屋赠与以及其他没有价格的转移土地、房屋权属行为，契税的计税依据为税务机关参照土地使用权出售、房屋买卖的市场价格依法核定的价格。

❸土地使用权互换、房屋互换，互换价格相等的，互换双方计税依据为零；互换价格不相等的，以其差额为计税依据，由支付差额的一方缴纳契税。

❹以划拨方式取得的土地使用权，经批准转让房地产时，契税的计税依据为补缴的土地使用权出让费用或者土地收益。

❺契税的计税依据不包括增值税。免征增值税的，确定计税依据时，成交价格不扣减增值税税额。

提示　纳税人申报的成交价格、互换价格差额明显偏低且无正当理由的，由税务机关依照《税收征收管理法》的规定核定。

（六）契税应纳税额的计算

契税的应纳税额按照计税依据乘以具体适用税率计算。其计算公式为：

应纳契税=计税依据×税率

【任务实例7-12】接【任务实例6-5】，山东和祥铁矿有限公司2023年10月10日从山东运达房地产开发股份有限公司（纳税人识别号为91370209092090765A）手中购入一套办公用房，该商品房位于山东省济南市开发区光明路3号，面积为2 000平方米，成交价格为20 000 000元（不含增值税），款项购买当日通过银行存款支付，取得由山东运达房地产开发股份有限公司开具的增值税专用发票。山东和祥铁矿有限公司取得的增值税专用发票2023年10月符合抵扣规定。省政府规定的契税税率为3%。山东和祥铁矿有限公司于2023年10月10日对契税进行纳税申报①。

【任务要求】计算山东和祥铁矿有限公司2023年10月相关业务的应纳契税。

【任务实施】应纳契税=20 000 000×3%=600 000（元）

（七）契税的征收管理

1.契税的纳税义务发生时间

契税的纳税义务发生时间是纳税人签订土地、房屋权属转移合同的当日，或者纳税人取得其他具有土地、房屋权属转移合同性质凭证的当日。

2.契税的纳税期限

纳税人应当在依法办理土地、房屋权属登记手续前申报缴纳契税。纳税人办理纳税事宜后，税务机关应当开具契税完税凭证。纳税人办理土地、房屋权属登记，不动产登记机构应当查验契税完税、减免税凭证或者有关信息。未按照规定缴纳契税的，不动产登记机构不予办理土地、房屋权属登记。

---

① 目前，纳税人在房地产交易税收申报时一般使用不动产登记办税功能模块中的增量房交易纳税申报表、存量房交易纳税申报表、土地交易纳税申报表，合并申报增值税及附加税费、所得税、印花税、契税等。财产和行为税合并申报后，不动产登记办税有关申报表单仍可以继续使用。为研究方便，本例山东和祥铁矿有限公司于2022年10月10日通过“契税税源明细表”“财产和行为税纳税申报表”对契税进行纳税申报。

3.契税的纳税地点

契税由土地、房屋所在地的税务机关依照《中华人民共和国契税法》（简称《契税法》）和《税收征收管理法》的规定征收管理。

二、契税的会计核算

❶企业购买房屋、建筑物等固定资产的同时获得土地使用权的，可以不通过“应交税费——应交契税”科目核算契税。企业实际缴纳契税时，直接借记“在建工程”“固定资产”等科目，贷记“银行存款”科目。

在特殊情况下，企业为了会计核算的需要，也可以通过“应交税费——应交契税”科目核算契税。企业购买房屋、建筑物等固定资产的同时获得土地使用权的，按应计提的契税，借记“在建工程”“固定资产”等科目，贷记“应交税费——应交契税”科目；实际缴纳契税时，借记“应交税费——应交契税”科目，贷记“银行存款”科目。

❷企业单独购买土地使用权，可以不通过“应交税费——应交契税”科目核算契税。企业实际缴纳契税时，借记“无形资产”科目，贷记“银行存款”科目。

在特殊情况下，企业为了会计核算的需要，也可以通过“应交税费——应交契税”科目核算契税。企业单独购买土地使用权，按应计提的契税，借记“无形资产”科目，贷记“应交税费——应交契税”科目；实际缴纳契税时，借记“应交税费——应交契税”科目，贷记“银行存款”科目。

❸房地产开发企业购入的土地使用权应缴纳的契税视开发情况而定：如果土地购入后就进行开发，则作为开发成本处理；如果土地购入后仅作为土地储备，则作为无形资产处理。

【任务实例7-13】接【任务实例7-12】资料。

【任务要求】对山东和祥铁矿有限公司上述契税涉税业务进行账务处理。

【任务实施】

（1）计提契税时：

借：固定资产——办公用房（20 000 000+600 000）	20 600 000	
应交税费——应交增值税（进项税额）（20 000 000×9%）	1 800 000	
贷：应付账款［20 000 000×（1+9%）］		21 800 000
应交税费——应交契税		600 000

（2）实际缴纳契税时：

借：应交税费——应交契税	600 000	
贷：银行存款		600 000

或者将上述会计分录合并为：

借：固定资产——办公用房（20 000 000+600 000）	20 600 000	
应交税费——应交增值税（进项税额）（20 000 000×9%）	1 800 000	
贷：应付账款［20 000 000×（1+9%）］		21 800 000
银行存款		600 000

三、契税的纳税申报实务

纳税人对契税进行纳税申报时，应填报“契税税源明细表”（见表7-5）、“财产和行为税减免税明细申报附表”（略）和“财产和行为税纳税申报表”（见表6-4）。

表7-5 **契税税源明细表**

纳税人识别号（统一社会信用代码）：**91370709864221122Y**

纳税人名称：**山东和祥铁矿有限公司** 金额单位：人民币元（列至角分）；面积单位：平方米

*税源编号	**系统自动生成**	*土地房屋坐落地址	**山东省济南市开发区光明路3号**	不动产单元代码	**略**
合同编号	**略**	*合同签订日期	**2023年10月10日**	*共有方式	☑单独所有 □ 按份共有 （转移份额：__） □ 共同共有 （共有人：__）
*权属转移对象	**房屋-存量房-非住房**	*权属转移方式	**房屋买卖**	*用途	**办公**
*成交价格（不含增值税）	**20 000 000.00**	*权属转移面积	**2 000.00**	*成交单价	**20 000 000.00**
*评估价格	**20 000 000.00**		*计税价格	**20 000 000.00**	
*适用税率	**3%**		权属登记日期	**略**	
居民购房减免性质代码和项目名称			其他减免性质代码和项目名称（抵减金额： ）		

【任务实例7-14】接【任务实例7-12】和【任务实例7-13】资料。

【任务要求】山东和祥铁矿有限公司2023年10月10日对契税进行纳税申报，填写“契税税源明细表”和“财产和行为税纳税申报表”。

【任务实施】填写“契税税源明细表”（见表7-5）和“财产和行为税纳税申报表”（见表6-4）。

任务五 环境保护税的会计实务

任务引例

甲公司在符合国家和地方环境保护标准的设施、场所贮存或者处置固体废物，请问是否需要缴纳环境保护税？

一、环境保护税的认知

（一）环境保护税的概念

环境保护税是对在中华人民共和国领域和中华人民共和国管辖的其他海域，直接向环境排放应税污染物的企业、事业单位和其他生产经营者征收的一种税。

（二）环境保护税的纳税人

环境保护税纳税人是在中华人民共和国领域和中华人民共和国管辖的其他海域，直接向环境排放应税污染物的企业、事业单位和其他生产经营者。

（三）环境保护税的征税范围

环境保护税的征税对象为纳税人直接向环境排放的应税污染物。上述应税污染物是指《中华人民共和国环境保护税法》（简称《环境保护税法》）所附“环境保护税税目税额表”“应税污染物和当量值表”规定的大气污染物、水污染物、固体废物和噪声。

依法设立的城乡污水集中处理、生活垃圾集中处理场所超过国家和地方规定的排放标准向环境排放应税污染物的，应当缴纳环境保护税。

点睛　城乡污水集中处理场所，是指为社会公众提供生活污水处理服务的场所，不包括为工业园区、开发区等工业聚集区域内的企业事业单位和其他生产经营者提供污水处理服务的场所，以及企业、事业单位和其他生产经营者自建自用的污水处理场所。

企业、事业单位和其他生产经营者贮存或者处置固体废物不符合国家和地方环境保护标准的，应当缴纳环境保护税。

任务引例解析

根据《环境保护税法》的规定，有下列情形之一的，不属于直接向环境排放污染物，不缴纳相应污染物的环境保护税：❶企业、事业单位和其他生产经营者向依法设立的污水集中处理、生活垃圾集中处理场所排放应税污染物的；❷企业、事业单位和其他生产经营者在符合国家和地方环境保护标准的设施、场所贮存或者处置固体废物的。

因此，甲公司在符合国家和地方环境保护标准的设施、场所贮存或者处置固体废物，不需要缴纳环境保护税。

（四）环境保护税的税目和税率

环境保护税的税目和税率依照“环境保护税税目税率表”（见表7-6）执行。

表7-6　**环境保护税税目税率表**

税目		计税单位	税率（单位税额）	备注
大气污染物		每污染当量	1.2元至12元	
水污染物		每污染当量	1.4元至14元	
固体废物	煤矸石	每吨	5元	
	尾矿	每吨	15元	
	危险废物	每吨	1 000元	
	冶炼渣、粉煤灰、炉渣、其他固体废物（含半固态、液态废物）	每吨	25元	
噪声	工业噪声	超标1～3分贝	每月350元	1.一个单位边界上有多处噪声超标，根据最高一处超标声级计算应纳税额；当沿边界长度超过100米有两处以上噪声超标，按照两个单位计算应纳税额 2.一个单位有不同地点作业场所的，应当分别计算应纳税额，合并计征 3.昼、夜均超标的环境噪声，昼、夜分别计算应纳税额，累计计征 4.声源一个月内超标不足15天的，减半计算应纳税额 5.夜间频繁突发和夜间偶然突发厂界超标噪声，按等效声级和峰值噪声两种指标中超标分贝值高的一项计算应纳税额
		超标4～6分贝	每月700元	
		超标7～9分贝	每月1 400元	
		超标10～12分贝	每月2 800元	
		超标13～15分贝	每月5 600元	
		超标16分贝以上	每月11 200元	

（五）环境保护税的计税依据

1.环境保护税计税依据确定的基本规定

应税污染物的计税依据，按照下列方法确定：

（1）应税大气污染物按照污染物排放量折合的污染当量数确定；

（2）应税水污染物按照污染物排放量折合的污染当量数确定；

（3）应税固体废物按照固体废物的排放量确定；

（4）应税噪声按照超过国家规定标准的分贝数确定。

2.环境保护税计税依据确定的具体规定

（1）应税大气污染物、水污染物按照污染物排放量折合的污染当量数确定计税依据。

应税大气污染物、水污染物的污染当量数，以该污染物的排放量除以该污染物的污染当量值计算。计算公式为：

应税大气污染物、水污染物的污染当量数=该污染物的排放量÷该污染物的污染当量值

每种应税大气污染物、水污染物的具体污染当量值，依照《环境保护税法》所附的“应税污染物和当量值表”（略）执行。

每一排放口或者没有排放口的应税大气污染物，按照污染当量数从大到小排序，对前3项污染物征收环境保护税。

每一排放口的应税水污染物，按照《环境保护税法》所附“应税污染物和当量值表”，区分第一类水污染物和其他类水污染物，按照污染当量数从大到小排序，对第一类水污染物按照前5项征收环境保护税，对其他类水污染物按照前3项征收环境保护税。

省、自治区、直辖市人民政府根据本地区污染物减排的特殊需要，可以增加同一排放口征收环境保护税的应税污染物项目数，报同级人民代表大会常务委员会决定，并报全国人民代表大会常务委员会和国务院备案。

纳税人有下列情形之一的，以其当期应税大气污染物、水污染物的产生量作为污染物的排放量：

❶未依法安装使用污染物自动监测设备或者未将污染物自动监测设备与生态环境主管部门的监控设备联网；

❷损毁或者擅自移动、改变污染物自动监测设备；

❸篡改、伪造污染物监测数据；

❹通过暗管、渗井、渗坑、灌注或者稀释排放以及不正常运行防治污染设施等方式违法排放应税污染物；

❺进行虚假纳税申报。

（2）应税固体废物按照固体废物的排放量确定计税依据。

应税固体废物的排放量为当期应税固体废物的产生量减去当期应税固体废物的贮存量、处置量、综合利用量的余额。计算公式为：

$$\text{应税固体废物的排放量}=\text{当期应税固体废物的产生量}-\text{当期应税固体废物的贮存量}-\text{当期应税固体废物的处置量}-\text{当期应税固体废物的综合利用量}$$

点睛 固体废物的贮存量、处置量，是指在符合国家和地方环境保护标准的设施、场所贮存或者处置的固体废物数量；固体废物的综合利用量，是指按照国务院发展改革、工业和信息化主管部门关于资源综合利用要求以及国家和地方环境保护标准进行综合利用的固体废物数量。

纳税人有下列情形之一的，以其当期应税固体废物的产生量作为固体废物的排放量：

❶非法倾倒应税固体废物；

❷进行虚假纳税申报。

提示 从两个以上排放口排放应税污染物的，对每一排放口排放的应税污染物分别计算征收环境保护税；纳税人持有排污许可证的，其污染物排放口按照排污许可证载明的污染物排放口确定。

（3）应税噪声按照超过国家规定标准的分贝数确定计税依据。

工业噪声按照超过国家规定标准的分贝数确定每月税额。超过国家规定标准的分贝数是指实际产生的工业噪声与国家规定的工业噪声排放标准限值之间的差值。

3.应税大气污染物、水污染物、固体废物排放量和噪声分贝数的确定方法

应税大气污染物、水污染物、固体废物的排放量和噪声的分贝数，按照下列方法和顺序计算：

（1）纳税人安装使用符合国家规定和监测规范的污染物自动监测设备的，按照污染物自动监测数据计算；

（2）纳税人未安装使用污染物自动监测设备的，按照监测机构出具的符合国家有关规定和监测规范的监测数据计算；

（3）因排放污染物种类多等原因不具备监测条件的，按照国务院生态环境主管部门规定的排污系数、物料衡算方法计算；

（4）不能按照上述第（1）项至第（3）项规定的方法计算的，按照省、自治区、直辖市人民政府生态环境主管部门规定的抽样测算的方法核定计算。

（六）环境保护税应纳税额的计算

环境保护税应纳税额按照下列方法计算：

（1）应税大气污染物应纳税额的计算：

应税大气污染物的应纳税额=污染当量数×具体适用税额

（2）应税水污染物应纳税额的计算：

应税水污染物的应纳税额=污染当量数×具体适用税额

（3）应税固体废物应纳税额的计算：

应税固体废物的应纳税额=固体废物排放量×具体适用税额

（4）应税噪声应纳税额的计算：

应税噪声应纳税额=超过国家规定标准的分贝数对应的具体适用税额

【任务实例7-15】接【任务实例6-5】资料，山东和祥铁矿有限公司环境保护税的税源编号为A37021201800256，排放口名称为粉尘排放口，税源基础采集信息中的有效期起止为2023年1月1日至2025年12月31日，污染物排放量计算方法为排污系数，2023年7月向大气直接排放一般性粉尘1 400千克，计算基数20吨；8月向大气直接排放一般性粉尘1 260千克，计算基数18吨；9月向大气直接排放一般性粉尘1 540千克，计算基数22吨。假设当地大气污染物每污染当量税额为1.2元（单位税额）、产污系数为0.07、污染当量值为4千克。该公司只有一个排放口。

【任务要求】计算山东和祥铁矿有限公司2023年第三季度的应纳环境保护税。

【任务实施】

（1）2023年7月一般性粉尘污染当量数=20×1 000×0.07÷4=1 400÷4=350

2023年8月一般性粉尘污染当量数=18×1 000×0.07÷4=1 260÷4=315

2023年9月一般性粉尘污染当量数=22×1 000×0.07÷4=1 540÷4=385

（2）2023年第三季度应纳环境保护税=350×1.2+315×1.2+385×1.2=420+378+462=1 050×1.2=1 260（元）

（七）环境保护税的征收管理

1.环境保护税的纳税义务发生时间

环境保护税的纳税义务发生时间为纳税人排放应税污染物的当日。

2.环境保护税的纳税期限

环境保护税按月计算，按季申报缴纳。不能按固定期限计算缴纳的，可以按次申报缴纳。

纳税人按季申报缴纳的，应当自季度终了之日起15日内，向税务机关办理纳税申报并缴纳税款。纳税人按次申报缴纳的，应当自纳税义务发生之日起15日内，向税务机关办理纳税申报并缴纳税款。

纳税人申报缴纳环境保护税时，应当向税务机关报送所排放应税污染物的种类、数量，大气污染物、水污染物的浓度值，以及税务机关根据实际需要要求纳税人报送的其他纳税资料。

税收讲堂

环境保护税政策解读

3.环境保护税的纳税地点

环境保护税的纳税人应当向应税污染物排放地的税务机关申报缴纳环境保护税。

点睛　应税污染物排放地是指：（1）应税大气污染物、水污染物排放口所在地；（2）应税固体废物产生地；（3）应税噪声产生地。

4.环境保护税征收管理的其他规定

环境保护税采用“企业申报、税务征收、环保协同、信息共享”的征管方式。纳税人应当依法如实办理纳税申报，对申报的真实性和完整性承担责任；税务机关依照《税收征收管理法》和《环境保护税法》的有关规定对环境保护税征收管理；生态环境主管部门依照《环境保护税法》和有关环境保护法律法规的规定负责对污染物监测管理；县级以上地方人民政府应当建立税务机关、生态环境主管部门和其他相关单位分工协作工作机制，加强环境保护税征收管理，保障税款及时足额入库。

二、环境保护税的会计核算

企业计提环境保护税时，借记“税金及附加”科目，贷记“应交税费——应交环境保护税”科目；实际缴纳环境保护税时，借记“应交税费——应交环境保护税”科目，贷记“银行存款”科目。

【任务实例7-16】接【任务实例7-15】资料。

【任务要求】对山东和祥铁矿有限公司上述环境保护税涉税业务进行账务处理。

【任务实施】

（1）计提环境保护税时：

2023年7月、8月、9月分别做如下会计分录：

借：税金及附加	420	
贷：应交税费——应交环境保护税（350×1.2）		420
借：税金及附加	378	
贷：应交税费——应交环境保护税（315×1.2）		378
借：税金及附加	462	
贷：应交税费——应交环境保护税（385×1.2）		462

（2）实际缴纳第三季度环境保护税时：

借：应交税费——应交环境保护税	1 260	
贷：银行存款		1 260

三、环境保护税的纳税申报实务

纳税人对环境保护税进行纳税申报时，应填报“环境保护税税源明细表”（见表7-7）、“财产和行为税减免税明细申报附表”（略）和“财产和行为税纳税申报表”（见表6-4）。

表 7-7

环境保护税税源明细表

纳税人识别号（统一社会信用代码）：**91370709864221122Y**

纳税人名称：**山东和祥铁矿有限公司**　　　　金额单位：人民币元（列至角分）

1.按次申报□			2.从事海洋工程□		
3.城乡污水集中处理场所□			4.生活垃圾集中处理场所□		
*5.污染物类别		大气污染物☑ 水污染物□ 固体废物□ 噪声□			
6.排污许可证编号					
*7.生产经营所在区划		**山东省济南市开发区和祥路777号**			
*8.生态环境主管部门		**济南市生态环境保护局开发区分局**			
税源基础采集信息					
新增□　变更□　删除□					
*税源编号		(1)	**A37021201800256**		
排放口编号		(2)			
*排放口名称或噪声源名称		(3)	**粉尘排放口**		
*生产经营所在街乡		(4)	**东关街道**		
排放口地理坐标	*经度	(5)	**略**		
	*纬度	(6)	**略**		
*有效期起止		(7)	**2023年1月1日至2025年12月31日**		
*污染物类别		(8)	**大气污染物**		
水污染物种类		(9)			
*污染物名称		(10)	**粉尘**		
危险废物污染物子类		(11)			
*污染物排放量计算方法		(12)	**排污系数**		
大气、水污染物标准排放限值	*执行标准	(13)	**略**		
	*标准浓度值（毫克/升或毫克/标立方米）	(14)	**略**		
产（排）污系数	*计税基数单位	(15)	**吨**		
	*污染物单位	(16)	**千克**		
	*产污系数	(17)			
	*排污系数	(18)	**0.07**		
固体废物信息	贮存情况	(19)			
	处置情况	(20)			
	综合利用情况	(21)			
噪声信息	*是否昼夜产生	(22)			
	*标准值——昼间（6时至22时）	(23)			
	*标准值——夜间（22时至次日6时）	(24)			

续表

申报计算及减免信息					
*税源编号		(1)	A37021201800256	A37021201800256	A37021201800256
*税款所属月份		(2)	2023年07月	2023年08月	2023年09月
*排放口名称或噪声源名称		(3)	粉尘排放口	粉尘排放口	粉尘排放口
*污染物类别		(4)	大气污染物	大气污染物	大气污染物
*水污染物种类		(5)			
*污染物名称		(6)	粉尘	粉尘	粉尘
危险废物污染物子类		(7)			
*污染物排放量计算方法		(8)	排污系数	排污系数	排污系数
大气、水污染物监测计算	*废气（废水）排放量（万标立方米、吨）	(9)			
	*实测浓度值（毫克/标立方米、毫克/升）	(10)			
	*月均浓度（毫克/标立方米、毫克/升）	(11)			
	*最高浓度（毫克/标立方米、毫克/升）	(12)			
产（排）污系数计算	*计算基数	(13)	20.00	18.00	22.00
	*产污系数	(14)			
	*排污系数	(15)	0.07	0.07	0.07
固体废物计算	*本月固体废物的产生量（吨）	(16)			
	*本月固体废物的贮存量（吨）	(17)			
	*本月固体废物的处置量（吨）	(18)			
	*本月固体废物的综合利用量（吨）	(19)			
噪声计算	*噪声时段	(20)			
	*监测分贝数	(21)			
	*超标不足15天	(22)			
	*两处以上噪声超标	(23)			
抽样测算计算	特征指标	(24)			
	特征单位	(25)			
	特征指标数量	(26)			
	特征系数	(27)			

续表

污染物排放量（千克或吨）	大气、水污染物监测计算：（28）=（9）×（10）÷100（1 000）大气、水污染物产（排）污系数计算：（28）=（13）×（14）×M（28）=（13）×（15）×MpH 值、大肠菌群数、余氯量等水污染物计算：（28）=（9）色度污染物计算：（28）=（9）×色度超标倍数固体废物排放量（含综合利用量）：（28）=（16）-（17）-（18）	**1 400.00**	**1 260.00**	**1 540.00**
*污染当量值（特征值）（千克或吨）	（29）	**4.00**	**4.00**	**4.00**
*污染当量数	大气、水污染物污染当量数计算：（30）=（28）÷（29）	**350.00**	**315.00**	**385.00**
减免性质代码和项目名称	（31）			
*单位税额	（32）	1.20	1.20	1.20
*本期应纳税额	大气、水污染物应纳税额计算：（33）=（30）×（32） 固体废物应纳税额计算：（33）=（28）×（32） 噪声应纳税额计算：（33）=0.5 或 1［（22）为是的用 0.5；为否的用 1］×2 或 1［（23）为是的用 2，为否的用 1］×（32） 按照税法所附表二中畜禽养殖业等水污染物当量值表计算：（33）=（26）÷（29）×（32） 采用特征系数计算：（33）=（26）×（27）÷（29）×（32） 采用特征值计算：（33）=（26）×（29）×（32）	420.00	378.00	462.00
本期减免税额	大气、水污染物减免税额计算：（34）=（30）×（32）×N 固体废物减免税额计算：（34）=（19）×（32）			
本期已缴税额	（35）			
*本期应补（退）税额	（36）=（33）-（34）-（35）	420.00	378.00	462.00

【任务实例7-17】接【任务实例7-15】和【任务实例7-16】资料。

【任务要求】山东和祥铁矿有限公司2023年10月10日对2023年第三季度的环境保护税进行纳税申报，填写"环境保护税税源明细表"和"财产和行为税纳税申报表"。

【任务实施】填写"环境保护税税源明细表"（见表7-7）和"财产和行为税纳税申报表"（见表6-4）。

任务六 印花税[①]的会计实务

任务引例

甲公司和乙公司签订的印花税应税合同中列明不含增值税价款和增值税税款，请问印花税的计税依据是含增值税价款还是不含增值税价款？

一、印花税的认知

（一）印花税的概念

印花税是对书立应税凭证、进行证券交易的单位和个人征收的一种税。因纳税人可以通过在应税凭证上粘贴印花税票来完成纳税义务，故名印花税。

（二）印花税的纳税人和扣缴义务人

在中华人民共和国境内书立应税凭证、进行证券交易的单位和个人，为印花税的纳税人，应当依照《中华人民共和国印花税法》（以下简称《印花税法》）的规定缴纳印花税。

在中华人民共和国境外书立在境内使用的应税凭证的单位和个人，应当依照《中华人民共和国印花税法》的规定缴纳印花税。

纳税人为境外单位或者个人，在境内有代理人的，以其境内代理人为扣缴义务人；在境内没有代理人的，由纳税人自行申报缴纳印花税，具体办法由国务院税务主管部门规定。

证券登记结算机构为证券交易印花税的扣缴义务人，应当向其机构所在地的主管税务机关申报解缴税款以及银行结算的利息。

（三）印花税的征税范围

印花税征税范围中的应税凭证，是指《印花税法》所附"印花税税目税率表"列明的合同、产权转移书据和营业账簿。

提示 我国并非对所有类型的合同、产权转移书据和营业账簿征收印花税，只对《印花税法》所附"印花税税目税率表"列明的合同、产权转移书据和营业账簿征收印花税。

印花税征税范围中的证券交易，是指转让在依法设立的证券交易所、国务院批准的其他全国性证券交易场所交易的股票和以股票为基础的存托凭证。

证券交易印花税对证券交易的出让方征收，不对受让方征收。

（四）印花税的税目和税率

印花税的税目和税率依照"印花税税目税率表"（见表7-8）执行。

---

① 本教材中印花税的内容，主要根据自2022年7月1日起施行的《中华人民共和国印花税法》编写。

表7-8　**印花税税目税率表**

税目		计税依据及税率	备注
合同（指书面合同）	借款合同	借款金额的万分之零点五	指银行业金融机构、经国务院银行业监督管理机构批准设立的其他金融机构与借款人（不包括同业拆借）的借款合同
	融资租赁合同	租金的万分之零点五	
	买卖合同	价款的万分之三	指动产买卖合同（不包括个人书立的动产买卖合同）
	承揽合同	报酬的万分之三	
	建设工程合同	价款的万分之三	
	运输合同	运输费用的万分之三	指货运合同和多式联运合同（不包括管道运输合同）
	技术合同	价款、报酬或者使用费的万分之三	不包括专利权、专有技术使用权转让书据
	租赁合同	租金的千分之一	
	保管合同	保管费的千分之一	
	仓储合同	仓储费的千分之一	
	财产保险合同	保险费的千分之一	不包括再保险合同
产权转移书据	土地使用权出让书据	价款的万分之五	转让包括买卖（出售）、继承、赠与、互换、分割
	土地使用权、房屋等建筑物和构筑物所有权转让书据（不包括土地承包经营权和土地经营权转移）	价款的万分之五	
	股权转让书据（不包括应缴纳证券交易印花税的）	价款的万分之五	
	商标专用权、著作权、专利权、专有技术使用权转让书据	价款的万分之三	
营业账簿		实收资本（股本）、资本公积合计金额的万分之二点五	
证券交易		成交金额的千分之一	

（五）印花税的计税依据

1.印花税计税依据的一般规定

印花税的计税依据为各种应税凭证上所记载的计税金额。具体规定为：

（1）应税合同的计税依据，为合同所列的金额，不包括列明的增值税税款。

（2）应税产权转移书据的计税依据，为产权转移书据所列的金额，不包括列明的增值税税款。

（3）应税营业账簿的计税依据，为账簿记载的实收资本（股本）、资本公积合计金额。

（4）证券交易的计税依据，为成交金额。

2.印花税计税依据的特殊规定

（1）应税合同、产权转移书据未列明金额的，印花税的计税依据按照实际结算的金额确定。

（2）计税依据按照上述规定仍不能确定的，按照书立合同、产权转移书据时的市场价格确定；依法应当执行政府定价或者政府指导价的，按照国家有关规定确定。

（3）证券交易无转让价格的，按照办理过户登记手续时该证券前一个交易日收盘价计算确定计税依据；无收盘价的，按照证券面值计算确定计税依据。

（4）同一应税凭证由两方以上当事人书立的，按照各自涉及的金额分别计算应纳税额。

（5）已缴纳印花税的营业账簿，以后年度记载的实收资本（股本）、资本公积合计金额比已缴纳印花税的实收资本（股本）、资本公积合计金额增加的，按照增加部分计算应纳税额。

任务引例解析

根据《印花税法》的规定，应税合同的计税依据，为合同所列的金额，不包括列明的增值税税款。

因此，甲公司和乙公司签订的印花税应税合同中列明不含增值税价款和增值税税款，印花税的计税依据为合同所列的不含增值税价款。

（六）印花税应纳税额的计算

印花税的应纳税额按照计税依据乘以适用税率计算。其计算公式为：

应纳印花税=计税依据×适用税率

同一应税凭证载有两个以上税目事项并分别列明金额的，按照各自适用的税目税率分别计算应纳税额；未分别列明金额的，从高适用税率。

【任务实例7-18】甲公司为增值税一般纳税人。本年7月1日甲公司与乙公司签订买卖合同，合同列明不含增值税价款3 000万元，增值税税款390万元。本年7月20日甲公司与乙公司签订融资租赁合同，合同列明不含增值税租赁费1 000万元，增值税税款130万元。假设甲公司的印花税采用粘贴印花税票或者由税务机关依法开具其他完税凭证的方式缴纳。甲公司在发生上述印花税纳税义务的当月实际缴纳了印花税。

【任务要求】计算甲公司本年7月上述业务的应纳印花税。

【任务实施】本年7月签订买卖合同应纳印花税（且于本年7月实际缴纳印花税）=3 000×0.3‰=0.9（万元）=9 000（元）

本年7月签订融资租赁合同应纳印花税（且于本年7月实际缴纳印花税）=1 000×0.05‰=0.05（万元）=500（元）

应纳印花税合计=0.9+0.05=0.95（万元）=9 500（元）

【任务实例7-19】接【任务实例6-5】【任务实例6-10】【任务实例7-6】资料。假设山东和祥铁矿有限公司的印花税采用申报的方式缴纳，且实行按季计征，自季度终了之日起15日内申报缴纳税款。

【任务要求】计算山东和祥铁矿有限公司2023年第三季度相关业务的应纳印花税。

【任务实施】

（1）销售铁矿原矿的买卖合同的应纳印花税=5 000 000×0.3‰=1 500（元）

（2）转让办公楼的土地使用权、房屋等建筑物和构筑物所有权转让书据（不包括土地承包经营权和土地经营权转移）应纳印花税=120 000 000×0.5‰=60 000（元）

（3）购置乘用车的买卖合同的应纳印花税=200 000×0.3‰=60（元）

（4）应纳印花税合计=1 500+60 000+60=61 560（元）

（七）印花税的征收管理

1.印花税的缴纳方式

印花税一般采用申报的方式缴纳。

印花税也可以采用粘贴印花税票或者由税务机关依法开具其他完税凭证的方式缴纳。印花税票粘贴在应税凭证上的，由纳税人在每枚税票的骑缝处盖戳注销或者画销。印花税票由国务院税务主管部门监制。

2.印花税的纳税义务发生时间

印花税的纳税义务发生时间为纳税人书立应税凭证或者完成证券交易的当日。

证券交易印花税扣缴义务发生时间为证券交易完成的当日。

3.印花税的纳税期限

印花税按季、按年或者按次计征。实行按季、按年计征的，纳税人应当自季度、年度终了之日起15日内申报缴纳税款；实行按次计征的，纳税人应当自纳税义务发生之日起15日内申报缴纳税款。

证券交易印花税按周解缴。证券交易印花税扣缴义务人应当自每周终了之日起5日内申报解缴税款以及银行结算的利息。

4.印花税的纳税地点

纳税人为单位的，应当向其机构所在地的主管税务机关申报缴纳印花税；纳税人为个人的，应当向应税凭证书立地或者纳税人居住地的主管税务机关申报缴纳印花税。

不动产产权发生转移的，纳税人应当向不动产所在地的主管税务机关申报缴纳印花税。

纳税人为境外单位或者个人，在境内有代理人的，以其境内代理人为扣缴义务人。境外单位或者个人的境内代理人应当按规定扣缴印花税，向境内代理人机构所在地（居住地）主管税务机关申报解缴税款。

纳税人为境外单位或者个人，在境内没有代理人的，纳税人应当自行申报缴纳印花税。境外单位或者个人可以向资产交付地、境内服务提供方或者接受方所在地（居住地）、书立应税凭证境内书立人所在地（居住地）主管税务机关申报缴纳；涉及不动产产权转移的，应当向不动产所在地主管税务机关申报缴纳。

证券登记结算机构为证券交易印花税的扣缴义务人，应当向其机构所在地的主管税务机关申报解缴税款以及银行结算的利息。

提示　《印花税法》实施后，纳税人享受印花税优惠政策，继续实行“自行判别、申报享受、有关资料留存备查”的办理方式。纳税人对留存备查资料的真实性、完整性和合法性承担法律责任。

二、印花税的会计核算

《印花税法》实施之后，印花税的纳税申报与缴纳主要有两种方式：（1）印花税一般采用申报的方式缴纳。（2）印花税也可以采用粘贴印花税票或者由税务机关依法开具其他完税凭证的方式缴纳。印花税票粘贴在应税凭证上的，由纳税人在每枚税票的骑缝处盖戳注销或者画销。

在采用申报的方式缴纳的情况下，企业通过“应交税费——应交印花税”科目核算印花税。企业按应计提的印花税额，借记“税金及附加”等科目，贷记“应交税费——应交印花税”科目；实际缴纳印花税时，借记“应交税费——应交印花税”科目，贷记“银行存款”科目。

在采用粘贴印花税票或者由税务机关依法开具其他完税凭证的方式缴纳的情况下，企业购买并粘贴印花税票或者由税务机关依法开具其他完税凭证时，可以借记“税金及附加”科目，贷记“银行存款”科目（当然，企业为了会计核算的需要，也可以通过“应交税费——应交印花税”科目核算印花税，企业先借记“税金及附加”科目，贷记“应交税费——应交印花税”科目；再借记“应交税费——应交印花税”科目，贷记“银行存款”

科目）。企业一次购买印花税票金额较大且分期使用的，可以先借记“预付账款”科目，贷记“银行存款”科目；待实际粘贴印花税票时，再借记“税金及附加”科目，贷记“预付账款”科目（当然，企业为了会计核算的需要，也可以通过“应交税费——应交印花税”科目核算印花税，企业先借记“税金及附加”科目，贷记“应交税费——应交印花税”科目；再借记“应交税费——应交印花税”科目，贷记“预付账款”科目）。

【任务实例7-20】接【任务实例7-18】资料。

【任务要求】对甲公司的印花税业务进行账务处理。

【任务实施】

（1）本年7月1日，计算并缴纳签订买卖合同的印花税时：

借：税金及附加　9 000
　贷：银行存款　9 000

（2）本年7月20日，计算并缴纳签订融资租赁合同的印花税时：

借：税金及附加　500
　贷：银行存款　500

【任务实例7-21】接【任务实例7-19】资料，山东和祥铁矿有限公司于2023年10月10日对2023年第三季度的印花税进行纳税申报。

【任务要求】对山东和祥铁矿有限公司上述印花税涉税业务进行账务处理。

【任务实施】

（1）2023年9月计提销售铁矿原矿买卖合同的印花税时：

借：税金及附加　1 500
　贷：应交税费——应交印花税　1 500

（2）2023年9月计提转让办公楼房屋等建筑物和构筑物所有权转让书据（不包括土地承包经营权和土地经营权转移）的印花税时：

借：税金及附加　60 000
　贷：应交税费——应交印花税　60 000

（3）2023年9月计提购置乘用车买卖合同的印花税时：

借：税金及附加　60
　贷：应交税费——应交印花税　60

（4）2023年10月10日申报缴纳印花税时：

借：应交税费——应交印花税　61 560
　贷：银行存款　61 560

三、印花税的纳税申报实务

纳税人对印花税进行纳税申报时，应填报“印花税税源明细表”（见表7-9）、“财产和行为税减免税明细申报附表”（略）和“财产和行为税纳税申报表”（见表6-4）。

【任务实例7-22】接【任务实例7-19】和【任务实例7-21】资料。

【任务要求】山东和祥铁矿有限公司2023年10月10日对2023年第三季度的印花税进行纳税申报，填写“印花税税源明细表”和“财产和行为税纳税申报表”。

【任务实施】填写“印花税税源明细表”（见表7-9）和“财产和行为税纳税申报表”（见表6-4）。

表 7-9

印花税税源明细表

纳税人识别号（统一社会信用代码）：91370709864221122Y

纳税人名称：山东和祥铁矿有限公司

金额单位：人民币元（列至角分）

序号	应税凭证税务编号	应税凭证编号	*应税凭证名称	*申报期限类型	应税凭证数量	*税目	子目	*税款所属期起	*税款所属期止	*应税凭证书立日期	*计税金额	实际结算日期	实际结算金额	*税率	减免性质代码和项目名称	对方书立人信息		
																对方书立人名称	对方书立人纳税人识别号（统一社会信用代码）	对方书立人涉及金额
1			买卖合同	按期申报		买卖合同		2023年07月01日	2023年09月30日	2023年09月20日	5 000 000.00			0.3‰				
2			产权转移书据	按次申报		产权转移书据	房屋等建筑物和构筑物所有权转让书据（不包括土地承包经营权和土地经营权转移）	2023年07月01日	2023年09月30日	2023年09月30日	120 000 000.00			0.5‰				
3			买卖合同	按期申报		买卖合同		2023年07月01日	2023年09月30日	2023年09月25日	200 000.00			0.3‰				

任务七 烟叶税的会计实务

任务引例

甲公司收购烟叶支付给烟叶销售者的价外补贴实际为烟叶收购价款的5%，可以据实按烟叶收购价款的5%计入收购烟叶实际支付的价款总额吗？

一、烟叶税的认知

（一）烟叶税的概念

烟叶税是向收购烟叶的单位征收的一种税。

（二）烟叶税的纳税人

在中华人民共和国境内，依照《中华人民共和国烟草专卖法》的规定收购烟叶的单位为烟叶税的纳税人。纳税人应当依照《中华人民共和国烟叶税法》（简称《烟叶税法》）的规定缴纳烟叶税。

（三）烟叶税的征税范围

烟叶税的征税范围是烟叶。烟叶是指烤烟叶、晾晒烟叶。

（四）烟叶税的税率

烟叶税实行比例税率，税率为20%。

（五）烟叶税的计税依据

烟叶税的计税依据为纳税人收购烟叶实际支付的价款总额。纳税人收购烟叶实际支付的价款总额包括纳税人支付给烟叶生产销售单位和个人的烟叶收购价款和价外补贴。其中，价外补贴统一按烟叶收购价款的10%计算。

任务引例解析

根据《烟叶税法》的规定，烟叶税的计税依据为纳税人收购烟叶实际支付的价款总额。

根据《财政部 税务总局关于明确烟叶税计税依据的通知》（财税〔2018〕75号）的规定，纳税人收购烟叶实际支付的价款总额包括纳税人支付给烟叶生产销售单位和个人的烟叶收购价款和价外补贴。其中，价外补贴统一按烟叶收购价款的10%计算。

因此，虽然甲公司收购烟叶支付给烟叶销售者的价外补贴实际为烟叶收购价款的5%，但其价外补贴仍应当统一按烟叶收购价款的10%计算并计入收购烟叶实际支付的价款总额。

（六）烟叶税应纳税额的计算

烟叶税应纳税额的计算公式为：

应纳税额=纳税人收购烟叶实际支付的价款总额（烟叶收购价款总额）×税率

=（烟叶收购价款+价外补贴）×税率

=（烟叶收购价款+烟叶收购价款×10%）×税率=烟叶收购价款×（1+10%）×20%

【任务实例7-23】接“项目三 消费税的会计实务”的“项目引例3——消费税的计算、会计核算和纳税申报”资料，大连白云卷烟有限公司2023年7月收购用于生产卷烟的烟叶（中橘一）100 000千克，烟叶收购价格为10元/千克，烟叶收购价款总额为1 000 000元，另外支付给烟叶销售者的烟叶价外补贴为100 000元（即收购价款的10%），款项以银行存款支付。2023年7月，该公司将该批烟叶全部领用用于生产卷烟。

【任务要求】计算大连白云卷烟有限公司2023年7月的应纳烟叶税和准予抵扣的增值税进项税额。

【任务实施】在计算烟叶税时，价外补贴统一按烟叶收购价款的10%计算，即应纳烟叶税=烟叶收购价款×（1+10%）×烟叶税税率（20%）；但是在计算收购烟叶准予抵扣的增值税进项税额时，价外补贴不一定就是烟叶收购价款的10%，而应当按照实际支付的价外补贴，即准予抵扣的增值税进项税额=（烟叶收购价款+实际价外补贴+应纳烟叶税）×扣除率。

（1）纳税人收购烟叶实际支付的价款总额（烟叶收购价款总额）=1 000 000×（1+10%）=1 100 000（元）

应纳烟叶税=1 100 000×20%=220 000（元）

（2）自2019年4月1日起，纳税人购进用于生产销售或委托加工13%税率货物的农产品，按照10%的扣除率计算进项税额。

购进烟叶准予抵扣的增值税进项税额=（1 000 000+100 000+220 000）×10%=132 000（元）

其中：购买烟叶时先抵扣增值税进项税额=（1 000 000+100 000+220 000）×9%=118 800（元）

领用烟叶用于生产卷烟时再抵扣增值税进项税额=（1 000 000+100 000+220 000）×1%=13 200（元）

（七）烟叶税的征收管理

1.烟叶税的纳税义务发生时间

烟叶税的纳税义务发生时间为纳税人收购烟叶的当日。

2.烟叶税的纳税期限

烟叶税按月计征，纳税人应当于纳税义务发生月终了之日起15日内申报并缴纳税款。

3.烟叶税的纳税地点

纳税人应当向烟叶收购地的主管税务机关申报缴纳烟叶税。

二、烟叶税的会计核算

企业按应计提的烟叶税税额，借记“原材料”等科目，贷记“应交税费——应交烟叶税”等科目；实际缴纳烟叶税时，借记“应交税费——应交烟叶税”科目，贷记“银行存款”科目。

【任务实例7-24】接【任务实例7-23】资料。

【任务要求】对大连白云卷烟有限公司的烟叶税业务进行账务处理。

【任务实施】

（1）计提烟叶税时：

借：原材料（1 100 000+220 000−118 800）　1 201 200
　　应交税费——应交增值税（进项税额）[（1 100 000+220 000）×9%]　118 800
　贷：银行存款（1 000 000+100 000）　1 100 000
　　　应交税费——应交烟叶税　220 000

领用烟叶用于生产卷烟时：

借：生产成本（1 201 200−13 200）　1 188 000
　　应交税费——应交增值税（进项税额）[（1 100 000+220 000）×1%]　13 200
　贷：原材料　1 201 200

（2）缴纳烟叶税时：

借：应交税费——应交烟叶税　220 000

　贷：银行存款　220 000

三、烟叶税的纳税申报实务

纳税人对烟叶税进行纳税申报时，应填报“烟叶税税源明细表”（见表7-10）和“财产和行为税纳税申报表”（见表7-11）。

提示　烟叶税没有减免税政策，因此对烟叶税进行纳税申报时，不需要填报“财产和行为税减免税明细申报附表”。

表7-10　**烟叶税税源明细表**

税款所属期限：自2023年07月01日至2023年07月31日

纳税人识别号（统一社会信用代码）：91410150258325261N

纳税人名称：**大连白云卷烟有限公司**　　金额单位：人民币元（列至角分）

序号	烟叶收购价款总额	税率
1	1 100 000.00	20%
2		
3		
4		
5		
6		

表7-11　**财产和行为税纳税申报表**

纳税人识别号（统一社会信用代码）：91410150258325261N

纳税人名称：**大连白云卷烟有限公司**　　金额单位：人民币元（列至角分）

序号	税种	税目	税款所属期起	税款所属期止	计税依据	税率	应纳税额	减免税额	已缴税额	应补（退）税额
1	烟叶税		2023年07月01日	2023年07月31日	1 100 000.00	20%	220 000.00	0.00	0.00	220 000.00
2	略									
3	略									
4	略									
5	略									
6	略									
7	略									
8	略									
9	略									
10	略									
11	合计	—	—	—	—	—	220 000.00	0.00	0.00	220 000.00

声明：此表是根据国家税收法律法规及相关规定填写的，本人（单位）对填报内容（及附带资料）的真实性、可靠性、完整性负责。

纳税人（签章）：**大连白云卷烟有限公司**　　2023年08月05日

经办人：**略** 经办人身份证号：**略** 代理机构签章： 代理机构统一社会信用代码：	受理人： 受理税务机关（章）： 受理日期：　年　月　日

【任务实例7-25】接【任务实例7-23】和【任务实例7-24】资料。

【任务要求】大连白云卷烟有限公司2023年8月5日对2023年7月的烟叶税进行纳税申报，填写“烟叶税税源明细表”和“财产和行为税纳税申报表”。

【任务实施】填写“烟叶税税源明细表”（见表7-10）和“财产和行为税纳税申报表”（见表7-11）。

项目练习

1. 甲运输公司为增值税一般纳税人，本年拥有载货汽车30辆（货车整备质量全部为10吨）；大型客车10辆；中型客车15辆。该省人民政府规定，载货汽车整备质量每吨车船税税额为72元；大型客车每辆车年车船税税额为720元，中型客车每辆车年车船税税额为600元。要求：（1）计算甲公司全年应纳的车船税。（2）对甲公司上述业务进行账务处理。

2. 甲公司为增值税一般纳税人。甲公司本年7月签订一份买卖合同，合同所列不含增值税金额为200 000元，增值税税额为26 000；本年8月签订一份土地使用权、房屋等建筑物和构筑物所有权转让书据，书据所列不含增值税金额为100 000元，增值税税额为9 000元；本年9月新启用营业账簿10本[均不属于记载实收资本（股本）、资本公积的账簿]。买卖合同的印花税税率为0.3‰，土地使用权、房屋等建筑物和构筑物所有权转让书据的印花税税率为0.3‰。甲公司的印花税采用申报的方式缴纳，且实行按季计征，自季度终了之日起15日内申报缴纳税款。假设甲公司于本年10月12日对本年第三季度的印花税进行纳税申报。要求：（1）计算甲公司本年第三季度应纳的印花税。（2）对甲公司上述业务进行账务处理。

项目实训

甲公司为增值税一般纳税人，本年5月接受乙公司捐赠一幢办公楼，办公楼的市场价值为1 500万元（不含增值税），取得由乙公司开具的增值税专用发票。甲公司取得的增值税专用发票本年5月符合抵扣规定，当地的契税税率为3%。要求：（1）计算甲公司本年5月应纳的契税。（2）对甲公司上述业务进行账务处理。

主要参考文献

[1] 中国注册会计师协会. 会计 [M]. 北京：中国财政经济出版社，2024.

[2] 中国注册会计师协会. 税法 [M]. 北京：中国财政经济出版社，2024.

[3] 全国税务师职业资格考试教材编写组. 税法（Ⅰ）[M]. 北京：中国税务出版社，2024.

[4] 全国税务师职业资格考试教材编写组. 税法（Ⅱ）[M]. 北京：中国税务出版社，2024.

[5] 全国税务师职业资格考试教材编写组. 涉税服务实务 [M]. 北京：中国税务出版社，2024.

[6] 东奥会计在线注会网上辅导税法基础班讲义，2024.

[7] 中华会计网校注会网上辅导税法基础班讲义，2024.

[8] 盖地. 税务会计学 [M]. 15版. 北京：中国人民大学出版社，2022.

[9] 梁俊娇. 税务会计 [M]. 5版. 北京：中国人民大学出版社，2022.

[10] 苏强. 企业所得税汇算清缴财税处理实务与申报表填报案例 [M]. 北京：经济科学出版社，2024.

[11] 苏强. 营改增后增值税会计处理和税会差异调整操作实务 [M]. 北京：经济科学出版社，2017.

[12] 栾庆忠. 做优秀税务会计：企业税务处理与纳税申报实战演练 [M]. 北京：中国市场出版社，2016.

[13] 奚卫华，徐伟. 企业所得税纳税申报表填报技巧 [M]. 北京：中国人民大学出版社，2015.

[14] 何广涛，王淑媛.《增值税会计处理规定》解读（一）[J]. 国际商务财会，2016（12）.

[15] 何广涛，王淑媛.《增值税会计处理规定》解读（二）[J]. 国际商务财会，2017（1）.

[16] 何广涛，王淑媛.《增值税会计处理规定》解读（三）[J]. 国际商务财会，2017（2）.

[17] 何广涛，王淑媛.《增值税会计处理规定》解读（四）[J]. 国际商务财会，2017（3）.

[18] 何广涛，王淑媛.《增值税会计处理规定》解读（五）[J]. 国际商务财会，2017（4）.

[19] 翟纯垲. 正解增值税账务处理新规，10个亮点与22个争议点全归纳［N］. 中国税务报，2016-12-20.
[20] 梁文涛. 企业纳税筹划方案设计［M］. 北京：中国人民大学出版社，2015.
[21] 梁文涛. 企业纳税方案优化设计120例［M］. 北京：中国税务出版社，2014.
[22] 梁文涛，耿红玉. 纳税实务［M］. 大连：东北财经大学出版社，2023.
[23] 梁文涛，苏杉，吴朋波. 税法［M］. 5版. 大连：东北财经大学出版社，2023.
[24] 梁文涛，苏杉. 税法技能与拓展训练手册［M］. 2版. 大连：东北财经大学出版社，2019.
[25] 梁文涛. 纳税筹划实务［M］. 5版. 大连：东北财经大学出版社，2021.
[26] 梁文涛，苏杉. 企业纳税实务［M］. 4版. 北京：高等教育出版社，2023.
[27] 梁文涛，苏杉. 企业纳税实务习题与实训［M］. 4版. 北京：高等教育出版社，2023.
[28] 国家税务总局网站.http：//www.chinatax.gov.cn/.
[29] 中华人民共和国财政部网站.http：//www.mof.gov.cn/index.htm.
[30] 1990—2024年中华人民共和国相关财经、会计、税收等法律法规文件.